权威·前沿·原创

皮书系列为
"十二五""十三五"国家重点图书出版规划项目

文化创新蓝皮书

BLUE BOOK OF
CULTURAL INNOVATION

中国文化创新报告
（2018）*No.9*

ANNUAL REPORT ON CHINA'S CULTURAL INNOVATION
(2018) No.9

武汉大学国家文化创新研究中心
顾　问／冯天瑜
主　编／傅才武

社会科学文献出版社
SOCIAL SCIENCES ACADEMIC PRESS（CHINA）

图书在版编目（CIP）数据

中国文化创新报告. No.9，2018 / 傅才武主编. --
北京：社会科学文献出版社，2019.6
（文化创新蓝皮书）
ISBN 978 - 7 - 5201 - 4537 - 4

Ⅰ. ①中…　Ⅱ. ①傅…　Ⅲ. ①文化事业 - 研究报告 -
中国 - 2018　Ⅳ. ①G12

中国版本图书馆 CIP 数据核字（2019）第 048483 号

文化创新蓝皮书
中国文化创新报告（2018）No.9

顾　　问 / 冯天瑜
主　　编 / 傅才武

出 版 人 / 谢寿光
责任编辑 / 桂　芳
文稿编辑 / 贺拥军

出　　版 / 社会科学文献出版社·皮书出版分社（010）59367127
　　　　　　地址：北京市北三环中路甲 29 号院华龙大厦　邮编：100029
　　　　　　网址：www. ssap. com. cn
发　　行 / 市场营销中心（010）59367081　59367083
印　　装 / 三河市龙林印务有限公司

规　　格 / 开　本：787mm × 1092mm　1/16
　　　　　　印　张：27　字　数：408 千字
版　　次 / 2019 年 6 月第 1 版　2019 年 6 月第 1 次印刷
书　　号 / ISBN 978 - 7 - 5201 - 4537 - 4
定　　价 / 98.00 元

皮书序列号 / PSN B - 2009 - 143 - 1/1

本书如有印装质量问题，请与读者服务中心（010 - 59367028）联系

文化创新蓝皮书编委会

主编简介

傅才武 武汉大学国家文化创新研究中心主任、国家文化发展研究院院长，博士、教授、博士生导师，文化和旅游部文化产业专家委员会委员、公共文化服务体系建设专家委员会委员、中宣部国家"十三五"文化发展改革规划纲要起草专家、中央文资办专家咨询委员会委员、文化和旅游部"十三五"文化改革发展规划起草专家、湖北省人民政府咨询委员会委员和武汉市文史馆员。近十年来，先后主持和协助主持（执笔）完成国家社会科学基金艺术项目和中宣部、财政部、文化和旅游部、国家文物局等中央部委委托的公共文化政策调研课题100多项。其中，主持国家社科基金重大项目3项（2009、2013、2018）、国家科技支撑项目课题1项（2015）、科技部科技重点研发项目1项（2017）。提交的80多篇政策咨询报告被国家相关部委采用，多篇报告得到国家领导人批示。出版专著10余本，主编多种文化蓝皮书，发表艺术经济、文化管理、文化产业、文化规划等领域学术论文100余篇，主要著作有《艺术表演团体管理学》（合著）、《艺术经济学》（合著）、《中国文化市场与消费研究》、《文化体制改革》、《近代中国国家文化体制的起源、演进与定型》等。先后获得2018年第十一届湖北省社会科学优秀成果奖二等奖、2016～2017年度湖北省优秀调研成果奖一等奖，2013年和2014年连续两届获得湖北发展研究奖二等奖。在学生培养方面，获得2016年武汉大学第七届"我心目中的好导师"荣誉称号。

摘　要

　　在文化和旅游部科技教育司的推动下，本书编委会编写了《中国文化创新报告（2018）》。本书围绕"文化创新"这一重大问题，集中了国内数十位专家学者的最新研究成果，主要反映了新时代文化科技融合、文化创新立法、虚拟文化空间营造、互联网时代文化服务升级、文化大数据与国家安全、虚拟现实技术与文化发展、公共文化云、文化遗产数字化保护、文化旅游开发等方面的最新进展，在此基础上讨论了我国文化繁荣发展对于文化理论创新、文化制度创新、文化科技创新的紧迫要求，是当前我国文化创新领域最权威的年度研究成果之一。

　　全书结构上包括总报告、文化发展理念创新篇、文化服务内容创新篇、文化科技融合创新篇和文化资源传承创新篇。总报告从文化行业宏观战略发展的角度，论述了数字化平台技术对文化行业的颠覆性影响，指出数字信息技术和平台技术的迅猛发展，使文化行业进入了一个新的变革期。传统类型技术环境下建立起来的文化体制和文化生态环境已经无法完全适应和包容数字信息技术环境对文化行业的"变轨"发展要求，数字化平台技术对文化行业产生了包容性替代、边缘化收缩等革命性影响。通过评估近年来我国文化与科技融合政策的进展，指出我国文化行业存在行业壁垒突出、理论创新不足等问题，提出要建立文化科技深度融合的战略思维和政策通道，国家要从战略层面上推动建立文化领域综合性技术平台，完善文化与科技整合的政策保障系统及激励机制。"文化发展理念创新篇"集中了对我国文化发展重大问题的最新研究成果，对文化创新立法、虚拟公共文化空间营造、互联网时代公共文化需求征询、文化大数据与国家安全、大数据与文化产业发展评估、信息化时代数字图书馆建设、文化事业单位引入国际标准化组织质量管

理体系等进行了积极有益探索。"文化服务内容创新篇"反映了我国文化行业创新发展的最新成果，就数字文化产品生产供给、公共文化服务科学普及、图书馆公共文化服务质效提升等领域展开深入研究。"文化科技融合创新篇"介绍了我国文化与科技融合的现状与趋势，从智能信息流与公共文化云、虚拟现实技术与博物馆创新发展、虚拟现实技术与电影艺术发展、居民文化消费数据平台技术发展、电子竞技行业发展等领域进行了创新研究。"文化资源传承创新篇"立足于我国文化资源现状进行了深入研究，讨论了传统村落的保护与开发、陶瓷产业传承与创新、历史文化街区科技创新、创意城市文化科技融合发展、少数民族地区文化旅游扶贫等重要问题。

目 录

Ⅰ 总报告

Ⅱ 文化发展理念创新篇

Ⅴ 文化资源传承创新篇

皮书数据库阅读**使用指南**

总 报 告

General Report

B.1
数字化平台技术引领文化行业进入
颠覆性变革的入口

课题组/执笔　傅才武　李国东*

摘　要：　人类社会的每一次重大科技革命都会推动整个文化领域的重
大变革。进入 21 世纪以来，随着数字信息技术和平台技术
的迅猛发展，文化行业进入了一个新的变革期，传统类型技
术环境下建立起来的文化体制和文化生态环境已经无法完全
适应和包容数字信息技术环境对文化行业的"变轨"发展要
求，基于数字信息技术环境的新兴文化行业的成长和对社会
文化消费的主导，推动了传统文化业态的边缘化进程，传统
文化行业的生存与发展受到了前所未有的挑战。随着文化与

* 傅才武，武汉大学国家文化创新研究中心主任、教授、博士生导师，研究方向为文化产业、
文化创新、文化体制；李国东，信阳师范学院历史文化学院讲师、博士，研究方向为文化创
意产业、文化体制改革。

科技融合的不断深入、新兴文化业态和行业组织的快速成长，文化行业正在进入一个行业整体性创新的历史阶段，"文化创新"基本概括了这一时代特征，建立完善国家文化创新体系，也成为数字信息技术对于文化体制改革的战略性要求。建议国家相关部门从战略层面扶持建立文化领域综合性技术平台，建立文化与科技整合的政策保障系统和激励机制。

关键词： 数字化平台　文化与科技融合　文化创新　文化体制改革

进入 21 世纪以来，以移动互联网、信息技术、数字技术、人工智能、量子通信等为代表的现代科技创新，已经成为引领文化行业升级转型的重要力量。以现代科技为核心的新兴文化行业因其融合性强，呈现跨空间、跨行业传播优势，迅速成长为社会主导性文化业态，并深入地引发了社会组织方式的变革。信息革命将"它自己富有的特色技术，各种社会组织机构，以及它自己的情报信息手段三者紧密结合在一起，创建了一个惊人的一体化的社会制度"，"尤其重要的是，它把所有这一切事物集中联系起来，像一台机器那样组装起来，形成了世界有史以来最有力量，最有向心力、有扩张性的社会制度"。[①] 传统文化行业由于存在传统行政性垄断保护的外壳，对现代信息科技的快速发展的敏感度较低，其发展日趋乏力，社会影响力和关注度不断衰退。传统文化行业的边缘化和新兴文化行业的兴起与转承，推动我国文化行业整体上进入一个改革和发展的战略性机遇期。

---

① 〔美〕阿尔温·托夫勒：《第三次浪潮》，朱志焱等译，生活·读书·新知三联书店，1984，第 550 页。

一 数字化平台技术对文化行业的革命性影响

（一）数字化平台技术对类型技术的包容性替代，使传统文化行业结构的技术合法性顿减

数字化平台技术是数字信息技术的基本特征和基本属性，它是以互联网技术、大数据技术和云计算技术为核心的通用技术集合，能够为不同的行业领域提供基础性和通用性技术实现方案，也能够为不同行业提供多业态和跨行业的综合性管理平台。基于互联网技术、信息技术、数字技术、云计算、大数据、量子通信、人工智能等技术的技术平台，能够跨行业重组产业链、价值链和管理链，从而在战略管理层面上显示出显著的包容性、融合性、创新性、兼容性等。就文化领域而言，数字化平台技术模糊了由类型技术所支撑的传统文化行业的边界，打破了以类型技术为标准所划分的文化行业的体制壁垒。

所谓的类型技术是指某一类性质相同、功能互补的专业技术集合，是为某一类生产和消费过程所提供的专业性技术模式。它能支持建立一个完善的产品生产过程或产业链，如演艺产业、出版产业、新闻产业、广播电视产业等。类型技术具有技术轨道的特性，能够沿着既定的技术方向和路线不断自我强化。类型技术具有技术范式性质决定的明晰的外部边界，因而具有强烈的排他性特征。[①] 基于类型技术的轨道性特性，由类型技术支撑的行业结构具有一定程度的封闭性，其包容性、兼容性、融合性、创新性较弱。

在数字化平台技术出现之前，文化行业的分类是以传统类型技术为基础划分的。由类型技术的文化行业的组织结构建立行业边界和壁垒，同时也为政府以行业体制结构为基础制定文化管理体制、建立专业性管理结构提供了合法性基础。数字化平台技术的出现，重新定义了类型技术环境下的行业组

---

① 傅才武：《数字信息技术构建大文化传媒行业体制的合法性》，《江汉论坛》2014 年第 1 期。

织结构形态，基于类型技术所建构的行业组织结构逐渐强化技术合法性基础。跨行业整合和组织结构创新成为数字化平台技术发展对于文化体制改革的要求。

首先，从文化行业的发展来看，数字化平台技术的出现，模糊了基于类型技术环境的文化行业边界，文化行业的边界划分逐步失去了技术性标准依据。科技行业、互联网行业、电商行业、数字新媒体行业、数字创意行业等纷纷涉足文化领域，使文化行业的边界越来越模糊，文化行业的范围越来越难以界定。同时，数字化平台技术也催生了许多新的文化业态：网络游戏、网络视频、数字音乐、数字出版、数字创意等等，已经难以按照类型技术环境下的文化行业类型对其进行分类，类型技术所提供的行业解释框架已难以解释这一现象，失去技术意识形态保护的传统文化行业的分类标准难以得到社会和学界普遍的认同。

其次，从文化管理制度来看，类型技术所支撑的行业组织结构已经难以完全适应当前文化产业和文化事业改革发展的需要。类型技术下的文化管理制度是以行业为基础而制定的，长于行业系统管理却弱于社会管理（即所谓只"管脚下"而不"管天下"）。数字化平台技术的出现，带动了整个文化行业组织形式、商业模式、管理方式、生产方式、消费模式的快速变化，"文化＋"已经成为文化行业发展的常态和趋势。文化生产体系、文化管理体系逐步向"网络化""智能化"转变，以行业为基础制定的文化管理制度已经成为制约文化行业发展的瓶颈。

最后，数字化平台技术的出现，成为推动国家文化管理体制改革的内在动力。"生产技术革命的推动，引导了从生产工具到劳动对象，到生产的组织和管理的一系列的变革"。[1] 新闻出版、广播电视、演艺和文物等行业，是以类型技术为基础设置的，是当前我国文化管理体制的基本结构。尽管40年来我国文化管理体制改革历经多个阶段，但以行业为基础的体制结构

---

① 〔美〕阿尔温·托夫勒：《第三次浪潮》，朱志焱等译，生活·读书·新知三联书店，1984，第550页。

并没有被打破。随着数字化平台技术对类型技术的包容性替代，行业结构所包含的类型技术合法性逐步减弱，文化体制改革将逐步进入行业结构改革的新阶段。

（二）数字信息技术快速扩张，传统文化行业出现"软收缩"

当前，面对数字技术的强烈冲击以及居民文化消费结构的转型升级，传统文化行业已进入行业"软收缩"与结构转型的叠加期，主要表现为行业影响力不断衰退，社会关注度持续下降，部分机构"空转"，逐渐呈现明显的边缘化特征。

首先，政府增加公共投入的努力难以阻挡传统行业的影响力衰退。由于受现代新兴文化消费的挤压，传统文化业态越来越被消费者边缘化。为了改变传统文化行业的边缘化现状，政府加大了公共财政投入，但从实际效果来看，公共投入的增长并没有带来受众规模的增大，也没有导致公共投入绩效的上升。如，对国有文艺院团的统计表明，2010~2017 年，尽管国家的公共投入从 66.67 亿元增加到 127.55 亿元，但国内演出观众由年 4.11 亿人次下降至年 2.91 亿人次，场均观众由 1160 人次逐年下降至 934 人次；农村演出观众由 2.68 亿人次下降至 1.85 亿人次，场均观众由 1296 人次逐年下降至 874 人次。总体看来，观众规模呈现快速下降的趋势。[①]

2012~2017 年，在国家财政大规模投入的推动下，全国公共图书馆财政拨款从 93.49 亿元增长至 171.3 亿元；总藏量从 6.88 亿册增长至 9.7 亿册。然而，武汉大学课题组以从业人员数、财政拨款、实际使用房屋建筑面积、总藏量和供读者使用电子阅览室终端数为投入指标，以总流通人次、书刊外借册次和举办各种活动（展览、讲座和培训班）次数为产出指标，基于数据包络分析方法对全国公共图书馆投入产出绩效进行研究发现，2012~

---

① 国有文艺院团 2006~2012 年数据来源于《中国文化文物统计年鉴》（2007~2013），2013~2017 年数据来源于国家文化部"全国文化文物统计信息系统"。

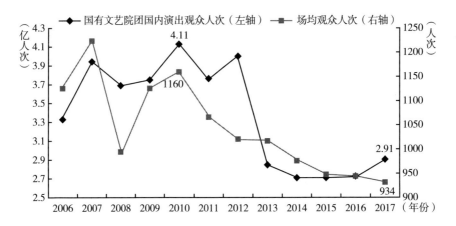

图1　2006～2017年国有文艺院团国内演出观众人次及场均观众人次

2017年全国公共图书馆综合绩效得分①均值分别为0.879、0.864、0.841、0.805、0.769、0.814，可见2012～2016年绩效得分逐年下降，在不断增加的公共经费数额的映衬下，公共图书馆行业整体绩效已进入下行通道。

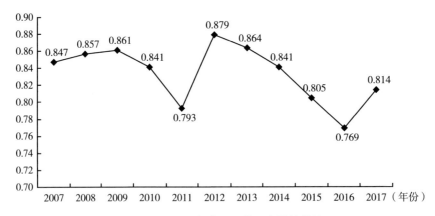

图2　2007～2017年我国公共图书馆绩效情况

---

① 此处绩效得分为除去西藏后的30个省域公共图书馆在CCR模型下的综合技术效率值的平均值，由于西藏统计数据存在缺失，因此未纳入测算；2007～2016年测算数据来源于《中国文化文物统计年鉴》（2008～2017），2017年测算数据来源于国家文化部"全国文化文物统计信息系统"；另外由于2006年统计数据中"举办活动"这一指标统计口径不一致，因此未对2006年进行测算。

其次，部分公共文化机构"空转"、效率低下等现象越来越明显。武汉大学课题组于2012年和2016年在全国组织了两次文化站"驻站"调研（2012年选取了62个文化站，2016年选取了53个文化站），调研员全部入驻文化站进行了持续30天的观察记录。观测数据显示，2012年全国文化站站均财政拨款15.98万元，2016年增长为22.59万元，年均增幅9.04%。但两次调研数据对比发现，文化站的受众人次在减少，站均每日参与人次由2012年的22人次减少为2016年的15人次。2012年日均参与50人次以上的文化站有9个，占比14.5%；而2016年日均参与50人次以上的仅有4个，仅占7.5%，还有2个文化站日均服务量仅1人次。部分文化站出现封闭性"机构空转"。

再次，传统文化行业出现了增长缓慢，甚至出现负增长。对比2014～2017年全国规模以上文化企业的主要经济指标，部分省份法人单位、从业人员、营业收入和利润总额等出现了负增长。同2014年相比，2017年有4个省份的法人单位数出现负增长，包括上海（－417家）、北京（－343家）、辽宁（－322家）和山西（－15家）；同2014年相比，2017年有7个省份从业人员出现负增长，包括上海、辽宁、广西、广东、天津、山西和青海等，分别减少11.1万人、6.1万人、1.9万人、1.8万人、1.6万人、0.2万人和0.06万人；同2015年相比，2017年营业收入和利润总额出现负增长的省份分别有4个和9个，营业收入和利润总额均出现负增长的是：天津（营业收入－315.7亿元、利润总额－63.8亿元）、辽宁（营业收入－253.1亿元、利润总额－15.8亿元）、内蒙古（营业收入－99.9亿元、利润总额－9.2亿元），山西营业收入负增长（－3.6亿元），河北、江西、上海、黑龙江、宁夏和青海利润总额负增长，分别为－22.7亿元、－10.3亿元、6.8亿元、－4.4亿元、－3.5亿元和－1.5亿。①

最后，全国文化行业出现从传统业态到新业态的加速转型。随着数字信

---

① 高书生：《当前文化产业区域发展的几个特征》，《文化产业评论》第2097期，http://www.mifanxing.com/p/1374779。

息技术在文化领域的应用和普及，高新技术在创造新的文化业态的同时，也推动着文化行业从演艺、群众文化、广播电视、报刊出版等传统业态，向混合型、技术主导型的新业态转化。文化领域曾经辉煌一时的传统业态如传统戏曲、广播电视、报刊出版业态，其主导地位逐渐被混合型和技术主导型文化业态如网络直播、数字电影、数字出版、网络游戏和知识付费等所代替，以行业"链条"为基础的专业化分工协同系统被打破，以互联网为载体，以手机、平板电脑等移动设备为渠道的新组织模式，已经悄然打破了传统行业部门原有的业务流程和管理结构。如在一些出版企业（如"今日头条"），尝试运用大数据和数据挖掘技术，致力于智能搜索和智能推送的结合，创新"垂直搜索"的知识生产和信息服务新业态。

总体上看，在快速发展的数字创意产业的挤压下，一些传统文化行业已从社会交往网络的中心向边缘退缩，其在国家现代治理结构中的重要性逐渐式微。动漫、网游、知识服务、网络直播和"机器创作"等新业态借助于数字信息技术的优势快速成长，形成推动传统文化行业结构转型的外在诱导性力量。

二 近年来文化与科技融合政策的进展评估

由于我国的文化产业是从高度集中管制的文化事业中脱胎而来，政府主导、政策推动是其主要发展模式，因此，能否创新构建符合我国文化产业发展内在规律的政策体系，事关文化产业发展的兴衰成败。[①] 移动互联网、信息技术、数字技术、人工智能等现代科技进入文化领域，催生了新兴文化业态。新兴文化业态的迅速成长，倒逼我国文化政策创新。

（一）近年来出台的文化科技融合政策

第一，从政策出台的规格和实施主体来看，文化与科技融合政策逐步成为国家发展战略规划中的重要组成部分。历史上，由于科技在我国文化领域

---

① 范周：《文化产业政策供给分析》，《中国国情国力》2017 年第 5 期。

中的作用没有被充分发掘，文化科技融合政策的制定主要依赖于相关主管部门。近几年来，迅猛发展的数字信息技术，不仅在文化领域得到广泛的应用和普及，同时也成为推动文化发展的主要"助推器"，得到了中共中央和国务院的高度重视。据不完全统计，近几年来，国务院下发的涉及文化与科技融合的规划、政策多达十几部，这在整个中国文化发展史上也是少有的。如：《国民经济和社会发展第十三个五年规划纲要》、《中国制造 2025》（国发〔2015〕28 号）、《国务院关于深化制造业与互联网融合发展的指导意见》（国发〔2016〕28 号）、《国务院关于印发"十三五"国家战略性新兴产业发展规划的通知》（国发〔2016〕67 号）、《国务院关于积极推进"互联网＋"行动的指导意见》（国发〔2015〕40 号）等，这些文件和政策都涉及了文化科技融合的发展目标、发展规划和支持政策，奠定了我国文化科技融合发展的战略方向和政策基准。

同时，近几年来，为了突破传统文化行业体制的壁垒，促进科技与文化深度融合，部门与部门之间的政策协同出现新的变化。如：工业和信息化部、财政部联合出台《智能制造发展规划（2016～2020）》（工信部联规〔2016〕349 号），国家新闻出版广电总局、国家发展改革委、财政部、商务部、人力资源和社会保障部等五部委联合下发了《关于支持电视剧繁荣发展若干政策的通知》，工业和信息化部、财政部联合出台《关于推进工业文化发展的指导意见》（工信部联产业〔2016〕446 号）等。这对于促进文化与科技的跨界融合起到了重要的作用。现代科技与文化的深度融合，不仅涉及文化，还涉及金融、财政、科技、安全、信息等部门，部门之间联合出台政策，有助于推动文化与科技行业的整体性发展。

第二，从政策内涵看，既有宏观上的顶层设计、发展规划、战略规划、规范管理等内容，也有微观上的行业政策、专门政策等。如，法律层面上有《公共文化服务保障法》、《公共图书馆法》等，为文化与科技融合、新兴文化业态提供了法律保障，充分显示了政策设计的顶层性、战略性、长期性等。国家规划层面上，有国务院《促进大数据发展行动纲要》、《大数据产业发展规划（2016～2020）》、《促进新一代人工智能产业发展三年行动计划

(2018~2020)》、《工业互联网发展行动计划（2018~2020)》、《"十三五"国家技术创新工程规划》、《"十三五"国家科普和创新文化建设规划》等等，这些政策也从不同侧面涉及文化与科技融合的目标、任务，以及今后的发展趋势等。

（二）文化领域文化科技融合政策的新进展

1. 传统文化行业对科技融合与吸纳

近几年来，面对传统文化行业的发展困境，政府出台了一系列的文化发展规划和意见，引导和鼓励传统文化行业与现代科技进行深度融合。如，《新闻出版广播影视"十三五"发展规划》、《国家新闻出版广电总局关于规范和促进 4K 超高清电视发展的通知》、《关于加快我国数字出版产业发展的若干意见》、《"十三五"时期全国古籍保护工作规划》、《文化部"十三五"时期文化产业发展规划》、《文化部信息化发展纲要》、《文化部"十三五"文化科技发展规划》、《国家文物事业发展"十三五"规划》、《关于推动文化文物单位文化创意产品开发的若干意见》（文物博函〔2016〕1007 号）、《国家"十三五"文化遗产保护与公共文化服务科技创新规划》（国科发社〔2016〕374 号）、《文化部"十三五"时期公共数字文化建设规划》等，明确了传统文化行业与现代科技融合发展的目标与路径，强化科技对传统文化行业创新发展的引领作用。观察发现，这些文化规划和政策的实施，对解决制约传统文化行业发展的瓶颈问题，产生了良好的政策杠杆作用。

以出版行业为例：传统出版单位转型升级、融合发展迈上新台阶。中国科技出版集团持续深入推进向"知识服务"的转型，加大对学科知识库、医疗健康大数据、数字教育服务三大业务的投入。科学文库、中科医库平台、中科云教育平台等数字产品已取得销售收入；集团自主研发的按需印刷（POD）智能化生产平台已为企业带来了经济效益；中国科技期刊全流程数字出版与国际化传播平台投入使用并取得良好的社会效益。人民卫生出版社《创伤与急诊电子杂志》开设新技术探索栏目，在期刊移动端 App，点击进入 AR 识别界面，将移动终端的后置摄像头取景框对准期刊导读本或数字出版内容中的图片，即可快速识别，并在手机屏幕上观看清晰立体的图像，为读者带来更加直观的阅读体验，是期刊出版在内容与技术相结合方面的一次积极探索，① 成为推动传统文化行业升级转型的"助推器"。

2. 新兴文化行业对文化科技融合的促进

以互联网、人工智能、信息技术为核心的新兴文化行业，代表了国家文化行业创新发展的方向，这一方面得到了国家的高度重视。如《国务院关于加快培育和发展战略性新兴产业的决定》（国发〔2010〕32 号）、《国务院关于积极推进"互联网＋"行动的指导意见》（国发〔2015〕40 号）等，取得了明显的效果。在政策的引导和促进下，以"互联网＋文化"为主要形式的新兴文化业态实现了快速发展。2015 年实现增加值 2858 亿元，比2013 年增加 1055 亿元，年均增速为 25.9%。2016 年文化服务业快速增长，文化信息传输服务业营业收入 5752 亿元，增长 30.3%。②

三　主要问题与对策建议

从当前文化行业的实际情况看，尽管新兴文化业态的发展取得了令人瞩目的成绩，但受制于体制机制等因素，行业壁垒导致的资源流动性较差、文化行业对技术的包容性不足、人才激励机制不足等问题仍然存在。需要借助于科技进步的巨大潜力，进一步深化文化行业体制改革。

（一）主要问题

1. 传统文化领域的行业壁垒导致创新动力不足

我国的文化行业系统是一种集权式和封闭型的管理运行体系，是一种基

---

① 《2017～2018 中国数字出版产业年度报告》，http://www.cbbr.com.cn/article/123368.html，2018－11－4。

② 张玉玲：《文化创意与科技创新比翼齐飞——十八大以来我国推进文化科技发展述评》，《光明日报》2017 年 10 月 3 日。

于"同权分割"设计原则的科层制体制，也是一种公共资源系统内循环、一元化行政管制、行业壁垒的封闭式管理结构。目前，我国文化市场存在着行业壁垒、环节壁垒、区域壁垒、所有制壁垒和国家限制等五大壁垒，这五个壁垒导致市场动力很难正常驱动。① 这种管理结构与现代科技发展外部性、融合性、协同性特征并不完全兼容，一定程度上制约了生产要素的自由流动、交叉融合和协同发展。由于现代数字信息技术具有"去中心化和极端难以预测的增生扩散"② 特征，行业边界快速突破，新兴行业迭代更新快速变化，要求资源社会大循环和快速流动，获取由技术和管理创新带来的高风险收益，以应对技术创新的不确定性风险。而文化行业资源内循环和一元化管理结构，导致行业部门主要致力于开发现有的行政性资源，并不鼓励承担创新和市场"风险"，也没有风险收益激励，因此整个文化行业的激励机制不全、创新动力不足。

2. 文化领域重大理论创新不足阻滞了文化实践创新的步伐

文化领域如果没有重大或者颠覆性理论创新，文化行业目前面临的一些问题就是"死扣难题"。

长期以来，我国文化管理和文化政策领域应用的是文化和意识形态领导权理论、公共管理理论和文化经济理论。这些理论大多来自西方经验，是西方发达国家在工业化和城市化进程中的经验总结。这些理论对同样处于工业化和城市化时期（20 世纪后半段）的中国具有很好的借鉴作用，确实也发挥了重大的作用，如新制度经济理论对中国经济体制改革和社会改革的指导。在文化领域内，国家对于艺术表演团体的资助（政府购买）政策设计，借鉴了西方艺术经济中的"成本病"理论（"鲍莫尔定律"），国家公共文化服务体系的制度设计，借鉴了西方的"公共产品理论"；国家文化产业的政策设计，借鉴了西方的产业经济学和文化经济学理论等。但如果说 20 世

---

① 周晓燕：《打破行业壁垒深化体制改革——"中国文化产业发展战略"学术研讨会综述》，《人民论坛》2009 年第 16 期。

② 〔英〕吉姆·麦圭根：《重新思考文化政策》，何道宽译，中国人民大学出版社，2010，第 33 页。

纪传统文化行业（演艺业、广电出版业、电影业等）发展是以模拟技术为基础的话，那么21世纪后的新兴文化行业发展则是以数字信息技术为基础。根据马克思主义的基本原理，西方的这些成熟理论的根基是工业化和城市化的实践，是工业化和后工业化的技术基础，与21世纪全球进入后工业化即信息化阶段后社会发展所依凭的数字信息技术基础并不一致。

现代数字信息技术作为平台技术，在对类型技术进行包容性替代的同时，也颠覆了基于类型技术的理论解释框架。如随着数字移动终端向社会生活的各个领域延伸，移动性的公共文化服务替代了在场性公共文化服务成为居民文化消费的主要形态。

在数字信息技术广泛普及的情况下，移动端（手机）所承载的文化服务已经成为公共文化服务的主体，腾讯、阿里和京东等互联网平台公司实际上已经成为中国最大的公共文化服务内容提供商和渠道运营商。这就已经颠覆了传统"公共产品"的定义。这些由商业公司提供的平台渠道和文化内容是不是应该纳入国家主导的公共文化产品范围？传统的公共产品理论似乎无法提供解释，公共文化政策对这种由商业公司主导、以数字平台为载体、以网络内容为内涵的现代公共文化服务产品无法进行政策定位。因此，数字信息技术推动了一个需要理论创新的时代的来临。

同时，基层文化发展也带来了传统理论解释模型的内在冲突。近10年来，基层六大文化惠民工程（广播电视村村通、文化信息共享工程、乡镇综合文化站、农家书屋、电影211放映工程和送戏下乡等）在国家公共投入不断增长的情况下绩效持续下降，在导致了"政府失灵"的同时，也导致了"市场失灵"。在基层文化建设领域，"政府失灵"和"市场失灵"同时现出，使公共产品理论和公共财政理论已经无法回应基层文化建设的实践问题，必须创新基层"公共文化空间"理论。[1] 必须重建对数字技术在公共文化服务体系中的创新性作用的认识。

---

[1] 傅才武等：《"双失灵"背景下建设新型文化共享空间的理论与实践——以湖北乡镇"点播影院"试点为中心的考察》，《福建论坛》（人文社会科学版）2018年第8期。

（二）对策建议

1. 思想观念上突破行业思维的局限，确立文化行业改革创新的科技思维和大数据战略思维

随着现代科技的发展，特别是移动互联网、信息技术、数字技术、人工智能、量子计算等颠覆性科技的出现，传统的"路径依赖"改革思维已经成为制约文化体制改革、文化行业创新发展的主要瓶颈。近些年来，西方学者在科技创新发展对制度、体制等方面的影响研究上基本达成了共识。美国学者阿尔温·托夫勒所著的《第三次浪潮》就曾经预言："第三次浪潮创造了打开社会和政治革命大门的良机。在即将到来的年代中，惊心动魄的新制度将替代无能为力的、难以忍受的、已经过时的组织结构。"[①] 以色列作家尤瓦尔·赫拉利在其《今日简史》中也提出未来社会、政治、制度的发展将要受到大数据的重大影响，未来的制度、政策、政治的决策将要以大数据为依据。英国学者维克托·迈尔·舍恩伯格和肯尼思·库克耶在其《大数据时代》和《工业4.0》中都提出，受移动互联网、大数据等现代科技的影响，社会管理由"金字塔"式向"扁平化""网络化"转型。促进文化行业升级转型，要求文化行业必须建立现代科技发展思维，顺应数字化和信息化发展的潮流，进一步加强现代科技与文化的深度融合，借助数字信息技术的巨力，推动文化行业在管理体制、运行机制和商业模式等发展方式上的变革和转变。

2. 从制度上建立文化与科技深度融合的政策通道，提升我国文化发展的综合水平和竞争力

首先，要从战略规划层面加快推进中华文化基因的标准化制定，绘制具有中国特色、世界标准的"文化基因图谱"，以维护国家文化主权，降低文化资源保护中的文化风险。其次，构建网络化、移动化、数字化的公共文化

---

① 〔美〕阿尔温·托夫勒：《第三次浪潮》，朱志焱等译，生活·读书·新知三联书店，1984，第125页。

服务平台。再次，在互联网技术、数字技术、信息技术的大环境下，公共文化服务不仅要有完善的基础设施条件，还必须建立一个由政府主导、社会参与，以传统媒体和新兴媒体为载体的，数字化、网络化、信息化为主要形式的现代公共文化服务体系。最后，不断强化科技在文化产业发展中的支撑作用，不断创新文化产品、文化服务方式、文化消费方式等，不断推动文化业态的创新，让以数字信息科技为核心的新兴产业成为文化产业领域的主体性产业。

加快文化行业的变革，必须打破行业发展的区域壁垒、资源壁垒、要素壁垒、结构壁垒、体制壁垒等，推动各类资源的流动和跨界整合；借助于平台技术的发展，重建行业改革和制度创新的内生动力，加快推进文化行业管理体制、运行机制、融合模式的创新。放开社会力量进入文化行业的限制，最大限度地调动社会力量参与文化行业的发展，提升文化行业发展的活力。推动文化"跨界融合、交叉融合"，打通文化行业升级转型的战略通道。

3. 支持建立文化行业发展的高科技研发平台，促进文化科技产业链建设

"在国家战略科技力量中，部署文化科技领域相关实验室、应用和验证平台，为文化科技深度融合提供完善的实验室环境"。[①] 当前，我国文化行业科技力量较弱，人才结构不完整，必须依赖国家提供的基础研究力量。要完善文化行业有关建立文化科技研发平台的投入政策，支持形成创意者阶层，支持建立更多的专业性公司，形成文化行业创新生态系统。

---

① 李万：《文化科技深度融合：迈向高质量发展的战略路径》，《学习时报》2018年8月29日。

文化发展理念创新篇

Theoretical Innovation Reports

B.2
推进文化创新立法的必要性及其路径*

蔡武进　傅才武**

摘　要： 文化创新就是指人们的文化观念，文化的表现内容、表现形式及表达和传播方式，文化的保障制度，文化的支撑技术与载体的改进、革新和发展。加快推进文化创新立法就是将文化创新的时代诉求通过法律文本的形式确定下来，进而引导、保障和促进文化创新实践。当前，推进文化创新立法的关键在于研究出台文化创新基础法，及时总结既有的立法理论与实践经验和制度资源。

* 基金项目：本文系国家社科基金艺术学重大项目"乡村振兴战略中的文化建设研究"（项目编号：18ZD24）的相关成果、全国艺术科学规划领导小组办公室委托项目"文化创新促进法立法研究"阶段性成果、中央高校自主科研项目"文化治理的法理基础及其制度体系研究"（项目编号：413000001）的阶段性成果。

** 蔡武进，武汉大学文化法制研究中心执行主任，武汉大学国家文化发展研究院副教授、硕士生导师，主要研究文化法、文化政策；傅才武，武汉大学国家文化发展研究院院长，教授、博士生导师，主要研究文化战略、文化政策。

关键词： 文化创新　文化创新立法　文化创新促进法

文化起源于人类创新实践，文化发展的本质就是文化创新。文化起源于创新，又归于创新。加快推进文化创新立法是新时代背景下，贯彻落实党的十九大精神，坚定文化自信，激发全社会文化创新创造活力，推进文化改革发展，建设社会主义文化强国的战略要求。同时，也是力图通过法律的进步倒逼文化创新思维、创新体制、创新实践的进步。

一　问题之缘起

中国自古以来就是一个很注重创新的国家。早在《魏书》中就有"革弊创新"的提法，《周书》也有"创新改旧"的论述。文化创新简单地讲就是文化领域的改旧出新。当然，从具体内容上看，文化创新的内涵是极其丰富的。经济学家约瑟夫·A. 熊彼得认为，创新包括五种形式：开发新产品、引进新技术、开辟新市场、发掘新的原材料来源、实现新的组织形式和管理模式。[①] 文化领域的创新其实比经济领域的创新更为复杂，因为它不仅包括产品、技术、市场的创新，还包括观念的创新。在此意义上，我们认为，文化创新就是指人们的文化观念，文化的表现内容及表达和传播方式，文化的保障制度，文化的支撑技术与载体的改进、革新和发展。也就是说，文化创新包括主体观念创新、文化表达表现内容与形式的创新、文化制度创新、文化技术及载体的创新这四个方面。

文化创新是人的主体性发展与社会进步的必然要求。文化是人类活动的产物，其本质是"人化"；"文化的发展归根结底是人的发展，是人的主体性的张扬"。[②] 在当前经济社会急速发展，科学技术日新月异的新形势下，

---

① 〔美〕熊彼得：《经济发展理论》，华夏出版社，2015，第 25 页。
② 周叶中、蔡武进：《论我国文化法的场境、意境与面向》，载《法学论坛》2015 年第 1 期。

人的主体创新观念、创新能力和主体创新需求都空前提升。起源于人之主体能动性的文化，其创造创新就成为人类自我实现与自我发展的内在需求。特别是，以移动互联网、大数据和人工智能为核心的现代科技越来越深刻地影响和改变着文化行业的发展模式和人们的文化生活方式，文化创新于是便成为当下我国文化领域新的逻辑起点、动力源泉和目标走向。甚至可以说，文化发展的实质就是文化创新。正因如此，习近平总书记在 2014 年的文艺座谈会中就强调"创新是文艺的生命"。党的十九大报告进一步指出要"推动中华优秀传统文化创造性转化、创新性发展"，要"激发全民族文化创造创新活力，建设社会主义文化强国"。

在现代法治环境下，文化创造创新活力的激发、文化创新路径和前景的拓展，以及文化强国战略的实现都离不开法律的引领、保障和推动。近年来，我国在文化立法方面已经取得了重大进展和突出性成果，《电影产业促进法》、《公共文化服务保障法》、《公共图书馆法》等文化法相继出台，而且这些文化法也在一定程度上对文化创新进行了肯定、倡导和鼓励。但是，既有文化法对文化创新的规定是简单化、碎片化的，只是将创新当作促进文化行业发展的手段，而没有将文化创新提升到文化行业、文化领域发展的本质需求的层面进行相应的制度建构。正是在此意义上讲，当前我国文化创新方面的立法仍相当薄弱，无论是整体性的文化创新方向的引领、文化创新基础制度的构建，还是细分文化行业中的具体文化创新制度、创新举措都缺乏文化创新专门法的规定。在一定程度上，这也是当前我国遭遇文化科技融合力度不足、传统文化行业加速边缘化、文化体制改革进展缓慢、文化领域创新发展乏力等困局的重要原因。

我们强调推进文化创新立法，就是立足我国文化创新发展的现实问题及需求，推动引领和促进文化创新的专门法（单行法）的制定和出台，形成文化创新法律制度体系，以引导和促进文化创新观念的培育、文化创新体制的建构、文化创新环境的营造、文化创新支撑技术和元素的发展、文化创新力量的保护等。毕竟，尽管文化创新缘起于主体观念创新，求助于文化科技创新，落实于文化内容创新，但是根本上又依托于相应法律制度的引领与保障。或者说，文化创新的进度和深度关键看文化创新立法的推进程度及文化创新法律保障制度建设的力度。因此，深入贯彻十九大精神，履行文化创新的使命，从文化创新基础法的研究和制定、文化创新立法文本资源的整理及基础性制度资源的总结与探索等层面研究和推动文化创新立法是我国法治建设与文化发展的必然选择。

二　推进文化创新立法的必要性

推进文化创新立法是因应当前我国文化领域改革发展的现实议题，特别是促进信息科技新时代传统文化行业创造创新、扭转整体文化行业"软收缩"态势、破解文化体制改革进展缓慢的困局，同时全面推进依法治国的迫切需要。

（一）信息科技新时代传统文化行业创造创新的内在要求

现代信息科技的高速发展日益深刻地改变着文化的生产、传播、消费方式，以致大量传统文化企业、文化事业单位因无法及时回应数字、信息技术时代发展趋势而日益陷入了边缘化的困境。因此，当前迫切需要通过文化创新立法的价值引导与制度建构，促进科技倒逼文化领域的现代化，特别是传统文化行业的创新创造。当前信息技术新时代，传统文化行业的困境主要表现在两方面。

其一，传统文化行业专业性知识积累的比重与速度远低于新技术部门，导致其对社会需求的回应性不足。在现代经济发展进程中，知识—信息—技术的联系更加紧密，基础研究、应用研究和技术应用之间的转换迅速，知识正成为巨大的财富来源。新兴文化行业将"数字化"、"全息化"和"交互性"等高新技术运用于全新的文化产业，促进传统文化产业升级，推动不同文化行业之间融合发展，对社会经济的贡献远大于传统文化行业。传统文化行业由于经费投入不足、人才缺乏，专业性知识积累的比重与速度比新技术部门低得多，直接导致传统文化产品与新技术融合度不足，更新换代滞

后，过于依赖固有模式，产品创新速度过慢。这样一来，传统文化行业无论是功能上还是内容上，都已无法完全满足现代市场的竞争态势与人们日益增长的精神文化需求，以致在竞争力日益弱化的过程中加速边缘化。

其二，传统文化行业治理结构与运营方式跟不上行业创新需求，行业创新动力不足。传统文化行业，特别是一些国有文化企业、文化事业单位仍过于依赖政府的"庇护"，治理结构与运营方式尚不能真正跟现代市场接轨，不能跟现代的信息技术创新需求接轨。特别是，在陈旧的治理结构和运营方式的影响下，传统文化行业的开放性、市场与社会参与性、对现代信息科技的敏感性严重不足，缺乏创新意识、创新动力与创新活力。在这种情况下，传统文化行业无法及时、有效地把握现代信息科技时代的发展契机，回应新兴文化行业发展所带来的巨大冲击，以致陷入边缘化的困境。

在当前信息科技新时代背景下，传统文化行业加速边缘化困境之原因是多方面的，其解决路径也应当是多元的。但是，在现代法治环境下，加强文化创新立法，形成相应的方向引领和法律制度保障，无疑是促进传统文化行业积极把握时代机遇，回应现代信息科技冲击，实现创造创新、改革发展的最根本、最有力的方式和依托。具体而言，推进文化创新立法能从以下几个方面回应传统文化行业的时代需求。

一是，通过文化创新专门法的确认和引导，破解传统文化行业创新意识与创新动力不足。创新意识与创新动力不足，是当前传统文化行业所面临的首要问题。文化创新专门法的制定能够以法律的权威性与稳定性引导社会创新环境的营造、企业创新机制的建构、创新意识的培育、创新人才的培养等。引导和促进传统文化行业在创新人才及创新意识培育上摆脱简单的关注行业和团队自上而下的培训，而对本行业一线知识和技术体系、信息需求缺乏足够的关注和重视的弊病；引导和促进传统文化行业管理者在观念上改变对产品数量增长的过度追求，重视以现代信息科技提升文化产品或服务质量和效益；引导和促进传统文化行业走出生产要素的流动性差的困境，促进行业与地方的创新系统的对接，以及创新激励机制的发展完善。

二是，通过文化创新专门法的制度创新，破解传统文化行业创新模式的缺陷——一方面，传统文化行业的改革和创新多是依赖于程式化的政府参与机制的推动，参与者局限于少数成员，大多数成员并不能被有效地动员起来参与创新。文化创新专门法通过治理模式的倡导及多元参与制度的构建，能够在肯定政府在文化创新上的基础性作用的同时，更多地释放市场、社会、传统文化行业从业人员的创新力量，并引导和保障他们的创新行为，营造多元共创的新格局。另一方面，文化创新专门法通过创新激励制度，有利于调动传统文化行业内部与外部的创新主动性与积极性，扭转当前传统文化行业在专业知识积累和传播的过程中，传承和解释多于创新和传播、被动的接纳多于主动创新的弊病。

三是，通过文化创新专门法的价值引领与制度建构，保障和发挥现代科技支撑文化创新创造的强大功能，破解传统文化行业创新对数字、信息、技术吸收和利用的不足。在很大程度上，当前我国传统文化行业大多对于新技术接纳是被动式的，而非主动融合新技术。制定文化创新方面的专门性法律，以法律的权威性确认现代信息科技对于文化创新的价值与功能，并形成引导、鼓励和促进文化与现代信息科技融合、文化科技创新发展的系统制度，将有利于释放并彰显现代科技对传统文化行业创新发展的强大功能。

（二）扭转整体文化行业"软收缩"态势的必然需求

当前，文化行业被公认为朝阳行业，能够在现代经济发展、产业升级、城市经营中发挥重要作用。而且，在我国整体经济形势相对低迷的形势下，文化行业因为仍然能够保持持续增长的基本态势，所以也被寄予了较多的期待。但是，在文化行业快速发展，成效斐然的背后也暴露出了新的形势与挑战。我们将这种已显露于包括传统文化行业、新兴文化行业在内的整体文化行业中的挑战称之为文化行业的"软收缩"。它区别于一些物质生产领域的因产能下降、市场需求不足、盈利下降等所呈现的"硬收缩"，主要表现为公共文化绩效逐步下滑、基层公共文化机构"空转"增加、文化产业发展速度下降等。也就是说，尽管当前我国文化行业大面上呈现正向增长，但整体上的发展势头却开始大大收缩。武汉大学国家文化发展研究院课题组调研

观察到基层文化单位，特别是基层公共文化场馆的"机构空转"、① 发展态势"软收缩"现象较为严重。

实质上，当前整体文化行业"软收缩"态势主要肇因于其发展方向的紊乱、管理方式和运营方式的滞后。加快推进文化创新促进立法，正是扭转这一困境的最基础、最有力的方式。一方面，唯有研究和加快推进文化创新立法，逐步形成文化创新法律体系，确认文化创新的价值，明确文化创新发展的时代要求和行业措施，确立相应的法律原则与法律制度，才能引导和促进整体文化行业确立创新发展的目标，并积极运用创新思维、创新技术等破解发展瓶颈，明确创新发展新路径。另一方面，研究和制定文化创新专门法，能够从新时代我国文化建设发展的实际出发，基于人民群众文化参与和文化消费的现实需求，以及现代文化行业的整体发展规律，明确我国文化行业发展的整体原则和方向，构建文化行业的创新管理制度，形成科学的公共文化投入制度、文化单位绩效考核机制、文化产业发展引导与激励机制，打造开放包容的文化行业发展模式和发展体系。

（三）推进文化体制改革再出发的时代要求

尽管"十二五"时期我国文化体制改革取得了一定成效，但整体改革进展尚有所不足。由于文化体制的深层次改革涉及多方面关系，包括文化单位的产权制度安排以及基于产权的党政关系、政企（事）关系和政社关系之间的结构化模式。也就是说，深层次的文化体制改革应包括管理体制和行业体制的结构性调整。这显然会面临着"改革者被改革"的困局。在"触动利益往往比触动灵魂还难"的现实情况下，我国文化体制改革的深度推进必然会举步维艰。只有加快推进文化创新立法，以法律的形式弘扬创新的时代旋律，才能倒逼新时代的文化体制改革向纵深迈进。

---

① 以 2016 年暑假期间，武汉大学国家文化发展研究院针对中部地区公共文化参与情况，在湖北、湖南两省的 6 个县市获取的 11353 份有效调研问卷显示的数据为例，表示从未去过图书馆、文化馆（群艺馆）、博物馆（纪念馆）、美术馆、文化站（文化宫）等公共文化场馆的人口分别占被调研总人数的 27.8%、53.1%、43.1%、57.3%、52.4%。

一方面，党的十九大明确了"坚持中国特色社会主义文化发展道路"、坚持"文化自信"的战略目标和战略方向。中国特色社会主义文化发展道路的确立及文化自信的形成须建立在全体人民群众对文化建设发展有整体性、系统性和目标性的法律确信的基础上。只有依托于具有基本法属性的"创新法"建立起系统的文化法律体系，才能在激发全民族文化创新创造活力、推进中华优秀传统文化创造性转化和创新性发展的过程中，向全社会提供基本共识性规则和稳定性预期，进而凝聚文化创新发展共识，培育并树立文化自信。另一方面，要贯彻党的"五大发展"理念，必须推动文化事业和文化产业的协调发展、文化与其他领域的深度融合发展，这就要求在国家法律保障层面，超越传统的事业与产业"两分"、文化行业系统相对封闭发展的单向模式，通过文化创新法的统合，充分发挥其弥合行业、部门和所有制的宏观调整功能，形成促进文化事业与文化产业协同、文化行业与其他行业深度融合的改革动力机制。

研究和制定文化创新专门法，将文化体制改革的基本原则和制度要求上升到法律高度，以法律的权威性、稳定性、可预期性，提升文化体制改革的力度和效度——其一，文化体制改革首先是要政府简政放权，发挥文化市场、文化企业的活力，而缺乏文化创新法引领的文化行业体制改革，在政府与文化行业之间关系的理顺、文化企业的活力发挥方面容易受阻。其二，文化体制改革须推进文化企业本身的现代化转型升级，但没有文化创新法的指引和保障，企业本身的定位不明，无论是文化企业自身的治理结构升级，还是文化企业的产品与服务升级都很难实现。其三，文化体制改革重在提升文化企业、公共文化服务单位的生产和服务质量与效率，而这显然需要通过文化创新法推进文化行业体制机制的整体性现代化转型与发展。

（四）回应全面推进依法治国战略的必由之路

十八届四中全会确立了依法治国的战略目标，十九大进一步确认了全面推进依法治国的基本方略。加快推进文化创新立法是及时巩固当前我国文化立法成果，进一步建立健全我国文化法律体系，在文化领域回应全面依法治

国战略的必然要求。

从境外文化法建设相对成熟的国家或地区立法经验看，它们大多会在文化立法进展到一定阶段后及时制定或研究起草文化基本法。譬如，日本在《文化财保护法》（1950）、《著作权法》（1970）、《形成高度情报通信网络社会基本法》（2000）等文化法的基础上于2001年出台具有文化基本法属性的《文化艺术振兴基本法》；加拿大在《国家图书馆法》（1953）、《国家艺术中心法》（1966）、《加拿大电影发展公司法》（1984）等文化法的基础上于1988年出台具有文化基本法地位的《多元文化法》。当前，我国文化立法领域除原有的《文物法》、《著作权法》、《非物质文化遗产保护法》等文化法外，近年来又连续出台了《电影产业促进法》、《公共文化服务保障法》、《公共图书馆法》等法律。有必要借鉴国外经验，及时总结和巩固既有的文化立法成果，通过研究出台文化创新专门法，进一步确立文化在国家整体发展中的战略性地位，从而为我国文化治理体系的建设注入法治力量。

三 推进文化创新立法的路径

（一）推进文化创新基础法的出台

应当推进具有文化领域基础法地位的文化创新促进法的出台。"创新法"旨在调整文化领域社会关系，引导和推动中华传统文化"创造性转化和创新性发展"，促进新经济和新技术环境下的文化创新创造，并对文化发展繁荣发挥整体性促进作用。

第一，在调整的范围上，"创新法"并非针对某一个文化领域或某一个文化层面的法律，而是旨在促进涵盖文化事业、文化产业和对外文化交流贸易等整个文化行业的各种社会关系，并对这些社会关系加以整体性和全面性调整的基础性法律。

第二，在功能上，"创新法"旨在促进全民族的文化传承与文化创新创造，既包括对中华优秀传统文化的致敬和传承，又包含对当代鲜活的文化创造的激励。因此，"创新法"既是中华优秀传统文化"创造性转化和创新发展"的促进法，也是文化与科技、文化与经济、文化与其他领域融合创新发展的促进法。"创新法"的基本功能集中于促进传承转化和促进创新发展两个维度。

第三，在内容上，"创新法"所涵摄的是整个文化领域的基础性法律关系，因此其规定的内容涉及文化创新管理、文化遗产的科学保护与合理利用、公共文化服务创新发展、文化产业创新发展、文化产权保护、文化创新人才培养和文化对外交流贸易等方面。

第四，在动力机制建设上，"创新法"将现代数字信息技术与文化行业的深度融合作为推动文化创新的内生动力，把现代科技的支撑作用纳入整体的法律规定当中，将促进文化与科技的融合作为促进文化传承发展、创新创造的核心元素和基础动力。

第五，就法律属性和地位而言，"创新法"属于文化领域的基本法。与文化领域的基础法如《公共文化服务保障法》、《文物法》和单行法《公共图书馆法》、《电影产业促进法》不同，"创新法"不只是调整某一具体领域社会关系，它主要规定国家或地区文化建设的基本原则、基本任务、基本目标、基本制度，对文化领域社会关系进行全面性调整，是文化领域法规制定的依据与立足点。

（二）总结既有的文本经验

"文化创新促进法"所促进的"文化创新"包括文化遗产的传承保护、公共文化服务和文化产业的创新发展、对外文化交流与贸易三个方面。自改革开放以来，特别是十七届六中全会以来，我们在这三大文化领域的创新实践方面积累了丰富的政策法规经验。

就法律基础而言，我国现行宪法第 22 条所规定的"国家发展为人民服务、为社会主义服务的文学艺术事业、新闻广播电视事业、出版发行事业、图书馆博物馆文化馆和其他文化事业，开展群众性的文化活动。国家保护名胜古迹、珍贵文物和其他重要历史文化遗产"，以及现行宪法第 47 条所规定的"中华人民共和国公民有进行科学研究、文学艺术创作和其他文化活动的自由。国家对于从事教育、科学、技术、文学、艺术和其他文化事业的公民的有益于人民的创造性工作，给以鼓励和帮助"为"文化创新促进法"提供了根本的立法依据和立法支撑。《文物法》、《非物质文化遗产保护法》、《著作权法》、《公共文化服务保障法》、《电影产业促进法》、《公共图书馆法》等则为"文化创新促进法"提供了直接的立法基础和立法依托。《物权法》、《科学技术进步法》等其他领域法律则为"文化创新促进法"提供了相应的立法依托。

就政策基础而言，近年来中央和地方政府及其文化相关职能部门出台的有关促进文化各领域创新发展的政策如雨后春笋，竞相出台。在中央政府及其文化部门层面上，直接涉及文化创新的政策就有国务院《关于推进文化创意和设计服务与相关产业融合发展的若干意见》、科技部的《国家文化科技创新工程纲要》、科技部和原文化部及国家文物局联合出台的《国家"十三五"文化遗产保护与公共文化服务科技创新规划》、原文化部发布的《"十三五"时期文化科技创新规划》等300多份。在地方政府层面，保障和促进文化创新的政策文件更是灿若星辰，譬如，涉及促进文化科技创新的有安徽省的《加快推进文化科技融合发展实施意见》、深圳市的《关于促进文化与科技融合的若干措施》等等。这些政策文件为"文化创新促进法"的制定提供了最充实的支撑，一定程度上可以说，文化创新促进法的很多内容就可能源自这些经实践检验的成熟政策的法律化和制度化。

（三）整理既有的制度与实践经验

一是整理宣传文化部门的创新工作经验。原文化部及文化相关部委及其内设机构所开展的文化创新促进工作为"文化创新促进法"的研究和制定提供了大量的理论与实践素材。特别是原文化部文化科技司，自2009年开始即启动了"国家文化创新工程"，并通过项目带动、平台建设、人才培养、理论研究、示范引领等工作抓手，汇聚文化创新人才，调动文化创新社会力量，提升文化创造活力，创造文化创新成果，已初步形成国家文化领域文化创新的引领范例，有力推动着我国社会主义文化的创新发展。同时，为不断加强文化科技创新工作，2009年文化部开始实施"文化部科技创新项目"，关注局部性、探索性和补充性科技项目，推动文化单位的技术集成创新，培育当代创新性研究力量。自2010年以来，文化部文化科技司组织实施的"国家文化科技提升计划项目"，促进了科技进步在文化建设中的支撑、提升和引领作用的发挥，提高了文化科技融合水平和效益，推动着科技成果积极应用、服务于文化建设的方方面面。

二是原文化部与科技部的融合经验。2011年，科技部、文化部联合研究、制定并发布了《国家科技与文化融合联合行动计划（2011～2015）》，联合认定"科技与文化融合示范基地"。2012年1月，科技部印发《现代服务业科技发展"十二五"专项规划》，明确提出要推动科技与文化融合，培育文化新业态，强调要在技术、政策和具体措施等方面，紧紧依靠现代技术，创新文化发展理念、优化文化政策体系、打造文化数字化平台。为贯彻落实十七届六中全会精神及国家"十二五"时期文化改革发展规划纲要重点任务，科技部还协同中宣部、财政部、文化部、广电总局、新闻出版总署等，联合发布《文化科技创新工程纲要》，共同推动实施文化科技创新工程。此外，科技部发布的《国家文化科技创新工程西部行动方案》指出，要将科技与文化融合作为提升西部传统文化产业发展水平和培育文化产业新兴业态的重要手段。

此外，国外相关立法案例提供了文化创新立法的立法借鉴。尽管国外尚没有以"文化创新促进法"命名的文化基本法，但是它们的文化基本法及文化单行法不仅始终紧扣促进文化创新发展这一主题，而且以文化科技融合为核心的创新保障措施是大多数文化法不约而同的选择。如，日本的《内容产业促进法》明文规定"应当推进影像制作、上映、信号发射等领域的尖端技术的研究开发，并采取教育振兴等必要措施"，"应当在考虑创意内容的公正利用的前提下，采取必要措施保护知识产权"，"应当为推进创意内容的顺利传播采取必要的信息技术开发利用等措施"等。韩国的《文化

产业促进法》第三章专门强调了文化创新专业人才的培养、文化科学技术开发的促进等等。加拿大的《多元文化法》同样是基于一种文化创新的立场及创新性举措的建构，促进加拿大多元文化的传承、创新与发展。那么，国外的这些相关的立法经验可以为我国"文化创新促进法"立法提供相应的参考和借鉴。

B.3
互联网条件下虚拟公共文化
空间发展研究

陈波 穆晨*

摘　要： 通过分析虚拟公共文化空间在社会发展中的主要作用及主要问题，探讨虚拟个体在公共文化空间的行为模式，将基于互联网的公共文化参与行为空间化，勾勒出虚拟公共文化空间二维平面展开与三维立体空间的存在形式。进而对我国虚拟公共文化空间运行机理及模式进行优化设计，得出传统数字公共文化资源的受众开发模式、基于"半封闭空间"隐形数字壁垒的反哺开放空间模式、基于虚拟弱势群体的"风扇式"帮扶推进模式等虚拟公共文化空间基本优化模式，以求更好地满足人民群众文化需求、激发我国虚拟公共文化空间的内生活力。

关键词： 虚拟公共文化空间　公共文化服务　空间行为模式

互联网条件下，特别是 Web 2.0 时代到来后，我国的公共文化参与进入了新的场域，既建立在原有文化实践的基础之上，又加入了新的象征性实

---

* 陈波（1978～），武汉大学国家文化发展研究院副院长、教授、博士生导师，美国芝加哥大学访问学者，主要从事文化产业理论、公共文化政策研究；穆晨（1992～），武汉大学国家文化发展研究院博士研究生，主要从事公共文化参与、文化创意产业研究。本文系国家社科基金艺术学重大项目"乡村振兴战略中的文化建设研究"（18ZD24）、国家社会科学基金项目"新型城镇化背景下我国农村公共文化空间机制设计研究"（17BGL214）阶段性成果。

践的结构和运作逻辑。虚拟空间参与者从单方面的信息检索和获取行为扩展到包含获取、接纳、反馈等的系列交互，为虚拟空间中的文化参与提供了新的聚合方式。互联网条件下虚拟公共文化空间提供数字化文化资源与文化参与场所，搭建空间运行逻辑与行为规范，允许参与者以虚拟身份进行文化学习、文化交流、文化需求反馈、文化创作等虚拟文化活动。虚拟公共文化空间与物理公共文化空间相互融合、有机互动、平级运行，一方面使公众享受到前所未有的文化参与自由，另一方面又使他们在自己所创造的文化符号之中迷失和受到束缚。

互联网条件下虚拟公共文化空间的存在形式呈多样化，形成不同的管理主体、行为规则，参与文化活动的人群随之产生交流与冲突。政府作为虚拟公共文化空间责任主体，其管理行为受到空间内不断革新的新形式新内容的挑战，在此背景下，厘清虚拟公共文化空间的形成机理为何，管理如何分工，何种空间环境催生虚拟公共文化空间自我造血能力并使公民的文化需求得到满足等问题，对我国虚拟公共文化空间及公共文化服务治理具有重要意义。本文参考行为空间形成机制及分布特征与虚拟公共文化空间中虚拟人的行为理论，试图解答虚拟公共文化空间内的人在做什么，为什么称之为"空间"，与物理公共文化空间内的活动有何不同，对传统的文化生态与现实社会产生怎样的影响等，突出不同种类的文化行为与虚拟公共文化空间的相互影响，并据此进行虚拟公共文化空间模式优化。

一　国内外关于互联网条件下虚拟公共文化空间的研究综述

国外关于虚拟空间模式的研究开始较早，成果丰富，但大部分虚拟相关研究聚焦于公民在线表达与政治参与在推动民主化进程中扮演的重要作用，虽有涉及虚拟公共文化空间中文化活动的社会心理和文化意义，但少有研究进行虚拟公共文化空间形态和文化活动参与者路径与行为模式的抽象归纳。早期，美国学者卡尔·谢尔多（1998）已通过诠释虚拟空间对人们不同需求的满足过程和原理，将虚拟社会空间化、具象化，但未进一步提炼虚拟空间中个体的文化参与行为模式。Zizi Papacharissi（2002）指出互联网使信息传递与讨论的范围空前扩大，但也导致了讨论信息获取不平等和话语破碎化，为本文建构虚拟公共文化空间三维探索模型提供了基础。Bjarki Valtysson（2010）肯定了 Web 2.0 条件下的交互式数字文化景观中公共文化参与的价值，进而探讨何种文化政策有利于数字文化公共领域的文化参与，但未能从虚拟公共文化空间环境形态角度分析该问题。亨利·詹金斯（2012）在《融合文化：新媒体与旧媒体的冲突地带》一书通过分析互联网条件下文化制作人与消费者、草根与媒体公司既相互融合又相互斗争的状态，提供了虚拟公共文化空间中文化生产传播管理权力的去中心化的视角，为本文关于破解虚拟公共文化空间社群的自主管理与政府管理分工困局提供了借鉴思路。

我国虽尚未形成完整的虚拟公共文化空间理论体系，但针对虚拟社会性质与虚拟空间中人的行为已有一定的研究成果，并多集中于人际关系、心理研究、伦理学、失范行为等方面。胡昌龙在《虚拟社会网络下集群行为感知与规律研究》一书中，从集群行为感知、模式和规律挖掘、管理引导机制三个层次的基础行为感知和建模仿真展开，对网络集群的规律及管理方式做了分析。[1] 董凤娟（2012）在《我国虚拟社会的管理问题及其对策研究》中强调虚拟公共空间管理中政府、市场、第三部门作为管理主体在地位上的平等性、在行为上的互动性与合作性。[2] 谢俊在《虚拟自我论》中将在虚拟空间中虚拟自我的表征作为主要研究对象，并分析了自我的现实性与虚拟性之间产生的张力及其原因。[3] 汪波在《中国网络公共空间：镜像、异化与理性建构》中对虚拟公共空间中的公共参与与民众心理进行了分析，虚拟人

---

① 胡昌龙：《虚拟社会网络下集群行为感知与规律研究》，武汉大学出版社，2016，第49～132页。
② 董凤娟：《我国虚拟社会的管理问题及其对策研究》，北京邮电大学硕士学位论文，2012，第28～38页。
③ 谢俊：《虚拟自我论》，华中科技大学博士学位论文，2008，第78～91页。

的心理认同多来自相似社会处境形成的共同心理感知，并指出传播效率提高后通过公共表达参与或影响公共事务决策的民众更容易受到个人或集团利益的影响。① 张文佳等在《时空制约下的城市居民活动—移动系统——活动分析法的理论和模型进展》中总结了空间规划中居民路径与活动分析法，为本文提供了基础分析思路。② 目前虚拟空间中文化参与的行为模式是研究中较少触及的，这也是本文研究的立足点。

二 虚拟公共文化空间在社会发展中的主要作用

虚拟公共文化空间内部活动的发展革新是公民文化需求变化的重要体现，一方面在精神领域打破物理公共文化空间的现有局限，另一方面因其操作便捷、技术快速赋能迭代等特征，肩负起新时代文化活动内容形式转型升级的任务。

（一）文化教育与信息传递功能

虚拟公共文化空间建设为具备基础信息素养的民众提供了额外高效、便捷、低成本的文化知识来源，虚拟空间渠道与集群大大降低了普通民众接受文化教育与专业知识的门槛，这对提高我国公民的文化素养、满足群众基本文化需求、传播与弘扬中华民族文化内涵与中华美学精神具有重要作用。

虚拟公共文化空间中的文化教育与信息传递以服务学习为核心。站在学习者与信息接收者的立场上，帮助他们解决获取知识中的困难与阻碍。不同年龄段、不同学习习惯的人可于在线公共文化数字资源的虚拟平台选择自己喜爱的风格，甚至直接向相关领域的专家请教；知乎等知识集群帮助人们有选择性地跳脱出以教师、课堂、书本为中心的学习模式，从问题本身出发尝

---

① 汪波：《中国网络公共空间：镜像、异化与理性建构》，《南京农业大学学报》（社会科学版）2011 年第 4 期。
② 张文佳、柴彦威：《时空制约下的城市居民活动—移动系统——活动分析法的理论和模型进展》，《国际城市规划》2009 年第 4 期。

试解决问题，直入问题本质进行探讨。虚拟公共文化空间的文化教育与信息传递功能顺应了时代对于教育的更高要求，促使人的教育向更人性化且有针对性的方向发展。

在日益快节奏的生活中，虚拟公共文化空间几乎为公民提供了随时随地通过图片、文字、视频等多维立体的广阔渠道进行学习的可能，人机交互、形象表达、随时弹幕发问评论等方式使虚拟公共文化空间参与者能够进行更个性化的学习体验，以兴趣体验驱动学习过程。在虚拟公共文化空间中，文化教育不分年龄段与教育背景，更少受到现实条件的制约，满足更多公民接受终身教育的需求。

（二）文化的交流需求

虚拟公共文化空间不仅为参与者提供单向的知识信息传播渠道，参与者之间文化信息的交往反馈亦占有庞大的数据流。相较实用性的交往，文化需求的个性化明显。普通民众在有限物理空间中搜寻到与自己有相似精神需求的个体的可能性较小，但在虚拟公共文化空间中找到属于自己"同类"的可能性却得到极大的提升。因采用虚构身份，虚拟公共文化空间参与者的交集与集聚有相当比例是因有共同的精神活动、相似的兴趣点并参与文化表达甚至文化消费，隐藏在虚拟身份之后的文化交往与反馈方式不仅减少了陌生人之间直接进行深入交流的不适感，并且具有极佳的可拓展性，单个话题可以引发系列讨论，一次活动队友发展为持续的战友和伙伴，在较少物理成本投入的前提下，虚拟公共文化空间的公共文化服务附加价值不断增加。

伴随着现代化的加速发展，我国传统熟人社会的人际交往方式发生了转变。一方面，非世代居住的陌生环境、频繁的人员更替使人们生活的不确定性与不安全感普遍增加，邻里交往也随之减少。伴随现代化都市生活节奏加快、生活压力增大，与亲人朋友的交流也不似往日频繁。社会结构变化下产生的新道德新思想，使得年轻人行为有更大概率不为现实传统的家庭道德规范所理解与接受。另一方面，人的社交属性决定了其获取精神慰藉的需求保持在一个相对恒定甚至受挫后的更高状态，渴望从属于一个团体、得到回应与证明，虚拟公共文化空间的建设为那些渴望交流的公民提供了重要途径。没有血缘关系、没有现实接触的个体因为相同的心理状态或相同的价值追求在虚拟公共文化空间一起诉说苦闷、互相激励，甚至互通有无，如病患群让互不相识的病友互相提供精神慰藉、社区群使人们在紧闭的家门背后热心地讨论居住地周边的美食美景和小区里的有趣见闻。人们在匿名的倾诉中寻找安全感和认同感，在虚拟空间更加直接地模拟现实世界中的关注行为，开放多样的文化需求表达机制缩短了心与心的距离，真实生动的中国故事在虚拟公共文化空间上演。

（三）助力亚文化社群的聚合成长

亚文化是从原有主流文化的语境中抽离的，颠覆原意义系统的认知和价值，主流阶层对文化产品生产及传播的垄断被打破，取而代之的是另类的、具有批判精神的文化形式与实践。在较长的历史时期内，传统经典亚文化因对主流社会的批判与反抗精神而遭受批评，但伴随信息技术的普及、新媒体技术不断发展及我国虚拟公共文化空间逐渐成形，新型亚文化类型呈现爆炸式增长且愈发多元化，一元主导、二元对立的文化观念已被多元文化观念所取代，新型亚文化几乎等同于小众文化，是不带抵抗意义的中性词。如赫伯迪克在《亚文化：风格的意义》中所说，新型亚文化风格产生之初可能发出一些象征性的挑战，但最终必然以确立新的准则，产生新的产品，或使旧的商品和工业重新焕发出活力而告终。①

以用户生成内容和人际关系为核心的虚拟社区让长期处于小众和尴尬境地的亚文化有了展现自我的新舞台。② 虚拟公共文化空间的出现与不断完善为民众提供了更立体且多维度参与文化活动的渠道，去中心化、去精英化的信息分流使得虚拟空间呈现活跃而具生命力的文化景观。围绕亚文化音乐、服装、集体行动等因素建立起来的新的特殊风格，在共通品位与集体归属感

---

① 迪克·赫伯迪格：《亚文化：风格的意义》，北京大学出版社，2009，第96页。
② 蔡骐、黄瑶瑛：《SNS网络社区中的亚文化传播——以豆瓣网为例进行分析》，《当代传播》2011年第1期。

中催生出受推崇的"亚文化资本"以及一系列与衣食住行及展示方式相关的文化产业链和"场景",不断产生新的符号内容。亚文化在虚拟空间愈发集中与深入的文化实践为公民文化生活注入活力,并滋养出更具实践基础的文化象征符号与潜在消费群体,提供文化市场与就业机会以推动文化产业发展。

(四)提升公共文化审美水平,促进文化服务转型升级

互联网时代,具有一定文化创意思维和潜力的民众一度面临未经数字化专业训练从而难以将文化创意转化为数字实体进入公共领域的困境。伴随虚拟公共文化空间的不断发展和数字化平台的不断完善,部分文化空间进行了用户友好型基础结构的搭建工作,帮助用户直接针对文化元素本身进行操作,降低数字文化创新的编程技术要求,从而降低文化创作的门槛,增加大众赋予符号象征意义的可能,随之在公共领域催生出大量反映时代精神和文化追求的文化作品。草根创作者在文化表达欲的催动下,对进入公共领域的文化作品数量和质量提出更高要求,对公民文化审美的整体提升具有积极推动作用,UGC(User Generated Content)的增加革新了整个公共文化空间的内驱动力,公共文化领域的内生活力得到可持续激活。

对应公共文化内容、形式的变化,虚拟公共文化空间的框架结构也在原有基础上出现了相应调整。大量无门槛、无甄别的文化表达、文化作品涌入完全开放的虚拟公共文化空间,使一部分要求较高和有专属话语体系的文化参与者和创作者缺乏归属感。在此基础上空间形态逐渐呈现两种形式:完全开放空间与具有一定准入门槛与规则的半封闭硬核空间,其中,半封闭硬核空间一般通过资格审核、专业考察等将一部分不契合或相关文化活动参与意愿较低的参与者拒之门外,同时为文化参与者提供更有凝聚力、更具专业性的文化氛围,其文化创作与讨论对文化审美的整体提升具有创新性的引领作用。

一方面,全开放空间中公民进行文化表达的数量大量增长,整体文化活动参与活力增强,自我表达欲与主体意识推动文化审美水平提高;另一方

面，部分半封闭硬核空间内文化表达氛围更浓，文化创作水平更高，引领虚拟公共文化空间整体文化审美水平的提高。公共文化服务面临着虚拟公共文化空间内文化参与数量、态度、水平、形式的多重变化，必然面临着服务管理的转型升级，要利用好虚拟公共文化空间，充分理解公共文化需求和发展水平，重新定位管理角色，重视、发现、整理并输送具有时代精神的公共文化作品，从整体上促进文化服务的转型升级。

三　我国虚拟公共文化空间的现状与主要问题

我国虚拟公共文化空间包含政府及相关部门提供的数字化公共文化资源平台、媒体公司控制供给的文化信息空间、文化团体及爱好者组成的交流社区等多种存在形式，不同类型空间管理主体不同导致管理体系与管理观念的差异，虚拟公共文化空间三维形态中的文化传播分区分层亦导致文化交流碎片化与虚拟主体自我身份认同危机。

（一）实体公共文化资源虚拟空间化服务观念有待转型

我国虚拟公共文化空间建设中的一部分是由政府投资、民众享受的公共文化数字资源平台，免费开放的剧团、博物馆、图书馆、美术馆等，以及广播、电视等公共媒体对公共文化资源进行数字化与网络化处理，帮助群众在现实公共文化空间之外通过镜像更加高效便捷地享受文化服务，此举大大提高了我国公共文化服务便捷度、可达性。但服务水平仍参差不齐，存在大量服务观念被动、重资源建设轻受众评估的现象，传统资源的数字化采集与梳理仅为虚拟公共文化空间建设的基础性工作，实体公共文化资源转化为数字资源的范围与运行模式亟待探讨与研究。

就实体资源网络化的范围而言，现实公共文化空间不仅包含了历史遗迹、名家作品，更为平凡而多见的是民众的公共记忆与集体创作，同样，虚拟公共文化空间需担负起展示与保存职责的不仅仅是名家作品，对时代有纪念与思考价值的作品都应有机会呈现在其他公众面前。有数据表明，民众在良好的版权保护条件下有较强的意愿上传自己的作品，但目前调动民众投稿的举措尚显不足。① 这意味着鼓励公众创作、建成公共记忆体的机制仍很缺乏，特别是在网络技术与虚拟空间的不断更新条件下文化艺术创作门槛降低，虚拟公共文化空间建设理应允许并重视大众的艺术文化价值。

面对最广大人民群众日益增长的文化需求，公共文化服务职能部门除力求满足民众最基本需求外，应逐步把不断提高民众的文化素养纳入更高一层的工作目标，推动公民文化审美水平的升级，主动、具体地进行虚拟公共文化空间民众公共文化需求的补缺与契合，以逐渐提高的文化消费意愿驱动我国文化产业结构升级。当前的虚拟容量扩充、提高服务质量停留在供给方面，缺乏质询受众分享程度的举措，而公共文化服务在何种程度上为公众所理解与接受恰是检验数字化文化资源服务效能的关键，虚拟公共文化空间建设在扩充容量资源有限的情况下，考察数字化馆藏珍贵资源与民众交互程度应被纳入绩效评估的范畴。

（二）虚拟公共文化空间信息渠道分层导致共有认同减少

虚拟公共文化空间的主要作用包括了教育与信息传递、文化需求的交往反馈等，值得注意的是，虚拟公共文化空间的信息量巨大，信息接收与文化交流的取舍行为却是高度个人化的。虽然从技术层面来说，大部分虚拟文化空间可以无差别地面向全体公众开放，因参与虚拟空间活动的行为本身相对独立，且公民个人通过终端进行信息传递与获得的渠道受到自身教育水平、工作与生活环境等多方面影响，与传统公共文化空间相对无差别的可进入性相比，基于不同人际网络、不同生活方式等建立的虚拟公共文化空间仍旧存在潜在的准入逻辑与规则。虽然部分虚拟公共文化空间半封闭式的存在状态并非源自商业营利抑或管理者的排外意愿，但许多现有公共文化空间内部组成与活动方式仍呈现以核心成员与既有圈层为中心向外有限发散的特征。

① 韦景竹、李南星：《公众需求视角下公共数字文化资源建设版权问题与对策研究》，《图书与情报》2017 年第 5 期。

虽然虚拟公共文化空间提供给公民更多机会直接参与到文化创作中去，文化服务因此愈发呈现多样化趋势，但从公民个体的微观层面来看，除非公民自身社交属性发生改变，否则相较传统的公共文化空间，公民在虚拟空间中参与文化活动的形式与内容是相对局限和固定的，这也就意味着不同公民在不同虚拟公共文化空间中参与的文化活动有很大可能并非构筑在相同的语境内，不同群体可能产生不同甚至相反的事实认知与文化认同，当公民的信息渠道不同时，很多文化交流就失去了讨论的基准点，在局部虚拟文化空间中成型的文化认知在有限的人群中发酵趋同，若长期于某一虚拟公共文化空间局部活动，不同群体之间流通、碰撞与重塑减少，容易产生极端倾向，现有虚拟公共文化空间活动范围更加趋于分区分层。

（三）虚拟公共文化空间社群的自主管理与政府管理分工困局

虚拟公共文化空间中社群特有的半封闭性、庞大的数量和较高的变动频率，使管理行为需要做出更快反应，且采取更加灵活的管理方式。出于持久运行的需求，虚拟公共文化空间社群形成以来已大多确立了自我管理模式，且总体平稳运行，政府在后来参与到既有管理的过程中，存在部分缺位或过度监管的问题，虚拟公共文化空间的自主管理与政府管理如何分工时常成为困扰文化管理者的问题。

不论是异步交互的论坛、BBS、豆瓣小组，或是同步交互的微信群、QQ群、微博群等，虚拟公共文化空间中的大多数社群在交互开始后，会以"社区守则"、"群公告"等形式建立起社群行为规范与管理准则，以保证同一社区的成员能够在一定共识下进行交流合作。此类管理行为大多是由社群发起者草拟，规定社群的行为态度、活动框架与范围；社群管理者负责实施，保证守则内容得以执行；社群参与者共同讨论修改，当参与者认为守则内容过于严苛或存在异议时，一般可在社群内发言，就是否应修改部分守则以满足更多成员需求参与讨论。在此管理机制下，通常社群发起者权利较大，社群走向受其具有个人色彩的社群准入原则左右，管理者有权凭主观判断删除其他参与者的活动痕迹，将个人意志加于其他个体之上，不规范的管理权交接行为、草根管理者个人素质的降低将对社群的生存发展带来不利影响。

虽然公民现可在聚落式的虚拟公共文化空间较为自由地抒发自身感受、直接根据自身困惑寻找解决方案，但考虑到虚拟文化空间的社群数量庞大且多以半封闭的形态进行活动，社群整体管理与服务极易形成盲区——政府管理缺位致使其对虚拟空间内社群群体情绪缺乏敏锐感知，部分群体文化需求的发声渠道难与政府管理对接形成良性互动，部分危害社会健康发展的内容混杂其间而政府难以及时有效作为等。若职能部门只关注空间内部建设而不为社群提供规范的外部渠道，社群中的共识问题没有渠道得以反馈，有价值的文化成果没有渠道与更多公民共享，政府便难以深入洞察公民文化需求，进而有效履行其文化的引导管理与服务职能。反之，过度监管与控制则易降低虚拟文化空间中社群的参与热情、禁锢其发散与批判性思维，甚至激发虚拟公共文化空间参与者的抵触情绪，使虚拟公共文化空间不能充分发展，发挥其应有的社会效益与文化价值。既要保证虚拟空间参与者发表言论与讨论的权利，又要尽量使更多人在有限时间内看到更为优质的内容，虚拟公共文化空间的管理需科学协调优质内容生产与环境规则制定，在不断出现新形式新内容及社群日益多元化发展的虚拟公共文化空间中，确立政府管理的边界，推进有关监管主体、监管内容、监管方式与监管环境的讨论[1]，思考如何区分有不同管理需求的虚拟公共文化空间，针对不同类型应进行何种程度何种形式的引导与服务，这对政府职能的实现具有积极作用。

（四）虚拟空间行为诱发自我意识与身份认同危机

虚拟空间中的个体身份具有流动性。通过变换头像、姓名及其他背景信息，个体在不同的平台与社群可以展现出完全不同的行为模式，这也意味着虚拟个体在参与虚拟公共文化空间的社会交往过程中，通常无法通过身份信

---

① 陈德权、王爱茹、黄萌萌：《我国政府网络监管的现实困境与新路径诠释》，《东北大学学报》（社会科学版）2014年第2期。

息了解他人虚拟 ID 背后的长期行为模式，因此对于每个个体行为的约束也远远小于现实公共空间。

虚拟公共文化空间中的行为部分植根于现实世界的文化实体进行，部分则是完全基于虚拟的场景、人物、故事，在完全虚拟的环境中虚拟个体被其他虚拟个体认同的原因、标准与现实世界有一定差异，其对自我身份的确认、对虚拟社会的认同，使心理发育不够成熟的人群，在虚拟与真实的公共文化空间之间转换具有一定难度和挑战性，因无法区分虚拟符号赋予与遮蔽的个体自我特征，现实与虚拟之间的关系逐渐失衡，在虚拟空间中获得更大满足感的虚拟自我出于趋利避害的本能，倾向于吞噬现实的自我定位与认知。

需要注意的是，现实束缚的减少并不必然导致自我意识与身份认同危机，虚拟身份从另一角度来看也增加了个体对自身需求验证的可能。在有限的现实条件下个体的文化需求不必然能得到充分释放，需要开放新的场景与角色以求内心秩序的平衡，"一位作曲家必须作曲，一位画家必须作画，一位诗人必须写诗，否则他始终都无法安静。一个人能够成为什么，他就必须成为什么，他必须忠实于他自己的才性"①，个体在虚拟公共文化空间活动的多样选择滋养了好奇心与不满足，增进了个体对自身进行验明与确认的可能。个体通过注销 ID、技术加持等措施，超脱于现实情境的局限，享受虚拟公共文化空间提供的更多选择，从而进行比现实世界中更多层次的文化体验。

虚拟空间行为诱发自我意识与身份认同危机的解决当下主要依赖于个体的自我调节与心理疏导，但个体面临虚拟现实切换生发紊乱和无助而自我调节无法有效作用时，虚拟公共文化空间缺乏有效的机制设计，开放权限身份缺乏甄别、甄别手段较为简单粗暴，难以应对自我虚拟性征在虚拟社会中面临的复杂情况。

---

① 〔美〕马斯洛：《动机与人格》，华夏出版社，1987，第 51 ~ 52 页。

四 虚拟公共文化空间形成及运行机理

伴随着我国现代生活节奏的加快，物理空间中人与人的思想交流被事务性功能性活动压缩，但深度文化交流的需求并未因此减少。随着 BBS、在线聊天室等"群居式"虚拟聚落的出现，人们以虚拟身份较为安全地寻求满足自身文化需求，释放虚拟人格开展创造、互惠、表演等行为，形成具有自身文化属性的群体并参与管理与被管理，具有社会属性的虚拟公共文化空间逐渐形成。个体思想、爱好、特长的延展途径大大拓宽，精神层次的享受得以共享甚至成为社交的源头与纽带，人的价值肯定受现实约束减少，文化观点可以通过虚拟公共文化空间得以公开表达并获得具有相似见解人群的肯定，给予心理焦虑与孤离中的人群以慰藉。个体参与者观察空间环境、进行文化交流甚至生产创作的同时，建构其虚拟身份的外部特征，其他参与者据此形成对该身份的直观印象，虚拟身份在空间内留下印记可能被记录和追踪。从群体的角度来看，人们在虚拟公共文化空间中做的事与物理空间内殊无二致，搭建空间、交流文化、制定规则、展示自我、体验情感等等，参与者自然地在物理空间既有文化基础上按照虚拟公共领域的规则产生新的文化形式。

在虚拟公共文化空间的研究中，我们关注到个体在其中的行动轨迹与某些空间内部移动行为具有相似特征，不同的平台与社群中会催生人们不同的行为方式。需要厘清的是，虚拟公共文化空间在互联网上的延伸看似没有穷尽，但其本质是紧密围绕"人"不断更新的文化需求进行迭代与补充，从二维平面上看，不同文化区域和社群的成长以公民需求为中心渐趋密集与交叠，而非不断向边际延伸；而在三维空间上，虚拟公共文化空间的发展呈现立体和互通之势，公民在虚拟公共文化空间中的流动与探索巨型迷宫相似，进入迷宫的人们无法窥其全貌，其间众多岔道路口亦有无限细节，受到不同方向标签吸引的个体一般难以到达迷宫的每个角落。即使有意探索全部迷宫的"玩家"，也受到自身审美与眼界的制约，无法费力打开一个个开启所有

半封闭"硬核社区"大门的"钥匙宝箱",这也解释了我们前文提及的相较物理空间而言,虚拟公共文化空间普及率较低问题,物理公共文化空间相对有限且门槛较低因而参与率较高,虚拟公共文化空间情况较复杂,一则虚拟空间数量庞杂、各自文化标签鲜明且多呈半封闭状态,探索者在"岔道口"选择时会受到先入为主的判断所影响;二则诸如虎扑、哔哩哔哩等半封闭的"硬核社区"需经答题才能参与互动,门槛较高,因此普及率较前者更低。

若我们将眼光聚焦于各虚拟公共文化空间内,则会发现根据空间内部搭建规则与结构的不同,空间成员相近的行为方式赋予各空间不同的象征意义,这与物理公共文化空间根据功能划分场域的效果不尽相同。例如,物理公共文化空间的博物馆所承担的是为公众提供知识、教育和欣赏的文化教育职能,它们负责收集与展出,帮助民众了解展品背后的价值,然而参观者在博物馆内的活动原则上仍是各自分散的。而有趣的是,长时间在某个虚拟平台上活动、享受平台服务、遵守平台潜在规则的人群却往往形成其独有的气质与特征,虎扑人崇尚拼搏与实力、豆瓣人文艺小清新、天涯人八卦、知乎好为人师、网易云音乐人喜爱小众精品、晋江人有宅属性等。这些虚拟公共文化空间满足的大众文化需求虽存在交叉且彼此之间无法割裂,但在功能属性之外,往往在凭借其唯一突出的态度收获强大的用户黏性。在虚拟公共空间中行进的人们,根据不同的文化标签和归属感而非文化功能,进入不同的虚拟公共文化空间。

有了虚拟身份的掩护,虚拟公共文化空间中个体甚至群体的风格可以极为鲜明,因各个半封闭空间形成了完全不同的文化标签与推崇者,我们不得不考虑这些在不同文化氛围中生长、带有强烈个性色彩的人们彼此相遇后的情形(见图1)。很多研究都表示和来自不同文化的人相处可以让人们更好地理解他人,多元的文化环境更可以消除不同族群之间的敌意。[①] 但同时我们也发现,在多元文化共存的虚拟公共文化空间中,群体性冲突却越来越频

① Rao G. Familiarity Does Not Breed Contempt: Diversity, Discrimination and Generosity in Delhi Schools. Working Paper, 2014.

繁，从 2007 年 6 月 21 日百度贴吧中李宇春吧和李毅吧的爆吧事件开始，到 2018 年 7 月底吴亦凡粉丝发动对虎扑步行街的战争，不同文化群体自发组织针对另一群体的攻击，采用最为原始粗暴的占领方式，在短时间内大量上传信息致其机构瘫痪、无法正常运行。类似此类事件除了印证物理空间内的"群氓"活动可以更小的代价、更便捷的方式在虚拟空间继续发生外，也说明在虚拟公共文化空间内，不同群体间的深度交流很少，虽可频繁以标题或短句的形式看到彼此的意见，但快节奏的浏览、频繁的表象碰撞反倒使一定契机下的冲突成为可能。虚拟公共文化空间中较为强势的参与者不似弱势群体那样止步于热点导向的线性的探索路径，携带半封闭空间不同象征意义与态度气质的强势群体在多面探索中更易遭遇交流甚至冲突。

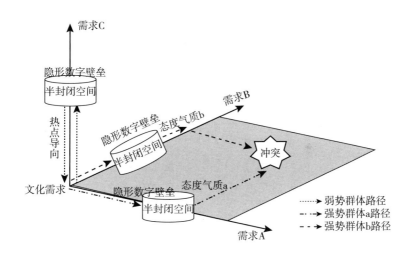

图 1　虚拟公共文化空间参与者探索路径示意

五　虚拟公共文化空间模式解析

面临伴随虚拟公共文化空间飞速发展而来的诸多问题，前人已发现问题并逐一思考对策，提出了完善相关法律法规、多中心多种社会力量参与管理等意见和建议，但因虚拟公共文化空间的体系构建尚未完成，相关研究还有

很多问题未及详讨，如：各空间社区隐形数字门槛与进入壁垒带来怎样的影响，虚拟公共文化空间环境建设、渠道设计会对虚拟公共文化空间产生怎样的影响，政府为保障弱势群体文化福利需在虚拟公共文化空间建设中进行哪些路径、岔道、环境的建设投入，如何催动各个空间创新效能与活力的动力机制等。为保证"探索迷宫"的人们各取所需、发展所长，空间设计者、服务者需要对应思考该"迷宫"气压是否适宜，如何设计更方便引导参与者抵达目标空间，如何为虚拟公共文化空间中高质量的符号内容提供高效的价值实现渠道等。本文将试从空间行为角度分析虚拟公共文化空间运行机理，并据此提出建设虚拟公共文化空间的优化路径。

（一）优化思路

我们已在前文分析了人们在空间的行动轨迹与"迷宫探索"有很多相似之处，虚拟公共文化空间内部的结构形态是三维立体结构，不仅从单一角度难窥全貌，进入内部后更会因个人偏好而产生视觉盲区。在三维立体的虚拟公共文化空间中，不同的小空间之间存在隐形数字壁垒隔断，形成虎扑、哔哩哔哩动画等具有一定进入门槛的半封闭"硬核社区"，这些社区仍然对全体公民免费开放，但只有了解一定相关领域的知识并通过答题接受资格审核后方可进入。首先，针对具有创造力和鲜明文化个性的空间参与者，各空间社区隐形数字门槛与壁垒能够提供给空间内部成员一定程度的安全感，其共享倾向高于全开放空间。区别于物理公共文化空间相对较少的互动机会，虚拟公共文化空间更有利于共建共享。在对网络暴力缺乏有效约束的前提下，即便有虚拟身份做掩护，参与者交往互动并留下的印记，使具有独立批判性思考特征的个体在完全开放的空间不免时常遭到指责甚至攻击，因此倾向于向基本观念相对一致的群体靠拢，身处相对封闭的空间有助于从忧虑自己行为影响的情绪中暂时解脱出来，追求创造有价值的内容从而获取尊重。从这个层面来看，虚拟公共文化空间中半封闭的"硬核社区"内部专业性、凝聚力更强，成员不仅能够享受信息共享带来的便利，更有能力衍生创造价值，通过用户创造内容延长该空间的价值链。目前部分半封闭的虚拟空间出于各种目的已自发、零散地开始共享空间内生知识与文化符号以求获得认可并实现公共价值，事实上反哺了全开放的虚拟公共文化空间，但因缺乏成型的后续通道与鼓励机制，此类文化共享与传播动力不足、偶然性较大。对于此类型的虚拟公共文化空间，政府部门未必能够提供文化内容，亦难以指导如何共享与生产，因此应明确自身定位及分工，着力提供压强适宜的生长环境与后部帮扶渠道，做好统一、严格的知识产权服务保障工作，促使各半封闭空间内优质资源与文化思想聚集碰撞，使其实现更大价值，鼓励我国优质文化创意交流和产出，为盘活文化市场而供给源源不断、具有生命力的文化资本。

其次，为更好地发现并保障虚拟空间弱势群体的文化需求，虚拟公共文化空间责任主体需要考虑弱势群体友好基础设施建设，对甫接触虚拟迷宫或信息素养相对较低的人群主动提供帮助和引导，当下我国该部分人群数量相对庞大，包括中老年人、贫困人群、少年儿童等，他们开始探索虚拟公共文化空间时的状态大多随机、茫然甚至忧惧，部分人群由于信息渠道不通达，或者因对虚拟公共文化空间的构造缺乏全局把握，进入虚拟公共文化空间后往往蜷缩于一隅，即使对基层虚拟公共文化空间服务，或基于某文化标签而形成的半封闭"硬核社区"感兴趣，也由于欠缺引导或"钥匙"不得其门而入。简单来说，由于虚拟弱势群体缺乏应有的"地图"、"钥匙"与"导游"，某些公共空间与居民中的特定群体切断了联系，以致我国虚拟公共文化空间中文化教育与交流沟通效果不甚理想。即使是现实世界中关系密切的亲人，进入虚拟公共文化空间后也很难通过思想行为认出彼此，回到现实后难以继续深入对话，如不重视建造针对虚拟空间弱势人群的"友好设施"，这种虚拟空间中日渐成型的沟壑亦将慢慢投射到现实世界，对社会凝聚力造成不良影响。针对虚拟公共文化空间的弱势群体，遵循"受众本位"思想，管理者可深入研究受众的基本行为特征，发现其文化需求的潜在可能，从而在弱势群体通过率较高的虚拟通道放置连续且多层次的文化参与鼓励措施，帮助、引导其了解更多优质的文化资源、平台和文化空间行为方式。为此，政府可跳脱出各平台自身的局限性，从全局层面打通空间内部渠道，联通博

物馆、图书馆、剧院等延伸的虚拟公共文化空间与广义虚拟文化平台，改变从资源出发的思维方式，转而考虑群众需求的可延展性，提供基于合理算法的优质资源导览，以链条式阶梯式的文化平台，辅助公民从零散单次偶然的文化参与形成长期可持续的文化参与逻辑，逐步提高文化素养与虚拟文化空间的信息素养。重视除文化艺术单位之外的广大虚拟公共文化空间，与之互联互通；加速渠道互通信息流动，重视各空间之间的逻辑关系梳理。提高全社会国民文化审美水平是提高国家软实力的重要方面，系统的循环鼓励公民在虚拟公共文化空间中的探索以兴趣为导向从而不断深入，以单次的资源性的公共文化空间简单陈列模式转变为连续的兴趣—讨论—探索文化参与模式。

最后，网络暴力现象频发于有一定虚拟公共空间信息素养的人群中。虚拟公共文化空间的隐形数字壁垒凸显了不同文化群体本身话语体系的差异，甚至造成了虚拟空间内不同审美和文化倾向团体的战争。虽然现实世界里不同文化爱好者的话语体系亦存在区别，但在虚拟公共文化空间中，有相似需求的人群可以通过搜索很快地汇集并形成规模化组织，并受到群体本身易情绪化、极端化的影响。这些规模化的组织因对某一文化现象的追捧和痛恨，在一定契机下针对特定空间灌水，以此干扰空间正常运作和讨论，争当虚拟空间暴力最强者，造成虚拟公共文化空间秩序混乱甚至作品的损失。近年虚拟公共文化空间发生的群体争端大多缘起于某个文化领域中具有一定社会影响力的偶像个人或团体的争端，经过虚拟公共文化空间赋能，这种从个人偶像崇拜到群体的情绪战争已经出离正常的文化需求反馈，其速度和便捷性达到了前所未有的高度。考虑到公众人物肩负的社会责任，其煽动对立的公开言论必然作为此类问题的重要端口和治理内容纳入政府管理。另外，虚拟公共文化空间为普通群众提供了针对文化现象发表看法与进行交流的可能，但政府作为虚拟公共文化空间责任主体，不能仅仅追求将空间参与者的相关行为限制在合法的范围内。虚拟公共文化空间应建立高效灵活的平台和渠道帮助及时排解群体情绪，实现多渠道多角度发声以达成文化意见反馈的多向供给，避免个体因某个空间内的情绪发酵而湮灭在群体身份认同之中，引导大众从简单的情绪宣泄进一步推进到对原因、途径的深度反省。

（二）模式解析

当下我国传统公共文化资源在数字技术的帮助下大多实现了多维度立体展示，但其从"被告知的文化"转变到"可参与的文化"尚有一定距离。虚拟公共文化空间除文化资源展示功能外，Jennifer Novak - Leonard（2011）认为可建立有活力的数字文化资源文化生态，使集体想象力基于文化资源集中延伸释放，推动民众积极的艺术实践。[①] 资源展示并非最终目的，重要的是受众是否理解、有何种感受、结合时代背景产生何种新形式文化，公民活跃的文化参与和交互体验是虚拟公共文化空间数字公共文化资源建设的持久动力。责任主体需提供专项经费与专业团队，根据不同辐射人群进行虚拟公共文化空间文化体验受众心理分析（见图2），鼓励民众参与基于我国文化资源的公共文化艺术实践，并对能够体现时代价值的文化创作与符号内容给予重视并扶持，使传统公共文化资源焕发生机与活力，从而令虚拟空间功能与公共文化资源结合后自我更新与造血，源源不断地产生适应时代文化需求的新的吸引力。

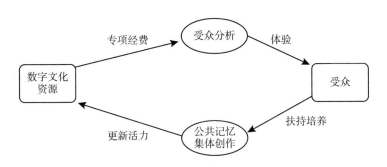

图2　基于传统数字公共文化资源的受众开发模式

虚拟公共文化空间不断发展演变，逐渐呈现两种形式——完全开放空间与具有一定准入门槛与规则的半封闭硬核空间（见图3）。其中半封闭硬核

---

① Brown A. S., Novakleonard J. L., Gilbride S. Getting in on the Act: How Art Groups are Creating Opportunities for Active Participation. James Irvine Foundation, 2011.

空间虽然因其资格审核、专业要求和隐形数字壁垒将一部分不契合或相关活动参与意愿较低的参与者拒之门外，但同时也为文化创新型人才提供了价值观相对统一的安全空间，其参与者通常具有较强的专业性、文化创新与产出能力，能够赋予符号化作品以意义。此现象是虚拟公共文化空间内容形式不断多样化的结果，看似与满足所有公民平等获取公共文化服务的权利相违背，但通过完善的后部渠道和鼓励机制，半封闭硬核空间具备反哺完全开放空间的能力，半封闭硬核空间及人员的自发集群产出不断更新的文化资源与产品，可通过创意产出、技术加持、知识产权服务保障等充分发挥其对公共文化的价值与作用。

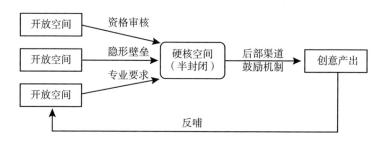

图3 基于"半封闭空间"隐形数字壁垒的反哺开放空间模式

与物理空间相似，虚拟公共文化空间也存在相对的弱势群体，现实空间中他们未必处于经济或社会地位劣势，其弱势主要体现在对虚拟公共文化空间利用能力不足，可以根据现实世界热点问题进行简单的搜索与追踪，但没有掌握自行深入探索虚拟公共文化空间、参与高水平的公共文化活动、定位并提高自己文化品位的能力。针对此类人群，本文提出基于虚拟弱势群体的"风扇式"帮扶推进模式（见图4），根据文化资源利用情况进行相似内容和平台的推荐鼓励，扩大弱势群体接触与参与的空间数量与类别，引导弱势群体享受优质文化资源、利用相关优质兴趣平台、加入同风格的文化社群，在文化的交流和沟通中发掘虚拟自我的存在感和文化参与的内驱力，助其从零散单次偶然的文化参与形成长期可持续的文化参与逻辑，以单次的资源性的公共文化空间简单陈列模式转变为连续的兴趣——讨论——探索文化参与模式。

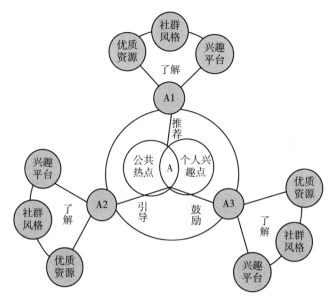

图4 基于虚拟弱势群体的"风扇式"帮扶推进模式

六 结语

本文就构建部分虚拟公共文化空间理论体系做了部分尝试，抽象出虚拟个体在公共文化空间的行为模式，并在虚拟公共文化空间受众分析、空间演进特征、管理分工、活力调动机制、渠道环境建设等方向进行了分析与思路优化设计，突出以"媒介中人的真实存在（live realities）与发展"而非"资源陈列与展示"作为设计目的。但在该理论向纵深探索的过程中，我们还留有大量需进一步思考的问题。比如，虚拟公共文化空间自我造血可持续更新的内在逻辑为何，如何于虚拟公共文化空间中建立面向全社会各阶层的文化需求反馈机制，如何整合从属不同管理体系的虚拟公共文化平台和资源，与各虚拟公共文化空间相连的渠道是否越多越有利于空间发展及原因，等等。未来虚拟公共文化空间的理论研究将解释虚拟公共文化空间作为一个流动的有机体是如何运转的，这是为知晓新时代下何种规划、何种实践能够促进社会文化的活力，何种实践、何种原则将窒息社会文化发展而做的重要努力。

B.4
互联网时代公众文化需求
征询反馈机制研究

彭雷霆　刘　娟*

摘　要： 互联网技术的发展对我国公共文化服务发展提出了新要求，也赋予了公众文化需求征询反馈机制新的活力和生机。当前我国公众文化需求征询反馈以传统型、公众被动型征询反馈为主，且对公众文化需求征询信息的利用和挖掘程度十分有限。同时我国公众文化需求征询反馈机制建设面临着三大固有难题、现代公共文化服务体系构建提出的新要求这两大困境。本文对互联网技术如何破解构建公众文化需求征询反馈机制的困境进行了剖析，更以上海市"文化上海云"的成功实践加以佐证，最后提出加快完善相关机制保障、构建实效性的反馈机制、与第三方平台良性合作、个人隐私安全管理等四点建议，由此进一步加快构建互联网时代我国公众文化需求征询反馈机制。

关键词： 公共文化服务　互联网技术　反馈机制

技术是人类文明进步和发展的永恒动力。人类以技术命名各个时代足见

---

* 彭雷霆，武汉大学国家文化发展研究院副院长、副教授，研究方向为公共文化政策、公共文化服务；刘娟，武汉大学国家文化发展研究院硕士研究生，研究方向为公共文化政策、文化产业管理。

技术对人类社会发展的重要作用。在当今以互联网技术命名的互联网时代，互联网技术已渗透于人类生活的方方面面，内化于人类的各种生活行为方式中。截至 2018 年 6 月，我国网民规模为 8.02 亿，互联网普及率达 57.7%；2018 年 6 月，中国网民的人均周上网时长为 27.7 小时[1]。互联网技术的高普及率和高使用率已使得互联网成为当代人生活中不可或缺的"日用品"。近年来，互联网技术开始进军公共文化服务领域，并迅速以其前沿性和高效性在公共文化服务领域占据了愈发重要甚至无可替代的地位。为了实现习近平总书记在党的十九大报告中提及的"不断推进国家治理体系和治理能力现代化，完善公共文化服务体系"的愿景，为了进一步提升公共文化服务效能、强化对公众基本文化权益的保障，为了解决目前我国公共文化产品供给与人民群众的文化需求相错位的现实问题，应顺应互联网时代发展的大趋势，完善公共文化服务领域的公众文化需求征询反馈机制。因而如何具体运用互联网技术以适应当前公共文化产品供给与需求的新特点，以及如何尽量避免互联网技术带来的一些负面影响，这些都是当前公共文化服领域工作者需要关注和解决的问题。

一　研究综述

（一）公众文化需求征询反馈机制的研究

关于公众文化需求征询反馈机制的内涵，本文试图以拆分词组加以阐释的思路对其进行解析。《社会经济统计词典》[2] 将"需求"定义为保证一个人、一个家庭、所有社会集团和全国居民具有一定水平的生存活动能力而对各种物质资料、精神财富和社会条件的客观需要。"公共文化服务需求"即公众对公共文化产品和服务的客观需求。吕方[3]从公共文化需求的内在结构

---

① 中国互联网络信息中心：第 42 次《中国互联网络发展状况统计报告》，2018。
② 〔苏〕M.T. 纳扎罗夫：《社会经济统计辞典》，中国统计出版社，1988。
③ 吕方：《我国公共文化服务需求导向转变研究》，《学海》2012 年第 6 期。

分析，认为当前我国公共文化服务需求结构体系主要由社会公众文化需求、社会群体文化需求、文化遗产保护的需求、社会发展文化需求、社会创新的文化需求构成。《现代汉语大词典》[①] 将"征询"一词解释为征求询问（意见），将"反馈"一词解释为在通信系统中，从"输出"或受话人那里间接地报回"输入"或信号源，可以提供关于传递效率的信息的那些信号，也指上述信息的传递。王众、郑业鲁[②] 指出信息传播 5W 模式将信息双向流通过程和传播过程中的五大要素概括为传播主体、传播内容、传播渠道、传播对象和传播效果，其中传播渠道在一个较低但是基础性的层面上影响着传播对象接受信息的质量，例如物理信号是否清晰、信息是否可达、信息是否及时等。目前，学界还未有对公众文化需求征询反馈机制的明确概念，但国内一些学者提出了与其相关的概念。翁列恩、钱勇晨[③] 提出了"现代公共文化服务需求反馈模式"一词，并将其定义为公共文化服务提供主体对公众文化需求信息的采集、识别、分析、处理并转化为评价返回给公众的循环往复的双向互动过程。国内公共文化服务研究领域的一些学者对"需求表达机制"进行了概念界定。罗浩[④] 将"社区公共文化服务需求表达机制"界定为在法律规范和道德约束下，社区居民通过直接或间接的渠道和方式表达有关公共文化服务的需求信息，促使政府及相关组织及时作出有效回应以满足公共文化服务需求，从而形成社区居民与政府及相关组织之间良好互动关系的过程及相应的制度规范。

目前，学界关于公众文化需求征询反馈机制的相关研究成果众多，本文从不同的角度对这些研究成果进行了划分归纳。从研究主题角度看，目前，学界相关研究涉及诸多具体领域和主题。其中一些学者聚焦于农村公共文化

① 阮智富、郭忠新：《现代汉语大词典·上册》，上海辞书出版社，2009。
② 王众、郑业鲁：《农村信息传播渠道和传播机制的构建》，《农业图书情报学刊》2004 年第 2 期。
③ 翁列恩、钱勇晨：《我国公共文化服务需求反馈模式研究》，《文化艺术研究》2014 年第 2 期。
④ 罗浩：《城市社区公共文化服务需求表达机制现状与创新研究》，武汉大学博士学位论文，2017。

服务需求征询反馈渠道的相关研究，如肖蕾[①]、丁莹[②]等；另一些学者聚焦于社区公共文化服务需求征询反馈渠道的相关研究，如罗浩[③]；还有一些学者聚焦于具体公共文化场馆中公众需求征询反馈渠道的相关研究，如曾瑛[④]。从研究方法角度看，目前学界对于其相关研究主要采用的是理论逻辑推导和实验、问卷研究两类研究方法。一些学者采用理论逻辑推导的研究方法，如翁列恩、钱勇晨[⑤]以及吴漫[⑥]都运用传播过程理论对公众文化需求表达机制进行了研究；另一部分学者主要采用问卷研究法等社会科学研究方法，如游祥斌、杨薇、郭昱青[⑦]以及孙浩、朱宜放[⑧]和孙政、吴理财[⑨]都采用了问卷调查的方法以搜集分析所需的研究数据。

（二）互联网技术对公共文化服务的应用研究

纵观目前学界关于互联网技术在公共文化服务领域应用的研究成果，可将其研究主题大致分为四大类。其一是关于互联网技术与公共文化服务整体框架性理论的研究，如祝莉莉[⑩]、陈娴颖[⑪]、王篆[⑫]、何淼[⑬]等。其二是聚焦于互联网技术在博物馆、图书馆等具体公共文化服务场馆应用的研究，如张

---

① 肖蕾：《需求导向的农村公共文化服务供给体系研究》，中共湖南省委党校硕士学位论文，2011。
② 丁莹：《农村公共文化服务需求表达机制完善研究》，华东理工大学硕士毕业论文，2012。
③ 罗浩：《城市社区公共文化服务需求表达机制现状与创新研究》，武汉大学博士学位论文，2017。
④ 曾瑛：《图书馆公共文化服务的公众赋权需求调查与分析》，《图书馆论坛》2015 年第 5 期。
⑤ 翁列恩、钱勇晨：《我国公共文化服务需求反馈模式研究》，《文化艺术研究》2014 年第 2 期。
⑥ 吴漫：《论公共文化服务需求反馈机制的构建》，《淮北师范大学学报》（哲学社会科学版）2013 年第 5 期。
⑦ 游祥斌、杨薇、郭昱青：《需求视角下的农村公共文化服务体系建设研究——基于 H 省 B 市的调查》，《中国行政管理》2013 年第 7 期。
⑧ 孙浩、朱宜放：《公共文化服务供给中的农民需求表达研究》，《湖北工业大学学报》2012 年第 6 期。
⑨ 孙政、吴理财：《公共文化服务刚性供给与文化需求弹性发展的矛盾及解决之道》，《广州公共管理评论》，2013 年第 00 期。
⑩ 祝莉莉：《山东社科论坛——"互联网 + 公共文化服务建设"学术研讨会会议综述》，《人文天下》2016 年第 21 期。
⑪ 陈娴颖：《"互联网 +"背景下的公共文化服务模式研究》，《人文天下》2016 年第 21 期。
⑫ 王篆：《互联网视域下公共文化服务发展的新趋势》，《人文天下》2016 年第 21 期。
⑬ 何淼：《"互联网 + 公共文化服务建设"的理论与实践刍议》，《人文天下》2017 年第 1 期。

兴旺等（2015）①、杨晓农（2016）②、祝笋（2018）③。其三是聚焦于互联网技术在社区、农村、民族地区等微观地域公共文化服务领域应用的研究，如高聪颖等（2016）④、丁邵玉龙（2016）⑤、王媛媛（2010）⑥。其四是关于大数据、移动互联网等互联网技术在公共文化服务领域内的具体应用研究，如刘炜等（2016）⑦、白国庆等（2017）⑧。

综上所述，目前学界尚没有关于互联网技术应用于公众文化需求征询反馈机制领域的相关深入研究，本文将结合相关实际调研资料与文献对互联网时代下公众文化需求征询反馈机制的建设现状进行概貌描述，总结分析公众文化需求征询反馈机制的固有三大难题，同时指出互联网技术对于破解此三大难题的作用，随后就如何构建互联网时代我国公众文化需求征询反馈制度提出了思路与建议，其中亦指出了在应用互联网技术时应当谨慎注意的问题。

二　当前我国公众文化需求征询反馈机制构建面临的困境

（一）建设现状

我国公众文化需求征询反馈渠道类型多样，大致可分为三大类。其一从渠道的时效性而言，可分为供公众及时、随时反馈需求信息的常设性渠道，

① 张兴旺、李晨晖：《当图书馆遇上"互联网＋"》，《图书与情报》2015 年第 4 期。
② 杨晓农：《"互联网＋"思维下"图书馆＋"行动与服务新模式刍议》，《现代情报》2016年第 7 期。
③ 祝笋：《"互联网＋"时代区县级国有博物馆提升公共文化服务水平的思考——以深圳市龙岗区客家民俗博物馆为例》，《大众文艺》2018 年第 4 期。
④ 高聪颖、崔健、林超英、张天、张梅：《"互联网＋"为农村公共文化服务打通"最后一公里"——以河北省为例》，《华北理工大学学报》2016 年第 5 期。
⑤ 丁邵钰龙：《"互联网＋"与民族地区公共文化服务体系构建》，《商》2016 年第 25 期。
⑥ 王媛媛：《利用互联网推动城市社区公共文化服务》，《辽宁经济》2010 年第 7 期。
⑦ 刘炜、张奇、张喆昱：《大数据创新公共文化服务研究》，《图书馆建设》2016 年第 3 期。
⑧ 白国庆、徐立勇：《移动互联网背景下数字博物馆公共文化服务的"共享机制"》，《深圳大学学报》2017 年第 4 期。

以及专门针对特定时期、特定项目进行需求信息征集与反馈的阶段性渠道；其二从渠道运用互联网技术的程度而言，可分为以适应老年群体、幼年群体、低教育水平群体等的需求和习惯的传统渠道，以及能提高征询反馈工作的便捷性和效率的现代化渠道；其三从信息接收主体的主动性而言，可分为为公众主动反馈搭建的渠道和各文化部门、机构等单位主动征询需求信息的渠道，前者便于了解公众强烈的、显性的文化需求，后者有利于鼓励、引导公众表达潜在的、隐性的文化需求。

当前我国公众文化需求征询反馈机制的建设状况主要有以下三个特点。

其一，当前征询反馈渠道以传统型为主，信息收集成本较高、效率较低。传统型征询反馈渠道主要包括走访、问卷调查、设置意见箱（包括意见簿、信箱、电子邮箱等）、座谈会、电话热线等手段。根据2017年武汉大学国家文化发展研究院对34家公共文化场馆开展问卷调查而获取的相关结果，在28家场馆中，通过走访了解、座谈会、问卷调查、设置意见箱等方式收集公众文化需求的分别有14家、18家、20家和17家，对于走访了解、座谈会和问卷调查，场馆一般按照一季度、半年或一年的频率进行信息收集和汇总，意见箱收集的信息则一般按月或按季度进行汇总。通过官方网站、微博、微信等手段获取需求信息的文化场馆也有18家，但从信息收集量来看，28个样本场馆2016年使用走访、问卷调查、座谈会、意见箱、服务热线等传统方式共收集信息超过3万条，而以网站、微博、微信、移动客户端等现代化方式获取的信息总数不到0.5万条。由此可见，传统渠道仍是当前我国主要的公众文化征询需求反馈渠道。

其二，当前征询反馈渠道以文化部门或机构主动征询型即公众被动型为主，信息收集范围较小、质量较低。文化部门或机构通过按一定周期或不定期进行的上门走访、发放调查表、专家咨询以及召开座谈会、论证会、听证会等渠道主动征询公众的文化需求信息，这对于文化部门或机构而言更能主动了解或定向了解群众的阶段性需求。文化部门或机构主动征询型渠道所需人力、时间等成本是极大的。其中"走访了解"需要工作人员定期上门走访居民，"召开座谈会"需要召开实体的座谈会，"发放调查表"则需定期

向群众发放公共文化需求调查表、收集整理群众日常文化需求，"设置意见箱"即需在公共文化服务场所显眼处摆放群众文化需求征集箱、定时收集整理并在策划专题活动期间定向收集建议。通过以上渠道的具体运行方式可知各文化部门或机构在人力、时间、资金等资源上的有限性都会导致通过此种渠道收集的信息范围较小，同时由于公众是被动表达自己的需求信息因而极可能存在部分信息质量低的现象。

其三，当前公众文化需求征询信息利用和挖掘程度有限。当前我国对公众文化需求信息的处理和利用还处于浅尝辄止的状态。具体表现为：其一大多数部门尚未设立专业的信息处理职能部门；其二仍然采用较为传统的方式进行信息处理；其三大多数部门并未将从公众文化需求信息所挖掘到的相关结论运用于公共文化产品的供给实践中。2017 年武汉大学国家文化发展研究院的问卷调查数据显示，样本中大部分（10 个场馆）文化场馆的需求征集、满意度调查和信息处理等工作主要由场馆的综合部门（如办公室）负责，有 7 个场馆的需求征询反馈工作分派到了业务部门和活动部门，设立专门的调研部负责需求征询反馈工作的场馆为极少数（仅有 2 个场馆）。

（二）面临困境

1. 公众文化需求征询反馈机制构建的三大固有难题

由于公众文化需求具有隐蔽性、多样性和成本巨大性，客观上为建立完善的公众文化需求征询反馈机制面临三大难题。

（1）公众文化需求的隐蔽性——表达难题

公共文化产品和服务本质上为公共产品，存在消费的非竞争性和非排他性，不能像私人产品那样能够通过市场价格即时反映出产品需求，这就是公共文化自身存在的需求隐蔽性。由于公众文化需求具有隐蔽性，缺乏现成的显性需求反映机制，公民个体的文化需求很难显现出来。一些社会组织发育程度较高国家（地区），民间社会组织和公益团体通常会凭借对公共决策的影响力，代表公众发表意见和建议，帮助普通群众表达公共文化服务需求。但出于诸多原因，我国文化类社会组织及公益团体发展相对滞后，难以成为广大普通民众表达公共文化需求的代表。加之由于历史文化传统的影响，我国人民群众文化权利意识和需求表达意识相对薄弱，社会民众通常不会主动向文化机构或相关政府部门表达其对公共文化产品（服务）的需求。由此导致了我国面临公众文化需求的表达难题。

（2）公众文化需求的多样性——有效信息过滤难题

文化需求既是发展型需求，又是弹性需求，因而具有多样性，且这种多样性会随时间推移呈现动态变化。国内研究表明，无论是农村居民还是城市居民，其文化需求偏向会受到职业、年龄、性别、兴趣爱好的影响[1]。国外的研究也发现，地理因素、社会阶层与地位[2]等对居民的文化消费选择也有不同程度的影响。综合来看，受个体属性（如性别、年龄、职业、收入、社会地位等）、文化产品属性（如产品数量、质量、形式等）等多方面因素的综合影响，公众的文化需求和文化偏好会表现出较大的差异性。由此带来的一个重要难题就是公众反馈的文化需求信息往往是包含分歧甚至矛盾的。这无疑给信息整理、清洗、汇总和分类等需求处理环节带来较大的困难。此外，由于不同群体文化需求的差异性，公共文化供给也必须权衡各类群体的文化诉求，一定程度上增加了文化服务供给决策的难度。2017年武汉大学国家文化发展研究院在山东省博物馆调研时，该馆反映其曾就举办展览征询大众意见，意见汇总后发现各类群体的意见和需求差异较大，出现"众口难调"的尴尬局面。

（3）信息收集成本的巨大性——成本难题

信息收集成本主要指文化部门和公共文化场馆为征集公众需求、意见和建议等需投入的人财物的总和。如杭州下城区每年一次的群众满意度调查就要求不少于10000人，山东省博物馆2016年以问卷调查形式开展的公众文化需求调查就达到了20000人的样本量。这种海量的信息征集导致公众文化需求信息收集成本巨大。当前我国公众文化需求征询反馈机制的成本难题主

---

[1] 徐英：《贵阳市农村公共文化服务现状调查分析》，《贵州农业科学》2010年第12期。

[2] Tally Katz-Gerro, Sharon Raz, Meir Yaish：How do Class, Status, Ethnicity, and Religiosity Shape Culturalomnivorousness in Israel？, *Journal of Cultural Economics*, 2009（1）.

要有三方面成因。首先，为全面准确了解公众文化偏好、及时把握公众文化需求变化趋势，基层文化部门或文化机构每年、每个季度甚至每月都要进行全区域的文化需求信息普查，由于涉及范围广、样本量大、内容复杂，信息收集和处理会耗费较长时间，这导致开展文化需求信息收集的时间成本高昂。其次，目前网络信息平台在文化需求收集中的使用程度仍不高，开展大规模文化需求信息征集仍依靠走访、调查问卷等传统手段完成，文化系统需动员相当巨大的人力资源开展需求调查，还需要专业人员进行数据挖掘和分析。这致使文化需求信息征集的人力成本巨大。再次，由于我国公共文化服务仍采取层层委托的管理方式，以致管理链条相对较长，在开展文化需求征询反馈工作中也势必会面临较高的监督成本和管理成本。因而，成本难题是制约我国公众文化需求征询反馈机制建立的另一难题。

2. 现代公共文化服务体系构建提出的新要求

（1）推进文化治理能力现代化的客观诉求

党的十八届三中全会首次提出了"推进国家治理体系和治理能力现代化是全面深化改革的总目标"，这一举动表明了推进我国文化治理能力现代化，已经被纳入我国文化体制改革阶段的重要任务之中。现阶段，公共文化服务效能不高、公共文化产品和服务不完全符合群众需求等都是我国公共文化治理所面临的问题，因而必须创新公共文化服务供给机制，完善个人、社会和政府之间沟通反馈的有效渠道，建立良好的参与及回应机制。作为公共文化服务供给机制创新的重要组成部分，公众文化需求征询反馈机制应运而生。公众文化需求征询反馈机制旨在搭建政府、社会组织与民众之间的信息沟通网络，鼓励社会大众充分表达文化需求，政府文化部门以公众需求作为公共文化供给决策的主要依据，形成公共文化服务的"需求导向"供给模式。因此，构建公众文化需求征询反馈机制不仅是推动社会各界共同参与公共文化建设的关键，也是推进国家文化治理能力现代化的客观要求。

（2）构建现代公共文化服务体系的必然要求

现代公共文化服务体系以实现和保障公民的基本文化权利为最终目标，从人民群众多样性的文化需求出发为人民群众提供公共文化服务产品，以柔性引导取代传统文化事业管制的方式来影响社会大众文化的发展方向，这客观要求构建现代公共文化服务体系，通过完善群众文化需求征询反馈机制，实现全民参与公共文化服务决策和监督，形成政府与社会各个方面的合力，切实建立以公共文化需求为基础的公共文化服务和产品供给分配体系，从而满足人民的基本文化需求、提升服务效能。

（3）公众文化需求变化提出的现实诉求

现阶段，"供不对需"是我国公共文化服务体系建设中亟须解决的重要问题之一，此问题映射出的是改革开放30年来中国人生活方式和文化消费模式的转型与变化，尤其是过去30年来人民大众的文化消费者自主意识的不断提升。从新中国成立初期到改革开放前，基于意识形态建设的目标，国家对私人领域的文化消费实行集体福利式的制度安排；改革开放以后，市场经济的发展，逐步消减了供给短缺的约束，文化市场的出现和文化产业的兴起，使私人消费逐渐取代集体福利式消费。私人消费的逐步壮大使得公众作为独立个体的文化消费权利得以实现，由此提高了人民大众的文化消费自主意识。在新的社会情境下，为了使人民大众越来越多样化、个性化的精神文化需求得到满足，文化领域的供给侧改革迫在眉睫。推进公共文化服务的供给侧改革，应当以群众的公共文化"需求侧"的表达去引导"供给侧"改革的方向和目标。为此，必须通过公众文化需求征询反馈机制掌握群众文化"需求侧"的现状及变化趋势，以群众需求为供给调整的依据。

三 互联网技术破解公众文化需求征询反馈机制的困境

（一）互联网技术对于构建此机制的优势

1. 互联网技术提供了更为便捷的表达平台

英国学者安德鲁·查德威克[1]从技术特点和传播模式的视角将互联网定

---

[1] 〔英〕安德鲁·查德威克：《互联网政治学》，华夏出版社，2010。

义为"当地的、国家的、全球的信息传播技术以相对开放的标准和协议以及较低的进入门槛形成的一对一、一对多、多对多、多对一的网络之网络"。互联网技术的诞生克服了单一语言媒介时代、单一文字媒介时代对人类交流的时空限制,将人们带入了跨越时空的互动社交时代。在互联网时代,公众的文化需求隐蔽性和需求表达难现象将得到极大改变。在传统公众文化需求征询反馈机制中,公众需要克服物理空间、时间等诸多障碍因素后方能获得表达自己的文化需求的渠道,此种获取需求信息的渠道方式对主动性的消解和被动性的滋长作用不言而喻。但是在互联网时代,移动互联网技术的蓬勃发展和在当今社会的渗透式应用使得公众自身成为内容生产者、传播者,极大提高了公众的表达积极性和主动性。截至2018年6月,我国手机网民规模达7.88亿,上半年新增手机网民3509万人,较2017年末增加4.7%,网民中使用手机上网人群的占比达98.3%①。在几乎人手一个移动客户端的当今社会,互联网时代下的移动互联网破解了公众文化需求表达的物理空间、时间等障碍难题。公众无须再受到时间、空间等因素的限制,只需手持一个移动客户端,随时随地获得表达自身需求的诸多便捷渠道,这也激发和培养了公众主动表达自己文化需求的欲望及能力。

2. 互联网技术降低了需求信息的收集成本

通常,信息收集量越大,覆盖地域范围越广,涉及群体越多,则信息收集成本越高。公共文化服务作为保障公众基本文化权益的制度设计,涵盖了全国所有公民群体,由此需求征询反馈要求收集样本势必覆盖不同人群及全区域地理范围。因而公众文化需求信息本身所具有的复杂性决定了其巨大的信息收集成本,再加之诸如走访、问卷调查、设置意见箱(包括意见簿、信箱、电子邮箱等)、座谈会、电话热线等传统公众文化需求征询反馈渠道所耗人力、资金、时间、空间等资源成本更大,因而我国现阶段的公众文化需求征询反馈工作寸步难行。而互联网技术却

---

① 中国互联网络信息中心:第42次《中国互联网络发展状况统计报告》,2018。

能够以其优势极大降低需求信息的收集成本。互联网技术的诞生，使得信息间的交换和传播突破时空的物理障碍几乎以零成本的代价进行着，使得人与人之间、人与组织之间、组织与组织之间实现了以低成本、零距离、无物理障碍的互动、交流与沟通，形成了当代社会独特的虚拟空间现象。互联网虚拟空间为人们提供了较之线下交流互动更少障碍和低成本的线上交流互动方式。在互联网时代，运用互联网技术来构建公众文化需求征询反馈机制，能够省去传统信息渠道构建所需的绝大部分人力、时间、空间等成本，使得公众的文化需求能够即时、顺畅地通过征询反馈渠道传达至相关部门。

3. 互联网技术提高了需求信息的处理能力

公众文化需求多样性，一方面表现为不同群体对各类文化产品（服务）的需求量、需求程度、需求满足方式等方面存在差异，另一方面还表现为同一个体或同一群众在不同时期或不同阶段的文化需求也存在变化。在传统文化需求征询反馈机中，由于公众存在文化需求的多样性和复杂性，因而征询收集来的文化需求反馈信息十分庞杂，人工过滤庞大数据中的有效信息的做法效率十分低下且错误率也较高。但是在互联网时代，大数据、云计算、物联网、社交媒体等互联网技术却能完美解决有效信息过滤难这一大难题。大数据、云计算等互联网时代下的技术拥有强大的整理信息、清洗信息、汇总和分类信息的能力，且其精准度和高效率是人工数据处理绝不能相比的。其中云计算能够实现随时随地、便捷、按需从计算资源共享池中获取资源，并且这些资源能够快速提供和释放，这一自助化的过程使资源管理工作量和与服务提供商的交互量降到最低限度，即云计算技术能够提高信息服务质量、降低管理难度，为提高瞬时极大工作负载的相应应对能力提供了保障[1]。另外，大数据技术是对无穷大的海量庞杂数据资源进行归纳分析和预测未来趋势的一种互联网技术。通过利用云计算、大数据等互联网新兴技术对庞杂数据进

---

① 高圆：《智慧治理：互联网时代政府治理方式的新选择》，吉林大学硕士学位论文，2014。

行分析和预测，将有效解决不同群体文化需求差异性所导致的公共文化服务供给决策难题。

（二）具体案例："文化上海云"

由上海市文广局主导、创图科技建设的"文化上海云"就是将互联网技术运用于公众文化需求征询反馈机制中的最具代表性成功案例之一。"文化上海云"于2016年3月26日上线，目前已开展的实践表明通过互联网技术拓展信息征集渠道有效提高了需求信息搜集效率、实现了供需无缝对接。其一，"文化上海云"通过互联网信息渠道搜集、分析公众文化需求信息大数据，精准把握公众文化需求。上海市通过分析云平台积累的海量大数据，研究群众在云平台上的服务预约、热点话题、活动评论等信息，不断加深对群众公共文化服务需求的了解，把握群众需求的特点和偏好，努力为群众提供更加精准高效的服务。其二，通过优化互联网信息渠道，强化公众参与的绩效评价，推动公共文化服务机构以公众需求为标准改进服务。一方面，可通过统一各区对文化事业单位的绩效评估标准，加强监督。另一方面，将公共文化服务"晒"到网上，群众可以随时对服务发表评论，提出的意见建议在云平台上即时显现，倒逼公共文化服务机构合理配置资源，增强活动的吸引力，满足公众文化需求。其三，"文化上海云"积极开拓互联网文化信息征询反馈渠道，整合场馆资源，建立公共文化设施场馆预订综合服务平台，畅通网上预约渠道；利用云平台发布活动信息、开展宣传推广、改善服务体验；推进图书数字化工程，推动图书信息资源共享，在云平台上为群众打造触手可及的"网上书房"。

信息收集和反馈渠道作为平台与外界沟通的通道发挥着重要的作用，"文化上海云"作为一个基于互联网技术的公共文化服务信息平台充分利用了信息化需求征询反馈渠道方式，为公众文化需求征询和反馈提供了更为便捷快速的渠道，激发了公众主动参与公共文化服务供给的热情，更提高了对需求信息的开发和利用程度。

四 互联网时代构建公众文化需求征询反馈机制的建议

建设当前我国公众文化需求征询反馈机制的重点就是技术创新，推动移动互联网、大数据、云计算等互联网技术与公共文化供给工作的深入融合，以技术创新带动实践突破。

（一）加快完善相关机制保障

任何微型机制的建设和发展都离不开制度的规范和保障，互联网时代现代公共文化征询反馈机制的建设亦是如此。一方面，为了为互联网时代公众文化需求征询反馈实践工作的开展提供重要依据和制度保障，相关政府部门亟须出台国家层面的保障制度。近年来，厦门市、天津河西区、杭州下城区等部分地区已根据本地实际情况出台专门的公共文化需求征询反馈工作实施细则和工作规范等，建立了相关工作机制，出台了相应配套制度。但是截至目前，国家层面的公众文化需求征询反馈制度仍处在研讨、制定阶段，还未正式出台专门性的规范性文件，暂时还不能为各地公众文化需求征询反馈的制度建设和实践提供统一的规范性指导。另一方面，在对互联网时代公众文化需求征询反馈机制建设的财政经费投入上，应以公共财政为支撑，创新公共文化服务投入方式，对群众需求反馈机制运行，对开展统计调查、数据采集和处理，对文化信息网络技术开发、公众文化需求征询反馈项目运行、相关工作人员补贴奖励等费用予以全面的保障。当前开展公众文化需求征询反馈工作较好的地区，基本上都是以较为充足且持续的经费保障作为前提的，这是建立长效公众文化需求征询反馈机制的关键。

（二）构建实效性的反馈机制

建设互联网时代下的公众文化需求征询反馈机制并不意味着要消除掉所

有的传统需求征询反馈机制，而是要具体问题具体分析，根据各地需求征询反馈机制和互联网发展的实际情况对症下药，实现传统征询反馈渠道与现代信息化征询反馈渠道的互补。如前文所述，我国当前公共文化场馆仍以公众文化需求征询反馈渠道为文化需求征询反馈信息收集的主要渠道，一些传统需求征询反馈渠道仍以其特有优势发挥着重要作用。当然由于没有物理空间和时间的限制以及在互联网技术的支撑下便利性不断提高，互联网时代下的信息反馈征询渠道为公众提供了主动反映自己明确的、较为迫切的公共文化需求的重要渠道。杭州下城区政府就是通过走访了解、召开座谈会、发放调查表、开设服务专线、设置意见箱、开辟信息化互动平台等，积极运用互联网技术，整合现有各类网络资源和微博、微信等新媒体，开辟集信息发布、需求征集、意见反馈、在线互动于一体的公共文化服务网络互动平台。传统征询反馈渠道和互联网时代的信息化需求征询反馈渠道可以为各自不同的受众群体表达自己的需求提供便利，同时两种机制的存在状态与当地经济社会发展水平和数字鸿沟等也有关系。由此地方政府应综合地区实际将二者结合起来，搭建具有在地化特色的文化需求征询反馈机制，达到激发群众表达的积极性、提高征询反馈工作效率的效果。

（三）与第三方平台良性合作

从我国公众文化需求征询工作中的应用实际来看，我国各级政府官方的文化需求互联网信息渠道和信息平台的建设水平处于相对较低，在公众中的影响力也较弱，因而需建立起与市场高质量互联网信息平台的合作，以形成一个良性的整个社会范围内的资源共享体系。迈克尔·哈耶特[①]在《平台》一书中将平台定义为"你借以沟通社群中的粉丝和潜在粉丝的工具"，他认为"平台"为社群中的供需两方提供了互动的契机，实现了信息的有效流动，从而能够降低受众搜索和接收有效信息所需的成本，消除了信息的不对称性。加强与外部社会力量合作，尤其是加强与支付宝、微信、微博等第三

---

① 迈克尔·哈耶特：《平台》，中央编译出版社，2013。

方互联网信息平台的良性合作，鼓励社会力量参与文化需求征询反馈信息平台的建设与管理。截至2018年6月，我国在线政务服务用户规模达到4.70亿，占总体网民的58.6%，其中通过支付宝或微信城市服务平台获得政务服务的使用率为42.1%，为网民使用最多的在线政务服务方式；其次为政府微信公众号，使用率为23.6%，政府网站、政府手机端应用及政府微博的使用率分别为19.0%、11.6%及9.4%[①]。由此可见，支付宝、微信、微博等第三方互联网平台拥有庞大的用户群，其在中国民众日常生活中的渗透能力不容小觑，因而与第三方平台的良性合作能够大大提高文化需求征询反馈工作的效率。

（四）个人信息隐私安全管理

诚然，互联网技术是一把双刃剑，运用妥否以及是否防患于未然都是我们在将互联网技术运用于构建公众文化需求征询反馈机制时绝不能忽视的问题。当前推进互联网技术在构建现代公众文化需求征询反馈机制中的应用时最突出的问题之一就是个人隐私保护的问题。曹劲松[②]指出"封闭性信息渠道传输的信息往往具有私密性，应当得到尊重和保持，对封闭性信息渠道的侵犯行为是不道德的。"在互联网时代，在一定程度上作为封闭性信息渠道的公众文化需求信息渠道中流通的个人隐私面临着巨大风险。政府在建设现代公众文化需求征询反馈机制时，收集公众的大量私人信息是其流程中的必要环节，后续对大量信息的处理和利用更不可避免地触及个人隐私保护的问题。因而务必要强化政府部门对个人隐私的保护意识，加强政府部门内部有关个人隐私保护的制度规范建设，同时完善个人在互联网上的相关信息保护法律。只有做好有效的网络隐私安全保护，才能使公众文化需求征询反馈机制更可靠和长久。

---

① 中国互联网络信息中心：第42次《中国互联网络发展状况统计报告》，2018。
② 曹劲松：《论信息伦理原则》，《江西社会科学》2003年第10期。

B.5

文化大数据应用中的国家安全保障研究

张斌 石静*

摘　要： 当前"互联网+文化"蓬勃发展，大数据不仅与经济实现快速融合，也在改变着文化产业的产业链、价值链和营销链。与此同时，也带来了一系列新的安全挑战。本文首先总结了文化大数据应用的发展现状，大数据已经成为文化产业发展的新动能；之后探讨了文化大数据应用中的国家安全问题，及其产生的原因和面临的挑战；最后在总结发达国家应对经验的基础上，依据我国国情提出了一些文化大数据应用中的国家安全保障对策，为文化科技融合发展，特别是文化大数据应用发展提供参考。

关键词： 文化大数据　国家安全　文化安全

　　大数据虽然属于信息技术领域的重大变革，但在应用方面，尤其是对已有数据进行二次或多次开发，会涉及社会、经济及人文等领域，在更深层次还涉及国家安全领域。当前"互联网+文化"蓬勃发展，大数据驱动下文

　　* 张斌，男，武汉大学国家文化发展研究院讲师，研究方向为政策量化分析、数字人文、文化科技融合；石静，女，武汉大学信息资源研究中心硕士研究生，研究方向为大数据与数据挖掘；本文系国家自然科学基金重大项目"国家安全大数据综合信息集成与分析方法"（编号：71790612）、湖北省技术创新专项软科学面上项目"湖北省文化产业科技创新趋势研究"（编号：2017ADC087）和武汉大学自主科研项目（人文社会科学）的研究成果之一，得到"中央高校基本科研业务费专项资金"资助。

化产业的产业链、价值链和营销链呈现了新的形态，同时也带来了一系列新的安全挑战。一方面，我国大数据生态自发成长过程中，内部发展不充分、不平衡，顶层设计难以落地，数据安全防范和抵御风险能力较为薄弱。另一方面，大数据跨界、跨境流动使得网络空间中国家意识淡化、国家主权相对化，网络空间各国发展权、主导权与控制权的竞争以及目前国际治理秩序的缺失，都为国家安全带来了严重威胁。

本文主要研究文化大数据应用的现状，探讨其中的国家安全保障问题。对这一问题的解析对于我国实施网络强国战略、国家大数据战略、国家安全战略，建立文化大数据共享机制，利用大数据促进文化产业稳定发展以及推动信息安全治理体制变革，都具有重要的参考价值。

一 大数据成为文化产业新动能

文化大数据是一个相对较新且宽泛的概念，目前尚未形成统一的定义。文化大数据的格式包括全文、空间、静态图像、静态图形、动画、视频、音频、音乐等，它们大多是半结构化或非结构化的数据[①]。狭义的文化大数据的行业实践集中在某一具体的文化领域或媒体类型上。广义的文化大数据是指大数据技术、理念和思维在文化领域中应用产生的一套新的数据架构的理论、方法和技术的统称[②]，它具有资源规模庞大、数据结构复杂、数据更新迅速等特征。

大数据为文化产业带来新的增长点和爆发点，"互联网＋文化"成为发展新模式。创意性、知识性和融合性是文化产业的显著特征，同时也是文化产业发展的推动力，而这些都与大数据的特点不谋而合。大数据的应用领域早已不限于工业经济，也正在改变着文化产业的产业链、价值链和营销链。利用互联网技术，促进大数据对文化产业的放大、叠加、倍增作用，成为必

---

① 刘修兵：《促进文化大数据快速流通》，《中国文化报》2017 年 10 月 31 日第 6 版。
② 吴素舫、柯平：《我国文化大数据标准规范体系构建》，《现代情报》2018 年第 1 期。

然趋势。

目前文化大数据的应用尚且处于起始阶段，但已经出现很多依托于相关企事业单位创建的数字文化工程、文化数据实验室、平台型文化企业和文化创意平台集群等示范项目，政府主导、市场和社会力量广泛参与公共数字文化建设的格局基本形成。在政府部门的大力倡导和各级公共文化机构的积极响应下，"十二五"期间，以全国文化信息资源共享工程、数字图书馆推广工程和公共电子阅览室建设为代表的公共数字文化惠民工程大力开展，覆盖城乡的六级公共数字文化网络基本建成①。特别是大数据国家创新战略提出之后，公共数字文化发展进入新的战略机遇期。2017年，《文化部"十三五"时期公共数字文化建设规划》颁发，进一步提出在公共数字文化网络基础上，积极调动社会力量参与构建分级分布式资源体系、互联互通的公共数字文化服务云平台，"智慧旅游"、"智慧城市"、"文化服务云"、"数字社区"、"百姓文化超市"、"文化大数据产业平台"等新鲜词语层出不穷。

政府鼓励社会力量参与文化大数据应用开发，提供通畅的参与渠道、多元的参与方式，助力文化大数据应用，推动文化产业发展。2018年4月，光明日报社、腾讯公司、京东集团联合成立"思想文化大数据实验室"，并发布首款大数据产品——《从阅读指数看城市气质》，结合京东图书销量数据和腾讯在线阅读数据对全国300多个城市阅读情况进行分析，透视城市的独特发展气质②。同年6月，中国动漫集团开展"国漫智库"项目，坚持问题导向和产学研用相结合服务于动漫产业、普及动漫文化，打造高端专业的动漫行业咨询研究平台③。此外，还有"智炫维度"智能编排设计、"志合天成"智慧社区项目等多个领域的应用实例。

① 曹磊、马春：《国内外公共文化大数据应用实践研究》，《图书馆杂志》2015年第12期。
② 张玉玲、孙小婷：《文化赋予数据以思想和灵魂》，《光明日报》2018年4月24日第5版。
③ 《中国动漫集团"国漫智库"专家委员会成立》，http://www.sohu.com/a/238450407_99971635。

二　文化大数据应用中的国家安全问题

大数据应用在激发文化产业新动能的同时，也向文化产业提出了新的要求。文化大数据内容丰富，不仅包括图书、艺术、文物等珍贵公共文化资源，并且渗透于人们的日常生活中，在开发应用过程中，涉及自然属性、社交网络、地理位置、心理偏好、行为习惯等全方面、细粒度的个人或群体信息。这都极有可能对国家文化安全、意识形态安全、信息安全等构成威胁，进而影响整个国家安全系统。

随着大数据由产业技术层面上升为国家重要创新战略层面，与之密不可分的网络空间安全问题也随着"大安全观"的提出上升到国家战略的高度。2003 年，美国公布《国家网络安全战略》，正式将网络安全纳入国家战略框架，从国家战略全局对信息网络的正常运行进行谋划，以保证国家和社会生活的安全与稳定[①]。其后，在美国的影响下，各国相继出台文件将信息安全，特别是网络安全提升至国家战略高度，如日本的《信息安全总体战略》（2003）[②]、英国的《网络安全战略》（2009）[③]、俄罗斯的《2020 年前俄罗斯国家安全战略》（2009）[④]。

2014 年 4 月 15 日，习近平总书记在中央国家安全委员会第一次全体会议上首次提出"总体国家安全观"理念，以人民安全为宗旨，以政治安全为根本，以经济安全为基础，以军事、文化、社会安全为保障，以促进国际安全为依托，走出一条中国特色国家安全道路；并特别强调要筑牢网络安全防线，提高网络安全保障水平，确保大数据安全。2016 年，我国出台了《国家网络空间安全战略》，提出以总体国家安全观为指导，增强风险意识

---

① 陈宝国：《美国国家网络安全战略解析》，《信息网络安全》2010 年第 1 期。
② 吴远：《"动态治理"——日本信息安全制度及密级划分制度的启示》，《办公室业务》2012 年第 4 期。
③ 汪明敏、李佳：《〈英国网络安全战略〉报告解读》，《国际资料信息》2009 年第 9 期。
④ 王影：《〈俄罗斯联邦 2020 年前国家安全战略〉解读》，《国际资料信息》2009 年第 8 期。

和危机意识，推进网络空间和平、安全、开放、合作、有序，维护国家主权、安全、发展利益的战略目标①。

（一）产生的原因

文化大数据应用涉及数据的生成、传播、共享、利用等多个环节，网络技术的发展为各个环节带来了或多或少的改变，从而催生了一系列新的安全问题。

一是数据生成路径、传播方式便捷多样，可控性差。从数据生成路径上看，国家积极推动文化产业服务效能提升，提出依托国家公共数字文化服务云平台，提供线上线下互动式服务。智能手机和移动终端的普及应用，图书馆、文化馆、美术馆、博物馆等公共文化机构信息化设施逐步完善，人机交互、虚拟现实（VR）、增强现实（AR）等先进技术的推广，在提升服务水平的同时，也使得数据生成越来越容易、内容越来越丰富、粒度越来越细，物理空间和社会空间几乎完全被映射到了信息空间，产生安全风险的概率正在加大。从数据传播方式上看，为了充分发挥文化大数据的效用，需要引入社会力量进行深度开发。多元主体的参与，要求数据在一定范围内可以共享和自由流动，这就使得包含在文化大数据中各种各样的信息内容被泄露和滥用的风险增加。在全球化网络空间中，数据的复制和传播往往成本低、便捷且难以追责，这就使得数据安全可控性更差，进而对国家的数据主权、知识产权、商业利益甚至公共安全造成威胁。

二是数据跨界跨境流动、开放互联，具有无边界性。大数据战略提出以来，除文化领域外，大数据在各个领域都有了较大进展，例如健康领域、金融领域、电商领域、工业领域等。很多大型企业为了更好地研究用户行为、服务于业务模型，都开始着眼于跨界数据的整合利用，建设平台级应用项目。与此同时，不同维度和领域的数据之间边界模糊，难以管控。有时这种数据流动甚至是跨境的，这些数据被有心之人利用，不仅仅威胁到信息安

---

① 《国家网络空间安全战略》，http：//www.cac.gov.cn/2016 - 12/27/c_ 1120195926. htm。

全、文化安全，还可能波及政治、军事等多个方面。例如，2018 年 4 月份，一张由健身软件 Strava 根据用户运动轨迹画出的热力图暴露了美国、俄罗斯、阿富汗、叙利亚等国家的多个军事基地，充分说明了企业大数据管控的缺失，以及对国家安全的威胁程度提升。

三是国际网络空间中国家意识淡化、国家主权相对化。数据生成路径、传播方式、无边界性等新变化，使得信息空间中传统的国家边界限制减弱。这一方面在无形中强大了个体的力量，大大降低了政府对数据行为的管控能力，冲淡了国家和民族意识，逐渐瓦解长久以来建立的国家主权概念。另一方面，数据流动和无边界性大大加强了国家之间的信息关联和渗透，又缺乏统一的国际信息安全秩序，这为国家安全带来了严重威胁[①]。

（二）面临的挑战

文化大数据不仅具有大数据的特点，还具有文化属性，这就使得在应用过程中，不仅需要考虑普遍意义上的信息安全、用户隐私等问题，还必须面对数字主权、意识形态安全等挑战。

1. 信息安全问题

随着信息技术的发展，信息安全保障的含义和内容不断深化。最初的信息安全主要是指在军事、政治、经济领域对重要战略情报、国家机密等信息内容的保密，通过控制信息获取传播途径，保障信息的完整性和保密性。之后计算机出现，信息安全也增加了对国家内部计算机及其处理系统的安全保障。目前，互联网、大数据技术的出现已经使得信息安全发展成为大安全观下对信息内容安全、数据安全、物理安全、网络安全和信息基础设施安全等的综合保护与主动防御体系[②]。各级公共文化机构的资源数字化、企业文化大数据项目开展、特色文化资源数据库建设的各个环节，蕴含着珍贵的文化资源，面临着信息安全威胁。

---

① 赵阳：《大数据时代对国家安全的挑战及对策研究》，山东师范大学硕士学位论文，2015。
② 相丽玲、陈梦婕：《试析中外信息安全保障体系的演化路径》，《中国图书馆学报》2018 年第 2 期。

2. 知识产权问题

文化产业发展路径转变的核心要求是增强创新能力，其中知识产权又是创新能力的集中体现。在大数据时代，对创意知识产权的有效保护是产业和行业可持续发展的重要保障①。但是各种大数据技术、网络技术、大数据终端产品的发展和应用，使得文化创意产品一经生产后，传播速度快，传播范围广，且复制成本低。数据分析和信息技术的广泛应用使得创意生产的物质基础动摇，文化创意生产者随之失去创新动力，凸显了知识产权制度和意识滞后的问题。

3. 用户隐私安全

大数据计算对隐私的侵犯，已经成为制约其发展的最大障碍之一。对于文化大数据应用而言，数据具有内容多、范围广、粒度细、与人们生活联系紧密等特点，使得用户数据安全问题更为突出。有媒体就曾报道，重庆、上海、山西等超过30个省份的卫生和社保系统出现大量高危漏洞，包括个人身份证、社保参保信息、财务、薪酬、房屋等敏感信息可能因此泄漏②。政府部门的用户数据安全尚且无法得到有力保障，更遑论其他社会机构了，文化大数据应用中的个人隐私、群体隐私问题已经引起广泛关注，成为亟待解决的安全威胁问题。

4. 意识形态安全

大数据时代，文化数据的自由传递使得不同国家之间意识形态的碰撞更为激烈。发达国家利用信息技术优势，对"数字鸿沟"中居于劣势地位的国家进行意识形态渗透，尤其是借助于电影、娱乐等产业对意识观念薄弱的青少年群体灌输其价值观、政治模式、社会制度、生活方式等，造成社会主流意识边缘化、"亚文化"活动空间扩张、文艺"缺钙"、消费主义文化盛行等文化问题，进而对国家安全造成冲击。此外，我国文化产业起步较晚，文化市场尚不健全，这也使得西方文化产业凭借其市场运作经验蚕食我国文化市场，威胁我国文化主权和文化安全。

---

① 李慧：《文化产业如何面对大数据时代》，《光明日报》2018年6月6日第15版。
② 杨昕：《论大数据时代背景下国家文化安全面临的挑战及其应对》，《理论与现代化》2017年第3期。

三 文化大数据应用中国家安全保障对策

如同现实世界中思想文化是一个民族屹立于世界之林的根基，文化大数据也是一国在国际网络世界中发展博弈的重要资源。文化大数据的应用热潮已然开启，如何均衡其应用效益和安全问题成为我们必须面对和亟待解决的问题。定位突出问题，有针对性地建立相应的国家安全保障机制，开展国家安全保障活动，进而形成一个跨国、跨区域、全方位，由技术、管理、法制、文化等多元素构成的国家安全保障体系①。

（一）发达国家应对经验

纵观国际局势，大数据应用的安全不仅是综合国力的重要组成部分，也是各国奋力攀登的制高点和国家战略。世界各国纷纷出台相关政策保障国家安全，这些政策法规虽不是专门针对文化大数据提出的，但对文化大数据应用中的国家安全问题同样具有借鉴意义。

西方发达国家占据信息技术优势，在信息安全立法方面起步较早，目前已发展得较为成熟。美国早在1998年便提出"信息安全"概念，经过20年的发展，现已建立以《联邦信息安全管理法案（2000）》为基本法，以《国家网络安全战略（2003）》为战略计划，多部政策框架、行动计划为指南的法律保障体系②；近期更是颁布针对网络安全信息共享的《网络安全法案（2015）》、《网络安全国家行动计划（2016）》等法规。英国也形成《网络安全战略（2009）》、《数据保护法》、《信息保障管理框架》、《网络安全战略》等规范的法律体系；并成立各级网络安全管理中心，加大财政投入发展大数据技术，为强化网络数据监控，甚至规定政府有权要求网络用户交出保密资料。日本向来重视数据安全保护，更是将信息安全保障视为综合安

---

① 相丽玲、陈梦婕：《试析中外信息安全保障体系的演化路径》，《中国图书馆学报》2018年第2期。

② 赵阳：《大数据时代对国家安全的挑战及对策研究》，山东师范大学硕士学位论文，2015。

全保障体系的核心，不仅形成以《IT 基本法（2000）》为基本法，《信息安全总体战略（2003）》为战略计划，《保护国民信息安全战略》、《国家安全保障战略》等规范为行为指南的法律体系；还推出新的综合战略《活力 ICT 日本》，进行大数据应用所需的云计算、传感器、社会化媒体等智能技术的开发。

发达国家的大数据国家安全保障措施的发展路径，呈现如下共同点，这些共同点对于在此领域起步较晚的国家具有较大参考价值。

一是保障原则由"适度安全"到"总体安全"。21 世纪之前，信息技术发展尚不成熟，当时的信息安全法律体系主要以"适度安全，最低限度"为原则，安全措施的采取和安全等级的评定基本按照各机构最低限度确立。但进入 21 世纪后，各种高新技术的涌现使得最低限度的原则不再适用于新的环境，于是各国纷纷提出"大安全"、"总体安全"等概念作为信息安全保障体系建设原则，即以国家整体安全为目标，将信息安全提升至国家战略高度，在普遍安全、共同安全、综合安全、协同安全等原则下，指导国家信息安全工作，维护国家信息主权、安全与发展利益。

二是法律制度由分散到统一，保障体系由被动到主动。受早期狭义的信息安全观念影响，当时立法较为分散，多侧重于信息保密、计算机系统和电子通信安全等方面。进入 21 世纪以来，网络互联局面形成，政治、经济、信息、文化等各个系统相互关联，与之相关的法律制度建设也由分散走向统一，战略立法、实施机制、技术标准等多方面齐头并进，技术、管理、法制、文化等多元素共同参与的全方位联动框架正在形成。正如不可走"先污染，后治理"的环保之路，在文化大数据应用中，我们也不可"先应用，再保障"，不可只等问题出现了再去解决，而应当从发展初期就针对其中的威胁做好国家安全保障。目前文化大数据应用尚未发展成熟，但信息泄露、管控不足等案例都已屡见不鲜，提前思考应对措施，主动构建保障体系，才是新时期保障国家安全的正确思路。

三是立法层次逐渐上升，立法范围全面扩大。我国虽刚刚提出大数据战略，但早在 21 世纪初，众多西方发达国家就已经将信息安全问题由立法层次上升到国家战略的高度。目前，立法层次有望再度提升，全球网络空间内信息安全维护问题开始凸显。这个问题的解决必定需要各国共同努力，推动国际安全保障立法与实施机制的健全和完善，网络空间安全将由国家战略走向国际战略。此外，从立法范围上来说，包括信息内容安全、数据安全、物理安全、网络空间安全、信息基础设施安全、国际信息安全等各领域在内的体系建设已是共识。

（二）我国国家安全保障对策

结合发达国家的先进经验以及我国文化大数据应用过程中面临的主要挑战，依据我国国情提出以下国家安全保障措施。

一是加强各方合作，共生共建共同抵御风险。文化大数据应用涉及多个利益主体，实施安全保障也必然需要各方合作。从国内而言，须建立包括政府、社会、企业、用户四方利益主体在内的"共生生态"。以政府为引领，以社会和企业为重点、以用户为中心，按照共商、共识、共建、共享、共担的方式有序推进网络空间良性治理，进而保障各方面的国家安全，通过打造文化安全共生生态最终实现物理空间、社会空间和网络空间的国家安全共生生态。从国际而言，我国应当积极倡导或响应国际网络空间安全秩序的形成，对国际空间内较为突出的国家数字主权、信息泄露等问题积极发声，通过与各国政府合作推动国际空间内的共生生态建成，共同抵御大数据应用带来的安全风险。

二是完善政策支持体系、法规保障体系。2015 年，我国颁布新的《国家安全法》，从宏观角度对包括文化安全、信息安全、资源安全在内的 11 个领域的全面安全做出部署安排。至此，我国以"总体国家安全观"为立法原则，以《国家安全法》为基本法，以"基本法 + 单行法 + 实施机制"为立法模式的中国特色国家信息安全保障体系布局形成。但受目前信息化、网络化发展程度的限制，我国相关政策支持体系、法规保障体系尚存在立法数量少、质量低的问题。很多法律为政策引导性的，部分行为规定不清晰。因此，我国在文化大数据应用的安全保障问题上，仍需采取"边

发展边保障"的策略,一方面积极完善政策支持体系推动文化产业升级,另一方面以《国家安全法》为基准完善安全保障体系,为文化大数据应用保驾护航。

三是发展高新科技,建立健全文化安全预测和预警机制。不同于政治、经济、军事等威胁,文化威胁的可怕之处在于"无形"。在文化大数据应用中,最为困难的可能不是如何应对、抵御威胁,而是如何及时感知到威胁的存在。这在传统环境中很难实现,但当前各种高新技术的发展使文化威胁预测和预警机制的建立成为可能。首先,政府应结合文化大数据应用的新场景、文化产业发展的新趋向,建立较为完备的国家文化安全预警指标体系,根据国内文化市场发展现状制定相应的文化产业政策和文化产业安全法规用以指导预测、预警机制建立。其次,应加大投入以发展高新科技,在法规建立的基础上,结合技术优势,建立文化安全预测、预警平台,实现对网络空间的实时监控,对涉及国家安全的敏感数据合理监测和分析,及时发现潜在威胁,为国家文化和安全部门提供信息参考。

四是增强主流意识形态的吸引力和凝聚力。意识形态安全是文化安全的本质表现和核心要义。大数据时代,网络空间中国家主权的模糊性、思想文化的交锋激荡使得优秀传统文化和主流价值观面临冲击,网络谣言等有害信息误导价值取向,使维护公民意识形态安全更艰难也更重要。文化虽不过时,但仍需要针对不同群体特点构建适应当今环境的话语体系,使我国民族精神和传统文化在大数据环境中得以弘扬和传播。此外,网络环境中,信息传播渠道多、速度快、范围广、影响大,这一方面为舆论的研判和引导带来了空前难度,另一方面也是主流意识形态建立的重大机遇。充分调动社会各界力量、利用新的技术、开发新的方式增强主流意识形态的吸引力和凝聚力有助于抵御外来文化渗透,促进国家安定。

四 结语

数据拓展了思维空间,文化赋予数据思想和灵魂,文化大数据的开发应用、互联互通、开放共享将是必然趋势。对我国而言，文化大数据应用尚且处于发展初期，如何抓住这个关键节点，既发挥互联网新技术优势，释放大数据对文化产业发展的巨大效用，又切实解决大数据可能涉及的国家安全问题，减少西方文化体系对我国服务新业态、新形态的冲击，提升中国优秀文化自信力，是当前的重要议题，亟须社会各界的不断探索和实践。

B.6
大数据时代我国文化产业
发展综合评价研究

王晓娟　徐 谚*

摘　要： 大数据的时代背景，为分析文化产业的发展拓展了新的视角。
　　　　本文根据国家文化和旅游部发布的文化公报，从大数据角度
　　　　分析了我国文化产业发展现状，接着利用大数据技术手段，
　　　　从文化产业投入、文化产业驱动、文化产业产出三个方面构
　　　　建了我国文化产业发展水平的评价指标体系，采用因子分析
　　　　探寻潜在因子并进行综合评价，根据因子分析结果分析文化
　　　　产业发展存在的问题，进而提出加快我国文化产业发展的对
　　　　策建议。

关键词： 大数据　文化产业　综合评价

　　文化产业是在市场化和产业化的组织下，通过创造文化内容大规模提供
文化产品及服务的一种经济形态。文化与经济具有密切的联系，经济是发展
文化的基础，同时繁荣、先进文化推动着经济的发展。随着国家"十三五"
规划的出台和供给侧结构性改革的深化，我国经济发展迅速，人们的生活得
到极大的改善，人们对于文化的需求层次也在不断地提高，大力发展我国的
文化产业，不仅能满足广大人民的精神需要，而且可以促进我国经济的发

---

* 王晓娟，统计学博士，湖北大学数学与统计学学院讲师；徐谚，湖北大学应用统计学本科生。

展。因此，着力培育我国文化"软实力"，发展与经济实力相匹配的先进文化是现代文化强国的力量源泉，是使我国屹立于世界的精神支撑。

构建完善的文化产业发展水平评价方法能够量化地比较不同地区文化产业发展水平，能够为文化产业发展管理提供可靠的参考依据，能帮助提高文化产业有关管理部门的工作效率，发现文化创新产业的不足。因此，构建文化产业发展的评价指标体系，选择合适的文化产业评价方法，从而量化我国不同地区文化产业发展水平是十分必要且有意义的。本文首先依据国家文化和旅游部发布的公报分析了我国文化产业发展的整体状况，然后从文化产业投入、文化产业驱动、文化产业产出三个方面构建评价我国文化产业发展水平的评价指标体系，使得构建的评价指标体系能更全面、多层次综合反映文化产业的发展水平，采用因子分析法探寻潜在因子并进行综合评价，根据因子分析结果分析文化产业发展存在的问题，进而提出加快我国文化产业发展的对策建议。

一 我国文化产业发展整体状况分析

（一）我国文化产业发展整体呈增长趋势

根据我国文化和旅游部发布的《中华人民共和国文化和旅游部 2017 年文化公报》可知，截至 2017 年末，在机构人员方面，全国文化系统所属及管理的各类文化（文物）单位有 32.64 万个，比 2016 年末增加了 1.58 万个；从业人员248.30 万人，增加了 13.50 万人。其中，各级文化文物部门所属单位增加了 709 个，在 2016 年的基础上增长了 1.07%，从业人员增加了 0.64 万人，比 2016 年增长了0.97%。在艺术创作演出方面，国家艺术基金 2017 年共立项 1001 项，资助金额高达 7.38 亿元，我国对艺术创作的资金扶持力度进一步加大。全年全国艺术表演场数比上年增长了 27.4%，其中，赴农村演出增长 21.7%；国内观众增长了 5.7%，农村观众增长 33.8%；总收入 342.11 亿元，增长 9.9%，演出收入增长 13%。

在公共文化服务体系上，公共图书馆和群众文化机构数比上年均有所增

长，图书馆发放借书证 6736 万份，增长 20.4%，参加读者活动的人数增长 24.1%，乡镇综合文化站比上年减少了 243 个，全国群众文化机构从业人员减少 1119 人。在文化市场方面，为促进行业健康发展、规范市场秩序，我国修改及颁布了一系列政策方针，深化文化市场执法改革，推进综合执法队伍建设。全国文化市场经营单位增加了 1.47 万家，从业人员增加了 12.42 万人。

在文化产业和文化科技方面，据国家统计局统计，2017 年规模以上的文化及相关产业营业收入为 91950 亿元，与 2016 年相比增长了 10.8%，增速提高了 3.3 个百分点。在文化遗产保护方面，各类文物机构共 9931 个，增加了 977 个。文物机构从业人员 16.16 万人，增加了 1.01 万人，文物机构拥有的文物藏品 5096.32 万件，增长了 14.4%。在文化资金投入方面，通过实施"三馆一站"免费开放、公共数字文化建设、非物质文化遗产保护等文化项目，中央补助地方专项资金 49.33 亿元，减少了 19.2%。文化事业费比上年增长了 11.0%，全国人均文化事业费增长了 10.5%。

我国文化产业从各个角度来看均呈现不同程度的增长态势，由于机构人员、艺术创作演出、公共文化服务体系、文化市场、文化产业与文化、文化遗产保护和文化资金投入这七个方面基本涵盖了文化职能范围内的所有领域，能够全方位、多角度地展现 2017 年我国文化发展的全貌，由此可知我国文化产业发展呈现增长的态势。随着国家加快文化强国建设的步伐，文化产业已经迎来了黄金发展时期，正在成为真正的风口产业。

（二）我国文化产业区域发展不平衡

2017 年东部地区规模以上文化企业营业收入为 68710 亿元，占全国规模以上文化企业营业收入的 74.7%；其次，中部地区为 14853 亿元，占比 16.2%；西部和东北地区分别为 7400 亿元和 988 亿元，占全国的比重分别为 8.0% 和 1.1%。从增长速度来看，西部增长最快，为 12.3%，其次，中部地区增长了 11.1%，东部地区增长了 10.7%，然而东北地区下降了 0.9%，但是与上年的降幅相比收窄了 12.1 个百分点。东部地区无论是在文化产业规模、产业结构还是空间集聚、政策创新上都比其他地区具有更高的起点，中西部地区经济不如东部发达，但是丰富多彩的少数民族文化、旖旎的自然风貌等独一无二的优质文化资源都有待发掘，从营业收入增速来看，2016 年中部地区增速最大，2017 年是西部地区。这得益于这几年西部大开发、"一带一路"等倡议，把"资源"变成"财富"，用文化产业的迅速发展创造美好生活。而东北地区呈现"负增长"，主要是由于东北传统的出版、演出、影视等产业在市场经济和互联网的冲击下运行受阻、情况欠佳。

总体上来看，我国文化产业发展整体呈增长的态势，文化产业的快速发展不仅能够带动经济的快速发展，而且能满足人们不断增长的精神文化需求。随着西部大开发、"一带一路"等建设的推进，区域发展不平衡"东高西低"的局面有所改变，但是仍然存在很大的差距，因此我们需要不断努力去缩小差距。本文结合市场经济和互联网时代下新兴的文化产业，从投入、驱动、产出这三个角度来构造我国文化产业发展的评价指标体系，通过因子分析找出潜在的影响因子，进行综合评价，得出各省份的综合排名，根据因子分析的结果对我国东、中、西部区域文化进行对比分析并提出相应的建议。

二 我国文化产业发展评价指标体系构建

关于文化产业发展的现有研究中，构建的指标体系主要包括以下几种：王家庭、张容（2009）选取了文化产业资产、从业人数、GDP 等投入、产出和环境指标，使用 DEA 模型分析了 2004 年我国 31 个省区市文化产业的运营效率。李炜、张爱香（2011）等从两个不同角度出发，选取指标构建了评价指标体系：从人力资源、资本、文化资源和基础设施这四个方面选取相关的指标，反映文化产业投入水平；选取了价值型和非价值型两种类型的指标，反映文化产业产出水平。王巧英、刘小臻（2012）则从文化建设投入因子和贡献因子两个方面对内蒙古 12 个盟市的文化产业进行了对比分析研究，根据得出的综合评价结果有针对性地提出加快发展文化产业的对策。

综合以上评价指标体系的研究，本文从文化产业投入、驱动和产出三个方面选取相应指标，结合市场经济和互联网时代下文化新兴产业发展来选取不同方面的指标，使得构建的评价指标体系能较好地反映目前我国文化产业的发展情况。具体以 UNESCO Jodhpur 论坛提出的亚太区域国家文化产业评价框架、波特的钻石评价体系和芮佳莉娜·罗马的金字塔模型为基础，根据客观性、科学性、系统性、可比性、现实性和前瞻性原则，从投入、产出、驱动、产出这三个方面去构建 UCII。投入主要是指生产要素的投入，主要包括文化资源、资本、人力资源；驱动主要是指事物的外部环境，具体包括基础资源、行业组织、政策环境、产业技术与创意等；产出指产出的产品和服务，体现在经济和社会上的影响上。我国文化产业发展的指标体系如表 1 所示。

表 1　文化产业发展水平评价指标体系

目标层	子指标层	评价指标层
文化产业投入	文化资源	博物馆文物藏品数 图书馆藏书量 文化文物机构数:艺术表演场馆(个) 高等院校数量
	文化资本	文化文物部门所属机构财政拨款:总计(千元) 文化机构财政拨款:图书馆(千元) 文化机构财政拨款:群众文化(千元)
	人力资本	文化文物从业人员数:艺术表演场馆(个) 文化文物从业人员:图书馆业(个) 文化文物从业人员:群众文化服务:文化站(个)
文化产业驱动力	市场环境	文化机构总支出:群众文化(千元) 居民消费水平
	公共环境	公园绿地面积(万公顷) 文物机构财政拨款:合计(千元)
	创新环境	文物机构财政拨款:文物科研机构(千元) 文化艺术科技、科研机构:从业人员数(人) 规模以上工业企业 R&D 人员全时当量(人年)
文化产业产出 (影响力)	经济影响	文化机构总收入:艺术表演团体(千元) 文化产业人均收入(元)
	社会影响	艺术表演观众人次 公用图书馆书刊文献总流通人次 广播节目综合人口覆盖率(%) 公共图书馆参加展览人次(万人次)

三 我国文化产业发展现状的综合评价

本文从文化产业投入、驱动、产出三个方面选取了图书馆藏书量、文化文物机构数、高等院校数量、文化文物从业人员数等 23 个指标来反映我国各省份的文化发展水平,各指标相关数据来源于《2017 年中国统计年鉴》。

在进行综合评价之前,首先要对选取的 23 个指标进行相关性矩阵分析。相关性矩阵分析发现,指标间存在着较强的相关性。为探寻指标间的内在关系,这里采用因子分析法来寻找潜在因子。本文采用了 KMO 和 Bartlett 球形两种方法检验构造的指标体系是否适合做因子分析,用 SPSS 软件首先将数据标准化以消除量纲的影响,用标准化后的数据分析得到 KMO 的值为 0.798,表明该数据很适合做因子分析,巴特利特球形检验的 P 值远小于显著性水平 0.05,同样表明该数据适合做因子分析。

本文利用主成分分析法提取指定变量,提取出三个潜在因子对总方差的贡献率达到 78.5%,表明用因子分析得到的潜在因子替换原有指标来评价文化产业发展水平是可行的。采用方差最大法进行旋转,并根据指标在公因子上载荷的大小对公因子进行命名,得到各潜在因子如表 2 所示。

表 2 潜在因子命名及其涵盖指标

因子命名	涵盖指标
文化产业投入因子 (因子 1)	公共图书馆参加展览人次(万人次) 文化文物从业人员数:图书馆业(个) 文化机构财政拨款:群众文化(千元) 文化机构总支出:群众文化(千元) 公园绿地面积(万公顷) 文化文物从业人员数:群众文化服务:文化站(个) 规模以上工业企业 R&D 人员全时当量(人年) 文化机构财政拨款:图书馆(千元) 图书馆总藏量(万册) 公共图书馆书刊文献总流通人次(万人次) 高等院校数量(个) 固定资产投资(亿元)

因子命名	涵盖指标
文化产业产出因子 （因子2）	居民消费水平（绝对数：元） 文化产业人均收入（元） 广播节目综合人口覆盖率（%） 艺术表演场馆艺术演出观众人数（千人次） 文化机构总收入：艺术表演团体（千元） 文化文物从业人员数：艺术业：艺术表演场馆（个）
文化产业驱动因子 （因子3）	文物机构财政拨款：文物科研机构（千元） 文物机构财政拨款：合计（千元） 文化文物机构数：艺术业：艺术表演场馆（个） 文化艺术科技、科研机构：从业人员数（人） 博物馆文物藏品数（个）

根据旋转后因子载荷矩阵以及因子的特征根①在所提取的因子中所占的方差计算得到的贡献率进行综合得分计算并进行排名，结果如表3所示。此排名可视为各省（自治区、市）文化产业发展水平的综合排名。

表3 我国31个省（区、市）文化产业发展水平综合排名

地区	投入因子	产出因子	驱动因子	综合得分	排名
北京	- 1. 15769	2. 66182	. 21769	- 0. 4186	24
天津	- 1. 17029	1. 40441	- . 83291	- 0. 7359	27
河北	. 31549	- . 79290	. 42663	0. 1562	9
山西	- 1. 13407	. 03898	2. 42477	- 0. 5678	26
内蒙古	- . 54827	. 22421	- . 17085	- 0. 3881	23
辽宁	. 09467	. 03453	. 16450	0. 0929	10
吉林	- . 23128	- . 55804	- . 25079	- 0. 2839	20
黑龙江	- . 28791	- . 30552	- . 34529	- 0. 2968	21
上海	- . 00565	2. 81259	- 1. 05233	0. 3167	8
江苏	1. 54471	1. 51860	. 67012	1. 4461	2
浙江	1. 46528	1. 68091	. 66499	1. 4120	3
安徽	. 10481	- . 48918	- . 01827	- 0. 0003	12
福建	- . 15590	. 11789	- . 33477	- 0. 1329	14

---

① 因子载荷矩阵和因子特征根的计算结果篇幅较大，此处不再列出，如有需要可与作者联系。

地区	投入因子	产出因子	驱动因子	综合得分	排名
江西	−.11380	−.63355	−.13233	−0.1961	17
山东	1.03408	.14896	.88513	0.8812	4
河南	.47781	−.69395	1.78184	0.4378	6
湖北	−.00619	.18121	.56566	0.0846	11
湖南	.61031	−.85603	.35171	0.3557	7
广东	3.58649	.01720	−1.33753	2.5022	1
广西	−.08566	−.73300	−.36742	−0.2162	18
海南	−1.17232	−.24410	−.70657	−0.9785	30
重庆	−.03484	−.46754	−.84592	−0.1895	16
四川	.99260	−.71309	.42463	0.6676	5
贵州	.14808	−1.40572	−1.08969	−0.2260	19
云南	.22948	−.72345	−.64713	−0.0126	13
西藏	−.83409	−.38715	−1.27871	−0.8131	28
陕西	−.58156	−.14908	2.47549	−0.1840	15
甘肃	−.58605	−.72236	1.09997	−0.4247	25
青海	−1.15910	−.15562	−.96231	−0.9827	31
宁夏	−1.04627	−.30803	−.98789	−0.9259	29
新疆	−.29289	−.50301	−.79240	−0.3794	22

根据各省（自治区、市）的综合排名可以看到，TOP 10 中有 7 个省份都位于东部地区，分别是广东、江苏、浙江、山东、上海、河北和辽宁，这说明我国东部地区文化产业发展得很好。对于中部地区而言，除河南、湖南分别位居第 6、7 名外，其他省份都排在第 10 名以后，文化产业发展水平整体也处于中游。而对于西部地区来说，除四川省排名较为靠前之外，其他省份都处在中等靠后甚至末位水平。

特别是北京、天津这样的经济发达地区，它们的文化产业发展水平排名较为靠后，这反映了虽然经济水平对文化产业的发展投入影响很大，但并不是决定文化产业发展水平的关键性因素。

四　结语

根据以上分析，要促进我国文化产业的发展，除了常规意义上的调整产

业结构、加快人才培养、加强文化数据资源的系统管理等之外，我们还应从我国文化产业发展总体排名出发，考虑我国文化产业发展明显的区域差异，即东部地区发展较好，中部地区发展一般，西部地区发展较差，为了文化产业的均衡发展，应考虑对中西部地区给予相应的政策扶持。

参考文献

李炜、张爱香、王进富：《我国区域文化产业发展水平综合评价研究》，《郑州航空工业管理学院学报》2011 年第 4 期。

彭翊：《中国城市文化产业发展评价体系研究》，中国人民大学出版社，2011。

王家庭、张容：《基于三阶段 DEA 模型的中国 31 省市文化产业效率研究》，《中国软科学》2009 年第 9 期。

王巧英、刘小臻：《基于因子分析的内蒙古各盟市文化产业发展的综合评价》，《现代计算机》2012 年第 22 期。

王晓娟、朱喜安、赵宁宁：《改进的模糊聚类方法在 R&D 资源分类中的创新应用——以湖北省为例》，《统计与决策》2016 年第 17 期。

B.7
信息化时代下数字电视图书馆建设研究

—— 以常州电视图书馆 "701 频道" 为例

钱舒屏 *

摘　要： 数字电视图书馆是泛在图书馆的一种新型服务模式，是图书馆传统服务的延伸和创新。通过多年的实践探索，数字电视图书馆在提升公共文化服务效能方面走出了一条创新发展的道路。本文解读了数字电视图书馆的概念及建设意义，介绍了常州电视图书馆的运作机制和建设经验，并对数字电视图书馆的发展前景加以展望。

关键词： 数字电视图书馆　常州电视图书馆　公共文化服务

　　构建现代公共文化服务体系，满足人民群众的基本精神文化需求，保障人民群众基本文化权益，是党和国家的重要战略部署。近年来，由于我国区域经济分化加剧、城镇化进程放缓，沿海发达地区和中西部地区、城市和乡村在公共文化发展方面仍存在较大差异。同样，公共图书馆建设也存在区域发展、城乡发展不均衡的问题。在国家大力倡导建立完善公共文化服务体系、保障人民群众普遍均等享有公共文化权利的背景下，公共图书馆作为公共文化服务体系的重要组成部分，承担着面向广大城乡提供联网服务，形成适合基层需要的灵活、便捷、多样的服务方式，提升基层公共文化服务效能

---

* 钱舒屏，馆员，现任常州市图书馆数字资源部主任，研究方向为图书馆新媒体服务与应用。

的重要职能。

随着信息化时代的到来，越来越多的阅读需求逐渐向互联网、数字电视网和移动通信网等媒介转移，推广图书馆数字化建设则成为提升公共文化服务水平的重要手段和主要途径。作为图书馆数字化建设与服务的平台之一，通过多年的实践探索，数字电视图书馆在提升公共文化服务效能方面走出了一条创新发展的道路。

一 数字电视图书馆发展概况

（一）概念

数字电视图书馆是以数字电视网络为通信支撑，以图书馆各类型数字资源为基础，以拓宽图书馆业务的服务范围为核心，通过数字电视机、数字电视机顶盒等终端设备，为用户提供浏览和获取图书馆资讯、数字资源及服务的媒体平台。通过数字电视图书馆，用户可以获得书目查询、图书预约续借、看展览、听讲座、接受远程教育等服务，从而实现图书馆功能的拓展和服务的延伸。在三网融合的时代背景下，数字电视图书馆是泛在图书馆的一种重要实践模式。

（二）发展历程及主要模式

始于2002年上海市的家庭数字电视阅读服务是国内数字电视图书馆的雏形，早期的数字电视图书馆主要承担文化资源共享工程推广平台的角色和任务，如青岛文化共享专栏、杭州图书馆"文澜书话"、深圳共享工程专栏、湖北数字农家书屋等。近年来，在国家图书馆"国图空间"的引领下，国内数字电视图书馆蓬勃发展，在东南沿海地区涌现出一批比较成熟的建设项目，如常州电视图书馆"701频道"、天津泰达电视图书馆、镇江电视图书馆、绍兴电视图书馆和佛山电视图书馆等。

从总体组织建设的角度看，数字电视图书馆可分为独立建设模式和联合建设模式。①

1. 独立建设模式

上海、青岛和深圳的家庭电视阅读和湖北数字农家书屋采用的是广电出版系统独立建设模式，即由有线电视公司独立开发服务平台，依托本身的有线网络资源和出版单位的数字资源，将电子图书和视频等推送到居民家庭，使得居民足不出户即可实现电视阅读和收看视频讲座。广电出版系统独立建设的家庭电视图书馆均处于家庭电视阅读这一早期发展阶段。

2. 联合建设模式

联合建设模式是公共图书馆和广电传媒公司联合建设家庭电视图书馆模式。杭州、北京、常州、天津、镇江、绍兴和佛山等7个家庭电视图书馆服务平台均采用联合建设模式，这逐渐成为主流建设模式。联合建设模式都是由公共图书馆主导建设，由文化主管部门提供指导和财政支持，使电视图书馆服务专注于实现社会效益。

二　数字电视图书馆常州模式——常州电视图书馆701频道

（一）建设背景

在信息化浪潮下，一个以期刊报纸、广播电视等视听设备为媒体的传统传播手段与以流媒体技术为基础的信息化、数字化传播手段相互融合的传媒平台业逐渐形成，更多的阅读形式将在互联网、数字电视网和移动通信网上体现。作为长三角地区经济较为发达的城市，江苏省常州市主动顺应当今文化与科技融合发展的大趋势，超前谋划，提出了"虚实结合广覆盖、信息服务全天候"的图书馆发展新理念，由常州市图书馆与江苏省广电网络公

---

① 付希金、田丽君、张小男等：《我国家庭电视图书馆现状及发展策略研究》，《图书馆学研究》2014年第16期。

司常州分公司进行战略合作，共建"常州电视图书馆"。

常州电视图书馆是由常州市文广新局牵头，常州市图书馆和江苏省广电网络公司常州分公司联合创办。2011年7月1日，常州电视图书馆701频道正式开播，开创了图书馆资源利用、放大和服务的新模式，成为常州市"文化惠民"的新举措，以及"智慧城市"和"智慧社区"建设中公共文化服务的重要内容。目前，常州电视图书馆已经实现了常州地区的全覆盖，40多万户家庭打开电视机，就能够享用到常州市图书馆的数字图书、报刊、讲座、多媒体课堂、群众文化活动、精品剧目以及文化共享工程等丰富的数字资源。

（二）发展概况

基于技术平台的不断升级改造，常州电视图书馆的发展进程大致可分为三个阶段。

第一阶段（2010~2012年）：采用单向数据广播推流，覆盖全市用户，主打图文信息和直播流视频，并设置与电视节目一样的频道号"701"，视频24小时滚动播出，NVOD随时收看。

第二阶段（2013~2015年）：广电网络公司大力改造建设HFC双向网络和普及互动数字机顶盒，架设了基于IPQAM的点播平台，观众由被动收看转换为主动收看，可自主点播视频。

第三阶段（2016年至今）：高清互动机顶盒的推广让电视图书馆页面更清晰、内容更丰富；广电网络公司搭建了云媒体本地化平台，并制定了高清视频码，提高了用户收看体验度；同时开发了图书馆登录、书目查询的功能。

目前，常州地区已完成数字电视整体转换，有线电视覆盖率达100%。随着常州广电网络双向化程度的不断提高，双向数字电视平台能够为用户提供更多、更好的服务。

（三）运行机制

1. 平台构建与技术开发

数字电视图书馆是将馆藏资源和数字电视平台、网络资源相结合，通过提供多样化的业务推出的一种全新服务模式。按照业务实现方式的不同,可以划分为静态页面类业务、动态页面类业务和调用 Web 接口类业务三大类型,三种类型以网页布局、图文规格、视频制式为基础架构,充实以资源内容,形成独特的数字电视图书馆平台。

常州电视图书馆是依托广电网络平台建设的,广电网络平台客观上存在单向广播与双向互动机顶盒并存的现状。为兼顾不同层次不同条件的观众的收视需求,常州电视图书馆选择单向广播与互动点播两套并行的模式。在单向数字电视环境下采用广播模式,根据其技术特点,节目内容突出大众性,力求照顾大众需求,凸显图书馆公共文化服务的普遍性与均等性;在双向网络环境下采用互动模式,通过部署广电专线与图书馆内网互联互通,以实现图书馆的各项个性化功能性服务(见表1)。

表1 常州电视图书馆"互动点播"总体规划

建设目标	服务功能
与图书馆 OPAC 系统的集成	实现纸质馆藏文献的检索与自助服务
与数字电视频道的集成	实现频道内容交互选择
与图书馆数字资源集成	实现多平台多类型资源在同一平台展现
与图书馆信息咨询门户集成	实现图书馆咨询自动同步
构建读者信息交流互动平台	实现公告信息发布与读者个性化服务定制

针对"单向推送"和"互动点播"两套模式,常州电视图书馆采用了不同的技术方案部署。

(1)非互动版技术方案

常州电视图书馆建设的第一阶段采用了单向广播模式,因其技术开发时间较早,发展也较为成熟,初步达成了数字电视图书馆扩大覆盖面和实现基本功能的目标。技术方案主要包括三个方面:一是在数据库系统、CMS 内容管理系统、UI 系统、数据广播系统等数字电视前端系统条件基本具备的基础上,运用数字广播技术,在 CMS 平台上对电视图书馆图文版栏目内容进行管理和下发;二是开发数字电视终端界面,使前端下发的内容可以在电

视终端得以呈现；三是通过 NVOD 准视频点播的形式实现视频节目内容的播放和收看。

（2）互动版技术方案

常州电视图书馆互动版主要为用户提供图文信息浏览、视频点播、OPEC 系统信息查询、图书预约续借等服务以及图书馆数据库资源的调取利用。与广播版相比，互动版的技术难点在于实现图文混排输出和视频点播的同时，还必须在电视网络平台上解决与 OPEC 系统及数据库连接交互的问题。因此在电视图书馆互动版网络构架中，广电研究设置了解析代理服务器作为图书馆 OPEC 系统和电视图书馆终端之间的桥梁（见图 1），以实现电视终端的 OPEC 读者信息服务及数字化书刊报等资源的利用。

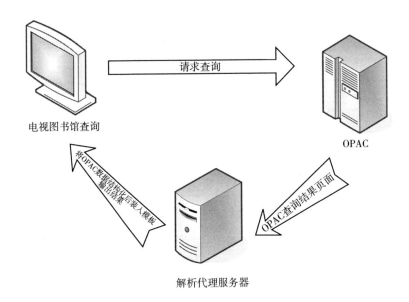

图 1　电视图书馆和常州图书馆 OPAC 的动态衔接流程

2. 系统运维管理

由于常州电视图书馆是在广电 IPTV 的 EPG 技术下实现的，而 EPG 系统设置在广电网络内部，因此权限管理、用户管理、审核发布等模块的运维工作主要由江苏省广电网络公司常州分公司（以下称"常州有线"）承担。

常州市图书馆则通过 CMS 系统完成栏目内容的采集、组织、制作和传递，从而与 EPG 系统联合实现远程管理，并与 EPG 系统逻辑隔离，以确保播出节目的安全（见图 2）。①②

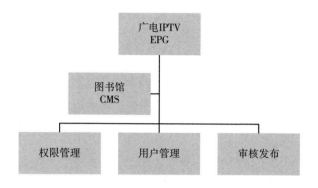

图 2　CMS 平台管理系统

图书馆与数字电视网络平台运营商合作，分工明确，团结协作，建立了一套规范化的工作机制。

（1）图书馆负责电视图书馆业务内容的提供和更新，制作完成后交给常州有线业务责任部门；

（2）常州有线业务责任部门对内容进行审核，若审核通过，业务责任部门将业务提交给业务播发部门，若审核不通过，业务责任部门需通知图书馆重新提供或者制作内容；

（3）图书馆制定、更新内容需严格按照规定格式制作；

（4）新业务上线时，常州有线业务责任部门需明确规定业务更新时间并负责通知相关部门做好配合工作；

（5）常州有线业务播发部门人员负责业务技术审核和上载播出。

---

① 梅耀国、钱舒屏、张炜：《图书馆 2.0 创新服务平台探究——以"常州电视图书馆"建设为例》，《数字图书馆论坛》2014 年第 7 期。
② 梅耀国、钱舒屏、张炜：《图书馆 2.0 创新服务平台探究——以"常州电视图书馆"建设为例》，《数字图书馆论坛》2014 年第 7 期。

3. 栏目资源建设

不断升级的平台技术，为电视图书馆提供了功能实现和内容拓展的可能性，也对资源建设提出了更高的要求。图书馆如何做好栏目内容建设，逐步成为电视图书馆能否吸引观众，能否实现其服务目的的关键所在。

常州电视图书馆资源建设主要通过两个渠道，一是自建，二是外来，而外来资源又包括外购和共享两种方式。

（1）以地方文化为中心的资源建设机制

馆藏典籍，尤其是地方文献承载着一个地区的历史底蕴与文化内涵。电视图书馆资源建设应以国家图书馆数字资源建设总体规划为指导，以地市级公共图书馆馆藏资源为核心，在地区内建立若干电视资源生产分中心，组织各区县图书馆、高校图书馆有计划、有规模地收集、整理、加工相关数字资源，将最具地方特色的文化资源呈现在电视图书馆平台上，服务广大电视观众。

常州电视图书馆自立项开播以来，一直秉承打造地方特色、宣扬传统文化的理念，将频道定位于宣传城市文化发展、推动地区全民阅读的一个数字化网络化创新平台。百年常图，千年常州。常州市图书馆被国务院命名为全国古籍重点保护单位以来，在古籍的原生性保护和再生性保护上成果卓越，不仅运用缩微、扫描、影印、数字化加工等手段让古籍文献重现在读者面前，更编辑出版了《常州古地图集》《常州文献丛书》等古籍丛书。除方志、年鉴等传统载体外，碑志、拓本、图片、照片、手稿等但凡有历史价值的其他资料也均在收集之列。这些素材是反映常州历代政治沿革、经济发展、文化教育交流、地理现状和风俗民情的重要资料。

依托地方文献管理经验和成果，电视图书馆数字资源制作班底对馆藏地方文化资源进行了梳理、规整和加工，集中展示了反映常州历史的珍贵老照片，对地方文献中善本、碑帖、字画等地方史料进行再次开发，以少量文字配以清晰的图片进行重点说明，以图文栏目及视频节目的模式，让读者观众领略到常州地方史志中最为精粹的内容；自制的专题纪录片、访谈节目将地方文献的数字化与口述历史的记录相结合，挖掘、传承优秀的地方文化传统，提炼、整合地方文献的价值精华，用生动活泼的动态影像再现常州人文历史。

此外，常州市图书馆全程拍摄并制作了"龙城讲坛""道德讲堂""市民课堂""常州公开课"等在常州市民中具有较大影响力和感召力的视频讲座，通过电视图书馆这一全新的平台，满足了读者个性化的服务需求，拓宽了市民获取文化资源的渠道，这些视频讲座被常州市民亲切地称为"一个没有围墙的城市课堂"。

（2）优秀资源的引入及共建共享机制

为满足观众多样化的需求，电视图书馆需要储备大量的精品数字资源，仅仅依靠一两家图书馆自身的力量是远远不够的。随着电视图书馆的发展，越来越多的地区可能使用这一平台来为市民提供服务，因此，电视图书馆资源的共建共享具备其必要性和可能性。图书馆可采用购买的方式直接从数字资源商或其他图书馆获得资源成品，也可以共享理念为出发点，以资源建设为基础，以信息技术为支撑，以协议制度为保证，以提供共享服务为目的，发挥各地图书馆的优势，形成互利互惠的合作关系，避免重复建设，实现错位发展，以更好地满足读者和社会的需求，为电视图书馆的发展提供有力的资源保障。

由于常州电视图书馆的项目定位于地方特色，因此外购资源在整体资源量中的比重并不大，且主要集中在第二阶段，这是因为栏目的改版造成对视频的需求量急剧扩大，原有的共享工程资源无法满足扩充后的框架，而图书馆资源自建能力和条件还仅限于讲座视频的拍摄制作。常州市图书馆与国家图书馆达成协议，引进"经典流觞""文津讲坛""百年国图""书画鉴赏"等一批精品视频资源，以及"中华世遗""华夏遗珍""图书收藏"等高清图文内容，这成为常州电视图书馆主要外购资源储备。

常州电视图书馆共享资源主要集中于两个渠道：一是常州市图书馆与上海图书馆、南京图书馆等资源实力雄厚的图书馆有长期协作的关系，每年都可以共享到一定数量的讲座视频资源；二是国家共享工程中心长期的视频资源提供，电视图书馆根据栏目需求挑选其中优质系列视频进行展播，将文化共享工程资源通过电视荧屏推送到每个家庭（见图3）。

图3　常州电视图书馆共享工程栏目页面

高清互动版建设阶段，在常州市文广新局的支持和协调下，常州市图书馆与地方文化机构开展了合作，牵手了常州文化馆、常州锡剧团等单位，不仅引进了常州地区的非物质文化遗产项目，还将地方戏曲锡剧的经典曲目搬上电视荧屏，为市民观众奉上地方文化大餐。

常州，这座有着3200多年历史的江南古城，具有丰厚的文化底蕴和人文精神，为非物质文化遗产的绵延流长提供了一片沃土。常州现拥有各级各类非遗资源共1228项，其中，金坛刻纸入选联合国教科文组织人类非物质文化遗产代表作名录，13个项目入选国家级非遗名录，是当之无愧的中国非遗荟萃之地。而相较于民间文学、传统美术、传统民俗等类别，传统戏剧和曲艺更适合于在电视图书馆平台上展示，人们耳熟能详的唱段和曲调，也更受中老年收视群体的欢迎。

除了非遗和地方戏曲之外，还有很多具有地方特色的文化资源，电视图书馆可以深入挖掘、整理，通过融合共享资源的方式，借由电视网络平台弘扬优秀的传统文化，树立城市的道德形象、智慧形象和文明形象。

（四）保障机制

电视图书馆是政府与社会合作的产物，因此在项目运行过程中，人力和资金的保障是项目能健康可持续发展的重要因素。常州市文广新局作为该项目的牵头主管部门，建立了以局领导为组长的项目领导小组，负责协调图书馆与广电的分工协作；而图书馆也专门组建了数字资源部，负责电视图书馆项目的运行和各项工作的推进（见表2）。

表2　电视图书馆岗位设置与人员配置

岗位　　要求	人数	专业背景	工作职责
主　任	1	新闻传播相关专业	负责电视图书馆日常工作的组织、管理，项目的策划、组织落实，重大问题的反馈处理等。负责上传内容的初审和送审
编　导	1	影视编导相关专业	负责栏目策划，节目、项目脚本的创作，素材的搜集，参与节目、项目的摄制全过程，负责拍摄、制作、录音、合成等整个影片摄制过程的艺术指导和协调，贯彻创作意图，实现作品效果
摄　影	2	影视摄影相关专业	与编导密切配合，负责影片的拍摄工作，与各个环节一起，实现画面质量和作品效果
页面设计与后期制作	1	影视制作、美工、网页设计相关专业	根据电视图书馆整体风格和编导要求，负责平面类目版面设计和影片项目的美术设计、剪辑、特效设计、合成等，实现画面质量和作品效果
信息加工与编辑	1	计算机信息管理相关专业	负责电视图书馆的文字编辑和电视图书馆适用文献的加工转发及频道信息的编辑、管理等
技术开发	1	计算机软件设计相关专业	负责电视图书馆的技术开发与创新设计，解决运行中的技术问题

三　发展前景及对策：数字电视—IPTV—OTT 互联网电视

近年来，IPTV 和 OTT 互联网电视的迅猛发展，为数字电视图书馆建设的进一步深化提供了发展空间。

IPTV 也叫交互式网络电视，是利用宽带网的基础设施，以家用电视为主要终端设备，集互联网、多媒体、通信等多种技术于一体，通过互联网络协议（IP）向家庭用户提供包括数字电视在内的多种交互式数字媒体服务的崭新技术。IPTV 能够从真正意义上实现用户与电视的互动，使用户能够实现观看内容的个性化，甚至参与到节目中来。与电视台一起完成节目的同时，IPTV 还可以开展增值类业务，更加适合图书馆多类型业务的开发。

OTT 互联网电视则是越过电视网络运营商，直接通过互联网进行传播。由于 OTT 互联网电视突破了广电网络的限制，可以在互联网上实现资源传输和增值服务，与用户的互动性得到大大的加强和提升，因此有利于数字电视图书馆服务模式向"用户需求"倾斜。图书馆可以通过研究互联网电视用户的使用偏好、使用习惯甚至消费心理，更有针对性、更科学合理地打造互联网电视节目内容，从而提供个性化的互联网电视图书馆服务。

四 结语

随着新技术的发展和应用，数字电视图书馆不仅可以通过广电网络实现城乡基层的普及，而且还将通过数字电视、IPTV、OTT 互联网电视三大通道直达用户家庭。图书馆除了通过与电信运营商、数字电视运营商、互联网电视厂商的广泛合作，最大限度实现家庭及个人多终端的覆盖，还需在开发改造馆藏资源、研究面向电视用户的内容浏览和检索技术、引入先进的管理理念和制度化的管理模式等方面不断提升和加强，保证数字电视图书馆的健康、高效、可持续运行，从而进一步推动公共文化服务向广覆盖、高效能转变。

B.8

文化事业单位引入国际标准化组织 质量管理体系研究

——基于山东博物馆优化管理模式的实践

杨秋雨 董宜彬 房 芳*

摘 要： 公益性文化事业单位主要依靠政府在政策和经费上的支持，没有盈利创收压力，在社会效益的考核方面也没有硬性指标，依靠传统的管理理念和模式很难激发其活力、使其保持长期持续高效发展。这是公益性文化事业单位存在的共性问题。建立全面质量管理体系，不断提升管理水平与运行效能是公益性文化事业单位获得可持续发展的必要手段。构筑全面质量管理体系的核心内容应包含以下几个方面：以社会公众的满意度作为博物馆、图书馆、美术馆和文化馆开展质量管理的关注焦点；将全员参与作为公益性文化事业单位开展质量管理的重要保障；通过对工作进行"全过程控制"来实现单位绩效；以持续改进作为公益性文化事业单位质量管理的永恒目标。

关键词： 公益事业单位 ISO质量管理体系 管理模式

博物馆、图书馆、美术馆和文化馆作为公共文化服务体系中的重要环节，在传承历史文化、活跃群众生活、树立民族自信等方面起着重要的作

---

* 杨秋雨，山东博物馆副研究馆员，研究方向为公共文化服务；董宜彬，山东博物馆助理馆员，行政管理硕士；房芳，山东博物馆助理馆员。

用；公益性文化事业单位在保障社会公众文化权益及对社会公众进行终身教育上具有特殊的意义，在国家文化建设中，占据着举足轻重的地位。2006年10月，《中共中央关于构建社会主义和谐社会若干重大问题的决定》提出："坚持把发展公益性文化事业作为保障人民文化权益的主要途径，推动文化事业和文化产业共同发展。推进文化体制改革，形成富有活力的文化管理体制和文化产品生产经营机制。加强公益性文化设施建设，鼓励社会力量捐助和兴办公益性文化事业，加快建立覆盖全社会的公共文化服务体系。"之后，随着国家文化行业改革发展的不断提速，公共文化领域、文化产业领域、对外文化交流领域等出台一系列文化政策，在保障公民文化权利、推动文化改革与发展、建设社会主义文化强国的过程中发挥了显著的作用。公益性文化事业单位呈现逐年快速增长态势，以博物馆为例：根据文化和旅游部数据，1996~2017年中国博物馆规模逐年快速扩大，1996年仅有1219个，到2017年，博物馆数量达到4721个，占文物机构的47.5%。1996~2017年，年复合增长率达6.6%。

但是，在获得文化政策红利的同时，限于当前事业单位的管理模式，公益性文化事业单位的投入产出比还有待进一步提高，发展目标不清晰、运营效率低下、管理者自觉意识不够、缺乏科学理论支撑等问题都亟待解决。那么，如何提升公益性事业单位的管理质量和运行效能呢？除了技术创新、科研创新之外，最根本的还是管理方式的创新。目前，在众多的管理理论和管理工具中，ISO9001质量管理理论（体系）与公益性事业单位的管理质量提升的诉求有着较高的对应性，将全面质量管理的原理应用于公益性事业单位的实际工作中，提升管理质量，是公益性事业单位提升质量管理水平的一个可行途径。[①]

一 公益性文化事业单位引入国际标准化组织质量管理技术体系的必要性

公益性文化事业单位主要依靠政府在政策和经费上的支持，没有盈利创

---

① 刘舜强：《论当代中国博物馆全面质量管理体系的构建》，《中国博物馆》2014年第3期。

收的压力，在其社会效益的考核方面也没有硬性指标，依靠传统的管理理念和模式很难激发其活力、使其保持长期持续高效发展。这是公益性文化事业单位存在的共性问题。

尽管各文化事业单位都有一套内部管理制度，规定了服务程序和规范，但无论是管理者还是执行者并不注重那些规章制度的贯彻落实；在服务管理方面，普遍存在管理理论落后于管理实践，管理理念又落后于管理理论的状况，管理人员缺乏必要的管理理论和实践经验，管理队伍专业化和职业化的道路仍然比较遥远。公益性文化事业单位需要通过由内而外的变革来适应社会的发展，适应由经济发展而引发的文化建设的新形势，进而提升自身的各项发展。"科学管理之父"泰罗首先将科学管理应用到工业企业中，管理、科学和技术被欧洲许多国家称为现代社会的三大支柱。科学的管理在公益性文化事业单位运营中的作用，也得到了广泛的重视。

ISO9001 是迄今为止世界上最成熟的质量框架，是在传统的质量管理基础上发展起来的现代化质量管理体系。它是由顾客的需要和期望驱动，以质量为中心，建立在全员参与基础上的一种科学管理方法。旨在通过让顾客满意和本组织所有成员及社会受益而找到长期成功的管理途径，也就是"全员全过程的质量管理"，即全面质量管理。目前，它已被 1500 万个组织和 191 个国家使用。据 2009 年 9 月 3 日中新社报道，我国已有 2000 多个公共部门通过了 ISO9000 质量管理体系认证。ISO9001 是 ISO9000 族标准所包含的质量管理体系核心标准之一。ISO9000 族标准是国际标准化组织（ISO）在 1994 年提出的概念，是指由 ISO/TC176（国际标准化组织质量管理和质量保证技术委员会）制定的国际标准。ISO9001 不仅为质量管理体系，也为总体管理体系设立了标准，它帮助各类组织通过客户满意度、员工积极性的提升以及持续改进来获得成功。

作为一种现代化的管理理论，20 世纪 80 年代至 90 年代，全面质量管理体系在西方国家工业企业管理中成为一种时尚的管理体制，这种管理方法不断扩张到各个领域，也进入了公共部门。美国政府在 1993 年就发表了国家绩效评估报告，要求政府公务员将民众视为顾客，提倡顾客至上的服务理念。前美国总统克林顿曾在竞选时承诺，将"在政府中实施 ISO9001、提高联邦和州政府的行政效能"。英国也有很多公共部门导入了 ISO9001 质量管理体系。英国政府 1999 年在《政府现代化白皮书》中赞扬了两个导入 ISO9001 的部门。他们认为，ISO9001 适合被导入公共管理部门，包括那些与顾客相关的部门。①

一些西方博物馆在全面质量管理的应用上取得了良好的成效。西班牙阿利坎特考古博物馆（MARQ）自 2000 年开展质量认证工作，取得了卓越的成绩。在质量管理中，该博物馆强调通过过程控制保证博物馆质量的提升。它有缜密的顾客调查表和顾客信息统计表，用来分析顾客需求和对博物馆的评价。同时，该博物馆有完整的文件控制体系，保证工作环节时时处于受控的状态。制度性实施系统化的工作模式，通过所有博物馆人员的内部使用，保证服务质量水平的稳定。2004 年，阿利坎特考古博物馆获得欧洲最佳博物馆奖，2007 年参观总人数超过 17.5 万人，成为西班牙最受人喜爱的考古博物馆。②

二 公益性文化事业单位引入 ISO9001 质量管理体系的着力点

公益性文化事业单位建立全面质量管理体系，不断提升管理水平与运行效能是持续发展的必要手段。全员全过程的质量管理强调"以顾客为关注焦点"。公益性文化事业单位构筑全面质量管理体系，其核心内容应包含以下几个方面：以顾客为中心，将社会公众的满意度作为博物馆、图书馆、美术馆和文化馆开展质量管理的关注点；既重视领导的作用，又要做到让各层级人员充分参与到质量管理工作中；通过对工作进行"全过程控制"来实现目标的有效性；以持续改进作为公益性文化事业单位质量的永恒目标。本

---

① 于海英：《ISO9001 质量管理体系在我国公共部门的建立和实施》，长春工业大学硕士学位论文，2011。
② 刘舜强：《论当代中国博物馆全面质量管理体系的构建》，《中国博物馆》2014 年第 3 期。

文基于山东博物馆引入 ISO9001 质量管理体系、优化管理模式的实践，来具体阐述公益性文化事业单位有效导入 ISO9001 质量管理体系的途径。

山东博物馆新馆自 2010 年 11 月开放以来得到飞速发展，是展现山东历史文化的重要窗口，也是山东省大型公益性文化设施和靓丽的文化名片。与此同时，随着全国文博事业的发展，各省都更加重视博物馆事业在文化事业发展中的地位和作用，全国范围的博物馆建设的热潮和博物馆场馆改扩建工程渐次展开，无形中给山东博物馆带来了新的压力。另外，制约山东博物馆发展的因素依然存在：内部管理制度仍不够健全，各项制度的落实情况不够理想；机构设置、人员配备及管理水平无法满足新馆管理与发展的需要；陈列展览和服务水平与新馆的要求比仍存在一定差距，文物保护利用途径亟须拓展等等。

山东博物馆选择引入 ISO9001 质量管理体系认证，采取国际化标准的管理模式，来提升管理质量和服务水平，使管理运行更加制度化、规范化、科学化，不断提升观众满意程度，更好地实现全新的文化使命、传承文物价值、延续中华文脉。山东博物馆于 2015 年 12 月启动 ISO9000 质量管理体系贯标工作，2016 年，在北京世标认证中心有限公司济南分公司的培训和协作下，贯标工作全面展开，于当年 11 月取得了 ISO9001 质量管理体系的《认证证书》，并于 2017 年 8 月换版实施，运行服务质量稳定，顾客满意度较高。山东博物馆进行质量管理体系认证的实践证明，公益性文化事业单位有效导入 ISO9001 质量管理体系需要从以下几个方面发力。

（一）质量管理体系要与公益文化事业单位实际情况相结合

依照国际标准化组织质量管理技术体系来改革公益性文化事业单位的质量管理，对于大多数单位来说都是一个创举。在具体实施过程中，质量管理体系要与公益文化事业单位实际情况相结合。虽然 ISO9000 族标准的研究和应用早已扩展到各个行业，但毕竟该标准起源于制造业，就量化指标和产品质量检查而言，公益性文化事业单位只能根据各单位的实际情况来探索。因此，公益性文化事业单位在引进这一管理体系时，要具体问题具体分析、灵

活运用，把国际标准化组织质量管理技术体系中适合公益文化事业单位质量管理的部分恰当地应用到实际工作中去。

国际标准化组织质量管理技术体系的显著特点是，使用系统的、具体的、科学规范的标准，对目标产品的质量进行管理和控制。我们在导入国际标准化组织质量管理技术体系的过程中，要重视公益性文化事业单位中可以量化的标的的质量管理，而对于那些不能量化的标的，则要单独制定弹性的、适合的定性标准。山东博物馆贯标人员与认证公司一起，对质量管理体系如何与博物馆的实际相结合开展了详细深入的研究，对博物馆各层级、各部室之间的管理进行了彻底的梳理，将质量管理体系中许多不适应博物馆的条款进行行业化规范，使得这套系统更具有博物馆行业的可行性。

（二）全员参与，推动规范化服务型组织系统的建设

各层级员工都是博物馆组织的基本构成，将全员参与作为博物馆开展质量管理的重要保障，而全员参与的核心是强调领导的作用。J. M. 朱兰曾经提出著名的"帕累托原理"。他认为，在产品中所发现的质量问题，究其原因，来自一线工人的问题仅仅占 20% 的比例，而由领导者决策带来的问题却占了 80% 的比例，在全面质量管理中"领导者确立组织统一的宗旨及方向。他们应当创造并保持使员工能充分参与实现组织目标的内部环境"。因此，博物馆全面质量管理要求领导层正确建立质量方针和体系，建立信任，消除忧患，强化博物馆在整体层面上的质量意识，让全体员工重视质量，对质量建设怀有自觉性和紧迫感。

山东博物馆领导班子非常认可 ISO9001 质量管理体系这一国际畅行的、适用于各种性质规模组织的管理方法，并全力推进这一体系，这也是该馆引入 ISO9001 质量管理体系相对顺利的重要保证。但是改变固有的管理模式还是不可避免地会遇到一些阻力，无论是惰性使然，还是触及一部分人的利益，都会妨碍质量管理体系认证工作的深入开展，因此，从大局出发，上下一心，统一认识，是推进完成质量管理体系贯标的前提和基础。因为质量管理体系不仅是一种管理方法，更是触及灵魂的管理模式的创新。山东博物馆

首先组织全馆进行 ISO9001 标准学习，让全馆上下深度了解 ISO9001 认证体系的精髓，将因循守旧、得过且过的思想转变为顺应发展、适应趋势。为便于有效地推动 ISO9001 质量管理体系的贯标工作，山东博物馆明确规定各部室、各岗位人员的职责、权限，并予以传达，同时确保每个部室至少有一名人员熟悉标准要求，能在实际工作中结合标准指导其余岗位工作。在此基础上，山东博物馆依据 ISO9001：2008 标准，识别、确定建立符合省级博物馆实际管理需求的质量管理体系所需的过程及控制要求，编制相应的文件。

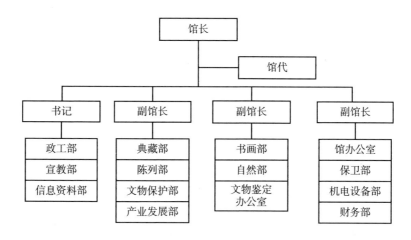

图1　山东博物馆质量管理体系组织机构

山东博物馆质量管理体系包括：综合管理；人力资源管理；藏品保护与利用管理；科研、宣教管理；安全管理；后勤服务管理等 6 大过程 60 余个子过程。本馆质量管理体系文件分为 A、B、C、D 四大类；A 代表质量手册，由馆办公室负责管理；B 代表程序文件，包括 ISO9001：2008 标准要求编制的 6 个程序文件和为确保产品质量过程的有效策划、运行和控制所需的其他程序文件，由馆办公室负责管理；C 代表作业文件，包括作业指导书鉴定、检验规范、运作规程、服务规范、馆规章制度、公文等支持性文件，由馆办公室负责管理；D 代表质量记录，包括 ISO9001：2008 标准规定要保持的记录和本馆认为必要的其他记录，采用表格记录和网络信息的方式，按其性质分别由各主管部门负责管理。管理体系的四类文件明确了各部室及岗位

的质量职能，各项工作流程和控制程序的设计，保证这一体系的 6 大过程 60 余个子过程是一个既相互协调又各自独立的闭合"生产线"。馆办公室协同政工部通过培训、沟通、传阅文件等方式，让每位员工明确自己的职责、权限及与其他部室（岗位）的关系，责任落实到人、落实到岗，保证员工各司其职、相互配合，有效地开展各项活动。

（三）严抓内审，改进各部门的工作流程，提升工作质量和效率

质量管理是一项系统性、全面性、长期性的工作，在 ISO 质量体系认证公司的服务与协助下，山东博物馆用一年的时间，完成了初始评审、体系策划、试运行、内审、管理评审以及认证审核的过程。通过审核有效地发现了本馆管理运行中存在的薄弱环节，并对一些问题进行了有针对性、切实可行的改进。在这个过程中，内部审核的质量至关重要，内审首先要甄别质量管理体系的符合性和有效性，识别质量管理体系的薄弱环节和潜在的改进机会，才能进而持续改进质量管理体系运行绩效。依据 GB/T19001：2008 标准的要求，本馆制定的《内部审核控制程序》规定了审核的目的、范围、准则、方法和频次。内部审核在一名副馆长出任的管理者代表主持下，根据内审实施计划，对本馆质量管理体系覆盖的所有区域和过程，包括各职能部室、各级管理者进行有序审核。对审核中发现的不合格项，经过分析原因，确定应采取的措施，及时纠正。审核员对纠正措施的完成情况及有效性进行验证，填写验证记录。纠正措施实施不力或无效时，审核员报告审核组长，必要时提请管理者代表责令责任部门重新拟定和实施纠正措施。

ISO9001 质量管理体系保证管理质量的法宝之一是闭环管理，即常规管理工作的模式应该形成策划——实施——检查——改进的 PDCA 循环，每项工作开始之前先做策划，明确这项工作为什么做，怎么做，谁来负责，工作希望达到什么效果；然后按照策划具体实施，实施过程中责任人、工作流程、工作规范依据清晰；接下来对工作过程及结果进行检查、监督、考核；最后，对此项工作进行总结分析，对照开始的策划审查是否达成预期，以便对接下来的类似业务提供经验支持。内审工作的重点就是核查日常工作在某

些过程中有没有形成闭环管理。

以馆办公室收文工作为例，本馆在导入 ISO9001 质量管理体系前是没有"检查"环节的，办公室在对来文汇总登记后，送交领导审批，对承办部室是否按期完成缺乏监督。按照质量文件控制程序设计的收文工作流程是：办公室收文后做办文单——领导审批——相关部室承办——办公室督查并收回承办部室填写的办理结果的办文单存档。内审对收文工作的核查，主要检查最后一项办公室督查工作是否到位，每件收文都一定要有承办部室的办结反馈，做到闭环管理。对培训工作的内审也主要关注了考核环节。馆内经常派人外出参加相关专业培训，同时也不定期进行大量内部培训，但培训完成过后没有对培训效果进行考核，没有就外出培训的内容组织内部相关人员再学习，也没有根据外出培训所学习到的成果形成书面作业文件。内审时，就是要求每一项培训都要做好质量记录：培训效果由谁、什么时间、以什么形式进行考核；外出培训之后，要在相应范围内实施培训内容讲解传播。培训的相关记录由人力资源主管部门统一管理。

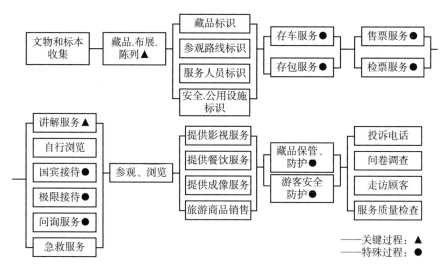

图 2　山东博物馆服务流程

通过对全馆质量管理体系 6 大过程 60 余个子过程的逐一梳理逐一审核，做到凡事有人负责、凡事有章可循、凡事有据可查、凡事有人监督。在馆内

建立了"把要做的工作文件化，工作实施依据相关规定，工作效果有定期考核，根据工作效果定期评审规定合理性"的良性循环机制。规范化、程序化、制度化的工作流程更加体现了"以人为本"、"以客为尊"的服务理念，同时减少了过去工作中的随意性和盲目性。标准化的工作流程要求各部室对每一流程都有详细记录，便于日后的检查，不仅规避风险，还有利于增强工作人员的责任心。

（四）做好顾客反馈汇总分析，根据顾客反馈持续提升服务质量

满足顾客需求，以提高顾客满意度为努力目标，是全面质量管理的核心环节。对于博物馆来说，顾客来自两个方面，其一是上级单位，博物馆要承接上级单位交办的文物保管及展览等公共文化服务工作；其二是社会大众，国际博物馆协会（I COM）对博物馆的定义，博物馆是指向社会、指向公众的，那么从博物馆运营中受益的社会公众就是它的顾客。博物馆服务两方面顾客的终极方向是一致的，开展质量管理，总体上以社会公众对博物馆的满意度为关注焦点，而在博物馆内部则要求每个部门为消费其产品的其他部门提供令人满意的产品和服务。

博物馆的"服务顾客"是一个广义的概念，既包括开放管理、参观展览、社会教育，还包括休闲娱乐、餐饮服务、文创产品销售等博物馆能够提供的文化服务项目。而这些工作背后的基础业务包括藏品的征集、保管、保护、研究、信息化管理、数字化博物馆的建设以及人才的储备与培养，这是一个基础的、长期性的专业链条。山东博物馆质量管理体系以顾客为关注焦点体现在以下几个方面：本馆以提升顾客满意度为目的，通过制定和实施质量方针、目标和质量管理体系的相关过程，确保顾客的要求得到满足；领导班子在制定质量方针和质量目标时，以满足顾客的需求和期望为宗旨；通过调研，预测或与顾客直接接触、走访，获得并识别顾客的需求和期望；将顾客的需求和期望转化为本馆的管理要求，这些要求包括服务的要求、过程要求和质量管理体系要求等，确保顾客、相关方和员工投诉渠道的可见性、可达性；保证投诉事项的保密性和响应度，以及处理投诉的及时性、对投诉过

程（包括流程）的持续改进；最大限度地满足顾客期望。全员树立服务质量意识，清楚了解让顾客满意是最基本的要求，清楚了解服务质量与每个员工对质量管理体系的认识、实施紧密相关，形成"顾客至上，服务第一"、重服务质量、树服务形象的良好文化氛围。

作为对质量管理体系业绩的客观测量，本馆采取下述方法对顾客对有关组织是否满足其要求的感受信息进行监测：一是设有咨询台、投诉电话和意见箱，诚恳地接受顾客的反馈和意见；二是利用外部评审、顾客意见征集、走访及各种有关会议等形式，充分听取顾客意见；三是进行社会、市场调研，收集市场、媒体及行业组织的相关信息，充分认识社会、顾客对本馆的服务关键特性，如服务内容、服务人员能力与态度、服务的及时性和有效性、服务环境、展出设计、辅助服务等方面的感受和满意程度。本馆将顾客反馈汇总分析工作交给了窗口单位宣教部。该部门按照质量文件控制程序要求，负责策划顾客满意度的测量方法，收集、分析顾客意见和评价，随时组织与顾客沟通，获取顾客反馈信息，解决顾客反馈问题。2017 年 12 月，本馆对质量管理体系 2016 版进行换版管理评审，结论为：质量管理体系对组织运营管理和质量控制活动起到了较好推动作用，运行是充分、有效的。顾客反馈方面，从现场沟通及提供的顾客满意度调查情况看，顾客较满意，通过对顾客调查情况的汇总，顾客满意度为 98%，无顾客严重投诉情况发生。

三　结语

综上所述，ISO 质量管理体系认证作为国际通行的加强质量管理、促进经济发展的重要手段，在我国社会发展过程中越来越显示出积极的推进作用。公益性文化事业单位导入 ISO 质量管理体系，可以有效实施公共文化服务体系各项工作，促进各层次之间的协调，有效地提升公益性文化事业单位的资源使用效率、缩短工作周期，强化各部门、各岗位之间的联系性、全面性和协调性，确保各部门、各岗位形成合力，实现整体的有序和互动，帮助公益事业单位提升运行质量并保证其持续健康发展。ISO 质量管理体系对于

公益性文化事业单位而言，是一种行之有效的管理模式，但是，其意义不只在于使本单位、本系统的工作更加规范化和科学化，更在于促进公共文化服务体系运行机制的创新，代表着公益性文化事业单位规范化建设的一种趋势和方向。

参考文献

中国认证认可协会：《质量管理体系审核员 2015 版标准转换培训教材》，中国质检出版社、中国标准出版社，2015。

王雯雯：《ISO9001 标准最新文件：促公共部门质量建设，提升民众幸福感》，《中国标准导报》2014 年第 3 期。

衡霞：《服务型公共部门规范化建设的载体选择——公共部门引进 ISO9001 标准的实践与理论思考》，《成都行政学院学报》2006 年第 6 期。

王毅：《图书馆机构导入 ISO 国际标准化质量管理体系初探》，《人文天下》2017 年第 4 期。

黄雪寅：《首都博物馆纳入 ISO9000 质量管理体系思考》，《中国博物馆》2013 年第 3 期。

吴宁宁：《博物馆如何建立 ISO9001 质量管理体系》，《中国纪念馆研究》2012 年第 1 期。

王晓曦：《注重观众价值　不断持续改进——博物馆引入全面质量管理体系初探》，《博物馆研究》2007 年第 2 期。

文化服务内容创新篇

Content Innovation Reports

B.9
公共数字文化产品生产供给研究
——以数字文化馆产品生产供给为例

肖正礼*

摘 要: 当前数字文化馆普遍存在"重建设、轻管理、缺产品、低效能"的突出问题，大多数文化馆网站只注重"活动前"信息发布和"活动后"信息发送，很少有"活动中"的在线直播、远程辅导、适时互动、用户在线服务等数字产品供给服务。本文在探讨公共数字文化产品生产方式和服务供给路径的基础上，提出加大数字文化产品生产设施设备的投入、建立数字文化服务机构、引进培养复合型数字文化服务人才、建设数字文化资源库、建立产品生产供给保障制度、扩大宣传、提高服务效能等建议，以提高数字文化产品生产能力和

---

* 肖正礼，武汉市群众文化学会特聘研究馆员，研究方向为群众文化与数字文化。

服务供给效能。

关键词： 公共数字文化产品　生产供给　服务效能

在公共文化事业系统，说起文化艺术作品，大家非常熟悉。在文化产业领域，说起文化产品，也是耳熟能详。在数字文化领域，说起公共数字文化产品，人们比较陌生。为此，本文特就公共数字文化产品的定义、类别等概念进行简短的论述。

一　公共数字文化产品的基本概念

（一）什么是公共数字文化产品

利用数字技术设备生产、通过互联网传播流通用来满足广大网民精神文化需求的产品叫作数字文化产品。数字文化产品包括经营性数字文化产品、间接经营性数字文化产品和公益性数字文化产品。其中，公益性文化机构提供的用于网络用户免费享用的公益性数字文化产品，叫作公共数字文化产品。

简而言之，公共数字文化产品就是公益性文化机构，利用现代数字技术设备生产，通过公益性网站推送传播，用来满足广大网络用户免费收听、收看、欣赏、学习、娱乐需求的公益性数字文化产品。

（二）公共数字文化产品的类别

按公共数字文化产品的传播途径分，目前，数字文化馆提供的公共数字文化产品的类别主要有线上产品和线下产品两大类。

按公共数字文化产品的生产方式分，目前，数字文化馆提供的公共数字文化产品主要有纯公共数字文化产品和准公共数字文化产品两大类。

1. 线上公共数字文化产品

线上公共数字文化产品是指在数字文化馆网站上传播流通的公益性数字文化产品。包括以下几个类别：

（1）专门为公共互联网而生产的网络音乐、舞蹈、戏剧、曲艺等节目或剧目。

（2）网络美术、书法、绘画、摄影等艺术品。

（3）网络游戏、动漫等娱乐产品。

（4）网络小说、小品、笑话、段子等网络文学作品。

（5）音乐相册、网络段子等综合性微产品。

（6）艺术慕课教学产品。专供网络用户学习培训的音乐、舞蹈、戏剧、曲艺、美术、书法、绘画、摄影等艺术慕课。

2. 线下公共数字文化产品

线下公共数字文化产品是指专门为数字文化馆体验空间生产制作的公益性数字文化产品。包括以下几个类别。

（1）数字文化馆线下体验空间产品。包括数字互动墙、电子阅览室、非遗展示厅、数字创客空间、艺术创作空间、数字艺术课堂等项目。例如，苏州市公共文化中心大型数字互动墙，由16块高清液晶显示屏拼接而成，以数字方式展示馆藏书法、绘画等艺术品，可同时供8个人以挥手、手指停留等隔空方式操作互动，点击自己喜爱的作品，形成永不落幕的大型数字画展。马鞍山市文化馆运用虚拟场景、裸眼3D、全息投影、影像捕作、微信分享等技术手段，建有文化驿站、渊源流传、民俗风情、大师指路、超级主角、经典再现、舞动青春、指尖天籁、在线远程辅导培训等十大体验区域，人们在有关区域可以开展诗词吟诵互动、书法临摹、电影主角互换、音乐即时培训、舞动体验等活动。

（2）数字出版物。运用现代数字电子技术设备，将传统的或现代的文化艺术作品录制成 CD、DVD 等光碟或 U 盘。

3. 纯公共数字文化产品

完全采用当今数字文化技术设备进行生产、传播、交流、共享的多媒体

网络产品。纯公共数字文化产品只能在数字文化馆线上线下传播，如网络文艺节目、网络艺术品、网络游戏娱乐产品、网络小说、音乐相册、网络微产品、艺术慕课、光碟、U盘、数字互动墙、电子阅览室、创客空间等等。

4. 准公共数字文化产品

将传统的实体空间开展的各类群众文化活动及其文艺作品，通过数字化技术制作、复制到数字文化馆，进行线上线下传播的产品。例如，将文化馆实体空间开展的群众文艺展演节目或作品，进行数字化拍摄、剪辑后上传到网站，供没有到展演现场的网络用户在线欣赏。

二 数字文化馆产品生产供给现状

（一）数字文化馆建设概况

数字文化馆是在文化馆网站建设的基础上，为完善服务功能而逐渐发展起来的现代公共文化服务新模式，是文化馆数字化服务的集中体现。数字服务与传统的场馆服务、流动服务一起，构成文化馆现代公共文化服务的三大服务方式，是现代公共数字文化服务体系建设在群众文化领域的具体展现。由于行业特点，数字文化馆建设相对于数字图书馆建设、数字博物馆建设、数字美术馆建设等其他公共文化服务机构的数字化建设更为滞后。截至2018年6月，除了已经命名为全国公共文化服务体系建设示范区所在地的文化馆以及全国数字文化馆试点单位以外，90%左右的省市文化馆已经建立或正在建设数字文化馆；而90%左右的区县文化馆没有建立数字文化馆，除了直辖市的区文化馆普遍建立了数字文化馆以外，许多区县文化馆只有基本网站，中西部地区有的县文化馆连网页都没有。例如，武汉市有13个区文化馆，截至2018年5月，有2个区初步建有数字文化馆（严格地讲，洪山区是建立了洪山文化云，江汉区文化馆网站初步具备数字文化馆的几个功能），11个区馆已建网站，5个区馆开通微博，9个区馆已建立微信公众号。有个区馆既未建网站，也未开通微博、微信公众号，更没有建数字文化馆。

为推进数字文化馆建设，2015～2018 年，文化部全国公共文化发展中心在公共文化司的指导下，利用中央财政文化转移支付资金的支持，在全国共选出 54 个文化馆为数字文化馆试点单位。从省、市、区（县）三级，大面积开展数字文化馆试点工作，并取得了阶段性的成果，为数字文化馆建设提供了实践经验和探讨发展的空间。

（二）数字文化馆产品生产供给概况

目前，数字文化馆建设主要是从网络服务平台和实体体验空间两个方面进行的。在实践中，各地文化馆往往因地制宜，通过数字文化馆建设，开发数字文化产品，拓展服务职能，提升全民艺术普及效能，彰显了个性特色。

例如，张家港市文化馆的数字文化馆网络平台建有总分馆、作品欣赏、群文动态、艺术培训、在线直播、非遗领域、网格平台、文明创建等八大板块。浙江省绍兴市文化馆网站设有网站首页、机构概况、动态信息、陈列室、网上办公、在线服务、艺术展示、艺术教室、群文出版、社团研究、咨询交流等模块，还设有在线订票、百姓才艺秀、公益培训报名、专家咨询等快速导航，显示微信二维码和 App 二维码。四川省北川羌族自治县文化馆则在网站上开设了首页、本馆概况、群文动态、艺术欣赏、北川非遗、远程教育、广场舞蹈、羌歌羌舞、电视云平台等栏目，通过广播电视、信息化网络，实现数字文化服务"村村享、户户通、人人用"的基本目标。特别是在远程教育栏目中，通过视频举办羌语 500 句教学，凡是想学习羌语的人，通过该栏目就能在任何时间、任何地方自学，实现数字文化云平台服务。

笔者在 2017～2018 年度国家公共文化服务体系制度设计研究课题——"数字文化馆建设路径与运行机制研究"的调查中发现，当前数字文化馆普遍存在"重建设、轻管理、缺产品、低效能"的问题，表现为：重复投资、信息孤岛、资源割离、制度匮乏、产品低劣、门户自闭、缺乏互动、反馈滞后。大多数文化馆网站只是停留在馆情简介、信息发布、场馆预约、活动宣

传、非遗保护、网上展厅、志愿者管理等活动推送方面，注重"活动前"信息发布和"活动后"信息发送，很少有"活动中"的在线直播、远程辅导、适时互动、用户在线服务等数字产品供给服务。

三　公共数字文化产品生产方式

从数字文化馆建设和产品生产供给的基本情况看，目前，公共数字文化产品的生产和服务供给主要有以下几种方式。

（一）公产共享

就数字文化馆而言，数字文化产品主要由文化馆、群众艺术馆整合公共文化资源，通过政府公共财政直接投入生产，并向社会全体成员提供免费服务的群众性公共文化产品。

公产共享的数字文化产品的特点：其投资主体是政府；生产供给主体是政府设立的各级群众艺术馆、文化馆、文化站等公共文化机构；它们按照政府的指令，根据人民群众的基本文化需求，以向社会免费开放，或者进行公益性展演的方式，提供数字文化产品免费共享。

（二）自产分享

自产分享是指社会非营利机构内部或自然人创作生产，免费供社会部分成员分享的数字文化产品。

自产分享的数字文化产品的特点：生产供给方式和途径主要是企业、机关、社团，根据时令举办节庆文化活动，参加分享的人员限于本企业、机关、社团内部，这些人员在分享时不独自占有、不排斥他人分享，其产品有需求、无市场、无价格，不存在私人自由买卖的行为。如机关、企业单位的春节联欢会、各类文艺社团的专业比赛或演唱会、周年庆典、一定区域范围内的网络春晚、QQ 群内的艺术鉴赏等等。自产分享是数字文化产品生产供给方式的补充。

（三）政府购买

政府购买是指文化企业或文化从业个人根据社会需要，自行生产，通过政府购买公共文化服务的有关平台，以有价出让的方式，经交易转换供社会成员共同享用的数字文化产品。

政府购买数字文化产品的特点：在公共数字文化产品生产供给数量不足、服务不充分、效益不高的情况下，政府和公共文化服务机构根据群众需求，通过制定数字文化产品采购标书，面向社会公开发布数字文化产品采购信息，引入市场竞争机制，接受符合群众需求和政府要求的数字文化产品和服务，推动数字文化服务社会化发展。

四　公共数字文化产品服务供给的路径

（一）实体体验空间供给——线下服务供给

不管是以什么方式生产的数字文化产品，主要是靠群众艺术馆、文化馆等服务机构，通过实体体验空间设施的免费开放和各种服务来进行实体供给。广大的网民用户通过提前预约，在数字文化馆体验空间进行各种惠民演出、展览、比赛、艺术培训，实行基本的服务供给。

（二）网络在线供给——线上服务供给

利用有线互联网、无线互联网、移动互联网进行在线供给，是数字文化产品供给的新常态。随着电子光纤通信、移动互联网的大发展和智能手机等终端设备的普及和运营商的推动，网络在线人数与日俱增，2014 年 12 月，手机超越 PC，成为收看网络视频节目的第一终端，并且，手机视频的用户规模和使用率仍然保持增长态势。2017 年底，全国内地总人口 139008 万人，网民规模达 7.72 亿，普及率 55.8%，其中手机网民规模达 7.53 亿，占比 97.5%。手机上网流量连续三年翻番。

即将到来的 5G 智能手机，在技术和服务两个层面提升了数字文化产品供给的能力。因此，利用网络，提供文化艺术视频讲座、文化艺术在线辅导、文化艺术作品在线欣赏、文化艺术在线活动、工艺美术在线展示、非遗项目在线传承等等，是现代电子信息时代推广数字文化产品的一个极好途径，是实现数字文化产品供给均等化的重要方法和路径。一些深受群众欢迎的数字文化产品，通过网络在线传播，供人们在等车候船时，在茶余饭后，在睡前醒后等等，随时随地欣赏。一些音乐爱好者，戴着耳机倾听音乐，一些歌唱爱好者，拿着手机学唱歌，甚至边唱边跳。

网络在线供给如日中天，若应用得法，是数字文化产品供给最为便捷的途径。

（三）数字出版供给

运用现代数字电子技术，将数字文化产品录制成 CD、DVD 等光碟或 U 盘，通过公益性公共文化活动，分发到文化馆、文化站、文化室、青少年宫、俱乐部、妇女儿童活动中心、老年大学等公共文化服务机构，供他们在开展活动时播放。特别是那些曲调欢快、节奏感强、地方色彩浓郁、风格时尚、朗朗上口、易于传唱、易于练习的数字文化产品，能被广大城乡居民所接受。

实践证明，在春节、"七一""八一""十一"等大量开展群众文化活动的时期，有目的地选编民俗文化，或推出《党旗颂》《军旗颂》《祖国颂》等数字出版专辑，将符合主题的数字文化产品编入其中，不仅可起到丰富人民群众文化生活的作用，更可起到宣传教育、稳定社会的作用。

（四）资源交互供给

资源交互供给是指公共文化服务体系内部，不同或相同系统、不同或相同机构、不同或相同区域之间的数字文化产品交互供给。例如，通过国家公共文化云、中国文化网络电视进行大范围、纵深供给。在地方文化云，群众艺术馆、文化馆与图书馆、博物馆之间各种展演活动交互进行。在地方政府门户网活动也可以在同一地区、不同系统、不同机构之间进行，如文化、工会、共青团、妇联、老干等系统中，文化馆、俱乐部、青少年宫、妇女儿童活动中心、老干部活动中心之间群众文艺展演活动的交互供给。从而，打破数字文化产品的组织壁垒、行业壁垒、城乡壁垒，将优秀的数字文化产品从生产区域交互供给到需求区域，形成数字文化产品共产共享、互通互用的新常态。

数字文化产品通过机构实体供给与网络在线供给的两轮驱动，数字出版供给和区域交互供给的两轮从动，实现行之有效的多途径、大面积、广范围、深层次的供给。优秀的数字文化产品就能得以充分展示，被广大的人民群众欣赏、接受，在满足他们的审美享受需求的同时，保障了他们的公共文化权益，实现现代公共文化资源共享。从而，提高数字文化产品的资源利用率，提高数字文化产品的生命力。

五　提升公共数字文化产品生产供给效能的建议

公共数字文化产品的生产供给是解决公共文化设施建设不平衡、服务对象不均衡、服务不充分的有效途径。然而，公共数字文化产品短缺、供不应求的问题十分突出。公共数字文化产品生产供给不足、服务效能不高的主要表现是：产品生产方式不先进，有效服务手段不多，针对性不强。当前，数字文化馆建设势在必行，产品生产供给不足是制约数字文化馆建设和服务效能发挥的现实难题。为此，特提出如下建议。

（一）加大数字文化产品生产设施设备的投入

现在，数字文化馆建设大多依靠社会上的高科技服务公司建设，其管理运行基本依赖它们，它们懂技术、能管理设备设施，却不懂专业艺术；文化馆的领导和专业技术人员懂专业艺术，却不懂数字技术，很少有人能够驾驭数字文化技术设备设施，客观上造成数字文化馆建设与运行管理两张皮。因

此在建设数字文化馆的时候，不能事事以"政府购买"的名义一买了之，应加大自身数字文化产品生产设施设备的投入，让文化馆干部职工能利用设施设备开展数字文化产品生产。

（二）建立数字文化服务机构

在文化馆内部，新设立一个专门的数字文化服务部，也可以称之为数字文化资源部、数字文化服务中心，它的职能是从事数字文化馆日常服务与管理，能综合馆内和社会上的群众文化活动信息，拍摄、制作或编审群众文化活动和讲座视频，系统制作数字文化产品，及时提供数字文化服务。

（三）引进培养复合型数字文化服务人才

武汉市13个区文化馆有12个馆安排有专人负责数字文化馆（网站）日常管理，其中只有江汉区文化馆有专职人数1名、兼职人员3名，其他文化馆均为兼职人员1~2名。这些专、兼职人员所学专业，均为群众文化专业中的音乐、舞蹈、戏剧、美术、文学等专业门类，没有一个是电子信息专业。为做好数字文化服务工作，必须像引进招聘音乐、舞蹈、戏剧专业技术人才一样，引进培养复合型数字文化服务人才，专门从事数字文化产品生产和服务供给。并且，像湖北省那样，将从事数字文化服务的专业技术人员按"音像"类别列入群众文化专业职称评聘。

（四）建设数字文化资源库

按照现代公共数字文化服务标准化、数字化、智能化的要求，充分利用馆藏资源，深入挖掘文化资源的价值内涵和文化元素，加强现代科技在公共数字文化产品开发设计中的应用，生产出思想性、艺术性和实用性相统一，适应现代生活需求的数字文化产品，建立数字资源库，对文化馆各类数字资源和公共数字文化产品进行有效管理。培育数字文化产品品牌，推动文化产品和服务的数字化、网络化传播。

（五）建立产品生产供给保障制度

建立并逐渐完善数字文化馆产品生产供给保障制度。解决数字文化馆产品生产和服务供给中的资金、设备、人才、技术等保障问题。

（六）扩大宣传，提高服务效能

建设数字文化馆不是目的，提升数字文化服务才是建设初衷。因此，在文化馆的公示栏、宣传橱窗、文化馆的各个活动厅室，在各类公共文化活动中，都应以不同的方式张贴、宣传、推介文化馆网站和微信二维码，多途径建立数字文化馆的宣传和公共数字文化产品的推介通道，主动宣传推介数字文化产品，引起更多人的关注和使用。其中，在线用户的双向互动方式，是今后公共数字文化产品供给必须注重的服务方式。

数字文化馆既是一个单向推送服务平台，也是双向互动的交流平台。目前大多数文化馆只注重数字服务产品的推送，很少实行供需互动。只有实现供需互动化，吸引有文化艺术理论基础和技艺特长的网民用户，将自己原创的群众性的文化艺术作品，录制成文字、图片、音频、视频，直接向数字文化馆投稿，经信息管理员初审后，提交给相关专业的慕课主任审查，经审核符合数字文化服务产品规范的作品，可以直接收入公共数字文化资源库，上传到网站供网民学习借鉴。确实有特长的人员，还可以由专业慕课主任约请，到数字录播厅录制教学慕课，作为数字文化艺术培训课件，供远程教学用，助推数字化的全民艺术教育。把数字文化馆办成全天候、大众化的数字公共文化服务中心。也可以进行网上留言式、在线客服咨询式的互动交流。就数字文化馆而言，在线客服咨询和服务交流可以设定相对固定的时间和内容。例如：开设慕课主任接待日、专家答疑日、老年文艺咨询日等等。其中，根据老年人日常生活规律，老年文艺咨询日应该设在下午3点到5点之间；针对中青年人的专家答疑日，应该设在晚上8点到10点之间；慕课主任接待日则应该根据慕课学习内容和大部分网民的时间，分别设定时间，以便更多的网民参与。同时，在需要咨询服务的人较多时，每一个人的交流时间应该控制在5分钟左右。

参考文献

中共中央网络安全和信息化委员会办公室：《互联网文化管理暂行规定》，http：//www. cac. gov. cn/2011 –02/18/c_ 1112139873. htm。

国家数字文化网：《文化部印发〈"十三五"时期公共数字文化建设规划〉》，http：//www. ndcnc. gov. cn/fagui/zixun/201708/t20170817_ 1352755. htm。

B.10
公共文化机构开展科普工作
面临的困境及对策

黄凤　寇垠*

摘　要： 全民科学素质的提高对建设创新型社会有重要作用。我国基层文化服务网络逐步完善，公共文化机构作为基层文化服务的网络化阵地实力不断加强。充分利用公共文化机构开展科普工作，以最便民的方式提供科普服务，有利于形成科普工作的大格局。从我国公共文化机构开展科普服务的现状来看，目前仍存在人员保障不足、群众参与率和满意度不高的问题，需要在人员投入、服务供给模式创新和宣传推广方面予以重视，从而全面提升我国公共文化机构的科普服务效率。

关键词： 公共文化机构　科普工作　科普服务

现代国家之间的竞争已由单一的产品竞争、经济实力竞争转向国民素质、文化发展等的综合竞争，社会公众对科学的理解与接受已经成为现代化的重要标志。从人类社会发展的历程来看，特别是近代以来爆发的几次科技革命对宏观的国际格局和微观的人民生活的重要影响来看，科学对社会发展进步和人民精神生活的意义与价值不可估量。近年来，我国公民科学素质总

---

* 黄凤，硕士，武汉大学国家文化发展研究院研究助理；寇垠，武汉大学中国传统文化研究中心博士后、国家文化发展研究院副研究员，研究方向为公共文化服务社会创新，通讯作者。

体水平有所提升，但发展不平衡，与世界发达国家相比依然存在较大差距，这已然成为制约我国发展的瓶颈之一。

2015年，我国具备科学素质的公民比例为6.2%，与发达国家相比明显处于劣势。例如，美国在20世纪90年代，具备科学素质的国民比例已经达到6.9%，而当今世界主要发达国家具备科学素质的国民比例已高达20%~30%。① 为加强科学普及工作，显著提升我国国民科学素质水平，国务院办公厅于2016年3月发布《全民科学素质行动计划纲要实施方案（2016~2020年）》，并提出到2020年我国公民具备科学素质的比例要超过10%的目标。在2016年5月召开的"科技三会"上，习近平总书记强调："科技创新与科学普及是实现创新发展的两翼，要把科学普及摆在与科技创新同等重要的位置。没有全民科学素质普遍提高，就难以建立起宏大的高素质创新大军，难以实现科技成果快速转化。"党的十九大报告再次就科学普及工作提出明确要求："弘扬科学精神，普及科学知识。"总体而言，在提升公民科学素质方面，我们依然任重道远。

一 公共文化机构开展科普工作的必要性

依据《中华人民共和国科学技术普及法》的规定："国家和社会普及科学技术知识、倡导科学方法、传播科学思想、弘扬科学精神的活动、开展科学技术普及，应当采取公众易于理解、接受、参与的方式。科学普及具有社会性、群众性和经常性等基本特点，科学普及本质上来说是一种社会教育，这是科学普及与学校教育和职业教育的显著区别。根据科普工作的特殊性要求，科普工作必须广泛依靠社会组织和群众，充分利用现代社会的传统信息流通渠道和现代互联网信息传播媒体，广泛渗透到各类社会活动之中，才能有助于形成富有生机、规模宏大、社会多方参与的科普大格局。"②

① 刘炳华：《如何提高国民科学素质》，《中国党政干部论坛》2017年第9期。
② 本文关于科普的定义和内涵，沿用《中华人民共和国科学技术普及法》中的相关规定。

（一）文化与科普有机结合，有助于提高科普效果

科普是一项同时兼具科学性和人文性的工作，其科学性体现在：基于科学特征及科学表达规律，创造性地把职业科学的真理性、客观性以适应社会公众接受能力的通俗性、易理解性的方式进行传播从而为大众所掌握；其人文性即科学的人文精神、人文关怀，是指为了提高公众的科学文化素养进而增进人类福祉，以人作为科普活动的主体，通过社会公众易于理解和互动的形式、方式传播科学技术知识、科学思想、科学方法和科学精神①。科普工作强调其人文性的内涵，就是强调科普工作开展方式的"趣味性"、"互动性"、"个性化"和"平民化"，这就要求科普内容丰富多彩、雅俗共赏，科普方式通俗易懂、易于被公众理解和接受。将文化与科普工作有机结合，把科普内容寓于生活、休闲、娱乐、健身、旅游等文化范畴，防止为科普而科普，将枯燥的科普办成快乐的科普，从而赢得广大社会公众的主动参与，将科普的单向灌输关系转变为双向互动关系，将极大提高科普工作的效果。

（二）公共文化机构开展普工作，有助于构建科普教育大格局

随着 2008 年《关于全国博物馆、纪念馆免费开放的通知》的印发，全国各级文化文物部门管理的公共博物馆、纪念馆、全国爱国主义教育示范基地全部免费开放。据统计，截至 2017 年，全国实施免费开放的博物馆达3393 家，占全国博物馆总数的比重超过 80%，年免费参观 6.78 亿人次；2011 年《关于推进全国美术馆、公共图书馆、文化馆（站）免费开放工作的意见》印发后，各地"三馆一站"（"三馆"指公共图书馆、美术馆、文化馆，"一站"指文化站）免费开放工作全面推进。全国 44497 个公共文化机构提供的文化服务惠及 5.79 亿人次；全国 3153 个公共图书馆馆藏 9 亿册，年借阅 6.6 亿人次。可以说，现阶段全国各级各类公共文化机构已基本

---

① 陈玉海：《论科普的科学性与人文性》，东北大学博士论文，2012 年 6 月。

构建成覆盖面广、具备较强服务能力的公共文化服务网络体系，真正实现了公众无障碍、零门槛进入。

我国日趋完善的公共文化服务体系和逐渐形成的网络化服务阵地，是分布广泛、便民参与的科普基地的较优选择，能够满足科普工作对平台和媒介的平民化要求。充分利用公共文化机构开展科普工作，能够以最便民的方式提供科普服务，搭建科普工作的大格局。实践中，宁夏回族自治区 2015 年印发的《关于加快构建现代公共文化服务体系的实施意见》，已经将科普工作纳入地区公共文化服务体系范畴，该区依托公共文化机构及公共文化场所，利用图书、报刊、电子书刊、电子阅报屏、阅报栏等平台媒介，全面向群众提供时政、"三农"、科普、文化、生活等信息服务，并打造集文化宣传、科学普及、党员教育、普法教育、体育健身等功能于一体的基层群众综合文化服务中心，将文化和科普服务送到基层社区。

二 公共文化机构开展科普工作的现状

（一）全国公共文化机构情况

纵向来看，总量上全国公共文化机构数量稳中有升，从业人员不断得到扩充，财政拨款快速增长，与此同时，公共文化机构开展的文化与科普活动也呈现明显增长。如表 2 所示：2008 年到 2017 年的十年间，我国公共文化机构数量增长较慢，现有公共文化机构基本保持十年之前的数量；公共文化机构的从业人员数略有增长，但并非高速增长，十年间的年均增长率为3.57%；全国公共文化机构财政拨款总额增速较快，年均增长达到19.43%；群文机构实际使用房屋建筑面积年均增长率接近 10%。公共文化机构开展的文化与科普活动方面，2008 ~ 2017 年，全国群众文机构举办展览数、组织文艺活动次数和举办训练班次数的年均增长率分别为 5.69%、7.71% 和 11.18%，增长明显。

表1 2008～2017 年我国公共文化机构开展文化与科普活动整体增长率

单位：%

年份	机构数增长率	从业人员增长率	财政拨款增长率	实际使用房屋建筑面积增长率	举办展览数增长率	组织文艺活动次数增长率	举办训练班增长率
2008	1.37	2.38	22.33	15.81	10.98	- 13.33	23.85
2009	1.95	4.84	28.80	13.60	9.29	17.20	1.72
2010	3.39	2.56	18.02	15.19	6.44	3.92	17.63
2011	0.68	4.77	39.67	18.04	- 8.15	7.59	- 5.25
2012	0.46	5.75	15.84	6.34	6.48	10.94	13.92
2013	0.88	5.20	13.67	6.86	20.43	7.57	0.92
2014	0.37	3.62	9.83	8.76	- 4.70	14.15	20.10
2015	- 0.30	1.88	14.33	4.39	6.12	13.54	14.28
2016	0.47	4.92	12.40	3.71	7.39	10.98	10.10
2017	0.05	- 0.25	—	2.96	2.64	4.53	14.55
均值	0.93	3.57	19.43	9.57	5.69	7.71	11.18

注：数据来源于《中国文化文物统计年鉴》（2008～2017 年）及文化部门相关业务数据整理。

从人均情况来看，人均拥有公共文化机构数量和从业人员相对较稳定，人均拥有实际使用房屋建筑面积稳中略增，人均财政拨款逐年上升，增速明显。近年来我国每万人拥有公共文化机构数大约为 0.32 个，增长率有所下降。每万人拥有从业人员从 2008 年到 2016 年持续增加并在 2016 年达到峰值（全国每万人拥有从业人员约为 1.32 人），2017 年出现下降（为 1.31人）。人均财政拨款由 2008 年的 3.98 元/人增加到 2016 年的 15.09 元/人，年均增速超过 10%。人均拥有实际使用房屋建筑面积由 0.01 平方米/人增至 0.03 平方米/人，增速由 2008～2011 年的高速增长阶段向 2012～2017 年的缓慢增长阶段转变。

从人均享有公共文化机构开展的文化与科普活动来看，从 2008 年到 2017 年，每万人拥有举办展览个数由 0.76 个增长至 1.11 个，同比增速在 2011 年与 2014 年出现下降，其余年份的同比增速均有不同程度的提升。每万人拥有组织文艺活动次数由 2008 年的 3.57 次增长至 2017 年的 8.01 次，除 2008 年的增速有所下降外，2009 年至 2017 年间人均享有的文艺活动均

表2 2008~2017年我国公共文化机构开展文化与科普活动情况

年份	每万人拥有机构数(个/万人)	增长率(%)	每万人拥有从业人员(人/万人)	增长率(%)	人均财政拨款(元/人)	增长率(%)	人均拥有实际使用房屋建筑面积(平方米/人)	增长率(%)	每万人举办展览个数(个/万人)	增长率(%)	每万人组织文艺活动次数(次/万人)	增长率(%)	每万人举办训练班次(次/万人)	增长率(%)
2008	0.31	0.85	0.99	1.86	3.98	21.71	0.01	15.22	0.76	10.41	3.57	-13.77	2.26	23.22
2009	0.31	1.46	1.03	4.33	5.10	28.18	0.02	13.05	0.83	8.76	4.16	16.63	2.29	1.23
2010	0.32	2.90	1.05	2.07	6.00	17.46	0.02	14.63	0.88	5.93	4.30	3.42	2.68	17.07
2011	0.32	0.19	1.10	4.27	8.33	39.01	0.02	17.48	0.80	-8.59	4.61	7.08	2.52	-5.70
2012	0.32	-0.04	1.15	5.23	9.61	15.26	0.02	5.81	0.85	5.96	5.08	10.39	2.86	13.36
2013	0.33	0.38	1.21	4.69	10.87	13.11	0.02	6.34	1.02	19.84	5.44	7.04	2.87	0.42
2014	0.32	-0.15	1.25	3.08	11.87	9.26	0.03	8.20	0.96	-5.19	6.18	13.56	3.43	19.48
2015	0.32	-0.79	1.26	1.38	13.50	13.76	0.03	3.88	1.02	5.60	6.98	12.98	3.90	13.72
2016	0.32	-0.12	1.32	4.30	15.09	11.75	0.03	3.10	1.09	6.77	7.70	10.33	4.27	9.46
2017	0.32	-0.48	1.31	-0.78	—	—	0.03	2.42	1.11	2.10	8.01	3.98	4.87	13.95

注:数据来源于《中国文化文物统计年鉴》(2008~2017年)、文化部门相关业务数据及国家统计局网站公布的数据。

实现逐年增加。2008～2017 年的十年间，每万人举办训练班班次从 2008 年的 2.26 次提高至 2017 年的 4.87 次，除 2011 年增速有所下降外，其他年份每万人举办训练班班次的增速均有不同程度提升。

（二）各级公共文化机构开展文化与科普活动情况

为进一步了解目前我国公共文化机构开展文化与科普活动情况，本文将以 2017 年的数据为基础对省、地市、县三级文化馆（群艺馆）和街道、乡镇文化站开展的文化科普活动及参与情况进行分析。

如表 3 所示，截至 2017 年，我国拥有各级文化馆（群艺馆）3328 个，省、市、县三级馆的比重依次为 0.93%、10.79% 和 88.28%，县级馆在机构数量上占比较高。但省、地市、县三级文化馆馆均拥有从业人员呈现依次递减的趋势，表明省级馆相对于地市级馆和县级馆拥有更多人力资源投入。文化站机构数量在街道和乡镇的分布比例为 17.47% 和 82.53%，街道文化站机构数远低于乡镇文化站，但街道文化站站均从业人员高于乡镇文化站。

表 3　2017 年不同级别文化馆（群艺馆）、文化站开展文化与科普活动情况

级别	机构数（个）	馆均从业人员（人/馆）	馆均文化服务惠及人次(万人次/馆)	馆均组织文艺活动次数（次/馆）	馆均举办训练班班次（次/馆）	馆均举办展览个数（个/馆）	馆均组织各类理论研讨和讲座次数（次/馆）
省级文化馆	31	59.32	29.08	82.45	74.55	15.19	34.65
地市级文化馆	359	29.37	14.11	83.06	202.54	10.69	14.30
县市级文化馆	2938	14.61	7.55	74.58	55.20	8.02	9.57
街道文化站	7196	3.58	1.22	37.01	24.34	4.00	—
乡镇文化站	33997	2.96	0.80	17.52	7.77	2.87	—

注：数据来源于文化部门相关业务数据。

从各级公共文化机构开展文化与科普活动情况来看，文化馆馆均举办展览个数和馆均组织各类理论研讨和讲座次数，省级馆高于地市级馆也高于县

级馆。馆均组织文艺活动次数地市级馆高于省级馆，但二者相差不大，县级馆馆均组织文艺活动次数明显低于省级馆和地市级馆。群众参与方面，省、地市、县三级文化馆馆均文化服务惠及人次依次递减，表明省、市、县三级馆开展的各项文化科普活动对社会公众的吸引力也依次递减；文化站开展的文化科普活动按照机构数进行平均后，街道文化站站均组织和举办的文艺活动次数、训练班班次、展览数量均高于乡镇文化站，其中，站均举办训练班班次中街道文化站比乡镇文化站高出2倍多。并且从文化站站均文化服务惠及人次来看，街道文化站比乡镇文化站拥有更高的服务惠及人次，表明街道文化站的文化科普活动的参与率高于乡镇文化站。

（三）分区域对比

从机构数量、人员投入和具体服务来看，东部地区文化馆（群艺馆）和文化站开展文化科普的基础条件、相关保障较中西部地区有明显优势，因而东部地区公共文化机构开展的科普服务工作从内容到效果、从服务到参与率，均优于中西部地区。

从公共文化机构数量及人员投入来看，现阶段文化馆（群艺馆）的人均拥有机构数量和人均拥有从业人员数量呈现西部地区 > 中部地区 > 东部地区的格局。文化站人均拥有机构数量和人均拥有从业人员数也呈现西高东低的分布，此外，文化站人均拥有藏书和人均拥有志愿者人数东部地区高于西部地区，中部地区最低。人均拥有志愿者人数，东部地区是中部地区的3.77倍，是西部地区的2.77倍。

在具体的活动开展和服务参与方面，东部地区整体上优于中西部地区。文化站的平均文化服务惠及人次东部 > 西部 > 中部；文化馆每万人举办训练班班次、每万人组织各类理论研讨和讲座次数，东部最高，中部次之，西部最低，且对应的参与人次经过人均化处理后，依然是东部地区的参与率较高。文化站方面，每万人组织文艺活动次数和每万人举办训练班次数东部高于西部高于中部，平均文化活动观众人次和人均举办展览参观人次也呈相同的区域分布。

表 4 2017 年分区域文化馆（群艺馆）、文化站开展文化与科普活动情况

文化馆	每万人拥有的机构数（个/万人）	每万人拥有从业人员数（人/万人）	平均文化服务惠及人次（人次）	每万人组织文艺活动次数（次/万人）	平均文化活动观众人次（人次）	每万人举办训练班班次（次/万人）	平均培训人次（人次）	每万人举办展览个数（个/万人）	平均参观人次（万次）	每万人组织各类研讨和讲座次数（次/万人）	平均参加人次（人次）
东部	0.016	0.257	0.205	1.953	0.144	2.71	0.018	0.219	0.037	0.386	0.006
中部	0.026	0.308	0.173	1.495	0.132	1.426	0.01	0.175	0.027	0.219	0.003
西部	0.055	0.491	0.287	2.974	0.234	1.397	0.009	0.307	0.039	0.193	0.004
全国平均	0.035	0.364	0.227	2.200	0.175	1.787	0.012	0.239	0.035	0.258	0.004

文化站	每万人拥有的机构数（个/万人）	每万人拥有从业人员数（人/万人）	人均拥有藏书（万册/人）	每千人拥有志愿者人数（人/千人）	平均文化服务惠及人次（人次）	每万人组织文艺活动次数（次/万人）	平均文化活动观众人次（人次）	每万人举办训练班次数（次/万人）	平均培训人次（人次）	每万人举办展览个数（个/万人）	平均参观人次（人次）
东部	0.194	0.839	0.273	7.341	0.384	9.091	0.282	6.734	0.041	0.914	0.061
中部	0.307	0.76	0.136	1.949	0.141	4.152	0.102	1.784	0.013	0.669	0.025
西部	0.558	2.248	0.198	2.645	0.275	8.487	0.206	3	0.02	1.38	0.049
全国平均	0.371	1.359	0.200	3.784	0.263	7.264	0.195	3.692	0.024	1.016	0.045

注：数据来源于文化部门相关业务数据及各省区市 2017 年社会经济发展统计公报。

三 公共文化机构开展科普工作面临的困境

(一)基层文化机构人员投入不足,科普活动开展缺乏有力支持

文化人员储备不足、文化人才短缺一直是制约我国基层公共文化机构发展的重要因素。2017年我国街道文化站和乡镇文化站站均拥有从业人员3.58人和2.96人;每万人拥有文化站从业人员1.359人,其中,中部地区每万人拥有文化站从业人员数仅为0.76人。近年来,随着国家财政资金的倾斜和政策扶持力度加大,各地普遍建立了基层公共文化机构,多数基层文化机构有了固定的场所、图书、计算机等设施设备,具备了开展文化科普服务的基础条件。但近年来不少地区出现的文化机构有场地无服务、有设备无人会用等基层文化机构"空转"和专业人才缺失问题,严重制约基层文化机构的科普服务工作。科普服务是一项专业性较强的服务型兼业务型工作,需要具备相关专业知识的人员才能保障众多基层文化机构能够顺利开展科普服务。基层公共文化机构今后的科普工作仍需要在人员保障方面得到有力支持。

(二)基层文化机构文化科普活动参与率不高,科普效果打折扣

武汉大学国家文化发展研究院2017年2～3月组织的一项范围涵盖27省(市/自治区)、样本量达11949的社区调研数据结果显示:现阶段我国居民参与公共文化服务的动机主要基于休闲娱乐偏好,公共文化机构开展活动对于传播知识、增长技能、解决专业问题等的作用有限,极少数居民通过参与公共文化服务获取技能和专业知识,基于增长技能和解决专业问题的动机参与公共文化服务的居民占比分别是21%和10.9%。基于休闲娱乐为主的参与动机,我国居民参与公共文化的内容以休闲娱乐型为主(如广场文化娱乐占比达到40.6%、棋牌娱乐达到36.4%),其次为自我发展型(如读书看报占比达到35.2%、文艺表演

占比 31.1%、文化展览占比 22.4%），生存型的文化参与较少（如技能培训占比 15.2%）。不得不提的是，我国居民日常参与科普宣传的占比仅为 15%，公共文化机构开展的科普宣传活动及服务对社会公众的吸引力较弱，公众参与积极性和参与率均比较低，从而降低了公共文化机构开展科普宣传的工作效果。

造成基层公共文化机构科普宣传活动参与率低的困境的原因，除了公众文化消费的偏好外，公共文化机构提供的科普服务内容单一、不接地气，科普服务供给与需求难以准确对接，科普宣传方式老套、低成本高效率的宣传机制欠缺等，这些因素也是造成公共文化机构科普服务公众参与积极性和参与率双低的重要原因，必须加以重视。

（三）群众满意度有待提高

社会公众对基层公共文化机构综合评价的满意度不高。武汉大学国家文化发展研究院 2016 年"文化第一线"的 31 省（市/自治区）大样本调研数据显示，对文化馆（群艺馆）和乡镇文化站评价为"非常满意"的城市居民和农村居民比重分别为 20% 和 28%；城市社区居民对当地文化馆（群艺馆）的综合评价为"很不满意"、"不满意"和"一般满意"的总人数占全部受访者比重超过一半，达到 53.78%；农村社区居民对当地乡镇文化站的综合评价为"很不满意"、"不满意"和"一般满意"的总人数占全部受访者比重达到 45.1%。表明多数受访的者对文化馆（群艺馆）和乡镇文化站的综合情况的满意度并不高。

对于文化站开展的培训和辅导等文化科普服务，农村居民的满意度也不高。数据显示，一半以上的农村居民对当地乡镇文化站开展的培训和辅导服务的评价为"很不满意"、"不满意"和"一般满意"，给出以上三类评价的人数占总体比重达 53.68%；城市社区居民对于公共文化机构提供的文艺演出、展览、讲座、培训等文化科普服务，表示"很不满意"、"不满意"和"一般满意"的比重依次为，8.16%、15.73% 和 33.07%，即一半以上的城市居民对公共文化机构文化科普服务的评价在一般满意以下。

四 推进公共文化机构科普工作的对策

(一)加大人员投入,保障基层文化机构科普服务人才队伍建设

基层文化机构缺少吸引专业文化人才的有利条件,国家可在宏观层面在选调生招考、大学生支援西部等项目上,对文化站招考予以倾斜。可以适当放宽报考者的学历要求,同时鼓励招考者能留在基层文化机构安心从事基层公共文化科普服务工作。

从基层文化机构层面,文化机构应注专业人才的梯队培养,不总是几张老面孔在承担主要工作,应过给年轻人机会,让年轻人得到锻炼,使得基层文化科普服务工作能顺利开展。在购买服务的同时,文化馆、文化站同样可以派工作人员参与,这样从依赖购买的文化服务,到提升工作人员的专业技能后,摆脱对购买服务的依赖。并且应完善对基层文化机构工作人员的学习激励机制,从待遇、晋升、精神奖励等方面着手,鼓励工作人员培养自己"一专多能"的工作能力,不仅提高自身文化业务水平,同时,通过学习培训提升工作人员提供多样化科普服务的能力。

(二)健全多方参与的供给路径,提高文化机构科普工作效率

现阶段,我国基层的文化服务供给和科普工作开展主要依赖社区和政府组织,然而这种自上而下的供给模式往往因为需求表达渠道的不畅通和信息反馈的滞后而导致文化科普内容供给跟不上居民需求。而且随着文化科普要求的日益提高,政府财政力量支持更是捉襟见肘,人、财、物的投入不足会对文化科普内容的质量带来直接的影响。

第一,创新政府、社区、民间文化团体、企业、学校等多主体参与基层公共文化科普内容的供给路径,以丰富、创新文化科普的内容和争取更多的社会资源。通过政策鼓励企业、学校、艺术团体等主体举办的有益文化科普活动,并将其内容广泛推广到基层,同时大力推进以政府购买、服务外包、

特许经营、项目合作等多种形式增进各主体间在场馆设施建设、活动开展和引导居民自发型文化活动等方面的合作，提高基层公共文化科普服务的覆盖率，增强用户的体验感，以现代化的方式和多元化的内容撑起基层公共文化机构科普服务的框架。

第二，基层公共文化机构应充分发挥自身贴近群众的优势，组织开展多类型的、群众所需的文化科普活动，充分发挥基层科普人员和文化专干的作用，不断挖掘人民群众的文化创造能力，引导和组织文化科普活动在群众中广泛传播，鼓励群众自我服务、自我管理。

（三）开展全方位的公共文化机构科普服务宣传

基层公共文化机构是各地公共文化服务体系建设的主要载体，也是基层开展文化科普服务宣传的重要阵地。在信息化、新型城镇化的时代背景下，文化馆、群艺馆和文化站等基层公共文化机构应积极运用互联网思维，采取多种媒体宣传手段，向社会广泛宣传免费开放政策和各项文化科普活动与服务，营造良好的文化科普服务外部氛围。一要加强馆内宣传。利用各自的门户网站、电子显示屏、宣传展板等载体实时发布各类文化科普服务信息；在咨询台、座位席、多媒体厅等服务区域发放各种科普宣传教育材料，通过生动鲜活的全方位宣传，将基层公共文化机构的科普服务更广泛地送到民众身边。二要主动与媒体合作，扩大宣传和信息传播的途径。主动邀请、积极配合报刊、电视、广播、地方政府官方网站等各类新型或传统媒体，加大对基层公共文化机构开展科普服务的宣传，吸引公众以基层公共文化机构为窗口参与科普活动、了解科普知识、弘扬科普精神。三要积极利用网络宣传。利用当下流行的微博、微信等自媒体宣传平台通过与社会民众的互动交流，介绍和传播科普工作的服务理念、科学常识、科普内容、科学精神等，扩大科普服务宣传推广的覆盖面，普遍提高公众科学素养。

B.11
新时代公共图书馆科普工作
创新的实践与思考

许建业　汤晓鲁*

摘　要： 改革开放以来，我国科普工作成效显著，公众科学素养稳步
提升。新时代背景下，科普工作的创新发展显得尤为重要。
公共图书馆作为公共文化服务与社会教育的主阵地，应积极
参与当下科普工作创新的系统建构。本文通过对科普工作制
度体系、人才结构和技术应用的分析，初步探讨公共图书馆
科普工作的保障机理，从公众需求、传播力度、合作方式、
科普精神四个维度着重思考新时代公共图书馆科普工作体系
的建设路径。

关键词： 省级图书馆　科普工作　公共服务　内容创新

　　2015 年第九次全国民众科学素质抽样调查结果显示，我国具备科学素
质的民众总体占比为 6.2%。较 2010 年第八次科学素质调查结果的 3.27%
而言，这一比例有了显著提升。但是，相较于世界主要发达国家，我国公众
科学素养水平依然处于落后态势①，其中，晚于日本 3～5 年，晚于欧洲国
家 4～6 年，晚于加拿大、美国等 5～7 年。因此，政府在科普工作发展方

---

* 许建业，南京图书馆副馆长、研究馆员，研究方向为图书馆管理、公共数字文化建设；汤
晓鲁，南京图书馆读者服务部副主任、研究馆员，研究方向为参考咨询与科技查新。
① 《中国科协发布第九次中国民众科学素质调查结果》，《科协论坛》2015 年第 10 期。

面，既要立足现实，更应注重统筹规划与系统设计，努力实现公众科学素养的高质量提升。

科普工作是实现公民综合素质提高的重要举措之一。就国际惯例而言，民众科普工作的内涵一般包括三个层次，一是纯粹知识的传递，二是科学思维和方法的传播，三是科学探索精神的传薪。随着层次水平递增，科普工作的价值效益显现，最终形成崇尚科学的社会氛围，达到民众持续乃至终生学习的教育目标。从现实意义来说，科普工作水平则反映了一个国家或地区的公民综合素养、民众生活质量、社会创新活力以及综合实力。

随着城市化进程的加快，公共图书馆作为当代城市发展的知识中心、信息中心、交流中心、文化中心，具备天然的民众教育属性，利于科普工作的开展。同时，科普工作的本质在于促进民众科学教育的均等化，这也和现代公共图书馆的实践价值相吻合。因此，公共图书馆作为公共文化服务与社会教育的主阵地，既要担负新时代背景下科普工作创新的责任，又要善于运用科普工作机理扩大其社会影响力。

一 我国科普工作的发展历程回眸

科普工作是中国共产党实现事业发展的有力武器。早在抗日战争时期，中共中央就开始致力于科普工作的实践探索，1939 年 5 月在延安成立的中共自然科学研究院，即现今北京理工大学前身，成为中国共产党领导全民科普工作的启蒙标志。中国共产党于 1956 年成立了"科联""科普"两大科学工作组，并于 1958 年合并，成为当今的中国科学技术协会。中国科协成立迄今，在我国科普工作发展中发挥了不可替代的作用。2002 年《中华人民共和国科学技术普及法》正式颁行，2006 年《全民科学素质行动计划纲要》开始实施，成为新世纪我国科普工作切实落地的重要标志，成为当下科普工作的实践依据。"十三五"以来，我国经济与社会进入了高质量发展的新时代，科普工作相应呈现新的发展态势。近年来，政府进一步加大科普工作力度，2016 年 3 月，国务院办公厅颁布了《国务院办公厅关于印发全

民科学素质行动计划纲要实施方案（2016～2020年）的通知》，构建新时代背景下科普工作的组织实施、条件保障、基础设施、科学评估等发展要素，进一步完善科普工作的系统性建设。《通知》提出，到2020年实现10%以上民众科学素质达标。2016年5月在全国科技创新大会、两院院士大会、全国科协第九次全国代表大会上，习近平总书记强调"科技创新、科学普及是实现创新发展的两翼，要把科学普及放在与科技创新同等重要的位置"。2018年3月，李克强总理在第十三届全国人民代表大会第一次会议上强调"科学引导"、"坚持科学"、"科学素养"等科学普及发展的要求。

二 公共图书馆科普工作的研究述略

科学素养是民众素质中的关键要素之一，现阶段我国公民科学素养一般指基础技术知识、科学思维方法以及崇尚科学精神的社会氛围形成。公共图书馆作为与时俱进的社会教育机构，从早期的"文字扫盲"教育功能，转向现代科学技能普及应用等更高层次的教育。

冯俊蓉提出了公共图书馆在科普宣传工作中作用的若干思考，叙述了科普宣传对国民综合素质、生活质量、社会风气及国家实力提升的重要性，列举实例指出当下科普宣传工作的瓶颈并提出应对举措。[①] 王子舟、刘君和周亚从图书馆学层面阐述现代科学方法实践过程的系列问题，论证了科学方法中理论和应用的体系内容，指出需进一步正确引导方法论的价值方向，鼓励社会各界植根且培养科学精神和科学素养。[②] 张靖、陈朝晖从图书馆应急传播领域作出分析，针对传统图书馆应急科普产品存在的问题，提出图书馆要适时主动为服务群体提供应急领域的科普知识，创新整合科普工作的教学资源和方式，整合专家智慧以形成适应现代应急领域需求的科普工作模式及应

---

① 冯俊蓉：《关于公共图书馆科普宣传工作的几点思考》，《图书馆工作与研究》2011年第3期。

② 王子舟、刘君、周亚：《方法根植于精神与素养——图书馆学研究方法问题三人谈》，《图书馆》2014年第4期。

急教学传播。① 章茵基于工商管理 SWOT 战略规划法，论证了公共图书馆科普工作的可行性，提出一种初步评价体系，以供公共图书馆科普工作做参考。② 杨忠元指出全民阅读活动是科普工作的基础，各级公共图书馆要根据自身优势和发展环境，了解本地区现阶段读者阅读现状、阅读习惯等，再结合科普工作的必要性特征，制定公共图书馆服务举措。③ 解荣立足少儿阅读服务领域，针对少儿心理、性别、年龄等因素，提出科普工作相对应的图画、篇幅和内容以及引导话术、推荐手段和讲解等注意事项。④ 吉杰从展览角度阐述了科普工作的实践手段，分析网络展览、会场展览、内容筛选等问题，提出展览与科普工作相结合的实践价值，探讨了科普与展览融合的创新路径。⑤ 梅其珍立足气象学领域，提出了"气象科普数字图书馆"概念与性质、设计思路与建设方案等。⑥ 李春晶探讨了公共图书馆在现代科普工作中的责任与定位，并从"以人为本"、"开发共享"、"宣传途径"及"社会合作"多角度提出具体策略。⑦

综上所述，我国科普工作稳步推进，科普工作相关研究具有一定代表性，但学术研究水平有待提升，公共图书馆科普工作的理论研究与实证研究亟待加强。面对新时代，科普工作及公共图书馆的科普属性呈现如下新特征：①科普工作正在摆脱传统局限，展现不同于过往的新发展诉求；②社会

① 张靖、陈朝晖：《图书馆参与应急科学传播服务的现状与思考》，《图书馆建设》2014 年第 6 期。
② 章茵：《运用战略规划 SWOT 技术为图书馆科普规划服务》，《图书情报工作》2014 年第 S1 期。
③ 杨忠元：《转变与创新：全民阅读环境下县级公共图书馆的科普工作》，全国中小型公共图书馆联合会、中国知网·中国知识资源总库编委会：《全国中小型公共图书馆联合会 2014 年研讨会论文集》2014 年，第 4 页。
④ 解荣：《公共图书馆童书分级阅读方法研究》，《图书馆理论与实践》2015 年第 12 期。
⑤ 吉杰：《公共图书馆科普教育与展览活动融合发展模式研究》，《新世纪图书馆》2017 年第 12 期。
⑥ 梅其珍：《建立新型现代化国家气象科普数字图书馆》，中国气象学会：《第 34 届中国气象学会年会 S22 第七届全国气象科普论坛暨全国气象科普教育基地经验交流会论文集》，2017 年，第 3 页。
⑦ 李春晶：《公共图书馆现代科普服务的实践及方法》，《图书馆研究与工作》2017 年第 6 期。

现象日新月异，公众科学素养呈现多元化、多样化和多层次特征；③当下科普工作内涵已经远超大众化教育层次，需要更加关注科学思维、科学方法和科学精神的价值建设；④随着当代公共图书馆的传播理念更新，多主体、跨学科和双向性的科普需求日渐增强；⑤新时代科普工作日趋纷繁复杂，知识活化应用将成为科普工作者面临的新挑战；⑥业界、学界较多关注公共图书馆特色馆藏、公益影响、传播效益等优势资源，实现有效科普工作，产出科普产品价值。总之，随着国民基础教育的普及与提高，新时代背景下，公共图书馆科普工作必定向更高层次转型。社会公众对于公共图书馆的存在价值提出了新诉求，制定科普建设的保障机制、推进公共图书馆科普工作高质量发展，正在成为现实需要。

三 新时代公共图书馆科普工作保障机理探索

新时代科普工作内涵正在发生根本变化，公共图书馆"天然"的教育职能面临着新机遇。面对现有资源条件，公共图书馆需要因地制宜，构建适合于自身发展的科普工作保障体系，以提升服务效能。

（一）制度体系保障

《中华人民共和国科学技术普及法》、《全民科学素质行动计划纲要》及中央相关决策部署，是我国科普工作宏观层面的法律政策与制度保障。具体至微观层面，各类公共图书馆也应参照相关法律法规制定适宜的运作方案，在探索中总结有效的方法，最终形成制度体系保障机理，促进公共图书馆科普工作。公共图书馆可以通过研制政策、资金分配、编制计划、项目规划等方式引导科普工作的开展。

1. 政策研制

科普工作系统性建设是一个科学统筹、长期摸索的过程。在新时代和宏观策略的引导下，公共图书馆可根据自身馆藏特色、服务群体和地方文化等，研制相关引导政策，方便满足民众的教育需求，提升民众的科学素养。

2. 资金分配

科普工作的落地必然需要一定的资金支持，公共图书馆可根据自身情况，在保障公共图书馆基本运作的前提下，通过财政支配、筹资募捐等方式适当对科普工作进行有效的资金投入。

3. 编制计划

公共图书馆科普工作需要编制短、中、中长及长期的科普工作目标，形成计划进程，保障公共图书馆科普工作的有序发展。

4. 项目规划

我国公共图书馆科普工作的理论和实践研究均有较大探索空间。相关主管部门可制定项目计划，形成激励机制，调动图书情报专业学者积极性，更多地参与科普工作类项目，实现理论与实践研究的规划预期，支撑公共图书馆科普工作发展。

（二）人才结构保障

公共图书馆的公益服务属性、事业编制和经费保障条件，吸引了许多不同学科背景的高能力、高学历专业人才。客观上为公共图书馆科普工作多样化、多元化和多层次的发展提供了可能。然而，现实中受编制、待遇、资历和职称等因素影响，图书馆"人"的瓶颈依然存在。即使在具备同等级、同层次、同水平人才结构的公共图书馆之间，其科普能力和影响力也存在较大差距。究其原因，在于公共图书馆缺乏联动性、复合性的智力价值产出，即传统人事策略无法满足现代管理型和学术型人才的整合要求，只有人才优势而无结构统筹，难以发挥智力效能，无法实现价值产出。公共图书馆唯有加强交流学习，梳理人事策略经验，激励人才响应，灵活人事管理，盘活人才结构，改善人才的协同环境，形成行之有效的人才结构产能能力，公共图书馆科普工作才能有效开展。

（三）技术应用保障

新时代背景下，随着移动互联网、大数据、云计算、互联网＋、虚拟现

实等技术应用的驱动，公共图书馆科普工作内容深化和方式整合势属必然。公共图书馆应紧跟时代步伐，深刻了解各类技术应用的时间价值，摆脱有限的物理空间束缚，大胆尝试技术应用，实现针对特定时间、地点和对象的精准科普，真正实现公共图书馆科普工作"泛在化"效应。同时，需要制定公共图书馆技术应用目标，结合实际巧用科技手段，实现有效的科普内容传递，从而更好、更快、更广、更准、更公平地服务公众，实现我国民众科学素养水平的指数化升级。

四 新时代公共图书馆科普工作建设路径思考

传统公共图书馆的科普工作存在内容局限、宣传面窄、单向传播等问题，需要我们结合现代科普工作保障机理，从民众需求、传播力度、多方合作、科普精神等角度加以思考，提出公共图书馆现代科普工作的建设路径。

（一）聚焦公众需求，精准科普传递

随着纸媒日渐式微，民众"被科普"时代已告结束。取而代之的是以民众需求为导向的科普方式，公共图书馆科普工作同样需要与时俱进，揣测民众真实需求，实现科普的精准投送。现实操作中首先要满足公众共性需求，再是满足公众中个体的个性化需求。

满足共性需求即聚焦公众需求，需紧密围绕人们切身相关的科学机理，最好能解决人们在生活、工作及其他事务中遇到的难题。以解决社会共性问题为基准，将复杂的科学机理通过通俗、简单、易懂的方式广泛传递给有需求的民众。公共图书馆可结合自身权威力、公信力和影响力等要素，利用新媒体，加强科普内容传播的实效性。然后采集公众个体的信息及相关数据，作为满足个性化需求的基础资源。

科普工作最终目标是帮助公民培育科学精神，然而公民作为社会存在的个体，其生活经历、兴趣爱好、性格取向、教育程度和职业背景皆不相同，共性的科普工作内容对不同人而言认知水平和解读程度也大相

径庭。满足个性化需求的科普内容是科普工作中不可回避的问题。在满足"普惠化"共性需求的基础上，为不同个体的个性科普需求提供精准内容传递。这一环节是传统公共图书馆不可想象的，而现代公共图书馆则可利用大数据、云计算等技术，充分采集相关数据，以数据分析手段替代人工分析，轻松完成"因人而异"的科普工作，从而进一步提升民众的科学素养。

（二）加大传播力度，扩展科普渠道

囿于技术、场地、人员水平等因素，公共图书馆传统科普工作传播力度和影响范围十分有限。新时代公共图书馆科普工作当突破传统局限，其传播力度和渠道扩展将拥有较大的拓展空间。

随着我国经济社会的快速发展，全国各级公共图书馆办馆条件得到根本改善，在馆舍场地、建筑布局、文献建设与数字水平等方面均有较大改观，从而为公共图书馆多样化科普工作打下基础。主要做法包括：①根据各馆自身情况，列支类似"馆中馆"计划，在馆内设置现代科普工作专区；②适当调整馆舍布局，有条件的馆可采用多屏控制技术实现科普内容的流媒体传播，再配合社会热点、传统节日和专业专题等主题设置高质量科普展览，以动静结合的方式进行科普，加大渲染力，吸引读者驻足学习；③建立公共图书馆科普工作网站，采集科普工作情报，定期更新科普内容，制作科普工作视频节目等，加大科普工作力度；④加强手机应用。2018 年 1 月，CNNIC 发布了第 41 次《中国互联网络发展状况统计报告》，截至 2017 年 12 月底，我国互联网网民规模达 7.72 亿人，其中手机网民规模达 7.53 亿人。[①] 公共图书馆针对不同情况采用移动终端网络媒介，这成为现代科普工作扩大影响力的创新方式。公共图书馆现代科普工作多样化手段显然远不限于此，还有更多方法、手段可待挖掘。

---

① 中国互联网络信息中心（CNNIC）：第 41 次《中国互联网络发展状况统计报告》，http：// www.cnnic.net.cn/hlwfzyj/hlwxzbg/hlwtjbg/2018。

（三）增进合作协作，丰富科普内容

科普工作与一般学术宣传工作有着相同点和相异处，其教育意义相同，均致力于解决人们在社会事务中遇到的问题。相异之处在于，纯粹的学术工作注重科学研究的深度问题，科普工作则更关注广度问题。公共图书馆在制定科普工作策略时更要明确目标，以满足民众需求为主线，挖掘馆藏，尽可能丰富科普工作的内容。为此，需要增进多方合作与协作，获得更多不同视角的科普方式，丰富科普内容的"目标性"、"可读性"和"趣味性"。

公共图书馆要强化合作意识，实施多元化科普工作模式，一般做法包括：①与科技馆、博物馆和美术馆等同类文化机构达成合作意向，开展文献整理，挖掘相同材料中不同的科普评述；②与幼儿园、中小学和高校等教育机构达成合作共识，既从专业教育层次丰富公共图书馆科普工作内容，又将科普内容，补充到民众基础教育阶段；③与其他类型企事业单位的协作合作，需要公共图书馆针对地方特色选择合作对象，合作对象的选择十分重要，应是代表性的合作单位，否则对公共图书馆科普工作的影响力提升意义不大。

（四）提高研究水平，弘扬科普精神

公共图书馆现代科普工作不再是布置阅报橱窗、设立宣传栏、举办图片展览之类的简单工作，公众的科学素养提升需要久久为功，我们应清醒意识到与发达国家之间的差距。新时代的科普工作者应在继承优良传统的基础上，培育工匠精神，形成务实作风。

新时代公共图书馆科普工作必然是集多元化、多样化和多层次于一体的内容服务综合体，需要更多的人力物力的投入。因此，公共图书馆应当采取多方式、多模式，大胆尝试现代科普工作的可行要素，将知识传递、思维传播和精神传薪贯穿始终。在全民科学素养培育、科学精神弘扬方面，现代科普工作任重而道远。需要图书情报工作者的更多参与，促进科普实践，提升科普理论研究和方法创新水平。

五　结语

　　公共图书馆现代科普工作是一个广阔而复杂的探索与实践空间，其保障体系和建设路径远不止本文所言。本文仅作为公共图书馆现代科普工作研究的初步探索，希望能"抛砖引玉"，期待更多的业界同道投身于现代科普工作中来。

B.12
我国公共图书馆科普实践的现状与对策研究

——基于文献分析的视角

韦雨才　李延婷　寇垠*

摘　要：　新时代下，中国经济进入创新驱动发展阶段，对公民基本科学素质要求越来越高，为培育具有创新能力和基本科技素养的创业大军，必须动员公共服务机构加强对公民基本科学素质的提升。公共图书馆作为服务对象覆盖面最广和资源信息最富集的公共文化服务机构，开展科普工作是其社会职能的内涵要求，理应在推动公民科普方面发挥更大的作用。为此，本文采用文献资料分析法，梳理近年来我国图书馆界科普工作相关文献，理清我国图书馆界开展科普工作的现状、特征、问题及成因，从而提出优化图书馆科普工作的对策建议。

关键词：　公共图书馆　科普工作　公共文化

科学普及简称科普，是公共服务部门采取便于公众理解、接受和参与的方式进行自然科学和社会科学知识普及活动，其目的是传播科学知识、弘扬科学精神、倡导科学方法，提高公众的科学文化水平和文化素养。2018年，

---

* 韦雨才，武汉大学国家文化发展研究院硕士研究生，研究方向为公共文化管理；李延婷，武汉大学国家文化发展研究院硕士研究生，研究方向为文化产业管理；寇垠，武汉大学国家文化发展研究院副研究员，研究方向为公共文化服务与社会创新，通讯作者。

中国科技协会组织开展了第十次关于公民科学素质情况的抽样调查工作。从本次调查结果来看，我国公民整体的科学素质水平已取得显著提升，目前我国约有 8.47% 的公民具备科学素质，该比例较 2015 年的 6.20% 提高了 2.27 个百分点，城乡科学素质发展差距缩小了 0.67 个百分点，性别科学素质发展差距缩小了 0.75 个百分点。由此可看出，我国开展的科普工作已经取得良好的效果，但我们仍需认识到与发达国家相比而言，当前我国公民整体的科学素质水平仍旧有待提升，主要体现在我国在公民科学素质工作上仍存在发展不平衡的问题，这不符合我国全面建成小康社会以及建设创新型国家的时代要求①。基于此，我国仍需要继续围绕《全民科学素质行动计划纲要》，坚持实施开展"互联网 + 科普"等一系列工程，不断创新、提升科普理念和科普服务模式，联合全社会的力量开展科普工作，提升我国公民的科学素质，努力向创新型国家迈进②。作为服务对象覆盖面最广和资源信息最富集的公共文化服务机构，公共图书馆开展科普工作是其社会职能的本质内涵要求，理应在科普方面发挥更大、更深刻的作用。

一 新时代下公共图书馆开展科普工作的重要性与必要性分析

（一）国家创新驱动发展战略对公共图书馆科普工作提出了新的要求

自党的十八大以来，我国深入实施创新驱动发展战略，以科技创新战略作为我国提高社会生产力、增强综合国力的重要战略支撑。在此背景下中共中央、国务院于 2016 年 5 月印发《国家创新驱动发展战略纲要》，提出要

---

① 国务院办公厅：《全民科学素质行动计划纲要实施方案（2016～2020 年）》，国办发〔2016〕10 号文件。

② 《韩启德主席在中国科协九大上的工作报告》，http：//zt. cast. org. cn/n435777/n435799/n17194200/n17218455/17224763. html。

壮大创新主体，激发主体活力，提升创新能力，夯实创新基础，引领创新发展。在2016年5月30日举办的中国科技协会第九次全国代表大会上，习近平总书记发表了"科技创新、科学普及是实现创新发展的两翼，要把科学普及放在与科技创新同等重要的位置"重要讲话，因此我国加快以科技馆、图书馆、博物馆等文化机构为载体开展科普工作。《中华人民共和国科学技术普及法》第十六条指出要发挥好新闻出版、广播影视、文化等机构和团体优势，做好科普宣传工作，其中强调"科技馆（站）、图书馆、博物馆、文化馆等文化场所应当发挥科普教育的作用"。《中华人民共和国公共图书馆法》规定，我国公共图书馆具有保障公民的基本文化权益的义务，理应遵循"平等、开放、共享"的理念，为社会公众提供图书馆服务，以此提高我国公民的科学文化素质，提升我国社会文明程度。因此，开展科普教育是公共图书馆的服务使命之一，公共图书馆应当深入落实科普工作。我国图书馆科普工作越来越受到政府及社会各界的重视，政府部门相继出台的相关法律法规和行业制度，为图书馆科普事业快速发展提供了制度保障，公共图书馆应该依托自身馆藏科技文献和文化场所，以阅读推广、知识讲座、科学展览等形式开展科普工作，提高全民科学素养，履行其社会责任。

（二）创新科普服务是新时期公共图书馆服务转型升级的内在要求

互联网时代下，知识的创造、储存和传播载体发生颠覆性变化，人民群众获取知识信息的媒介和模式也发生重大变化，造成传统的图书馆服务已经无法适应新时期人民群众的需求，亟须进行服务改革创新，适应信息化时代的发展潮流。新中国建立之初，党和国家高度重视人民群众的科普工作，以至在21世纪初伪科学泛滥的情况下，科普工作为大众及时提供了科学指引，避免了广大群众深受诸如法轮功等邪教组织的荼毒。其中，公共图书馆作为面向公众开放的公益性文化教育组织，一直以来深得公众信赖，公众对图书馆开展的科普知识易于接受和认同，因此我们更要注重图书馆这一优势科普服务平台建设，为人民群众更好地提供科学知识普及服务，传达科学精神、弘扬科学方法。针对信息化时代下，青少年和农民群体的信息获取劣势，各地公共图书馆针对性地开展了科普工作。如邢台市公共图书馆开展针对青少年和农民的科普活动实践，提升青少年科学素质，增强青少年运用科学知识解决问题的能力，开展面向农民群体的科技图书、科技信息下乡服务活动，帮助农民掌握农业科技知识，实现其向新型现代化农民转变①。广州市少年儿童图书馆将科普与阅读推广结合，创新科普服务形式，吸引了更多儿童参与，显著提升了图书借阅量且有效传播了图书馆的品牌，也激发了青少年参与科学探究的兴趣②，在潜移默化中培养儿童的阅读习惯、科学思想和科学精神③。总的来说，信息化时代下，图书馆必须创新变化，要进一步提升对科普工作的重视程度，以培养读者创新能力为指导，创新图书馆服务内容、模式和特色内涵等，激发馆员学习成长，推动图书馆与信息社会的创新发展融合④。

（三）完善的空间设施条件为公共图书馆深化科普工作提供了良好基础

公共图书馆是科普的重要阵地，随着近年来社会大众获取信息方式的改变及图书馆数字化建设进程的加快，在资源、人力、场地上具备科普工作的基础甚至优势。在资源上，公共图书馆拥有馆藏图书、期刊、挂图、音像制品、文艺作品以及相关数据库等，这些资源是科普工作有效开展的基础保障，而公共图书馆的馆藏资源类型丰富，内容基本涵盖人类社会实践的各个领域，加之图书馆在购置馆藏资源方面的经费充足、稳定⑤，以及图书馆基

---

① 葛立辉、甄利华：《公共图书馆科普工作探讨——以邢台市图书馆科普工作为例》，《河北科技图苑》2014 年第 4 期。

② 杨彦嫦：《公共图书馆少儿科普阅读推广的实践与探索——以广州少年儿童图书馆为例》，《四川图书馆学报》2017 年第 1 期。

③ 洪长勇：《公共图书馆开展少年儿童科普教育工作的思考》，《甘肃科技》2017 年第 1 期。

④ 汤妙吉：《高校图书馆以科普活动服务地方的现状与策略》，《图书馆研究》2015 年第 1 期。

⑤ 郭婵：《公共图书馆现代科普教育思考》，《图书馆界》2015 年第 3 期。

于对文献资料的梳理、分析、综合等形成了源源不断的信息流①，这些都成为图书馆科普工作得以持续、常新而自成体系地进行的有利条件。在人员上，一方面，公共图书馆人群聚集，可以在一定程度上保证图书馆科普工作落到实处，真正让群众得到知识普及；另一方面，公共图书馆馆员对馆藏资料相对熟悉，信息检索技术娴熟，可为各种科普活动快速提供信息资料②，相比于其他机构更有专业优势。在场地上，近年来随着数字图书馆建设的不断推进，我国公共图书馆在场馆建设上不断优化空间布局，各个图书馆的展厅、体验馆、电子阅览室等为科普工作的开展提供极大的便利，例如长春图书馆电子阅览室利用好馆藏的珍贵文献资料，打造"红色记忆"、"萨满文化"、"国家珍贵古籍"等多个专题数据库，通过文章、试听教材、音乐和电影等形式向市民普及科学文化知识，取得较好的成效，长春图书馆成了市民们理想的休闲场所、学习园地③。

二 我国公共图书馆科普工作的实施现状与成效

（一）科普投入不断加大

随着我国创新发展进程的加快，公众对科学信息的需求不断提高，我国在科普人员队伍配备、科普场馆建设和科普经费投入方面不断加大力度，科技部 2017 年 11 月公布的 2016 年度全国科普统计数据显示，我国科普经费持续稳定增长，2016 年全国科普经费达 151.98 亿元，比上一年增加7.63%，其中政府拨款 115.75 亿元，占 76.16%；用于科普场馆基础建设的支出共计 33.84 亿元，同比增长 9.55%；另外，2016 年全国科普专职人员

---

① 曹维：《公共图书馆网络科普基地建设实践探索》，《天津科技》2013 年第 5 期。
② 冯俊蓉：《关于公共图书馆科普宣传工作的几点思考》，《图书馆工作与研究》2011 年第3 期。
③ 陈虹羽：《浅析公共图书馆在科普工作中的责任与策略——以长春图书馆为例》，《内蒙古科技与经济》2013 年第 19 期。

达 22.35 万人，科普兼职人员 162.88 万人，均比上一年有所增长，成为我国科普工作的中坚力量①。而公共图书馆作为公共文化服务机构，肩负的科普责任也越来越重，《中国文化文物统计年鉴（2017）》统计数据显示（见表 1），我国在公共图书馆财政拨款、新增文献藏品购置方面投入越来越多的资金，同时图书馆的整体空间面积不断扩大，这为图书馆科普工作的开展提供了强有力的基础。

表 1　全国公共图书馆经费收支及设施情况

年份	收入合计（万元）	财政拨款（万元）	支出合计（万元）	新增藏品购置费（万元）	新购图书（万册）	实际使用房屋建筑面积（万平方米）	书库（万平方米）	阅览室（万平方米）	阅览室座席数（万个）
1990	32328	29292	30271	8474	895	326.0	98.4	76.1	32.1
1995	79685	65829	74080	16788	551	415.5	117.8	88.3	35.2
2000	163799	139321	157173	37141	692	598.2	139.0	109.7	41.6
2005	325880	277848	312571	59781	1535	677.0	170.0	150.0	48.0
2010	646085	583685	643629	111093	2956	900.4	204.5	220.6	63.1
2014	1212979	1137210	1163583	170133	4742	1231.6	252.4	331.8	85.6
2015	1358370	1270354	1340481	197468	5151	1301.5	268.4	358.0	91.1
2016	1494998	1415668	1451469	216020	6275	1424.3	281.9	398.2	98.6

数据来源：《中国文化文物统计年鉴（2017）》。

（二）科普形式日益丰富

我国科普工作除了在投入方面加大力度之外，在科普形式上紧跟时代潮流，不少公共图书馆科学合理利用新技术，积极整合特色资源举办特色科普活动，不断丰富科普活动的形式。例如，桂林图书馆于 2003 年创新科普宣传方式，率先搭建"科普资源平台"，发挥其在计算机技术、网络建设与维护方面的优势，将科普信息数字化处理，并依托文化惠民工程开展"文化、

---

① 网易新闻：《科技部发布 2016 年度全国科普统计数据》，http：//news.163.com/shuangchuang/17/1201/16/D4J70FPB0001986B.html。

科技、卫生三下乡"专项科普活动，取得了良好成效①。云南省玉溪市聂耳图书馆为企业、科研机构、农民分别编印职工培训教材、研究专题文献和农业生产技术指南等科普文献，取得了一定的经济效益和社会影响②。长沙图书馆以"长沙百姓大讲堂·橘洲讲坛、星城科学讲坛、青苗计划阅读实践活动"等公共文化讲座的形式，针对不同群体开展形式丰富的阅读推广和科学普及活动，其中橘洲讲坛邀请专家学者传播优秀文化、普及科学知识，星城科学讲坛贴近生活实际，面向市民普及医学、健康等主题科学知识，青苗计划则专注于引导青少年养成阅读习惯，让他们习惯主动学习科学知识③。中国科技馆、江苏科技馆和广东省科技图书馆等多家科技场馆及图书馆采取以科普剧创作表演、推广的形式开展科普活动，将"科""艺"有机结合，将科学知识生动形象地传达给广大群众，深受欢迎④。2018 年 7 月，上海浦东图书馆联合浦东科学技术协会、志愿者协会和文化传媒企业共同筹备开展"科普艺术月暨 2018 浦东图书馆数字体验嘉年华"活动，有力地推动了浦东新区青少年科普工作的进展⑤。

（三）科普对象针对性较强

我国图书馆近年的科普工作已经形成相对稳定的局面，表现为科普活动的针对性较强，主要为青少年和农民群众开展科普活动。由于青少年正处在积累知识的关键阶段，还未能够主观把握信息的科学性与否，因而我国社会各界高度重视开展青少年的科普工作，各地公共图书馆长时间围绕青少年持续开展科普教育活动。例如江苏省、广东省、湖北省等地的公共图书馆为青

---

① 龙宇：《探寻公共图书馆现代科普工作新思路》，《河南图书馆学刊》2014 年第 1 期。
② 马永明：《公共图书馆创建科普教育基地的实践与探索——以玉溪市聂耳图书馆为例》，《科技创新导报》2014 年第 21 期。
③ 《畅享"悦读"之美，引领书香之城：长沙图书馆聚焦效能、精准服务，全力构建现代阅读服务体系》，http://www.cssn.cn/ts/ts_wxsh/201704/t20170418_3489787_4.shtml。
④ 吴耀楣：《新型科普推广形式之校园科普剧创作表演与推广实践探究——以广东省科技图书馆为例》，《广东科技》2017 年第 10 期。
⑤ 《浦图"科普艺术月"推出 40 多项活动》，http://sh.people.com.cn/GB/n2/2018/0705/c134768-31780135.html。

少年营造良好的环境，为提升青少年的科学素养，设置了少儿阅览室或者独立的少年儿童图书馆，并配有放映室、活动厅、展览馆等配套设施，全方位打造适合少年儿童的图书馆科普空间。另外，由于我国农民群众整体的科学素养水平不高，而当前现代化农业生产却要求农民群众掌握科学的农业生产知识、技能，因而面向农民群众的科普工作也是重中之重，各地区公共图书馆联合相关部门单位，或者依托文化惠民工程等平台，在当地农村地区开展流动式农业知识普及活动，聚焦于农业生产。天津市农业科技图书馆与各郊区县单位合作，搭建远程图书馆信息服务站点联网系统，将电子图书、农业科技数据库等信息资源以现代信息化的手段传播给农民群众，普及了农业科技知识，提升了农民的生产技能，促进农村地区的快速发展[1]。此外，还有一些专门针对城市社区、企业和学校等主体的科普工作，而这些科普工作往往呈现时效性，往往结合时下某些社会热点问题进行专题科普，或是针对全国科普日活动及社会突发事件开展主题科普活动。

（四）合作科普广泛开展

科普工作涉及面广，工作量大，是一项综合性工程，需要公共文化服务机构、企业、科研院校和医疗卫生等主体的共同合作，从而搭建由点到线再连成面的系统性科普服务组织关联体系，最大限度地调动全社会资源，实现资源共享和优势互补，形成大联合大协作的大科普格局[2]。随着公共图书馆共建共享理念的日益发展完善，各地公共图书馆在科普服务实践过程中，逐步开始探索与社会合作科普的工作模式，推动图书馆科普工作内容不断拓展、形式不断创新、内涵不断丰富，取得了良好的社会效果。如桂林市公共图书馆采取总分馆制的办馆模式，依托县级馆建立多个规范分馆，形成布局合理、便民的图书馆网络体系，并通过全国文化信息共享工程，拓宽图书馆

---

① 郭彩、陈建国、贾宝红：《天津市农业科技图书馆科普基地建设实践探索》，《农业图书情报学刊》2008 年第 11 期。
② 龙宇：《探寻公共图书馆现代科普工作新思路》，《河南图书馆学刊》2014 年第 1 期。

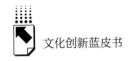

科普服务的对象范围和内容领域[①]。广东省科技图书馆依托广东省科学院在生物健康、材料化工、资源环境、装备制造、电子信息、智库服务等多个领域的技术和人才优势，与其他院所、场馆建立资源共享机制，将专业科学知识转化为公众易于理解接受的语言和载体，实现科技图书馆科普内容的创新性和前沿性，让人民群众真正了解科技创新前沿知识[②]。

三　我国公共图书馆科普的主要问题及成因分析

（一）我国公共图书馆科普的主要问题

1. 科普文献资源相对紧缺

21 世纪初，我国每年出版 7000 多种科普图书，发行 200 多种科普期刊，相比于发达国家来说，我国人均科普文献资源数量极少[③]。直至 2016 年国家科技部发布全国科普图书统计数据，结果显示 2015 年全国科普图书种类增长到 16600 余种，册数增长到 1.34 亿册，但总册数仅占全国图书出版总量的 1.54%，科普图书资源依然相对紧缺[④]。在科普图书市场供应有限的情况下，主要依托科普文献资源开展科普工作的图书馆，难以避免现存图书书目结构严重失衡、专业类图书和科普类图书严重短缺的困境[⑤]。此后，中国图书馆学会于 2006 年 4 月成立科普与阅读指导委员会，指导、协助图书馆界开展科普与阅读推广活动，为其提供理论和实践层面的咨询、帮助[⑥]。

① 周娴：《青少年科普教育活动的思考——以广西桂林图书馆为例》，《当代图书馆》2013 年第 3 期。
② 李国娟：《新形势下图书馆科普活动创新思考》，《科技视界》2018 年第 4 期。
③ 刘昆雄：《图书馆应加强科普文献信息的开发与服务》，《大学图书情报学刊》2003 年第 3 期。
④ 张志强、朱宇：《创新科普图书出版，助力科普事业发展——2016 年中国科技图书出版现象回顾》，《科技与出版》2017 年第 2 期。
⑤ 徐新海：《图书馆呼声：专业类、科普类图书太少》，《出版参考》2006 年第 10 期。
⑥ 王媛：《中国图书馆学会科普与阅读指导委员会成立大会综述》，《图书馆建设》2006 年第 3 期。

2. 科普人才队伍建设不足

我国公共图书馆界在开展科普工作中还出现科普队伍不够健全的问题①。一是缺少科普创作人员，这是我国整个科普界共同存在的问题，科普创作人员不足在很大程度上制约图书馆高效运用馆藏文献进行科普，馆藏文献大多是专业化的典籍，如果缺少专业的科普创作人员将系统化的科学知识进行通俗化解读，那么图书馆科普工作就很难进行。二是科普阅读推广人才不够专业②，很多情况下图书馆员身兼数职、缺少系统化培训，临时性投入科普阅读推广工作中，以图书馆传统服务的形式开展不同种类的科普活动，效果甚微。三是科普信息化建设资金缺乏、理念滞后等③，无法激发图书馆成立专门的科普信息化建设队伍，使得科普活动更新速度跟不上网络信息时代步伐。

3. 科普活动开展深度不够

当下图书馆普及往往只注重科学知识的宣传普及，少有涉及更深层次的科学精神、科学方法的教育，并且科普宣传的知识内容也未能形成连贯完整的体系，呈现碎片化。例如在过去的十多年里，图书馆界多数采取工作人员站街拉横幅、发传单、板报或报纸专题刊等宣传手段，表现出科普工作的随机性、表层性，无法吸引公众深入参与互动，导致科普工作流于形式④。近些年来，部分公共图书馆尝试创新科普形式，例如采取科普教育与宣传展览融合的科普模式，也因服务水平低、组织方式单一、宣传内容简单、协同步调不一致⑤，导致科普活动开展不够深入，人民群众对科普活动的满意度不高。

---

① 祝玲：《试析少儿图书馆的科普建设——以广州少年儿童图书馆为例》，《科技情报开发与经济》2014 年第 10 期。

② 杨彦嫦：《公共图书馆少儿科普阅读推广的实践与探索——以广州少年儿童图书馆为例》，《四川图书馆学报》2017 年第 1 期。

③ 李世喜：《科普信息化与数字图书馆协作共建探索研究》，《河南图书馆学刊》2016 年第 7 期。

④ 朱静：《关于图书馆科普宣传工作的几点建议》，《图书馆学刊》2013 年第 9 期。

⑤ 吉杰：《公共图书馆科普教育与展览活动融合发展模式研究》，《新世纪图书馆》2017 年第 12 期。

（二）我国公共图书馆科普问题的成因

1. 对图书馆科普的内涵认识不足

图书馆科普指的是图书馆依托馆藏文献资料以科普阅读推广、科普讲座、科普展览等方式为公众传播科学知识、弘扬科学精神和倡导科学方法的活动，而在具体实践中有的图书馆管理员对此定义认识不透彻，一方面，简单地认为馆藏文献丰富就能满足开展科普工作的需要，如此一来就疏忽对科普类图书文献的购置、编订，而专业文献和科普文献在内容形式上有所区别，前者具备一定的专业门槛，而科普文献更注重通俗易懂。另一方面，多数公共图书馆未能意识到图书馆科普中科学知识、科学精神和科学方法之间具有层次性区别，以致图书馆科普只关注科学知识的推广，而对科学思想和科学方法的传播重视不足[1]，如此一来图书馆科普就不够深入，公众的科学文化素养提升不明显，也不全面。

2. 对图书馆科普的边界把握不清

由于科普的内容涉及方方面面，科普工作是相对复杂而浩大的工程，因此科普工作要依托图书馆、博物馆、科技馆等不同功能、不同特征的公共文化服务机构多方位进行，这样一来既能充分发挥不同机构的作用，又可以保证科普的专业性。而在实际的科普工作中，图书馆因其馆藏资源丰富多样，容易陷入"多包多干"的科普工作局面，即公共图书馆没有清晰的科普工作定位，或者未充分考虑其技术条件等，在科普内容、形式上没有明显区分于其他科普机构，无法体现图书馆科普的特殊性和专业性。一方面，表现为图书馆将科普工作与图书借阅服务、信息查询服务等传统服务混为一谈，将科普工作含糊化，无法明确配置图书馆科普资金、科普人员，从而影响到图书馆科普的真正落实和深入开展。另一方面，图书馆开展的科普活动与其他机构开展的有所重复，造成资源浪费。

---

① 李春晶：《公共图书馆现代科普服务的实践及方法》，《图书馆研究与工作》2017 年第 6 期。

3. 对图书馆科普的绩效评估有限

前文提到,当前我国图书馆界整体上对其科普工作的投入不断加大,但对具体在科普方面投入了多少资金、人员和其他资源则缺少专门统计。从目前图书馆界科普工作开展情况来看,科普工作往往和阅读推广、图书借阅等传统图书馆服务"捆绑"在一起,所谓的增加投入是对图书馆整体业务的投入,无法辨别哪一项投入是针对科普展开的,因此这就很难衡量图书馆在科普方面的投入力度,并且在实际工作中无法量化认定哪些效益是由科普工作产生的,因此也就不能准确评估图书馆科普的绩效。缺乏合理的绩效评估给图书馆后续的科普工作增添不少阻力:图书馆不能及时调整科普人员、资金的投入以及开展科普工作的形式等等。

四 我国公共图书馆科普工作的优化建议

(一)提升认识,加大图书馆科普基础投入

作为面向公众免费开放的文化服务机构,公共图书馆应提高图书馆馆员的认识,将科普工作作为服务公众的基本业务之一,在科普经费投入、科普文献开发、科普人员培训等方面做好统筹规划,健全科普管理体系[1]。在科普经费投入上,科普经费要做到专款专用,避免出现其他业务经费与科普经费相互包含,造成科普经费投入统计不清的情况。在科普文献开发上,应当加强科普文献的开发与共享[2],以服务公众为导向灵活调整科普文献的藏书比例[3],例如根据青少年、农民和城市社区居民等不同群体的需求,配置相应数量、相关内容的书籍,必要时可调整纸质书和电子书的配置比例,突出图书馆科普的特色与专业性。在科普人员培训上,注重培养工作人员"以

---

① 罗彬香:《新形势下高校图书馆如何助力科普创新发展研究》,《内蒙古科技与经济》2016
　　年第15期。
② 李春晶:《公共图书馆现代科普服务的实践及方法》,《图书馆研究与工作》2017年第6期。
③ 庞莉:《图书馆科普活动宣传新趋势》,《科技视界》2015年第25期。

人为本"的服务理念①，即开展科普工作的服务理念要从"请进来"转变为"送出去"，要主动了解公众的实际需求，做到有人的地方就有图书馆的服务②，同时加强科普工作队伍的技能培训，及时掌握新兴技术，向公众高效地普及科学知识、科学精神和科学方法。

（二）立足实际，明确图书馆科普工作内容

由于各个图书馆馆藏资源、地理位置分布以及地方公众需求等方面有所差异，科普服务应当立足实际，合理定位图书馆科普工作的重点，充分发挥馆藏资源优势。例如邢台市图书馆根据自身的馆藏文献结构特点、地域特征，将其科普工作的重点放在基层科普，科普对象锁定为当地的青少年和农民群体，再结合馆藏文献和时下青少年、农民群体广泛关注的热点话题开展科普工作，取得了良好的成效③。随着近年来全球地质灾害性事件频发，公众对地质灾害和防灾减灾的知识需求越来越明显，中国地质图书馆依托其丰富的地学馆藏文献、地学科技信息等专业资源优势，长期深入地开展科学普及工作，得到广泛好评④。科普工作是图书馆的必要业务之一，并不意味着图书馆要对方方面面知识进行普及，而应立足本馆资源和公众需求的实际，明确不同时期的科普工作内容，同时加强图书馆科普工作绩效考核，保证图书馆科普工作的有效性。

（三）加强合作，丰富图书馆科普活动形式

从当前图书馆界开展科普工作的实践来看，图书馆界已经陆续尝试与高校、科研院所、政府部门、企业、科技馆、博物馆等其他组织机构共同开展

---

① 汪晓莉、杨宝青：《新环境下公共图书馆做好科普工作的几点认识》，《学理论》2013年第30期。
② 祝玲：《试析少儿图书馆的科普建设——以广州少年儿童图书馆为例》，《科技情报开发与经济》2014年第10期。
③ 白芳：《公共图书馆开展科普教育活动探讨》，《科技情报开发与经济》2014年第1期。
④ 章茵：《运用战略规划SWOT技术为图书馆科普规划服务》，《图书情报工作》2014第S1期。

科普工作，以这样一种合作模式开展科普有利于充分发挥各个组织机构在不同领域的科普优势，利于形成不同的特色科普活动，同时采取合作科普的模式可以避免科普内容重叠而造成资源浪费的现象。例如南京图书馆回应当地居民对家庭用药的知识需求，联合中国药科大学开展"家庭用药指南"主题展览活动，并辅以现场专业实验操作，生动形象地为公众传达药品相关注意事项①，南京图书馆借助高校在医药领域的权威性进行科普，使得公众更易接受其科普的内容，取得良好效果。再比如中国科学院国家科学图书馆在搭建科普平台上积极与中国科技馆合作，其中科技馆的展品是科普的"点"，观众在科技馆参观展品可获得最直接的感性认识；而图书馆的文献资料是科普的"线"，对某个领域感兴趣的观众可借助图书馆的相关文献将感性认识延伸至理性认知，图书馆和科技馆合作形成科普的点线结合，能够为公众将科学知识点链接成具备整体性的科学体系，使得科普工作在丰富多样的形式中得以深入开展②。

五 结语

随着科学技术的进步和信息革命的到来，我国迫切需要发挥图书馆和博物馆等文化阵地在科普方面的关键作用，以此提升我国公民的整体科学素养，迎接创新时代的挑战。本文基于文献分析，对当前图书馆界科普实践进行梳理，由于所参考的文献数量有限，无法面面俱到发现全部问题，提出的优化对策难免有所局限，但笔者仍期望本文能帮助广大读者更好地了解我国公共图书馆科普工作的实践情况，甚至对具体的实践有一定的指导意义。

---

① 吉杰：《公共图书馆科普教育与展览活动融合发展模式研究》，《新世纪图书馆》2017 年第 12 期。
② 胡滨：《面向科普服务的图书馆与科技馆合作模式初探》，《情报探索》2015 年第 7 期。

B.13
基于创新发展视角的博物馆
科普建设思考

刘 润　任晓蕾　蔡思怡*

摘　要： 随着创新发展逐渐成为当前经济社会发展的重要内容，以及博物馆自身的发展演变，博物馆科普应该如何根据新形势进行优化调整变得尤为重要，然而现有研究对此关注较少。基于此，本文在深入探讨博物馆科普与创新发展关系的基础上，揭示了博物馆科普存在的诸多问题以及问题产生的原因，并从创新发展的角度提出了如何有效开展博物馆的科普建设，希望能够为新时期博物馆科普工作提供明确的方向，在一定程度上促进创新发展。

关键词： 创新发展　博物馆科普　创新意识　创新制度　创新能力

博物馆最基础和最核心的功能是教育。英国著名博物馆学者格林黑尔认为，教育是博物馆存在的根本原因。如何发挥教育的功能？科普是其中极为关键的环节，《科学技术普及法》规定，各类学校及教育机构应把科普作为素质教育的重要内容。科普使得博物馆真正成为博物馆，否则博物馆就是一个藏品陈列室，内部的资源无法被外界熟知，也无法深入挖掘与开发。同时，当前的发展形势对于博物馆科普提出了新的要求，一方面博物馆不再是

---

* 刘润，湖北大学资源环境学院讲师，研究方向为文化产业、文化地理学；任晓蕾，湖北省城市规划设计研究院中级城乡规划师；蔡思怡，湖北大学资源环境学院本科生。

单纯的教育空间或公共文化空间，逐渐发展成为一类兼具消费体验功能的文化空间，是城市的重要文化名片、文化产业基地和文化创新场所；另一方面，近年来为了转变传统发展方式、促进社会就业、推动产业转型、深化各项改革、提升发展质量等，我国高度重视创新发展，创新与科教兴国、人才强国等战略一起上升为国家战略。因此，面对博物馆自身的不断发展和国家社会经济领域正出现的变革，传统的博物馆科普需要进行优化和调整。在此背景下，基于创新发展视角探讨博物馆科普如何建设具有重要现实意义，将有助于指导博物馆科普建设和推动社会创新创业的发展。

一 相关理论研究

（一）现有研究梳理

目前总体上有关博物馆科普的研究并不多，主要研究内容包含三部分，即典型博物馆科普的案例分析、博物馆科普面临的主要问题、博物馆科普能力的改善提升。典型案例分析方面，主要以国内知名博物馆为例分析其科普现状，如黄金以南通博物苑为例分析了多媒体技术在科普中的具体运用[1]；冯伟民分析了南京古生物博物馆创新性地研发了一系列有学科特色和高新技术含量的科普产品[2]；张旭等分析了大连自然博物馆科普互动小剧场的运用，利用人脸识别技术，实现虚拟角色和现场孩子们的互动[3]；张洪钢等介绍了辽宁古生物博物馆的科普微信服务平台建设[4]。在博物馆科普的问题方面，普遍认为主要存在人才问题[5]（学历普遍偏低、缺少人才培养的有效途

---

[1] 黄金：《利用多媒体技术提升博物馆科普教育效果——以南通博物苑为例》，《博物馆研究》2014 年第 1 期。

[2] 冯伟民：《古生物博物馆科普产品的研发与应用》，《自然科学博物馆研究》2016 年第 S1 期。

[3] 张旭、程晓冬、李晓丹：《基于人脸识别技术的互动脱口秀小剧场在博物馆中的应用初探——以大连自然博物馆科普互动小剧场为例》，《自然科学博物馆研究》2016 年第 S2 期。

[4] 张洪钢、胡进：《基于 Web3.0 的博物馆科普微信服务平台构建研究——以辽宁古生物博物馆为例》，《现代信息科技》2018 年第 1 期。

[5] 郑念：《我国科普人才队伍存在的问题及对策研究》，《科普研究》2009 年第 2 期。

径、人才队伍渐趋凋零）、资金短缺①、管理不佳、宣传问题②（力度较弱、内容导向与实际情况存在偏差、手段方式单一）、与社会融合不够等③。在博物馆科普能力改善提升方面，有学者从博物馆的不同类型出发，进行针对性研究，如地质博物馆、古生物博物馆、高校博物馆等，或者针对新技术、新媒体在博物馆科普中的运用进行了系统阐述④，还有学者结合社会需求或市场需求，认为博物馆科普可以与教育⑤、旅游⑥、商业等需求相结合⑦。

　　一些研究已经开始关注博物馆与创新发展的关系，认为博物馆是实现创新发展的重要途径，尤其以博物馆为核心的大型文化旗舰项目，通过集聚创意、文化、人才等，促进博物馆及其周边地区的文化创意产业和旅游业的发展，如西班牙古根海姆博物馆的建设成功促进了毕尔巴鄂城市的绅士化改造进程，带动了相关艺术区的发展，推动了城市整体复兴，极大改变了去工业化后城市衰落的负面形象。正因如此，近二十年来，我国博物馆建设明显加快，但学者对博物馆科普与创新发展之间的关系缺少关注，博物馆科普更多被视为社会公共文化服务、教育方式或旅游开发的重要内容。事实上，在当前"大众创业、万众创新"的社会背景下，博物馆正成为创新创业的重要孵化器，探究博物馆科普与创新发展的关系，既将为博物馆科普提出新的发展要求与方向，也为创新发展提供重要载体与途径。

---

① 蔺光：《我国高校博物馆科普功能展现的问题及根源》，《理论界》2008 年第 11 期。

② 夏笑笑、丁靓囡、徐松岩：《浅谈高校博物馆的科普教育的策划与展开》，《黑龙江史志》2015 年第 11 期。

③ 杨建杰、王亚君：《高校博物馆科普功能缺失与回归》，《沈阳师范大学学报》（社会科学版）2016 年第 1 期。

④ 杨红珍、沈佐锐、李湘涛等：《昆虫数字化博物馆科普功能分析》，《昆虫知识》2010 年第 3 期。

⑤ 罗德燕、李奎、陈蓉等：《博物馆开展系列亲子科普教学活动的设计与实践》，《科普研究》2012 年第 2 期。

⑥ 唐顺英、刘丰祥：《山东省博物馆科普旅游发展战略研究》，《国土与自然资源研究》2006 年第 4 期。

⑦ 刘勤学、李梅：《让动物标本成为明星——博物馆与商家跨界合作实践》，《自然科学博物馆研究》2016 年第 S1 期。

（二）博物馆科普与创新发展的关系

博物馆的公益、社会服务、教育和文化传播的属性使其必须承担起科普育人的重要职责。以创新驱动发展，以创新激发社会经济发展新活力，提升发展质量，建设创新型国家，是我国当前正在实施的国家战略，尤其党的十九大之后，创新发展正在各行各业迅速实践，直接影响着科教兴国战略和人才强国战略的实施。创新发展体现在科技创新、文化创新、产业创新、体制创新等多个领域。博物馆科普与创新发展的关系可从两个角度解读：①博物馆科普是创新发展的重要途径，可以向社会传递创新发展知识，培养青少年创新发展意识和能力，驱使社会创新发展，正如习近平总书记曾强调，科技创新、科学普及是实现创新发展的两翼，要把科学普及放在与科技创新同等重要的位置。没有全民科学素质普遍提高，就难以建立起高素质创新大军，难以实现科技成果快速转化。②创新发展需要通过科普来展示、宣传，以博物馆作为展示创新发展的窗口或媒介，通过整合现代化、信息化和智能化的手段，向更广泛的社会群体进行科学普及。

二　博物馆科普问题及其成因

（一）博物馆科普问题

1. 科普场馆

博物馆是科普场馆的核心构成，因此博物馆的建设是科普的基础。在我国，自2000年以来，博物馆数量逐年递增，截至2016年底，全国博物馆总数达4109家。科学技术类博物馆更是科普的重要阵地，其数量从2010年的555个增加至2016年的920个，参观人次从2010年的0.64亿人次增加到2016年的1.10亿次（见图1）。然而，这些属于总量优势，一些关键指标方面并不占优势，如目前仅157家科学技术类博物馆入选全国科普教育基地；另据全国科普统计数据统计，2016年全国平均每99.26万人拥有一个科普

场馆,发达国家约每50万人拥有一个科普场馆。可见,我国博物馆科普要远远滞后于博物馆建设。

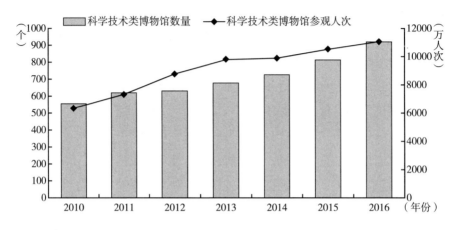

图1　科学技术类博物馆个数与参观人次

数据来源:科技部2010~2016年度全国科普统计数据。

2. 科普人才

据全国科普统计数据统计,2016年我国科普人员总量185万人,全国每万人口拥有科普人员13人。再看最近几年科普人员数量变化,2010~2016年我国科普人员总量一直在170~205万人之间波动,其中科普兼职人员(标准差 $\sigma = 10$)的波动幅度要远远大于科普专职人员(标准差 $\sigma = 0.77$),有时科普兼职人员数量增加仅是为了被动应对科普专职人员数量的减少(见图2)。科普专职人员中专职科普创作人员更少,2016年专职科普创作人员为1.41万人,仅为科普专职人员的6.3%。可见科普创作人员尤为匮乏,且流动性较大,目前也尚无较好的保障制度,这必将不利于科普队伍的建设。单从博物馆从业人员数量分析,据《中国统计年鉴》,2010~2016年从业人员迅速增加,然而从业人员增加主要归功于博物馆数量的激增,事实上,博物馆从业人员增加速度一直跟不上博物馆建设速度,2010年以来全国博物馆总从业人员年均增速(9%)落后于博物馆增速(10%),因此尽管近年博物馆建设已取得显著成绩,但从业人员并没有同步增加,甚至还有减少的趋势。对此现状，早在 2011 年，《人民日报》曾直呼"谁给我们做科普"①。

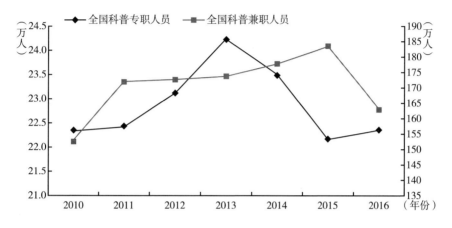

图 2　全国科普专职人员和兼职人员

数据来源：科技部 2010~2016 年度全国科普统计数据。

3. 科普经费

政府拨款是科普经费的主要来源，2016 年政府拨款占全社会科普经费筹集额的 76.16%，社会捐赠、企业集资较弱，这种格局一方面使得科普经费不足，到目前为止我国人均科普专项经费尚未超过 5 元，对于科普的深入开展十分不利；另一方面也加重了政府的财政负担，据《中国文化文物统计年鉴》统计，2000~2015 年间，政府对博物馆的财政补助急剧增加 25 倍，尤其 2008 年国家下发《关于全国博物馆、纪念馆免费开放的通知》后，政府财政压力更是增大了，仅 2013 年补助地方博物馆免费开放的资金就高达 30.86 亿元。

4. 陈列展览

近年来博物馆陈列展览总量严重不足，2016 年全国科普活动数量仅 8080 个。据《中国统计年鉴》，博物馆数量从 2010 年的 2435 个增加至 2016

---

① 黄晓慧：《谁给我们做科普：我国每万人拥有科普人员 13.55 人》，《人民日报》2011 年 2 月 24 日。

年的 4109 个，而举办的陈列展览不增反减，从 2010 年的 26704 个减少至 2016
年的 23109 个，每馆平均举办陈列展览从 11 个逐渐降低为 5.6 个。这种现象
主要是因为增加的博物馆以民办博物馆为多，而民办博物馆受场馆规模、经
费、人才和技术设备等诸多限制，自然无法支撑起相应数量的陈列展览。

5. 创新创业

2014 年之后，创新创业逐渐成为社会发展的核心，博物馆开始承担起
创新创业的部分职责，推出科普活动以助力创新创业系列活动，并取得不
错的成绩。2016 年全国共开展创新创业培训 8.59 万次，参加人次 458.92
万；举办科技类创新创业赛事 6618 次，参加人次 242.92 万；分别比 2015
年增加 90.64%、64.72%、95.63% 和 32.74%。然而目前规模仍然很小，
与大学生创新创业计划没有很好地融合，对于企业创新发展的贡献还极为
有限。

（二）博物馆科普问题产生的原因

1. 过于重视博物馆建设

博物馆作为城市文化空间，在锻造地方特性、提升城市文化形象、促进
文化经济和旅游发展等方面具有重要的意义。近年来，国家和地方政府都高
度重视博物馆建设和发展，不少城市明确提出建设"博物馆之城"的目标，
出台了系列用地、资金、税收等政策予以支持，吸引了私人、收藏家、企业
等诸多社会主体的广泛参与①，因此城市博物馆数量迅速增加，尤其以民办
博物馆为主。然而与此同时，政府、社会主体对博物馆的科普重视程度普遍
不够，致使博物馆科普成为博物馆发展中的薄弱环节。对于一些民办博物馆
而言，博物馆更多承载着企业文化展示中心或追求经济利益的空间载体的功
能，对于博物馆科普既缺乏资金，也缺乏兴趣，甚至不少民办博物馆并不对
社会开放。在西方发达国家，博物馆科普一直被作为国民教育与素质提高的

---

① 刘润、杨永春、任晓蕾等：《制度转型背景下的成都市博物馆空间生产过程与机制》，《地
域研究与开发》2017 年第 6 期。

核心来抓，如在英国，早在 18 世纪末，就制定了博物馆法，对博物馆给予法律保护，不仅重视博物馆的建设，还为其科普运营划拨大量经费。

2. 科普认知存在偏差

科普建设不足是因为政府、企业、社会个体甚至科普人员对科普认知存在偏差，这种偏差主要体现在：①认为科普是公共事业、公共服务，应该由政府部门投资，在此认知下，仅一些大型国有博物馆尤其入选科普教育基地的博物馆才重视科普，民办馆基本上很少重视。②认为科普难以产生经济效益，对博物馆发展没有较大实际意义，没有深入挖掘科普对于博物馆发展的重要性，因此导致博物馆缺乏科普动力，不少博物馆更愿在搜集展品上花费大量资金。事实上，博物馆科普可推动博物馆实现品牌化、市场化发展。③认为博物馆科研要优先于博物馆科普，只有搞不了科研才去搞科普，科普的重要性始终没有得到充分认识，一些博物馆尤其遗址类博物馆，过于强调科研，对博物馆的科普重视不够，科研成果难以展示。④认为科普是事业，而非产业，没有将科普与社会经济发展进行联系，缺少产业化的运作方式来推动科普的发展。⑤对于科普的社会价值认识也局限于知识的传递，没有将其与创新创业密切联系，致使博物馆作为科技、文化孵化器的功能没有完全发挥出来，因此要重新将博物馆作为创新发展的基地来进行科普建设。

3. 科普人才机制无效

科普人才是博物馆科普有效推进的核心支撑，然而目前尚缺少评价体系与激励机制让更多的人参与科普工作，现有考核评价体系并没有将科普工作纳入其中，科研工作人员缺少激励机制，不愿从事科普工作或者主动性不强，因此不会想方设法、积极进行科普尝试或创新；此外，待遇低、社会地位不高使得专职科普人员的流动性很大，无法长久从事科普工作，市场机制在人才引进、培养、管理等方面尚未发挥作用。目前，我国科普队伍人员参与科普的方式主要以科协牵头，由行政人员做科普，民间科普主要以媒体和志愿者为主，力量更为薄弱，这种行政主导的参与方式因为无效也无法起到良好的作用。

三 基于创新发展的博物馆科普建设

（一）创新意识的培养

创新意识的培养是博物馆科普建设的首要任务，目前博物馆科普所面临的问题并非不可解决，而是先入为主的传统意识阻碍了科普的深入推行。创新意识的培养应从如下几方面开展：①博物馆要更加关注本领域的科学技术发展与文化知识累积，要不断与社会科教文化单位、企业对接，切实发挥好博物馆作为各类科技、文化、艺术等要素的集聚中心作用；②应让广大社会成员（包括科普人员）充分认识到博物馆科普与创新发展的关系，博物馆并非仅仅是一般性的社会公共服务场所，进而将博物馆视为创新发展的孵化器，充分发挥博物馆科普提供知识、技术和各类服务的便利，利用博物馆所集聚的社会资源，驱动企业、单位和相关组织实现创新发展；③博物馆与学校教育的联系尤为密切，要充分利用与学校的关系，借助多种媒体、技术和手段，为学生展示最新的科学与历史文化知识，不断培养学生的创新意识，这是培养创新意识最有效的方式之一；④创新意识的培养还离不开科普与科研的相互支撑，科研可以深化科普，但同时又需要通过科普展示，切不可因重视科普而忽略科研，否则科普将成为无本之木，创新发展也难以持续。

（二）创新制度的构建

创新制度的构建是博物馆科普建设的根本保障，必须解决博物馆科普所面临的人才问题、资金问题、运营问题、与社会对接问题等，只有形成制度化的保障机制才能长久稳定地保障博物馆科普服务于社会的创新发展，具体围绕如下几个方面进行制度构建或完善：①将人才制度视为科普工作的重中之重，要切实制定健全有效的人才引进、培养、管理和建设机制，并不断培养有力的博物馆科普队伍，减少其流动性，并激发其动力以全力从事科普工作；②要逐渐改变政府主导的单一化的资金来源结构，注重科普基金管理制度、科普教育融资制度、社会集资制度、企业集资制度等，促使科普资金来源多元化，增强资金保障的稳定性和持续性，同时要加强对科普资金的管理制度构建，努力做到科普资金为科普；③要强化科普产业化、市场化的制度构建，不能总是利用自上而下的行政指令来推动科普发展，也不能总是将科普当作公共服务或文化事业来对待，还应该加快形成科普教育产业和科普教育市场，针对社会科普、教育、旅游和休闲娱乐需求，积极开发一系列有市场竞争力的科普产品、培养一批知名科普品牌；④推动博物馆与学校的合作制度构建，密切两者关系，使得博物馆能够成为学校的教学实践基地，学校能够成为博物馆科普服务的重要场所，进而使得两者的优势资源都能促使彼此的发展，形成良性互补互动的发展关系；⑤重视科普发展规划制度构建，要将科普纳入博物馆建设发展规划之中，使得科普成为每个博物馆建设发展的重要内容，也要加快全国和地方科普发展规划的制定，宏观上引导科普发展的方向和路径。

（三）创新能力的提升

创新能力是博物馆科普建设的核心动能。科普有特定规律和途径，尤其在科普的规划设计、内容传达、方式选择方面，要根据这些严格要求博物馆科普工作：①科普要结合博物馆类型、主题特色进行设计，切不可人云亦云、放弃自身特色进行科普。但同时在特定场合、特定时间段为了增强科普效果，可以引入特定科普主题或与其他博物馆合作科普。②科普要与社会需求紧密相关，对观众需求的深入研究和理解，是做好科普展示的核心，要针对受众群体的特征进行科普教育，如围绕青少年具有较强的探索未知世界的特性，可重点发展教育类科普，针对中年或特定职业人群的职业发展，可重点开发职业培训方面的项目；此外，科普还应根据需求多层次性设计，既要满足基本层次的大众公共文化需求，也要满足高级层次的促进创新创业发展的需求。③既要有一些常规性科普，也需要紧密结合社会热点进行实时性的专题科普，两者相互补充。④根据科普内容和为营造特定科普效果，选择不同的科普方

式，尤其在当前新媒体、新技术迅速发展的背景下，可以强化电子、信息化、新媒体等手段的运用，使得科普更加便捷、有效。⑤利用博物馆自身及其周边环境优势，创新科普产品，如在景区内可以重点开发旅游科普产品，与学校合作可以建设、举办相关的科普课程、教材或讲座，也可以结合市场需求开发科普书本、纪念品，还可以与新闻网络媒体合作开发电视节目、纪录片、影视化产品等。

四　结论与讨论

在创新发展的时代，博物馆科普理应在创新发展中发挥更为重要的作用，对于这一问题的深入研究有助于指导博物馆科普工作更好开展，也将有助于推动社会创新创业的发展。本文认为：①博物馆科普是创新发展的重要途径，创新发展成果需要博物馆科普进行集中展示和宣传。②目前博物馆科普在科普场馆、科普人才、科普经费、陈列展览和创新创业等方面存在诸多问题，这些问题的存在限制了博物馆科普的发展，更限制了博物馆科普对创新发展的推动。③博物馆科普问题产生的主要原因有过于重视博物馆建设、科普认知存在偏差和科普人才机制无效等。④为了提升博物馆科普对创新发展的作用，应从创新意识的培养、创新制度的构建和创新能力的提升等几个关键领域着手。

尽管博物馆科普对于创新发展具有重要的意义，但在实际工作中，应注意如下几个问题：①要明确博物馆在推动创新发展中的作用，博物馆科普不能直接推动创新发展，更多是通过科普服务间接促进创新发展，因此不能将创新发展的重任全部托付于博物馆科普。②创新发展要求下的博物馆科普追求的不是个体最优，而是总体最优，即不要求所有博物馆都应该以创新发展为导向进行科普建设，或者按照统一标准和水平进行科普建设，一定要结合博物馆所在区域的特征、博物馆的类型属性特征等合理划定标准。③博物馆科普对创新发展的推动既不是一蹴而就，也不是立竿见影，需要长久有效的推动。只有充分注意到这些问题，才能有效指导博物馆科普和创新发展。

B.14
互联网时代农家中心书屋的发展研究

——以潜江市为例

潘世茂　杨代林　陈忠梅*

摘　要： 从农耕文明到工业文明进而到信息文明，科技的力量不断改变着世界。在互联网时代，农家书屋作为我国一项文化惠民的浩大民生工程，毫无疑问要随时代潮流而动，打破传统书屋格局，开启"互联网＋"模式，建构起适应形势发展需求的数字图书平台，满足人民群众日益增长的精神文化需求，在乡村文化振兴战略中发挥主力军作用。本文以湖北省潜江市的探索路径为例，考察当下农家书屋建设与使用的现状，就体制建设与管理、存在的尴尬与困惑、制约发展的瓶颈等现实问题，以及如何利用信息技术推动农家书屋创新发展，提出了一些可资借鉴的对策与建议。

关键词： 农家书屋　互联网＋　共享阅读　创新发展

　　"农家中心书屋"①（以下简称"农家书屋"）是进入 21 世纪以来我国

---

* 潘世茂，潜江市浩口镇综合文化站站长、工艺美术师、书法协会会员、国家级社会体育指导员、国家公共文化实验基地浩口镇实验基地特约研究员；杨代林，潜江市文体旅新局戏工室主任、作家、副研究馆员，研究方向为乡土民俗、群众文化；陈忠梅，浩口镇中心书屋主任、潜江市舞蹈家协会会员、潜江市秧歌腰鼓协会会员。

① 本文所界定的"农家中心书屋"概念等同于乡村"农家书屋"，也包括集镇或社区的图书馆（室）、乡村聚落文化中心和个体文化人所设立的书屋等。

实施文化惠民服务的最经典案例之一。截至目前，我国农家书屋建设工程已走过十余年的历程。这些年来，伴随着广大民众的需求和愿望，在广袤的乡村聚落和城镇社区，一个个农家书屋犹如雨后春笋应运而生、逐渐成长。它们星罗棋布、点缀大地，进入新时代农民的生活，构成了一道亮丽的农村文化风景线。党的十九大报告提出，中国特色社会主义进入新时代，我国社会主要矛盾已经转化为人民日益增长的美好生活需要和不平衡不充分的发展之间的矛盾。回顾我国农家书屋建设工程光辉又不平凡的成长足迹，有一系列的问题值得我们去探究，如：在互联网时代农家书屋的发展空间如何拓展？存在怎样的尴尬与困惑？如何适应和满足广大农民的文化需求？如何运用科技信息手段让农家书屋真正进入百姓生活，在乡村文化振兴战略中发挥应有的作用？

一 背景及样本描述

我们当下正处于互联网（internet）飞速发展的时代。互联网是人类社会进入信息时代的产物。人们通过计算机可以远程联络，互通信息，共同学习、工作和娱乐。它不仅涉及数字生活，也使得我们的现实生活更加数字化。互联网在现实生活中应用得越来越广泛，在互联网上我们可以阅读、聊天、玩游戏、收发邮件、查阅资料和购物等。总而言之，互联网已进入我们学习、工作和生活的一切领域，给我们的现实生活带来极大的便利。

从农耕时代到工业时代再到信息时代，技术力量不断推动人类创造新的世界。互联网，正以改变一切的力量，在全球范围掀起一场影响人类生活所有层面的深刻变革。在今日之中国，互联网已成为思想文化信息的集散地和社会舆论的放大器，有着日益强大的社会影响力。充分发挥互联网在我国社会主义文化建设中的重要作用，切实把互联网建设好、利用好、管理好，是我国发展互联网始终秉持的重要原则。

"农家书屋"就是在这样的背景下产生的。它的出现就决定了它在互联网日益发达的今天面临着诸多严峻的挑战。

农家书屋工程是一项文化惠民的国家工程。2007 年 3 月，新闻出版总署牵头，联合国家相关部委办发出了《关于印发〈农家书屋工程实施意见〉的通知》，开始在全国范围内实施"农家书屋"工程。按照国家农家书屋建设工程的要求，"每一个农家书屋原则上可供借阅的实用图书不少于 1000 册，报刊不少于 30 种，电子音像制品不少于 100 种（张），具备条件的地区，可增加一定比例的网络图书、网络报纸、网络期刊等出版物"。

潜江市位于湖北省中南部，江汉平原腹地，面积 2004 平方公里，户籍人口 104 万。1988 年撤县建市，1994 年被列为省直管市。辖 16 个镇、处和 6 个管理区（国营农场）。境内还有全国十大油田之一的江汉油田，矿区居民文化生活与地方共建，自成体系。全市现有 393 个行政村（含社区），农家书屋建设率 100%，实现了全覆盖。2015 年，潜江市成为首批全省 10 个公共文化服务体系示范区之一，城乡公共文化服务 15 分钟文化圈已建成。全市拥有 10 个博物馆，辐射城乡，并初步形成了市图书馆—镇级分馆—村级农家书屋"三级联网"的图书管理网络。

二 农家书屋的发展现状

农家书屋工程是党中央实施的公共文化服务五大重点工程之一，是乡村文化振兴战略中一项最基础的民生工程。湖北省农家书屋建设从 2007 年开始试点，迄今已覆盖全省有基础条件的行政村，基本上解决了农村"买书难、借书难、看书难"的问题，让广大农民群众有条件享受到新时代文化繁荣的成果，在一定程度上缩小了城乡文化差别，增强了农民群众的文化自信与文化自觉，对推动城乡文化协调发展和农村精神文明建设发挥了积极作用。

潜江市现有农家书屋 393 个，为整合资源，90% 以上设在村党员活动室。农家书屋建设使用面积 15 ~ 50 平方米不等，配备有专供的书柜、报刊陈列架，每个书屋都配备两台以上电脑。农家书屋建成初期，每个书屋配置

图书 1500~2000 册，每年更新约 60 种（100 册）图书及音像制品。近年来，每年完成送书下乡近 10 万册（次），每个村级书屋图书及音像制品现已增至 3000 册以上。尤其近两年来，潜江市在乡村聚落集中地区积极推进农家书屋与村医务室结合、与商场结合、与镇文化站结合，在全省率先开展中心农家书屋建设试点，先后在龙湾、老新、熊口、杨市等多个乡镇的 31 个村实现了农家书屋与村医务室结合的模式，在浩口镇观音片管理区"王老三超市"、洪宋片管理区"金小武超市"实现了农家书屋与商场结合的模式，在竹根滩镇、浩口镇、熊口镇等多个乡镇实现了农家书屋与镇文化站结合的模式。我们定义这种把书屋设在人口密集区的模式为"中心农家书屋"，也称"农家中心书屋"。农家书屋开放的时间按照全省的要求，每周开放不少于 5 天，每次开放时间不少于 4 小时。

2009 年，湖北省政府实施从辞退民师中招聘文化员上岗的政策，潜江市从辞退民师中聘用村文化员 346 人兼任农家书屋管理员，每人每年按"以钱养事"的办法给予 3000 元工资补贴，纳入政府财政预算。从 2003 年起，省财政不再安排村文化员补助经费，省内许多地方不再续聘或新聘村文化员，潜江市政府按照"乡村聘用、以钱养事"的原则，采取"资金渠道不变、支付方式不变、原聘村文化员优先及上岗自愿"的办法，重新聘用农家书屋管理员并坚持签订《农家书屋劳务合同》，保证农家书屋正常运转。目前，全市农家书屋管理员包括原民办教师、大学生村官和村干部等。全市农家书屋依托市、镇文化职能部门指导，坚持常年常态化开展活动，每年组织书屋管理员开展科普有奖征文，组织中小学生全民阅读主题征文大赛，每年举办科技培训 10 余场次。每年还以书屋为阵地，广泛开展群众文化活动，组织阅读爱好者搜集、整理民间文化艺术遗产，促进乡村特色文化发展。

尽管如此，在网络日益深入人心的今天，呈现在我们面前的依然是传统农家书屋的范式。传统书屋的尴尬就在于它是在强大的信息技术的夹缝中寻求生存的空间。而我们要学会做的就是，怎样让它进入而非远离信息社会并努力适应之。

三 需要突破的瓶颈

党的十九大明确提出实施乡村振兴战略，强调加快推进农村文化现代化建设，走中国特色社会主义乡村振兴道路。农家书屋、农民文化中心等基础设施作为农村公共文化服务的主阵地，理应为乡村振兴战略提供强有力的文化技术支撑，为广大农民追求美好生活提供丰富多彩的精神食粮。经过十余年的探索实践，我国农家书屋建设如星星点灯一样，点亮了沉寂的农村大地，使农民群众靠文化技术致富的观念大大增强，扩大了广大农民的知识视野与生产增收渠道，在推动农村文化扶贫、精准扶贫中的作用也日益显现，为新时代乡村振兴唱响了悦耳的前奏曲。

但是存在的问题也十分明显。农家书屋工程建设任务完成后，随着国家公共文化服务体系建设的推进、农业经济结构调整和农村社会的发展变迁，农家书屋在经费、人员、管理、使用，以及满足农民阅读需求、培养农民阅读习惯等方面，出现了一些新情况、新问题，暴露出一些工作上的薄弱环节。农家书屋的建设者和管理者面临着新的挑战，在建设管理、维护使用、补充更新、提质增效、长效发展等方面，对我们的工作提出了新任务和新要求。当前，农家书屋提升发展重点要突破两个瓶颈。

一是适应新时代的体制建设问题。这主要是针对传统书屋的管理体制建设层面来讲。我们现在面对的农家书屋（也包括城镇中小图书馆在内），绝大部分都还扮演着传统书屋的角色。这种"传统书屋"我们姑且称之为"实在书屋"，在今后相当长的时期内，以传统纸质媒介为主打的实在书屋将依然发挥其不可替代的作用。从顶层设计上看，农家书屋建设完成后，还未从根本上进一步完善管理体制，包括对农家书屋的整体发展方向、管理职责权限、运行管理模式、社会效益综合指标体系等尚未作出明确的规定，地方文化管理部门工作上难以向上看齐，由于各地方建设的标准和对策的差异，普惠性的标准化、均等化目标还难以达到。从基层文化管理体制设置看，市县两级文化职能部门中，参与农家书屋工作的人员少、职能弱，在文

化新闻出版广电工作整体推进上对书屋建设关注不够。乡镇、村管理农家书屋职责不明确。资金保障机制不健全。由于专门的管理人才缺乏，各地由村"两委"、民师、大学生村官、中小学生、新乡贤、残疾文化人、贫困文化人等兼任管理员的模式，目前都因相应待遇和资金问题遭遇发展的瓶颈，因此造成相当一部分书屋"闲置"乃至"空置"，处于"冬眠"甚至"休眠"状态，长期不能被"激活"。由于体制建设和管理不到位，图书更新不到位，服务方式不到位，农家书屋资源闲置的现象还普遍存在，没有发挥应有的作用。

二是适应互联网的机制创新问题。这是就以网络科技手段创新发展的技术层面而言的。紧跟信息时代步伐，运用互联网技术构建的新型农家书屋，因其所具有的数字阅读特性及互联网络的泛在性，相对于"实在书屋"，我们姑且称之为"泛在书屋"。引入网络技术打造在线数字图书平台，无疑会给传统的"实在书屋"带来革命性的创新发展，阅读空间和延伸服务都将被提升到一个无限大的新境界，从而实现信息社会"泛在书屋"的大数据大阅读理念。现实的情况却不尽然。"理想很丰满，现实很骨感"。当前引进互联网技术的农家书屋并不多见。某些地方的调研结果显示，尽管有的地区尝试进行了数字化改造和建设，但使用率普遍不高，以大数据管理提升绩效的措施也不够得力。一些地区在"互联网＋农家书屋"建设方面虽有一些尝试，但由于受资金限制，取得实质性效果的并不多，真正利用数字农家书屋开展延伸服务的几乎是凤毛麟角，少之又少。缺乏资金支持和技术人才引领、创新动力不足是根本原因所在。

四　潜江市图书平台网络化建设的成果与经验

近年来，潜江市紧跟时代步伐，大兴图书馆、农家书屋网络化建设，通过植入"互联网＋"技术，实施对全市"图书总馆＋图书分馆＋农家书屋"的网络信息化管理，尤其通过总分馆建设和农家中心书屋的营造，努力实现全市图书网络化管理一盘棋格局，实现借阅、技术、服务和资源的"共享"。

潜江最主要的做法是大力推进总分馆建设，共投入经费近420万元，现已建成14个图书馆分馆，总分馆建设走在了全省前列，被业界誉为"潜江文化现象"。2015年4月，潜江市总分馆体系建设工作正式启动，精选基础条件较好的乡镇、村（社区）建设分馆，率先推进浩口、渔洋、竹根滩三镇和园林城南社区图书分馆建设。2016年，推进龙湾镇、王场镇、高石碑镇、梅嘴村、东方社区和竹根滩社区分馆建设，全市分馆数量达到了12个。2017年，在完善12个分馆建设的同时，完成了对浩口镇东河村、竹根滩镇夫耳堤村的分馆建设，规划实施积玉口镇黄脑村、老堤村分馆建设。未来几年将以点带面，稳步增加农家书屋分馆建设数量。总分馆之间的网络互联实现以下几个方面的共享。

（一）总分馆间实现通借通还

村民只要在总馆、分馆或农家书屋办理读者卡就能借阅市图书馆图书管理系统内的所有图书，可线上检索、通借通还。2016年，市里建成了首家"24小时自动——东方社区分馆"。2017年，地理位置较偏远的浩口镇东河村农家书屋（已升格为分馆）启用了"自助借还书系统"，提供全天候开放的新型图书馆服务。读者只需要在书屋大门的门禁感应系统上扫描身份证或借阅证，即可进入书屋内，在自助借还机上享受全自助式查询、借书、还书、续借等服务，读者可不受时间、人员限制，方便、快捷地借阅图书。

（二）图书流转，资源共享

总分馆新模式不仅方便了群众，也节省了购书经费。在总分馆制试行前，一个村的农家书屋每年的购书经费除了国家补贴的2000元外，就是市财政的少量补贴。这笔经费只够支持一家农家书屋采购新书80余册。但现在，在经费不变的情况下，这一服务模式让村民可享受到的图书资源，从原来一家农家书屋平均3000册的藏书扩展到1个总馆、14个分馆的图书量总和，市镇村三级网络的无缝对接让图书资源一下子"多"了起来、"活"了起来。

从总馆到各分馆，定期对馆藏的部分图书进行流转置换，总馆定期派出流动图书车到各镇村、社区等地提供借阅服务。若图书不在本村农家书屋，村民可反馈给农家书屋管理员或总馆，总馆会派流动图书车将图书送到家门口；归还时，村民只需将书就近归还到农家书屋即可。

（三）统一管理、统一采购、统一编目、统一配送

总分馆制模式的施行意味着市域图书要统一技术、统一采购、统一编目、统一配送、统一管理，实现总分馆互联。市图书总馆制定了详细的《总分馆制建设方案》，从建设目的、建设规模到管理模式等各方面都进行了系统规划。市总馆与各镇村和社区分馆签订了《总、分馆协议书》，制作并下发了统一的标识标牌、管理制度等。为规范管理，力求上下一体，做到"九统一"，即统一总分馆标识标牌，统一配置书架、阅览座席、电脑、空调、存包柜，统一采购新书，统一总分馆开放时间，统一借阅制度，实现了服务时间统一、服务项目统一、服务标准统一，统一通借通还管理。农家书屋的图书编目以前全靠书屋管理员手写，实现总分馆制管理后，分馆图书一般由市图书馆根据农家书屋的实际需求，统一采购、统一编目加工，录入图书管理系统，每本书都有了唯一"身份"，图书流转也因此变得更加方便、准确。现已基本完成 Interlib 操作系统总馆及分馆的安装、设置和数据迁移工作，有效支撑了各个分馆的正常运转。

（四）开展业务培训，实现技术共享

新模式也给农家书屋管理员带来了新的工作内容。以前管理员只要看好书屋就行，现在要掌握新的系统操作方法。市里组织专家采取集中培训、网上培训和重点辅导等方式，对总、分馆工作人员使用 Interlib 操作系统进行系统的业务培训，组织专班对总、分馆工作人员进行考核，并将详细的操作流程截图、配以文字说明编制成培训手册，下发给总、分馆图书管理人员，确保工作人员熟练掌握新的操作系统，保障业务工作的顺利开展。

五 互联网时代下农家书屋创新发展的对策与建议

信息社会的表征就是计算机技术的全球化普及。20 世纪后 30 年互联网的发展，形成了覆盖全球的数字化、网络化、泛在化、互联化的人类文明新形态，为信息文明书写了新的篇章。2013 年，"互联网 +"这一新理念开始出现。随着"互联网 +"在人类生活中的全方位推广，人们的阅读和学习方式也发生了深刻的变化，互联网正日益改变着我们的生活、行为和习惯。随着数字化时代的高速发展和国民阅读趋势的变化，图书馆资源建设也在发生着变化。据上海图书馆数字阅读统计，近几年数字阅读的人群逐年增加，其中尤以移动阅读增加得最为明显。PC 端阅读与移动终端阅读人数相比，2013 年为 4:1，2014 年为 3:1，2015 年为 3:2。数字化时代，不仅改变了读者的阅读方式，也促使图书馆不断创新读者服务。

习近平总书记强调，构建现代公共文化服务体系是保障人民群众基本文化权益、建设社会主义文化强国的重要制度设计。读书看报是群众最基本的文化权益之一，农家书屋的服务内容被列入国家基本公共文化服务指导标准，是推动农村公共文化服务标准化、均等化的重要举措。作为图书馆序列的基层农家书屋，其建设自然也要及时跟进信息时代的步伐，农家书屋的创新发展也是今天的文化工作者的责任和使命。关键的一点是，农家书屋的管理者与维护者要有大视野、拥抱信息时代、创新工作思路和方法，构建农村阅读的专业化、特色化和长效化发展机制。

（一）完善管理制度，促进体制创新发展

农家书屋要改变"门庭冷落""铁将军"把门的现状，变身为广大人民群众心灵向往之地、阅读交流之所，首先要进一步抓好体制改革以适应新时代。在顶层设计上，要进一步明确发展方向、明确管理权责，要进一步量化经科学测定的社会效益指标体系。图书馆和书屋的管理和使用部门要不断更新完善科学的管理制度，在建设、管理、使用、创新、保障、评价等方面形

成更规范实用的制度约束机制。要明确乡镇文化站和基层书屋管理者的身份，各级政府对他们要优化待遇，从内部激活，凝聚人心、聚焦人气，让乡村文化空间充分释放发展潜能。要让农家书屋在乡村文化振兴战略中扮演好文化精准扶贫的角色，用阅读来重塑新时代的农民形象，真正让农家书屋成为点亮农村文化的灯盏。

（二）实施总分馆制，上下协调联动，形成省市县镇村（社区）网络化管理大格局

大阅读时代要有大格局管理。图书馆总分馆制是时下一个较热门的话题，不少地方已探索集结了一些较为成功的经验。在信息化时代，实施图书馆总分馆制是一个必然的选择。操作上要切合实际建设好平台，提供优化便捷的全民阅读路径，切实做好上对下的管理、培训与服务工作，形成上下互联互通的网络化服务机制。要抓好宏观调控，依托大管理做好大服务。

（三）推行"互联网＋"模式，打造特色信息技术平台，促进服务创新发展

当今时代，互联网已全方位进入我们的生活。"互联网＋"模式在经济社会生活中的广泛应用，深刻地影响着社会性阅读的变革。实践表明，"互联网＋"的助力和驱动让图书馆信息化服务覆盖范围不断拓展和延伸，服务效益无限放大，让图书馆走在了改革创新和转型升级的前沿，农家书屋也理应跟进，才能适应新的发展形势，满足人民群众日益增长的精神文化需求。当然，推行"互联网＋"模式，要切合实际、因地制宜、科学谋划和运作。要建构好多向度多元化的互联网络服务，包括网站建设、数字图书在线阅读、书目在线检索和下载、手机 WiFi、移动图书馆平台、微信公众号平台、自助借阅系统等等。要从硬件和软件上优化提升阅读环境，促进农家书屋从"实在书屋"向"实在书屋＋泛在书屋"的方向转型转化，实现上下联通的借阅服务共享、书目信息共享、数字资源共享，把农家书屋打造成人民群众的心灵归属地、"现代版的富春山居图"。

（四）完善保障措施，为图书信息化服务提供资金和人才智力支持，构建长效化发展机制

农家书屋工程，建好是基础，管好是手段，用好是目标，保障是后盾。各级政府要加大支持力度，特别是在经费保障和人才智力方面予以倾斜，大力推进农家书屋现代化建设。要立足供给侧结构性改革，把农家书屋融入综合文化服务中心一同规划一同建设，指导基层职能部门盘活、用好农家书屋存量资源，精准配置增量资源，培育农民阅读习惯，进一步提升农家书屋工作的知晓度、参与度和美誉度，构建起农家书屋可持续发展的良性运行机制。

六　结语

历经十余年的风雨里程，我国农家书屋建设工程取得了很大的成效，在大部分地区基本实现了全覆盖。上文我们提及了农家中心书屋，所谓中心，就是要把农家书屋开设到农民集体生活中去，开设到群众看得见的地方，方便借阅和开展活动，而不是束之高阁，乏人问津。随着移动互联网时代的来临，农家书屋应随时而动、与时代接轨，以"互联网＋公益"的新形态出现，成为广大人民群众乐享文化生活的众创空间、共享书屋。农家书屋要努力突破瓶颈，冲破传统格局，迈上信息高速公路的快车道，满足老百姓日益增长的精神文化需求，以互联网、大数据、多平台的创新发展理念、举措，为广大农民朋友提供优质高效便捷的文化服务，不断提升农家书屋的使用率和满意率，让农家书屋真正成为农村群众的"文化粮仓"和精神家园。乡村振兴，文化先行。为实现人民群众的文化小康梦，我们脚下的路依然任重而道远。

参考文献

《习近平总书记系列重要讲话读本》，学习出版社、人民出版社，2016。

傅才武主编《中国公共文化政策研究实验基地观察报告（2017～2018）》，社会科学文献出版社，2017。

陈超：《用"互联网+"和"图书馆+"成就全民阅读》，《文汇报》2015年4月24日。

《国务院印发〈关于积极推进"互联网+"行动的指导意见〉》，http：//news. xinhuanet. com/2015-07/04/c_1115815942. htm。

王世伟：《信息文明与图书馆发展趋势研究》，《中国图书馆学报》2017年第5期。

金武刚：《论县域公共图书馆总分馆制的构建与实现》，《中国图书馆学报》2015年第3期。

B.15

互联网＋图书馆提升公共
文化服务质效的探索

——以陕西省汉中市图书馆为例

王琼波*

摘　要：　随着经济社会的快速发展和现代生活的快节奏、多元化，公众的业余文化生活日益呈现个性化、碎片化的特征。公共图书馆作为收集保存传播人类知识文明、促进社会发展进步的重要公共文化场所，在互联网迅猛发展尤其是5G移动网络即将到来的新时代，如何利用现代信息技术、贯彻好《公共图书馆法》，发挥自身作为社会主义公共文化服务体系重要组成部分的价值和作用，更好地适应和满足新时代人民群众的美好精神文化生活需要，是其面临的新课题。陕西省汉中市汉台区图书馆积极利用互联网拓展提升公共文化服务方式和质效，为新时代的图书馆建设做出了有益探索。

关键词：　图书馆　互联网　融合发展　公共服务

　　近年来，我国经济社会呈现持续快速发展的良好态势，与之对应，公众生活也日益快节奏和多元化，公众业余文化生活个性化、碎片化的特征也越

---

* 王琼波，汉中市文化广电新闻出版局副局长、国家公共文化政策研究实验基地特约研究员、汉中市人大常委会立法咨询专家，主要从事公共文化管理、艺术生产组织、非物质文化遗产保护工作。

来越凸显。《中华人民共和国公共图书馆法》提出到2020年实现文化小康、建成现代公共文化服务体系的文化发展目标，和党的十九大所确立的中国特色社会主义新时代三步走、实现中国梦的战略安排都赋予了公共图书馆新的职责和使命。

公共图书馆作为收集保存传播人类知识文明、促进社会发展进步的重要公共文化场所，在互联网迅猛发展尤其是5G高速移动互联网即将到来的新时代，如何利用现代信息技术、贯彻好《公共图书馆法》，发挥作为公共文化服务体系重要组成部分的价值和作用，有效破解自身发展不平衡不充分的问题，更好地适应和满足新时代人民群众的美好精神文化生活需要，践行以人民为中心的理念，落实好推动、引导、服务全民阅读的重要任务，在坚持以社会主义核心价值观为引领，传承发展中华优秀传统文化、继承革命文化、发展社会主义先进文化中展现新作为，是当前图书馆改革发展需要重点研究的问题。

一 图书馆的公共服务职能和现状

我国的图书馆历史悠久，但最初的名称不叫"图书馆"，而被称为"府"、"阁"、"观"、"台"、"殿"、"院"、"堂"、"斋"、"楼"等，如西周的盟府，两汉的石渠阁、东观和兰台，隋朝的观文殿，宋朝的崇文院，明代的澹生堂，清朝的四库全书七阁等，其服务的对象范围较为狭窄。"图书馆"称谓及其运作机制作为舶来品，于19世纪末传到我国。新中国成立后，建立了国家、省、市（地区）、县不同层级的公共图书馆体系。随着时代的发展，我国公共图书馆服务的职能和能力不断得到巩固拓展。

（一）公共图书馆的职能

依据2018年1月1日起施行的《公共图书馆法》和文化部制定的《公共图书馆评估定级标准》，公共图书馆是指：向社会公众免费开放，收集、整理、保存文献信息并提供查询、借阅及相关服务，开展社会教育的公共文化设施。主要承担以下职能：

——收集、整理、保存文献信息；

——提供文献信息查询、借阅及相关服务；

——开展社会教育，举办公益性讲座、阅读推广、培训、展览等，推动、引导、服务全民阅读，弘扬社会主义核心价值观，传承发展中华优秀传统文化，继承革命文化，发展社会主义先进文化；

——对公众免费开放阅览室、自习室等公共空间设施场地；

——为有关组织提供文献和决策参考咨询服务。

《公共图书馆法》指出：公共图书馆是社会主义公共文化服务体系的重要组成部分，应当将推动、引导、服务全民阅读作为重要任务，坚持社会主义先进文化前进方向，坚持以人民为中心，坚持以社会主义核心价值观为引领，传承发展中华优秀传统文化，继承革命文化，发展社会主义先进文化。这为社会主义新时代的公共图书馆事业指明了方向。

（二）公共图书馆服务现状

十八大以来，随着国家对文化建设投入的加大，全国公共图书馆事业得到较大发展。

根据《文化和旅游部2017年文化发展统计公报》，截至2017年末，全国公共图书馆3166个，比上年末增加13个；图书总藏量9.70亿册，增长7.5%；电子图书10.26亿册，增长15.6%。全年全国公共图书馆流通7.45亿人次，增长12.7%；全年共为读者举办各种活动15.559万次，增长11.1%；参加人次8857万，增长24.1%。

2017年，陕西省共有公共图书馆110个，与上年持平；图书总藏量1442.72万册，增长7%；电子图书3508.82万册，减少8%；全年公共图书馆流通总人次1357.45万，增长17%；全年共为读者举办各种活动4622次，增长19.6%；参加人次170.86万，增长20.6%；有流动图书车104辆，流动服务借阅57.52万人次、86.41万册次。

2017年，汉中市共有公共图书馆11个，与上年持平；图书总藏量

90.24 万册，增长 6%；电子图书 124.61 万册，减少 63%，其中本馆外购虽增长了 304%，但总量少，而免费共享电子图书减少 218.4 万册，减幅达 65%；有效借书证 25726 个，增长 22%；全年公共图书馆流通总人次 65.71 万，增长 21%；全年共为读者举办各种活动 273 次，增长 21.3%；参加人次 9.98 万，增长 22%；有流动图书车 11 辆，流动服务借阅 4.26 万人次，4.73 万册次。

2017 年，汉台区图书馆图书总藏量 23.21 万册，增长 2.6%；电子图书 1.71 万册，与上年持平；有效借书证 8658 个，增长 13.9%；全年公共图书馆流通总人次 11.2 万，增长 21.7%；全年共为读者举办各种活动 41 次，与上年持平；参加人次 2.82 万，增长 11.5%；有流动图书车 1 辆，流动服务借阅 0.31 万人次，0.35 万册次。

二 新时代公共图书馆发展面临的冲突

当今时代，公众获取文化信息资源的渠道日益丰富多元，精神文化需求出现许多新变化、新特点，公共图书馆事业发展既有新的机遇，也面临冲突和挑战。

（一）有限资源与多元需求的冲突

随着时代的发展和社会的进步，公众的阅读需求日益呈现多元化特征，对阅读的品质要求也在相应提高，不再是集中指向于某几类图书、报刊，也不再是过去文化生活不丰富时代随便什么书报刊都能让公众甘之若饴了。不论哪个层级的图书馆，其图书、报刊等文献资源，从总量上看都有较大数量，甚至有的图书馆藏量相当可观。但从单个品类图书、报刊的复本数量上看，在市、县图书馆里，受文献购置费等方面因素制约，大多数情况下同一种图书只能同时满足几个读者的借阅需求，同一种报刊只能同时供一个读者阅览，很容易出现读者并发需求得不到满足的情况；读者希望阅读的一些图书、报刊，也存在未购买和订阅的情形，读者在图书馆获取不到想要的文献信息资源，会产生对图书馆服务的不满，乃至降低对图书馆服务的黏性和使用率。

（二）集中供给与分布式需求的冲突

目前公共图书馆按县级及以上的行政层级建设配置，除了地级市所在的区、省会城市外，每县一个公共图书馆是基本状态（有的县尚未建公共图书馆）。公共图书馆的基本服务模式为开门接纳读者，提供图书借阅、报刊阅览、电子信息阅览等基本服务。在国家层面的支持下，给县区图书馆配备流动图书车，可以到乡镇、社区进行流动图书服务。从特征上看还是一种集中供给的服务模式，只能吸纳和服务于有效服务半径内的读者。从实际发挥效用和读者常态化享有图书馆服务频次上考量，国家图书馆实质上就是首都公众的图书馆，省级图书馆就是省会城市公众的图书馆，市级图书馆就是所在市辖区公众的图书馆，县级图书馆就是县城区域公众的图书馆。公共图书馆建立的电子阅览室，随着设备的老化使用体验越来越差，在互联网，尤其是移动互联网迅猛发展、上网设备日益普及的新时代，愿意到图书馆使用配置落后的电脑和慢速网络获取文化信息资源的读者接近断流。图书馆的服务对象——读者，分散居住在城镇和农村的不同区域，到图书馆的空间距离远近不一，而且读者的需求也各有不同，图书馆服务对象的分布式需求特征十分突出。在精神文化生活不断丰富和选择多样性日趋强化的今天，过去那种为借一本书不怕麻烦的情形在读者中越来越少，传统纸介质方式运作的公共图书馆已出现服务半径衰减的趋势。

（三）定式化服务与信息化时代的冲突

受人员素质、技术力量、资金投入等方面因素的制约，大多数图书馆还是采取惯常的方式，订阅一些报刊，采购一定数量的图书，在一定的时间段，应读者的需求提供图书借还、报刊阅览服务。虽然有些图书馆努力改进工作，达到一周开放 60 小时，但仍是一种间歇性的应激式服务。在进入信息时代的今天，公众的精神文化生活需求日益趋向自主化、个性化、碎片

化，获取文化信息资源的路径和方式更加方便快捷，有的信息源达到了 365 天 24 小时不间断地提供服务，公众随着对此类文化信息服务良好体验的累积，也对图书馆服务的质效提出了更高的要求。

三　互联网＋图书馆提升公共服务质效的探索

为加快现代公共文化服务体系建设，适应移动互联网时代公众碎片化、自主化、移动化地获取信息和服务的新需求，2015 年，汉中市文广新局制定下发了《利用新媒体做好"两馆一站"免费开放公共文化服务工作的指引》，引领全市实行免费开放的公共文化服务单位利用新媒体拓展服务手段和服务空间。

汉台区图书馆在全市率先行动，积极应用信息技术，努力探索"互联网＋"图书馆提升公共文化服务质效的可行路径。汉台区图书馆（现机构名为汉中市图书馆，实际属汉台区，因撤地设市时无市级图书馆而保留原县级汉中市图书馆名称），位于汉中市政治、经济、文化中心的汉台区，辖区内总人口 56 万。图书馆新馆于 2012 年建成投入使用，馆舍面积 3500 平方米，馆藏图书 23.2 万册，其中古籍 2.1 万册。有工作人员 22 人，其中：馆员 13 人，助理馆员 5 人；大学文化程度 2 人，大专文化程度 18 人，中专（高中）文化程度 1 人，初中文化程度 1 人。引入移动互联网数字化服务之前的 2014 年，图书总藏量 21.45 万册，电子图书为 0，持证读者 1200 人，年图书新增藏量 4100 册，年订阅期刊 140 种、报纸 42 种，年书刊文献外借 1.3 万册次，年举办各种活动 16 次，参加活动读者 1.47 万人次。汉台区图书馆通过结合运用移动互联网，实现了图书馆服务的 24 小时不打烊，在更好地满足公众的阅读需求，提供更加便利、精准、多样化的图书馆服务，提高图书馆服务品质，推进全民阅读和优化社会风尚等方面取得了显著成效。

（一）移动图书馆

移动图书馆是承载于高速互联网，以移动无线通信网络为支撑，以图书馆集成管理系统和数字资源云为依托，以响应移动终端一站式数字信息资源需求为核心，以适时化不间断云服务为保障，方便用户通过智能手机、平板电脑等移动终端设备，即时获取和阅读数字信息资源，自助查询和完成借阅业务，可定制全天候的现代图书馆数字化服务平台，实现图书馆服务的 24 小时不打烊和服务半径的无限扩展：任何人在任何时间、任何地点获取所需要的文化信息资源。移动阅读是数字阅读的进化升阶，突破了过去必须用PC、有线网络以及在固定位置方可阅读的限制，很好地适应了移动互联网时代公众不受设备、场地限制随时、自主阅读的需求。图书馆将因移动数字阅读扩大读者范围，在传播知识、促进文明方面发挥更加巨大的作用。汉台区图书馆争取区财政的专项支持，购买超星集团的歌德电子借阅机及移动图书馆 App 应用授权。歌德电子借阅机初次购买时配置 3000 册图书，并每月更新 100～150 册，安装在市区人流量大的区域，读者可在借阅机前阅读书报刊，也可通过扫描二维码下载到移动终端里面随时随地自主阅读。在移动图书馆 App 里面，可随时随地查询、阅览 3 万多册数字图书、3400 多种报纸期刊、15000 集有声读物、2 万集名师课程，云端服务 24 小时在线，读者可按书名、作者名等关键词便捷地搜索下载感兴趣的图书，可选择定制感兴趣的报纸、期刊。移动图书馆还对接了图书馆馆藏资源数据库，读者不用到图书馆，就可方便地查询馆藏中是否有自己想找的图书，还可在移动终端上查询自己的图书借阅信息，并进行图书的续借。

（二）你看书我买单

2016 年，汉台区图书馆与西安青果信息技术服务有限公司合作，由对方提供技术支持，开展"互联网＋你看书我买单"新型读者服务。关注汉中图书馆微信公众号的读者，只需绑定自己的读者证，就可在线挑选 2 本最新出版、图书馆尚未采编入藏的图书；读者在"你看书我买单"平台下单借阅新书，坐等收取快递，看完图书还至图书馆即可（见图 1）。整个过程不收一分钱，快递也免费，读者可以尽情享受读感兴趣新书的乐趣和良好的线上图书馆服务体验。"你看书我买单"让读者深度参与到图书馆文献资源

建设之中，提高了图书采购的有效性和利用率，革新了图书馆传统的"采、编、藏、借"服务流程，把满足读者需求放在更加突出的位置，可以说是以人民为中心的理念依托"互联网＋"在公共图书馆服务中的生动实践。

图1　汉中市图书馆微信公众号"你看书我买单"平台页面

（三）数字化服务推广

与移动图书馆的上线服务同步，汉台区图书馆注册开通了微信公众号，经常性地编辑推送人文历史、家庭教育、安全生产、廉政建设、读者活动、新书推荐等信息资源，集纳了我的汉图、云阅读、资源中心等，为读者提供便捷及时的"互联网＋"图书馆服务（见图2）。读者可随时随地自主化地选择阅读报纸、期刊、图书、有声读物等数字资源。

图2　汉中市图书馆微信公众号主页面

汉台区立足于本馆工作人员知识结构等方面实际，采取外包购买移动图书馆应用（同时支持安卓和苹果 IOS 的 App 及数字书报刊等资源）的方式，由本馆人员通过在岗学习提高数字图书馆服务应用推广能力，拓展提升图书馆服务，取得明显成效，2017 年较开展移动图书馆服务之前的 2014 年，图书总流通人次增长 8.39 万，增加 299%；为读者举办各类活动增加 25 次，增长 160%，参加人次增加 1.34 万，增长 151%；微信公众号读者人数从无到有，达到 6720 人。在 2017 年第六次全国图书馆评估定级中，读者满意率达到 97.54%，被文化部评定公布为国家一级图书馆。

四 可复制互联网＋图书馆服务新模式的探讨

汉台区图书馆融合"互联网＋"的实践探索，为公共图书馆破解服务能力、服务半径、服务时效等方面的不足和制约，响应信息化生活新时代公众更加多元、分众化阅读需求，提升公共图书馆服务质量和效益，提供可资借鉴、复制的模式。

（一）赢得各方支持

图书馆作为财政全额拨款的公益性事业单位，拓展服务项目和服务方式，离不开有关方面尤其是财政的支持。汉台区图书馆积极向汉台区文化主管部门和区委、区政府分管领导汇报，得到认同肯定，得到区财政的专项资金，由点及面逐步扩大数字借阅机的布点应用、数字图书馆微信公众号和 App 的推广普及、各有关部门单位和公众对数字化图书馆服务的感知和应用。

（二）制定工作规划

汉台区图书馆结合本馆人员队伍状况、公众阅读需求信息、财政资金投入、图书馆事业发展趋势等情况，明确了本馆开展数字图书馆服务工作的规划，依照规划稳步有序地推进、推广图书馆的数字化、信息化服务。

（三）优选外包供应商

市、县级公共图书馆受本馆馆藏资源、人员结构及数量、数字资源加工生产能力、资金保障等多方面因素制约，单打独斗式地自主建设数字化图书资源库及相应线上云服务平台是不可能完成的任务，采取政府买服务的服务外包模式是便捷可行的路径。当前国内开发、生产、提供图书馆数字资源服务的有超星、中文在线、博看等数家供应商。经询洽、比选，汉台区图书馆选择具有 20 多年数字图书馆解决方案提供和数字图书资源供应经历的超星作为数字图书馆应用的主服务商，从分批次给本馆和有关机关单位、公众场合购买配置歌德电子借阅机入手，稳步有序地推进图书馆的数字化、在线式、不间断服务。并随着数字化阅读的推广，先后接入了博看的微刊集成式数字期刊、报纸、图书、听书，中文在线的微书房，书堆儿的"你看书我买单"等移动终端服务，对接本馆的馆藏资源管理系统，实现读者的远程查询馆藏状况、续借图书，为读者提供更为便利、舒心的服务。

（四）提升馆员素能

运用移动互联网开展数字化的图书馆服务，对图书馆的工作人员的能力、素质提出了新要求。汉中市图书馆在人员编制饱和，难以引入专业性技术人员的情况下，采取邀请数字图书馆服务供应商举办知识技能培训，邀请馆外专业人士举办讲座，组织馆员利用网络数字课程自学等多种方式，增强其管理、维护、运行本馆线上线下图书馆综合性服务的素质和能力。

（五）规范有序运行

为利用社交新媒体用户群体规模大、黏性强的优势，更好地推广应用数字图书馆服务，汉台区图书馆开通了微信公众号，并会同相关供应商策划、整合数字图书报刊视听资源模块，在微信公众号里面集纳式地提供给读者。并建立微信公众号管理运行的相关制度，对本馆采制、编发的相关信息审核把关后上传发布，确保导向正确和文化信息安全。对本馆的读者活动、新书

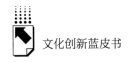
推荐、重要文化共享资源、展览等信息，除了在微信公众号发布外，馆领导和工作人员还自发担当起宣传推广员，在自己的微信朋友圈里同时进行转发，广泛扩散，力求把读者需要的有价值信息资源最大限度地传播出去。

五　对互联网＋提升公共图书馆服务的思考和建议

新一代互联网在公共图书馆服务的文献采编、流通、读者服务等多个方面都可发挥显著的推动和提升作用。既借助外脑——外包购买数字化图书报刊云资源，又练好内功——培养提升公共图书馆现代信息技术应用能力和水平，加强公共图书馆数字化服务能力建设。

（一）利用网络和人工智能提高图书报刊采编的针对性

"你看书我买单"是一种利用互联网提高公共图书馆图书采编针对性、实效性的路径，但也存在一定不足之处。现阶段公共图书馆提供的是保障公众基本文化权益的阅读等文献信息资源服务，还不能按社会公众个体需求提供私人订制式图书报刊，很大程度上是一种力求最大公约数式的图书报刊信息资源配置和供给。受读者个体社会阅历、知识结构、个人偏好等方面因素的影响，某些读者所感兴趣的书能在多大程度上得到其他读者的认同和接受，这不好把握。可考虑引入人工智能技术，通过对一个时期（半年、一年或更长时间）图书馆馆藏图书外借流通数据的分析研判，梳理出本馆服务对象的阅读需求和兴趣偏好，初步确定出图书采编的类目，结合当年新书供应和畅销书信息拟定采编书目，通过网上公示调查统计等方式，确定较为精准贴合公众阅读需求的采编计划。还可利用人工智能对读者个体借阅数据的分析，为读者精准化地推送新书和其他贴合其阅读需求的文献信息。

（二）利用网络提升图书馆服务的可及性

传统意义上提供纸介质图书报刊和一定程度数字化文献信息的图书馆，其信息源辐射式集中供给的服务方式有较大局限性，即便采用了流动图书车开展到社区和农村的流动借阅服务，依然是集中供给方式，存在服务半径、服务时长等方面的制约。而随着高速移动互联网的广泛覆盖，承载于网络云端的数字图书馆已经完全不受物理空间的束缚，不再受图书馆日常开馆时间的束缚，只要是移动信息网络覆盖的地方（2017年全国4G人口覆盖率已达到98%），不管身处城镇还是农村，能够实现365天24小时随时可用，大大提高图书馆服务的可及性。应当与线下读者活动，阅读推广，送书下乡进社区、进农村相结合，广泛地宣传推广数字图书馆服务，并对使用技能上有困难的社区和农村读者给予辅导或培训。

（三）利用数字化资源增强图书馆服务的便捷性

图书馆的纸质书报刊等文献信息，受限于复本数量，存在能够同时使用读者数量的上限，同时存在着文献传递上的物理空间限制。而数字化存储的图书、报刊、视听资源等文献信息，则没有复本数量和物理距离上的制约，读者可随时随地自主浏览相关资源，自主选择下载阅读或者在线观看；不必多跑路即可查到馆藏资源中是否有自己需要的图书，或者进行图书续借。应当考虑制定数字图书馆文献信息资源库建设的统一标准，新出版的图书发行纸质版的同时依照标准同步发行便于传播阅读的数字化版本；采取有实力领军企业与公共图书馆合作共建等方式，进行地方文献、古籍等馆藏重要文献资源的数字化加工并建立数据库，联通分散在一个个图书馆里面信息孤岛式的文献资源，让信息多跑路，让读者少跑腿，既实现对这些重要文献的更好保护，也更方便广大区域内的读者在不必到馆的情况下实现对相关文献的远程在线查询、阅览。

（四）利用网络交流分享增强全民阅读聚合性

传统的意义上，读书是一种高度私人化的个体活动，不便于进行读书心得、感悟的即时分享交流，即便举办一些读书沙龙、分享会，受时间成本、物理空间等方面影响，活动的频次和参与群体的数量、广度等都有不足。网络时代社交方式的嬗变为扩展全民阅读参与广度、深度和提升用户黏性打开了新窗口。国家推进移动数据流量降费政策和今后5G高速移动互联网的建设投用，将为数字图书馆的普及应用带来更大助力。之前线下举行的读书分享会、读者联谊会、报告会、专家讲堂等读者活动，都可以同步在线上进行直播，或拍摄制作成视音频课件共享到网上，方便读者随时阅览，突破时间和空间的界限，将信息资源分享给更多的读者。运用移动互联网拓展图书馆服务，也需要有针对性地提供延伸服务，比如为老年人提供数字图书馆、智能手机使用方面的讲座或培训，采取多种传播方式提升数字图书馆服务的公众知晓度和使用率等。移动图书馆还可进一步拓展书报刊和视听资源等的交流共享方式，如分享到微信朋友圈和QQ共享空间等，为读者构建交流、分享、推介优质阅读资源和阅读心得，更为丰富多样、更人性化和有吸引力的网上空间和路径。

六　结语和展望

"互联网＋"图书馆，线上线下相结合的新型服务方式，对于提升公共图书馆服务质量和效益意义重大、效果明显。随着提速降费和5G高速移动互联网的到来，公共图书馆融合云计算、人工智能等现代信息技术，践行以人民为中心的理念，提升公共文化服务能力和水平，在适应公众美好精神文化生活需要，传播知识、教育公众、促进文明等方面必将发挥更大作用，展现更大作为。

参考文献

《中华人民共和国公共图书馆法》，http：//www.npc.gov.cn/npc/xinwen/2017－11/04/content_ 2031427. htm。

《中华人民共和国文化和旅游部2017年文化发展统计公报》，http：//zwgk.mct.gov.cn/auto255/201805/t20180531_ 833078. html。

文化科技融合创新篇

Technological Innovation Reports

B.16

荆州大遗址楚文化数字化保护及
传播技术集成示范

傅才武 王少华 陈 波 辛后林[*]

摘 要：

本文针对楚文化保护与传播过程中存在的问题，基于楚文化核心价值研究提出楚文化符号系统框架，并进而提出楚文化数字资源元数据标准，在此基础上，研究并验证多技术集成的楚文化数字化保护与展示传播技术方法体系，其相应成果为数字时代我国区域特色文化及其遗产的保护与传播提供了新的模式和技术方法参考和支撑，对我国传统文化及相关遗产的保护、传承与弘扬具有重要意义。

---

* 傅才武，武汉大学国家文化发展研究院院长，研究方向为文化管理、公共文化政策、文化产业战略与规划。本文系国家科技支撑计划专项资金资助项目"少数民族及特色文化保护与展示技术应用示范"（编号：2015BAK03B00）课题四"荆州大遗址楚文化数字化保护及传播技术集成示范"研究成果之一。

197

关键词： 楚文化 文化遗产 数字化保护 数字化展示传播

楚文化是中国春秋时期南方诸侯国楚国的物质文化和精神文化的总称，是华夏文明的重要组成部分①。本文以文化研究为基础，以文化传播为导向，以技术集成为手段，在文、理、工多学科交叉融合研究方法的指导下，针对楚文化这一东周至秦末中国南方高度发达且风格独特的区域文化保护与传播困境，提炼其特色文化内涵，集成利用先进空地激光测绘、三维数据融合与重建、高效数据压缩与分发技术等，通过建立楚文化符号系统框架、元数据标准和数据库、知识库，并以荆州大遗址为示范对象，开发楚文化数字化保护与展示传播系统，创新数字时代区域特色文化及相关遗产的保护与传播服务模式。其总体技术路线见图1。

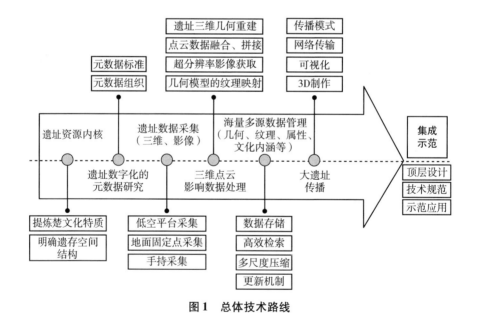

图1 总体技术路线

---

① 百度百科：https://baike.baidu.com/item/楚文化/1911039？fr＝aladdin。

一 楚文化资源的核心价值研究

楚文化资源的核心价值研究，是对楚文化进行数字化保护与传播的基础。本研究从三个维度对楚文化资源的核心要素进行研究和描述，包括楚文化符号系统研究、楚文化结构系统研究、楚文化价值系统研究。

（一）楚文化符号系统研究

课题组通过对荆州大遗址区域内丰富的楚遗址遗迹的实地考察，对各类楚文化考古资料档案的梳理，在调研的基础上，进行了总结提炼，出版专著《江汉汤汤 以绥四方——基于楚文化符号系统的提炼与考察》，阐述了"楚文化认知的心理定式"，提出"楚人是一个群体。在这个群体中，既有祝融部落的后裔，也有江汉苗蛮，此外还有巴、濮、扬越诸族。这些族群在漫长的发展过程中，日益巩固、逐渐定型了'楚人'的称号，最终共同创造了独具特色的楚文化。因此，从宽泛意义来说，对楚文化心理定式的考察，其实就是对'楚人'群体心理定式的考察"。

在"心理定式说"的指导下，专著将"楚国800年的经历还原为80年的人生，这个国家生、老、病、死的节点已大致清晰"。在此基础上，按照时间节点，提炼楚文化符号系统，同时对每一个时期楚文化符号系统都给出了代表性器物（见表1）。

表1 楚文化符号系统

序号	历史时期	典型符号系统
1	西周时期，是楚文化的滥觞期，从鬻熊、熊绎到若敖、蚡冒	西周时期楚文化的典型符号，其一为甬钟，其二为楚式鬲。甬钟为芈姓楚人喜好并树为典型，楚式鬲为苗蛮、荆蛮、楚蛮一脉传承且喜好
2	春秋时期，为楚文化的茁壮成长期，从武王、文王到昭王	春秋时期楚文化的典型符号，在青铜器、漆器及楚俗中较为集中。包括：(1)"杂花生树"·"以簹代篑"，(2)抽象纹饰·写实造型，(3)大火·雷电·凤凰，(4)巫·鬼·知音，(5)"层台累榭"·"长鬣细腰"

续表

序号	历史时期	典型符号系统
3	战国时期是楚文化的鼎盛期和滞缓期。按照心理定式的划分，楚国从昭王、惠王到哀王、负刍，即从 50 岁到 80 岁	这一时期的典型的符号包括:(1)哲学·"太一生水"与"风生于地",(2)文学·"恢诡谲怪"与"独立不迁",(3)简帛·"长短相协"与"揖让自然",(4)丝织刺绣·"穿花纳锦"与"刺绣销金",(5)铜器·"化繁为简"与"观乎人文",(6)漆器·"戛戛独造"与"绮思异想",(7)美术·"龙飞凤舞"与"清新隽永",(8)乐舞·"金声玉振"与"偃蹇""连蜷",(9)器用·"略神重鬼"与"事死如生"

（二）楚文化结构系统研究

楚文化符号系统的研究提炼，强调的是楚文化历时性的发展过程。换言之，所提炼的"符号"仅仅是楚文化各时期的代表性器物，这些符号虽然可以从类型学角度推出演化规律，可以提炼出楚文化各时期最为核心的内容，却无法从全局层面把握楚文化的高度、广度和深度，也无法形成一个"剖面"去建立典型，认知其高度。因此，在对楚文化的符号系统进行提炼以后，课题组又从更高层面上研究楚文化的结构系统，并从"一座楚墓、一座楚城、一段时间"的不同时空结构上全面剖析了楚文化。

"一座楚墓"重点关注的是"熊家冢"，它是迄今为止发现的规模最大、规格最高、布局最完整的楚国高等级贵族墓地，已对其从墓葬的空间位置、墓葬结构、葬具、葬俗、陪葬墓、殉葬墓、车马坑、祭祀坑、出土文物、墓主人及所包含的生活元素等诸多方面进行了考察。

"一座楚城"是对"纪南城"遗址的全面考察，因为它曾是楚国都城，它活跃在楚文化最鼎盛的时期，同时发掘有一定数量的、级别高低不同的墓葬。对纪南城的考察包括地理位置、整体布局、相关墓葬和遗址的调查与发掘等方面。

"一段时间"则是从一个与纪南城相关的时间节点来做楚文化共时性的考察，这段时间界定在公元前 369 年到公元前 278 年这 90 余年，因为楚文化考古所涉及的大型墓葬，绝大部分集中在这一时期，与楚文化息息相关的考古材料，所提供的学术信息和社会影响力是极其巨大的。这个时间节点，正好也是合纵、连横的时期，也是大国邦交波谲云诡、即将一统天下的前夜。这是庄子与屈原元气满满的时代，也是道学和楚辞大行其道的时代。

（三）楚文化价值系统研究

在楚文化符号系统、楚文化结构系统基础上更高一层次的楚文化价值系统研究，可为进而达到学术层面的研究奠定基础，抽离出可以面向社会公众展示传播的各类要素，为今天楚文化的展示利用和传播奠定内容基础。

楚文化价值系统研究，包括"楚的历史演变进行"及"楚文化的价值参考"，通过对楚文化从葳蕤生发到正式形成做分析，将楚的经历与今天的中国进行了对比，并进行了颇有现实意义的价值总结与思考。

二　楚文化数字化保护及其
技术方法研究

（一）楚文化资源元数据标准研究

元数据是描述信息资源或数据等对象的数据，其使用目的在于：识别资源；评价资源；追踪资源在使用过程中的变化；简单高效地管理大量网络化数据；实现信息资源的有效发现、查找、一体化组织和对使用资源的有效管理[①]。

楚文化资源元数据标准研究在楚文化符号系统研究、楚文化结构系统研究和楚文化价值系统研究的基础上，利用相关技术手段建立元数据标准体系，包括《大遗址楚文化资源元数据标准规范总体框架》《大遗址楚文化资源元数据标准规范》《大遗址区域特色文化资源元数据标准编制规范》，为楚文化的研究和数字化保护利用展示传播提供基础。

楚文化元数据标准框架如图 2 所示。

---

① 百度百科：https：//baike. baidu. com/item/元数据。

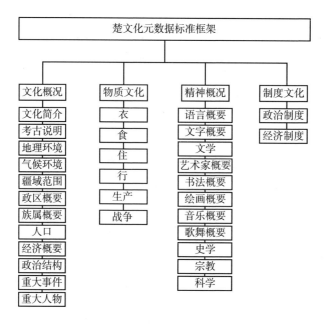

图2　楚文化元数据标准框架

（二）楚文化遗址遗存数字化采集技术研究

1. 环境空间数据采集

楚文化的形成和发展区域内的文化遗址覆盖范围大，出土文物种类多、形状复杂。课题组以荆州大遗址为示范对象，对其区域内丰富的文化遗产资源进行调查分析，根据不同文化遗产对象空间尺度特点和精度要求，结合不同数据采集装备参数情况，制定了最佳的数据采集方案，包括大遗址机载激光遥感测绘、重点遗迹和考古发掘现场低空激光影像无人测量、遗址现场背负式移动激光全景三维测量和珍贵文物精细三维数据采集等。

（1）宏观层面：大遗址机载激光遥感测绘

为采集楚文化空间信息，本课题采用机载激光遥感测绘对荆州大遗址核心区的100平方公里区域遗址的空间要素进行精细化采集。机载激光遥感测绘技术与方法的核心是机载 LiDAR 设备以及针对结果的考古学解译方法。

机载 LiDAR 设备集成了 GPS、IMU、激光扫描仪、数码相机等光谱成像设备。其中主动传感系统（激光扫描仪）利用返回的脉冲可获取探测目标高分辨率的距离、坡度、粗糙度和反射率等信息，而被动光电成像技术可获取探测目标的数字成像信息，经过地面的信息处理而生成逐个地面采样点的三维坐标，最后经过综合处理而得到沿一定条带的地面区域三维定位与成像结果。

利用机载激光遥感测绘技术与方法，对荆州大遗址区域进行遥感数据获取时，可同时获得植被表面和植被下面地表的点云数据，将点云数据中植被表面的点云滤掉，获得仅仅包含地表的数字地表模型，从而可以根据遗址封土堆等特征识别遗址，并对遗址进行定位测量。

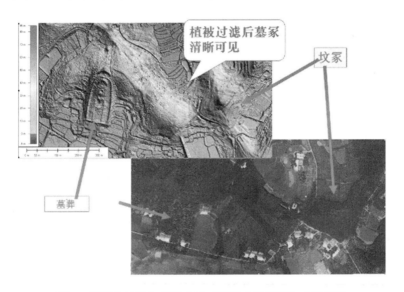

图3　荆州大遗址机载激光遥感测绘成果解译与验证示意

（2）中观层面：重点遗迹和考古发掘现场低空激光影像无人测量

在荆州大遗址机载激光遥感测绘基础上，对遗址区内的重点遗迹和考古发掘现场等众多小区域进行精细化测绘采集，以开展典型文化空间和元素的精细化建模等可视化处理，为此，课题组研制了低空激光影像无人测量系统，对重点遗迹和考古发掘现场超低空精细化空间三维数据进行采集。低空激光影像无人测量系统集成稳定旋翼无人直升机平台、GPS、惯性导航系

统、三维激光扫描系统、影像获取系统等。航高<300m，航时>30分钟，影像地面分辨率>5cm，具备空中自驾、空中悬停、手动和自动起降、自动影像拼接、地形三维模型生成等功能。设备如图4所示。

图4　低空激光影像无人测量装备外观示意

（3）微观层面1：背负式移动激光全景三维测量

楚文化时空域的构建，需要从空中及地面多视角的可视化展现。为此，课题组引入激光测量技术，研制便携背负式移动激光全景三维测量系统，提供"地面＋立面"视角的空间尺度与纹理信息的精细采集技术和装备支撑，解决大遗址区域精细三维尺度信息和纹理信息缺乏便携、灵活、高效的采集手段和装备缺乏的问题。背负式移动激光全景三维测量是利用背包或简单的支架将激光扫描仪、全景相机和定位定姿系统集成于一体，完成激光点云与全景影像采集的移动测量设备，它是车载移动测量系统的有效补充，是一种轻量级的移动测量系统，主要适用于车载不能到达和采集的非带状地形区域。便携式移动测量系统主要通过单兵背负、自行车和三轮车等载体搭载。实现在载体移动过程中，快速获取高精度的定位定姿数据、高密度三维点云和高清连续全景影像数据，并通过进一步研制配套的数据加工和应用软件，完成遗址、考古工地和博物馆等实体化文化遗产的数字化，从而能较好为文化遗产保护与传播领域提供强有力的数据支持。设备如图5所示。

（4）微观层面2：珍贵文物精细三维数据采集

本课题研究过程中针对楚文化相关的珍贵文物选用手持式三维激光扫描仪进行精细三维数据采集。手持式三维激光扫描是一种非接触式，可快速、精细化获取文物信息的高新技术，具有轻便、高速、高精度、高密集的特点。

图5　便携背负式移动激光全景三维测量系统外观示意

依据文物精准空间点云数据和高清纹理影像，可精细化还原文物三维结构信息，由于其精度高、效果逼真，可以对文物结构及相关信息进行逼真还原。

图6　珍贵文物精细三维模型

2. 基础属性信息采集

除了大遗址及珍贵文物空间数据、纹理数据的采集之外，课题组还开展了楚文化基础资料数据采集工作，包括各类文字、表格、图片、视频等信息。这些主要通过相机、摄像机、扫描仪、自动识别等多种手段完成。

（三）楚文化数字资源库设计研究

在《大遗址楚文化资源元数据标准规范》和《大遗址区域特色文化数

据采集流程规范》的指导下，建立"大遗址区域特色文化（楚文化）数据库"，形成大遗址区域特色文化（楚文化）在数字空间中的完整映射。该数据库结构可以方便地扩充至其他大遗址区的特色文化数据库。内容包括：

——荆州大遗址楚文化符号系统数据库（可感知的物质层面）：包括大遗址区域地理空间数据（DLG、DEM、DOM）、大遗址区域考古发掘数据（遗迹、遗物等）、大遗址区域古环境地理空间数据、大遗址区域古生产资料和生活资料数据等。

——荆州大遗址楚文化结构系统数据库：包括古代可再现的生活方式和行为方式数据，包括习俗、舞蹈、音乐、活动、仪式等。

——荆州大遗址楚文化价值系统数据库：包括古代可传播的文化观念和价值体系数据。

不同空间尺度的楚文化对象数据组织架构如图7所示。

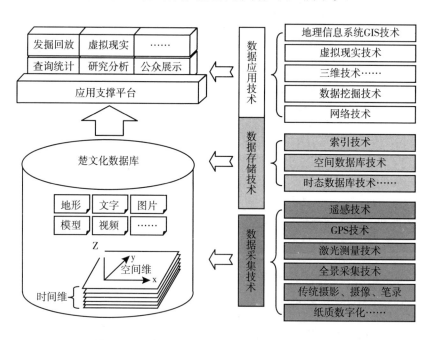

图7 不同空间尺度的楚文化对象数据组织架构

（四）楚文化数字化保护软件平台研究

楚文化数字化保护软件平台实现了对大遗址区域特色文化（楚文化）数字资源的元数据管理、地理空间数据管理，及对三维模型、音乐、舞蹈等各类非空间数据的管理与维护。

三 楚文化数字化传播及其
技术方法研究

（一）楚文化可视化传播与价值拓展研究

数字技术的广泛应用不仅使得文化遗址得以保护和发展，同时也冲破了历史与当代的时空阻隔，打破文字、声音、图像等介质的限制，为不同的文化元素进行交流与发展提供了数字化平台，并形成全球共享的数字化文化资源。在文化与科技日益走向深度融合与渗透的背景下，历史文化传播也需要进行当代性"转化"，即将传统文化遗产的保护传承与当代科技创新等命题融为一体，向技术要效益，向技术要效率，构建区域特色文化数字传播体系，依靠高新技术提升公众在区域特色文化传播过程中的社会临场感与参与热情，进而提升区域特色文化的社会融入度。鉴于此，课题组在梳理全球范围内区域特色文化数字化传播实践的基础上，对楚文化的可视化传播与价值拓展进行深入研究，并出版了专著《荆楚文化的可视化传播与价值拓展》。

课题组首先通过对历史文献的梳理，厘清"什么是文化？""文化是如何传承与传播的？"等基础性问题，总结出文化传承的载体和文化传播的渠道。通过对著名的历史文化资源事项如何进行开发和对全球范围内优秀古文明如何进行传播的案例研究，探讨文化资源及其产业开发、文化资源向文化资本转化的路径。在此基础上，从物质文化遗产和非物质文化遗产的双向视角提炼出了一套荆楚文化的符号系统。

　　课题组引入视觉传播的相关理论，总结归纳出了视觉传播的代表性理论和主要观点，并进一步阐述了媒介技术革新对文化视觉传播和个体文化认知的影响，以及视觉表达对文化遗产保护与传承的现实路径与意义。在阐释视觉传播理论的基础上，介绍了纸质媒体、电子媒体和数字媒体等可视化传播载体的主要特征，并探讨了这些媒介如何为文化遗产的多样化呈现与表达提供可能与技术支撑。

　　课题组从影视作品、数字媒体、博物馆展出等方面对楚文化的可视化传播现状进行了梳理。以湖北省博物馆作为研究个案，分析其布展方式、受众结构及满意度等问题。此外，课题组还关注到具体影视作品中的荆楚文化传播、传统媒体中的荆楚文化传播、社交媒体中的荆楚文化传播等方面。通过对现状的分析，归纳出目前荆楚文化传播中的缺憾与不足。在此基础上，针对物质文化遗产和非物质文化遗产的不同实际，有针对性地提出楚文化可视化传播的全媒体传播模式与路径。

　　最后，课题组通过对历年来文化产业年鉴、文化产业发展报告等文献的回溯，剖析作为创意产业的楚文化的产业发展现状。在此基础上，基于"创新新闻学"、文化创意产业等相关原理，探讨了文化报道是如何实现文化增值的问题，探讨了文化遗产的传播如何实现数字化保护技术创新与经济的结合，以及如何推动文化遗产本身与经济的全面结合，使其在全新的媒介环境下达到传播效果最大化。

（二）楚文化数字化展示传播技术方法研究

　　在"媒介融合"理论的指导下，利用现代媒介技术手段，课题组提出了面向多服务覆盖的多媒体内容分发系统 MMCDS（Multi-Service Multimedia Content Delivery System）的设计方案，实现平面与网络、声音与画面、文字与图像等充分结合的、立体的、互动的感知环境，构建全媒体传播模式，用"全媒体"实现文化遗产的多样化和立体化传播。

　　MMCDS 系统架构的设计遵循覆盖网络思想，采用分层体系模型，最低层为物理资源层，中间层为覆盖网络资源层，又分为内容分发网络层及组播

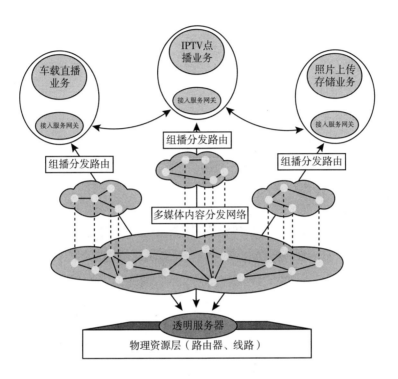

图8 多服务覆盖的多媒体内容分发系统架构

分发路由层，最上层为多媒体业务层。多服务覆盖的多媒体内容分发体系，将能够很好地满足数字文化遗产内容的海量性、群聚并发性、网络异构性方面的需求。

（三）楚文化数字化展示传播软件平台

在完成相关理论和技术研究后，课题组进行了楚文化数字保护与传播集成顶层设计，并开发了多种形式、线上线下一体化"大遗址区域特色文化（楚文化）数字化传播平台"，包括以下三个平台。

1.大遗址区域特色文化（楚文化）互联网传播平台

该平台在互联网上，通过 Web 的方式以文字、图表、图形图像、视频、三维虚拟、声效等多种方式融合展现大遗址区域特色文化（楚文化）。

2.大遗址区域特色文化（楚文化）移动传播平台

该平台在 iOS 与 Andriod 系统的手机、平板电脑等移动端上，通过文字、图表、图形图像、视频、三维虚拟、声效等多种方式融合展现大遗址区域特色文化（楚文化）。

3.大遗址区域特色文化（楚文化）线下传播平台

该平台在大遗址区域现场展馆等空间中，通过大屏、触屏、投影、幻影成像等多种终端，以文字、图表、图形图像、三维虚拟、声效等多种方式融合展现大遗址区域特色文化（楚文化）。

图9　大遗址区域特色文化（楚文化）线下传播平台

图10　大遗址区域特色文化（楚文化）线下传播平台

四　主要创新

（一）技术集成创新

本课题在区域特色文化数字化保护理念和方法论研究的基础上，集成多项先进数字技术，分别从数据采集、数据模型、数据融合等层面对文化遗产数据进行处理，并构建形成了楚文化数字化保护和展示传播平台。该平台解决了传统文物保护模式中偏重保护文物实体而数字化保护偏弱的技术困境，为数字时代区域特色文化及其遗产的数字化保护与传播提供了较为完整的技术方法体系和支撑。

（二）模式集成创新

本课题汇聚了历史、文化、考古、遥感、计算机等领域科技工作者，克服文理工交叉研究的语境、方法等方面的困难，充分发挥文理工交叉的优势，解决了传统文化遗产保护中技术与内容、保护与传播结合度不高问题。在利用现代科技手段进行文化遗产内容数字化信息记录的同时，充分发掘其蕴含的内在价值，用于特色文化的展示传播，为文化遗产数字化保护与传播提供一套研究模式。

五　结论

"荆州大遗址楚文化数字化保护及传播技术集成示范"课题，历时两年，完成了楚文化资源核心价值研究工作，建立了楚文化符号系统框架，形成了楚文化数字资源元数据标准；综合集成运用多种技术手段采集了荆州大遗址内楚文化遗产多维度信息并建立荆州大遗址楚文化数字资源库。在此基础上开发了面向互联网、移动互联网及线下展厅的楚文化数字化保护与展示传播平台，并建立了两个楚文化数字化保护与传播研究示范基地。

　　本课题研究成果已形成可复制的理论方法、技术体系。课题成果先后支撑了秦始皇帝陵博物院"'四海一'虚拟展览方案设计项目"（秦文化的数字化保护与展示传播）、铜陵市博物馆"数字铜博物馆项目"（铜文化的数字化保护与展示传播）等多个项目，相信随着进一步的深入研究和积累，将会为我国历史文化及相关遗产的保护、传承与弘扬，为我国大遗址保护和其他特色文化数字化传播提供更加完善和先进的理论、方法和技术支撑。

B.17
智能信息流在国家公共文化
云中的应用研究

摘　要： 本文通过对国家公共文化云 App 推广和运营的分析，提出打破行业壁垒、应用智能信息流驱动用户增长的策略，探索提高公共文化服务效能的新路径。

关键词： 信息流　国家公共文化云 App　公共文化服务

一　国家公共文化云 App 推广和运营现状分析

随着 2017 年 11 月国家公共文化云 App 的开通，公共数字文化手机端的服务越来越成为一种常态化的工作，因而也开始面临着整个软件产业进入移动互联网新阶段这个大背景引发的新问题。诚如原文化部公共文化司李国新所言："未来国家公共文化云在对接公众需求时应该着力解决四大问题：一要实现各类平台的互联互通，打破平台孤岛现象，形成资源的有效聚拢；二要创新公共数字文化服务的内容和形式，使数字公共文化服务的主阵地、主渠道占领手机端；三要因地制宜地打造数字文化超市，依托互联网优势创新公共数字文化的供给方式；四要拓展和深化线上线下相结合的服务方式，从

* 秦黎，女，湖北省十堰市群众艺术馆业务干部，研究方向为公共数字文化服务体系建设，公共文化机构绩效评价。

根本上提高服务效能。"①

平台运行已有半年多，目前手机端 App 的运营尚处在起步阶段，文化部国家公共文化发展中心将国家公共文化云的推广工作分为三个阶段。包括试点、示范推广、综合应用。首先，选取具有代表性的地区作为试点，并进行了工作对接和试点应用。北京市文化局等为首批试点单位，与国家公共文化云开展了紧密对接。其次，选取国家公共文化服务体系建设示范区及国家级贫困县作为推广对象。最后，在 2020 年底扩大全国公共文化云的应用范围。

笔者对中部某地级市文化事业单位使用国家公共文化 App 的情况统计显示：使用者占全部公共文化从业人员的 2%。借助酷传数据等第三方工具对文化云 App 本身的整体表现进行判断，自国家公共文化云 App 运营到2018 年 3 月 20 日为止，下载量合计 2163；6 月 20 日为止 2399 次，三个月新增下载量 236 次，日平均装机量 2.4 次。移动手机用户在 360 手机助手的应用平台上累积下载量（装机量）1370 次，豌豆荚装机量 1029 次。三星手机应用下载 1120 次。从国家公共文化云 App 下载量—装机量—用户评价等的数据监测，可以看出，由于手机端尚处在运营初期，对于第三方数据平台的利用还不足，应用在手机市场上架情况较少，App 数据分析为应用推广和运营策略的制定所能提供的方向性依据尚未显示出来。具体表现在以下方面。

（一）关键词优化明显不足，直接影响到网络曝光率和用户关注度

如搜索"国家公共文化云 App"，在华为应用市场、三星应用商店等Android 版本均看不到关键词的初始排名。在百度指数里，"国家公共文化云"没有收录。在酷传数据中近 6 个月内没有用户评论数据。

---

① 王学思：《国家公共文化云平台：开启数字服务新时代》，《中国文化报》2017 年 12 月5 日。

（二）不注重数据的统计

目前，我国还没有成熟的 App 推广统计机制，还需要利用 SDK 的访问来进行统计。例如，目前的酷传数据、友盟和百度统计不够完整，数据统计标准的定义也不尽相同。这引起术语混乱，在第三方数据平台上无法一次性精准统计出用户的使用情况。[①] 在推广过程中缺少对用户体验的研究，没有完整的问卷调查迅速了解用户需求。至于在国内市场上架情况，到目前为止，免费下载平台数量有限，且下载量较小，用户评论很少，App store 只有 14 次，并且评论时间仍停留在 2017 年 12 月份。OPPO 评论为零。用户评论不仅仅对排名、关键词覆盖产生影响，也是我们收集用户反馈的重要渠道之一，通过评论和评分可以直观地判定 App 的质量，对下载量和装机量起着关键作用，因此这个环节不容忽视，且评分高能够赢得潜在用户的关注。

（三）在第三方应用商店和软件下载站投放的广告位，收效甚微

如跑跑车游戏网，下载量为 0，华军软件园版本仍然是 2017.10.30，评论情况只停留在开通前测试阶段（见图 1）。

（四）第三方开发者与用户之间尚需保持良好的互动

目前 App 的业务运营外包管理中数据掌控力相对较弱，尚需引入科学的标准化建设手段，以此来强化业务对接的持续性，帮助用户便捷使用和快速熟悉业务，最终形成以标准优势构建竞争优势的发展格局。对推广方案缺乏系统研究，与第三方平台对接乏力。文化云推广目前仍旧以政务类 App 的传统推广经验为主，没有行之有效的完整手册，因为地域差异，各省的数字文化馆发展速度不一，文化云 App 无法形成普适性的推广方案。重要的

---

① 王学思：《国家公共文化云平台：开启数字服务新时代》，《中国文化报》2017 年 12 月 5 日。

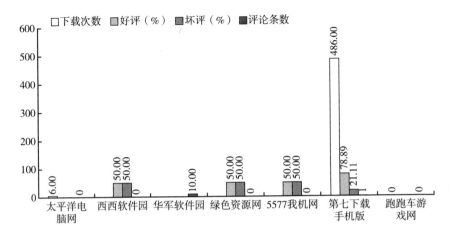

图1 软件下载站下载 App 情况

是前期以政府采购方式实现了线上平台建设，后续的推广及应用管理尚需另外再通过项目招投标程序，获得第三方平台提供的后期服务。尽管在平台的监管、跟踪和维护上，第三方平台可以保证文化云 App 的稳定性和流畅性以及产品迭代升级，但目前对业务数据和用户行为数据模型的建构仍比较被动，还不能充分利用云计算技术进行大数据分析，为推广工作提供决策参考。

（五）资源内容上优化程度不够

一是内容优化不够。比如在《视听空间》栏目即将正式上线时曾经做过问卷调查（投票时间为2018年5月8日~2018年6月8日），以了解用户对该栏目的建议。线上问卷调查结果显示，优化资源内容的呼声最高（见图2）。

二是推广的过程中文化云 App 在应用市场的优化不够。通常的优化路径包括覆盖热词、搜索下载激活、优化评论。但在华为应用市场，流量大的热词已经被其他产品选择覆盖了，国家公共文化云根本不在显示范围内，排在首位的安徽公共文化云 App 零评论，无法激发用户的下载热情。

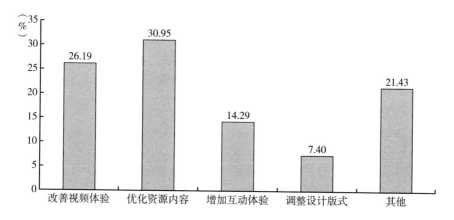

图2　《视听空间》上线问卷调查结果

以上是关于国家公共文化云App（以下简称文化云App）运营成熟度方面的调查。从内容运营上看，文化云海量的资源是否实现了最大化的共享，公共文化总平台的地位是否与受众的认可度相适配，这些尖锐的问题值得我们去探索，去寻找解决路径。众所周知，共享工程的公益性质削弱了文化云App的互联网基因。不以营利为目的，政府每年需要投入资金维持运营和推广。但伴随着公众文化需求的多元化、个性化趋势以及公共文化绩效评价体系的建立，提升用户体验等互联网思维被提上工作日程。加之目前的文化和旅游机构合并的大环境下，产品和服务融合，技术和市场环境的改变对公共文化服务提出了新的挑战，"公共文化服务数字平台在很多事情上都拥有唯一性入口优势，但还没有发挥应有的效果。社会化介入是个好方式，但有很多潜在的问题需要提前从政策法规层面提前启动预防"。跨界融合是大势所趋，智能化是文化云App产品迭代值得思考和借鉴的发展方向。据App Annie 2017年发布报告，智能手机用户目前平均每月使用30多个应用程序，平均每天至少使用9个应用程序。如何选择有效的条目，争夺用户有限的时间和注意力，将文化产品保质保量地送达用户，是本文所探索的主要内容。通过社会化、市场化的智能信息流手段，运用网络营销的基本理论、知识和应用环境、渠道和特点，结合文化云应用的产品定位和产品特点，对文化云应用的推广和运营进行优化。以期抛砖引玉，整合出更为科学有效的推广方案。

二　智能信息流

（一）什么是信息流

信息流是将一个信息源按照一定逻辑顺序（时间、算法等）进行动态的排布和传递。信息流广告的优势在于：对原生视频广告的认可和青睐源自图像的冲击力迎合了较多视觉性用户的记忆习惯，能够调动广大用户的潜在需求（表达欲）及良性互动，从而引发二次传播。

（二）信息流的几种类型

现在的信息流一共包括两种交互，第一种是以 Facebook 为代表的信息流，称作卡片式交互信息流。第二种是以 Twitter 为代表的信息流，称作时间轴的交互信息流。一个完整的信息流，从上到下依次分为三大块：个人信息区、内容展示区、用户操作区（见表1）。

表 1　信息流三大块

个人信息区	主要有图像、昵称、个人介绍、发帖时间
内容展示区	主要有语音、视频、图文、纯文字、图片、链接、广告、分享的卡片、地址信息
用户操作区	主要有评论、点赞、分享、收藏等

（三）智能信息流的特点及趋势

智能信息流是基于大数据技术沉淀，将人群实时统计与分析的内容精准推荐与分发的一种信息展示方式。与媒体赋能时代同步，智能信息流已成为网络广告的新常态。一方面，在高流量的网络平台，将广告编排在常规内容中，展示形式与原有内容信息一致，也被称为"最不像广告的广告"。另一方面，智能信息流广告通过大数据聚合、算法和逻辑，在合适的时间合适的场景给合适的人展示合适的广告创意，实现广告找人。系统主动推给你信息，你是被动接受的一方，它通常会以纯文字、图文、图片、视频、链接、语音、广告的方式推送给你。一般隐藏在一些原文的场景当中，看起来像是温馨的提醒、有趣的消息等。

根据第三方数据统计公司"艾瑞数据"的统计，2014 年到 2017 年，中国的信息流广告维持在年复合增长率 100% 以上，预估未来两年，国内信息流广告市场规模将保持在 50% 以上的增长率，预计 2019 年达到 1425 亿元，信息流广告将成为移动广告的主要组成部分。2016 年是信息流广告增长元年，百度强势进入信息流广告领域，也让竞争愈加白热化。从形式和产品层面，信息流广告不断创新，有图文、大图、视频、动态图等，其中原生视频广告越发获得用户和广告主的认可。[1] 从用户角度来看，信息流广告的接受度和记忆度较高，且媒体平台的品牌形象与广告的品牌形象之间具有较强相关性。用户操作区，给了用户与广告的互动以入口，赞、评、转等功能赋予用户以表达权，并易引起二次传播。

（四）信息流技术在文化云 App 中的应用

第一，基于文化云 App 的用户思维，信息流技术所展现的核心理念与文化云 App 的理念高度契合，可以满足用户的内容需求及提升用户体验，产品和服务是以用户为中心，诚如文化云服务平台关键技术研发及应用示范项目负责人李欣所言："在服务中让用户愉悦地实现知识、认同、情感或价值认同，产品才能成为其生活一部分，才能达成'以文化人'的目标。"因此借助信息流功能，提升文化云 App 的曝光量、品牌知名度和吸引力等，从而为文化云 App 下载安装提升用户数。在公共文化服务领域，惯常出现"信息不对称"的情况：文化活动缺乏人气，受众获取文化服务信息渠道单一，严重影响服务效能。[2]

第二，打破行业壁垒，引爆流量入口。目前 TOP 200 均是占据移动互联

---

[1] 上海艾瑞市场咨询有限公司：《2017 年中国信息流广告用户洞察报告》2017 年第 10 期。

[2] 慈善公益网：《互联网让百姓乐了》，http://www.csgyb.com.cn/news/yaowen/20160301/12456.html。

网头部流量的应用，移动互联网进入下半场，人口红利消失，这些头部 App 流量逐渐趋于饱和，获取新用户难度增加，呈现固化的态势，形成了市场壁垒：新 App 挤不进去，大多数 App 用户根本等不到用户（用户看不到它们）。这时如果有个拥有巨大用户、流量的平台，通过对自己数以亿计用户的年龄、性别、浏览喜好、位置、购物、健身、餐饮等大数据进行采集、云计算，它就能精准地得出每个客户需要什么信息（用户画像）。一旦这个平台和文化云 App 分享"用户画像"，甚至将 App（或者其内容）直接推荐给精确适合的用户，这时文化云 App 就有了更精确、更直接与用户见面的方式。原有的单点对多点辐射，就变成了万维辐射，成了新的流量突破点，从而实现流量共享与互补带来的流量激增。

第三，基于青少年网络社群文化特点，网络游戏、社交软件、网络直播、短视频等网络现象对数字时代原住民的深刻影响，通过信息流以年轻人认可的方式来推送传统文化和主流文化，利用跨界思维开放融合的发展策略为他们提供最好的内容，有力地推进公共文化均等化建设，实现文化传播与社会效益双赢的局面。艾瑞咨询于 2017 年 8 月通过 iUserSurvey 在 21 家网站上联机调研发现，整体而言 95 后对新品牌的信息流广告很容易接触（见图3）。文化云 App 抢占手机端的长远目的也是更好地掌握意识形态领域主导权和话语权，让主流价值在云端得以弘扬，让互联网原住民在更大范围获得优质的文化资源。

第四，有效发挥文化云 App 平台优势（见图4）。特别是公共数字文化服务的综合平台，其核心功能中共享直播、资源点播、活动预约、场馆导航、服务点单、特色应用等，与当前的互联网生态链有着紧密链接，新传媒业生态竞争时代已全面到来，内容生态的竞争也越演越烈。因此，应借助信息流重建与公共文化、与互联网生态的协同能力。艾瑞数据显示：广告越来越多地采用了音频、视频、直播等形式，随着秒拍、抖音、火山、快手等 App 产品用户激增，视频企业也积极布局信息流广告。可见，视频信息流将在近两年内呈现爆发式增长。

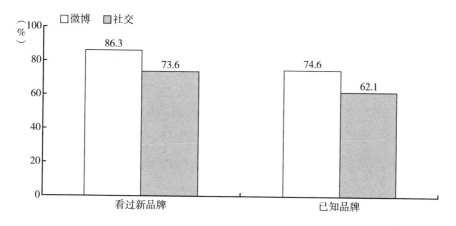

图3 95后对信息流广告的接受度

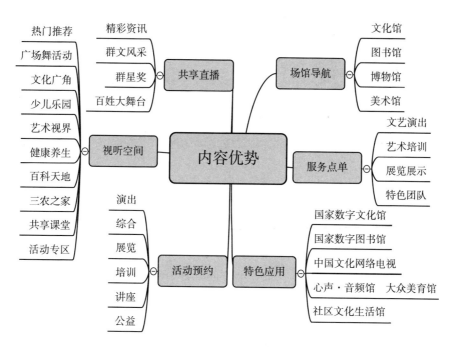

图4 国家公共文化云App内容优势

（五）信息流广告的主流投放渠道优势比对

百度信息流凭借"AI＋搜索"的信息流广告优势，在 2017 年上半年日活跃用户超过了 1 亿，实现了对信息流标杆今日头条的赶超。① 图 5 是国内信息流广告的几个主流平台的优势比对。

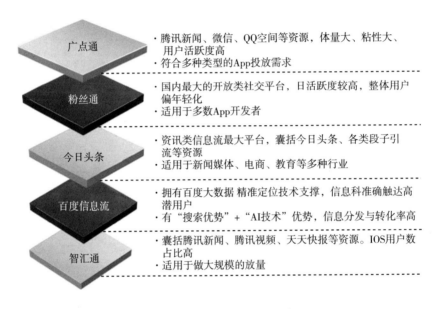

图 5　信息流广告的主流平台

App Growing 所统计的主流信息流投放平台为：腾讯、百度、今日头条等，占投放流量的 80%。另外，应用程序推广跟踪列表显示，80% 以上的广告客户投放渠道大于 2 个。据艾瑞数据：对于想尝试信息流广告的文化云应用，可以考虑腾讯的社交广告、百度信息流和今日头条等渠道。②

---

① IT 专家网：《G－Talk 北京站：App 推广渠道之渠道获客与追踪》，http：//news. ctocio. com. cn/csgg/238/14371238. shtml。

② 中国网：《App Growing 预测：2018 年移动营销市场 8 大趋势》，http：//science. china. com. cn/2018－01/09/content_ 40137671. htm。

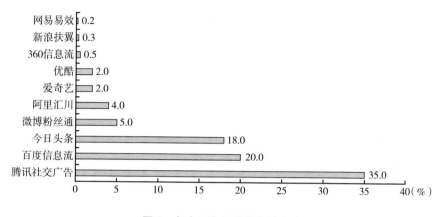

图6 各大平台投放信息流占比

三 文化云 App 如何投放信息流广告驱动用户增长

（一）信息流投放流程

目前文化云 App 推广手法主要是应用市场和线下地推。应用市场在移动端就是 App 的入口，至关重要。文化云 App 提交到的应用市场是 App Store、小米应用商店、华为应用市场、OPPO 应用商店、应用宝、360 手机助手、百度手机助手、91 手机助手、豌豆荚等，在第三方应用商店和软件下载站投放的广告位收效甚微。如跑跑车游戏网，下载量为 0，华军软件园版本仍然是 2017.10.30，评论情况只停留在开通前测试阶段。文化云 App 的版本已迭代至 V2.8.1，但真正给用户带来有价值的功能，满足用户对文化云 App 的预期，才是产品迭代引发用户使用的触点。只有认清自身的优势，才能更好地针对目标用户投放信息流广告。因此，在投放前需要对目标群体进行需求分析（见图7）。

一是目标群体需求分析。我们充分利用用户思维，对文化云 App 进行如下分析：将每天的下载量、新注册用户数、活跃用户数、留存率、转化率、活跃时长等数据进行整理、归纳，我们的文化产品（服务）解决的是

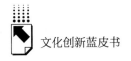
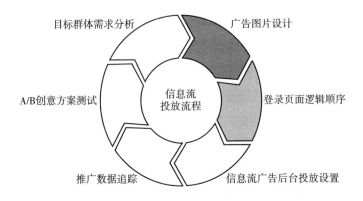

图7　信息流投放流程

用户哪方面的痛点？用户为什么会关注到我们的产品（服务）？我们的产品（服务）在什么场景下应用是最合适的？我们的产品（服务）是用户解决方法的第几选择？用户的人群画像是什么？什么样的角色定位容易让用户接受？比如2017年11月1日，文化云App直播节目北京曲剧《B超神探》累计点击用户993560人，至今未有节目能超越该纪录；2017年11月30日，在文化云App正式开通之际播放的黄梅戏《太白醉》，播放377244人次，46次评论；2018年4月11日直播的《新时代文艺惠民与慕课制作》，播放350530人次，99次评论。利用行政手段组织观看，很受基层工作者的欢迎；2018年6月20日在推广试点地区共享的节目《全椒民歌大赛》，播放260194人次，78次评论，满足了观众对传统民歌的期待，激发了用户关注文化云App的热情……这些基础数据为我们投放信息流广告提供了比对依据，如果选择一个平台投放信息流产品，就要考虑如何去扩大受众范围，如何去突破已有的点击率。我们的平台最大的优势就是原创产品多，既可以通过这些原创内容低成本获客，用我们的优质内容及产品功能亮点刺激社交分享、下载App，又可以通过信息流将广告内容与用户需要的内容混搭，获得更多潜在用户的青睐，提高用户体验，让广告不再突兀，自然而然地进入文化云App的场景中去。

二是广告图片设计与落地页。信息流广告混杂在常规信息中，吸引用户关注，考验着对用户视角的把握，在海量的信息流中，图片的冲击力远甚于文字。在素材选择方面要做到能够达到与标题一致。明确了创意以后，在落地页的设计上要准确命中用户兴趣，明确什么样的创意能吸引目标受众，让用户能在短暂的浏览中快速感知有价值的内容，才能提升用户浏览数量和时长。着陆页面体现足够的逻辑性，用户的访问时长越多，跳出率越低，那么达到的广告效果预期值越高。要根据页面的设计适当地加入转化按钮，避免出现让用户找寻不方便的情况产生，也要避免转化入口过于频繁引起用户反感。因此尽量让广告单纯、清晰、戏剧化，用画龙点睛的手法让用户一下子就记住我们要传播的文化要素，比如在《视听空间》的信息流广告设计中，力图在3秒钟内让用户看懂我们最有价值的看点是免费的视频资源，其中还有很多的精选电影，统统都是免费的。这些足以和爱奇艺视频共同争夺用户眼球的内容，如果不通过信息流技术，很难在最短的时间内让公众知晓。总之，是要利用广告创意和落地页的配合，知晓哪些文案适合需求者，对下载安装文化云App具有引导性。

三是后台投放设置。现在比较主流的信息流广告平台有今日头条、百度信息流、广点通等，后台都差不多，最重要的是通过用户画像筛选条件展现给受众。主要的维度包括：年龄段选择、性别选择、兴趣爱好选择、栏目选择、手机系统选择等。在酷传数据实测中，针对IOS端和安卓端，发现许多信息流广告，在同一个广告类型下面选择同时投放效果不太好，最好分开测试。

四是推广数据追踪。如果投放的平台自身有数据追踪和推广监测功能，如百度、今日头条，就可以直接统计推广过程中的数据。否则，可选用第三方数据统计平台，如友盟旗下的U‒Dplus互联网数据管理专家、U‒ADplus营销数据管理专家或百度统计、Appgrowing、信息流雷达等进行跨平台管理，这些平台是国内专业的移动应用统计分析平台，可以帮助我们统计和分析流量来源、内容使用、用户属性和行为数据，以便我们利用数据进行产品、运营、推广策略的决策。具体方式包括多维数据实时分析、全网用户画像对接、用户分群及精准推送等。不管是哪种方式，最终就是要实现文化

云 App 提取用户画像，获取用户特征，不断地尝试和调整前后端数据，从而精准推送以满足目标群体的文化需求。

五是 A/B 创意方案测试。A/B 测试也叫对照试验，帮助我们快速试错，制定两个或两个以上的方案（落地页），在控制其他变量不变的前提下，根据各群组的用户数据反馈，观察转化率趋势变化情况，结合统计学的工具方法，来筛选出更符合效果需求的版本。要能驱动信息流产品不断迭代、优化。这样做的目的也是节省推广费用。要筛选出什么素材可以让用户欣然接受，什么素材用户无动于衷，这些都是建立在大量文案、创意的测试基础之上的。

（二）选择合适的投放媒体

前面我们分析过各大投放平台的特点，每个媒体都有其自带属性，文化云 App 在选择投放平台时，要考虑到文化产品适合什么媒体，如果平台选择不当，后面的优化效果就很差。明确每个平台的人群属性，结合自身定位，寻找目标群体，对他们进行需求、行为习惯、可能使用的平台分析，从用户的视角和需求出发，选择具体的投放平台。

（三）如何提升广告效果并节省预算

我们可以先从基础做起，利用 SEO 快排技术，把国家公共文化云网站的优化做好，包括用户需求优化、真实度优化和用户喜欢程度优化，通过增加流量和抓取、降低跳出等方法实现网站排名。在经过努力之后如果效果仍达不到预期，再加入信息流技术，毕竟信息流广告需要投入更多的经费。这些以技术和数据驱动的运营手段，最终都是为了在流量的使用上实现最高的价值。以今日头条为假想投放平台，文化云 App 可以利用头条广告个性化的推荐和智能分发获得广告效应。它是通过"机器人代码"过滤再分发的技术手段，不断提升投放广告的有效性。包括预分配曝光、预估 CTR、广告排序、频次过滤等程序。除了头条的流量规模和可接受第三方监测（避免流量作弊）等合作基础，真正能够决定投放质量好坏的还是投放过程中的策略和技巧。通过信息流技术，在第三方数据管理平台（DMP）进行用户分析和定向投放，有效提升广告投放精准度；可以为文化云 App 提供横向的渠道获客成本、价值比对，挖掘低获客成本的渠道，高效获取新流量。

总之，在移动互联网的发展进入存量用户争夺的时期，深入了解用户需求痛点，借助海量、优质、精准智能信息流分发与变现平台的优势，为文化云 App 提供强大的流量入口，从过去人找信息到现在的信息找人，可以提升文化云 App 的活跃度和回访度，提升知名度，为占领手机客户端，充分利用个性化信息唤醒用户，变现效率与用户体验的完美平衡，让群众享受高品质的文化服务。

B.18
博物馆运用科技提升服务能力研究

马国庆　王鹏举　蔡亚非*

摘　要： 提及博物馆，人们往往最先想到的是展厅里面的"坛坛罐罐"。但是随着时代的发展，博物馆也与时俱进，不断引进高科技，应用于博物馆的藏品管理、陈列展览、安防工作、文创产品开发等各个方面，实现"博物馆＋科技"的新型发展模式，提升了服务能力，更好地服务于大众。

关键词： 博物馆　科技　服务能力

一　博物馆及其服务能力的界定

在研究博物馆的服务能力之前，我们对博物馆及其服务能力要有一个清晰的认识。

何谓博物馆？《中国大百科全书文物·博物馆卷》对博物馆的解释是："博物馆是文物和标本的主要收藏机构、宣传教育机构和科学研究机构，是我国社会主义科学文化事业的重要组成部分。博物馆通过征集收藏文物、标本，进行科学研究、举办陈列展览、传播历史和科学文化知识、对人民群众进行爱国主义和社会主义教育，为提高全民的科学文化水平，为我国社会主义现代化建设做出贡献。"《博物馆管理办法》（自2006年1月1日起施行）

---

* 马国庆，齐文化博物院院长，研究方向为博物馆管理、齐文化、蹴鞠文化及其传播；王鹏举，齐文化博物院副院长，研究方向为博物馆展览策划；蔡亚非，齐文化博物院文物部副主任，研究方向为文物管理，通讯作者。

中所称博物馆，是指"收藏、保护、研究、展示人类活动和自然环境的见证物，经过文物行政部门审核、相关行政部门批准许可取得法人资格，向公众开放的非营利性社会服务机构"。《博物馆条例》（自 2015 年 3 月 20 日起施行）中所称博物馆，是指"以教育、研究和欣赏为目的，收藏、保护并向公众展示人类活动和自然环境的见证物，经登记管理机关依法登记的非营利组织"。可见，博物馆是一个非营利性的服务性社会组织，肩负着对社会大众进行教育、收藏、保护、研究等的服务职能。

博物馆通过举办各类陈列展览、举办各种活动、创设更加舒适的参观游览环境、加大文物保护和研究的力度等措施来实现其各项功能。博物馆的服务内容与其他服务行业的内容有所不同，它的服务不仅要看工作人员是否热情，也不仅是从便利性的角度来分析是否满足了游客对便捷性的需求，更重要的是在精神层面能为参观者带去不一样的体验。随着科技的发展，越来越多的高科技逐渐运用于博物馆工作的方方面面，"博物馆＋科技"的模式大大拉近了博物馆与参观者的关系，从而提升了博物馆服务大众的能力。

二　科技在展览中的运用

博物馆展览中越来越多地用到高科技手段，幻影成像、全息影像技术、3D 动画、虚拟现实技术（即 VR 技术）、电子触屏、大屏展示等等，几乎每个博物馆展馆内都会出现一种或几种。在此，仅就其中三种方式进行阐述。

（一）数字博物馆让参观者近距离接触文物

时代的发展使得越来越多的人走进博物馆，感受古人的智慧。正因为如此，有很大一部分参观者对博物馆外长长的队伍和展厅内拥挤的人群望而生畏。本意是想接受古代文明的熏陶，哪曾想竟成了熙攘之处的一员。数字博物馆的出现使这一尴尬迎刃而解。

数字博物馆，是运用了虚拟现实技术、三维图形图像技术、计算机网络技术、特种视效技术等多种科学技术，以三维立体的方式，将实体博物馆呈

现于网络上的虚拟博物馆。参观者能在虚拟的博物馆环境中随意游览,身临其境地观看馆内藏品的三维虚拟展示。通过虚拟现实技术,数字博物馆把枯燥的数据变成鲜活的模型,引领博物馆进入公众可参与交互的新时代,引发观众浓厚的兴趣,使实体博物馆的职能得以充分实现。目前,网络博物馆在世界范围内是一种不可阻挡的趋势。由于网络的普及,现今全世界各地的网络使用者,都可以通过搜寻网路,获得所需要的资讯,同时可以利用各个博物馆开放在网上的各类资源。数字博物馆,使人们通过网络,就可以看到实体博物馆展厅内的各类展品,与虚拟实境的结合,更是强化了数字博物馆的功能。

(二)空间定位技术(GPS技术)给参观者带来新的乐趣

空间定位技术,即GPS技术,其实大家都不陌生,汽车导航、手机上都有这种技术的应用。GPS技术也被应用于博物馆的参观游览活动中。有些大型博物馆,同时开放的展览数量太多,当参观者置身于博物馆大厅,看到琳琅满目的展览介绍时,会有种不知所措的感觉。空间定位技术就给参观者带来极大的便利。首先下载个人定位App,参观者会迅速找到自己在博物馆中的位置;然后缩小比例,参观者可以点击入目的展览名称,了解展览的简单介绍,根据自己的兴趣爱好,按照系统引导,实地参观相关的展览。另外,有些异型博物馆也适合使用这样的技术。

(三)二维码让文物会说话

二维码的应用可以说比比皆是,扫码付款、扫码入群等都是移动设备常用的功能。博物馆中二维码技术多是用于对展品的介绍。众所周知,博物馆的展品介绍囿于空间范围,往往文字内容较少,更多的信息是通过讲解员的讲解来获取的。但是参观者较多时,通过讲解获取到的信息非常有限,有时获取到的还不是自己需要或者是感兴趣的部分。二维码在此时就显得很重要了。

二维码具有的"信息容量大、编码范围广"的优点在此处就显现出来了。参观者可以通过扫描二维码获得该展品更加详细的文字信息，因为一条二维码"可容纳 500 多个汉字"，这远比展厅文物简介的文字要多得多；也可以从二维码中获取该展品各个角度的高清图或者是讲解员的详细介绍，从而提取对自己有用的各类信息。

可以说，一个小小的二维码可以容纳一件文物包括来源途径、数据信息、工艺构造、使用说明等在内的文字介绍以及全方位的图片资料。文物通过黑白相间的四四方方的二维码，变得鲜活起来。

三　科技在博物馆内部管理中的应用

（一）藏品数据库的建立使博物馆能更好地为大众提供服务

博物馆的藏品是人类智慧的结晶和人类文明发展的见证，具有不可再生性和唯一性。面对大量的藏品实物和数据资料，传统的纯手工管理模式已经不能适应现代生活的需要，所以建设藏品数据库、对藏品进行数字化管理势在必行。

数据库运用文字、图像、符号等形式记录、描述、加工、复制藏品信息，通过高清扫描、多角度拍摄、3D 模型制作甚至 3D 打印等技术，将藏品信息保存。藏品数据库相较于传统的藏品信息管理方式，节省了空间，有利于保存，方便查找，而且不容易损坏，传输数据也更加方便，增强了藏品的可使用性和持久性，更加有利于整合藏品信息。通过查询博物馆藏品数据库，我们可以全面了解每一件文物的基本信息、来源途径、清晰视图等具体信息。全国第一次可移动文物普查的数据最终会形成这样的数据库。数据库的建立将取代传统的文物信息流传方式，使用起来更加便捷和准确，人们随时随地可以通过网络调取所需藏品信息，使文物资源得以共享。

（二）智能化安防系统使博物馆安全更有保障

传统的博物馆安防系统主要是人力防范，定时或不定时巡逻都存在死角

较多、耗时较长的缺点。智能化安防系统的引进，更加有利于博物馆安全工作的开展。安装在博物馆各个角落的 360 度旋转摄像头，将情况实时传输到机房内的大屏幕上，机房的工作人员通过大屏幕可观察博物馆内的一切。一旦有盗窃或者火灾等突发安全状况发生，智能化安防系统就会自动关闭相对应的出入口，同时开启相应的应急灯，实时记录现场情况，保卫人员也能第一时间接收到相关情况反馈。系统与警察局和消防大队的网络实现联网工作，以最快的速度报警。智能化安防系统的使用，不仅保证了博物馆内资产的安全，同时也为广大参观者提供了更加安全的参观环境。

四 科技在博物馆社会教育功能中的运用

博物馆合理运用科技手段，会更加有利于其实现教育功能。几乎所有的博物馆都建有各具特色的网站，也都有微信平台，有的甚至提供多语种服务，这为参观者进入博物馆实地参观之前了解该馆的基本情况提供了便利。游客通过网站、微信平台，除了获取博物馆地址、到达方式、开放时间、费用收取、周边环境等基本信息外，还可以提前了解展览内容、展览动态、文创产品等，从而选择最佳的出行时间、出行方式、购票途径，对所要参观的内容也可做到心中有数，从而节省了时间，把精力放在对自己而言有意义的方面。

博物馆建立网络评价、交流平台，观众参观结束后，可以通过这样的平台对博物馆的展览方式、展览内容、讲解水平、文创产品等进行评价和交流，从而实现博物馆与参观者之间的直接对话。这不仅有利于博物馆工作的开展，也可以借此传播更深层次的文博知识。博物馆也可留存参观者的联系方式（主要是指邮箱地址、微博账号等可公开的联系方式），将博物馆展览方面的最新动态，通过邮件的方式传递给参观者，也可定期传送馆藏文物的相关知识，亦可在特定日期（比如元旦、春节、中秋节等重大节日，或是参观者生日之时）送上问候，让参观者感受到博物馆不仅有冰冷的展品和建筑，更有温馨的人文关怀。

五 科技在博物馆文物保护研究中的作用越来越大

博物馆除了收藏、展示、教育功能外，还担负着文物保护和研究的职能。现代科技也越来越多地应用到文物保护和研究中来。

(一)科技使文物保护工作更加安全

文物保护和修复工作是博物馆工作的重要一环，只有确保了文物的安全性和完整性，才能为大众提供更好的展览品。文物的保护和修复工作越来越多地引进科技产品，以保证不会出于人为原因对破损文物造成二次伤害。众所周知，文物对环境的要求较高，温度、湿度适中才能万无一失，恒温恒湿机很好地解决了温湿度方面的问题。有些文物制作小巧精细，对其进行保护或修复时，就需要显微镜、放大镜、天平等小型设备。保护和修复陶质文物时，需要清理土垢等表层附着物，会产生大量粉尘，几层口罩也不如一台粉尘过滤器起到的防护作用更大。铜质文物的保护和修复就要用到除锈仪等设备。

(二)科技使文物研究更加精细准确

研究文物除了要研究其发展历程、演变过程、造型艺术、铸造工艺、纹饰特点外，还要研究其成分分析、内部结构解读等，所以将电子显微镜、硬度计、X 射线荧光光谱仪等科学仪器引进文物检测具有重要意义。

激光诱导剥蚀光谱仪、手持式 X 荧光能谱仪、便携式硬度仪、傅里叶变换红外成像光谱仪等设备亮相第九届中国西部文化产业博览会，成功地吸引了观众的目光。文物的鉴定可以使用 X 光探伤成像系统，X 光穿透（不同材质、部位、厚度）器物时通过不同强度 X 光所形成的灰度差而成像，凭此可判断器物的真伪。该方法几乎适用任何质地的文物或艺术品，属无损分析鉴定。对青铜器、古陶瓷、书画（壁画、油画）可做分析鉴定。如对青铜器（X 光片）可做铸造结构、（模糊或锈层下的）纹饰、铭文、修补痕

迹分析，易对造假特征进行辨识，做出真伪判定。对古陶瓷和书画亦如此，该方法尤其对古陶瓷的修补、模糊图案纹饰、书画的绘画特征、模糊或隐藏图案的揭示有重要作用。

六 科技在文创产品中的运用

文创产品即文化创意产品，顾名思义，是指有创新性的有文化内涵的产品。它是创意者运用现代高科技手段对原有的文化资源和用品进行创造与提升，凭借创意者的智慧，生产出的高附加值产品。我国博物馆文创产品的开发起步较晚，落后于西方国家。国内最先开发文化创意产品的博物馆是上海博物馆，近年来故宫博物院迎头赶上，其开发的文创产品种类繁多，贴近大众生活，既宣传了文化，又取得了较好的经济收益。

博物馆的文创产品一般以本馆藏品为蓝本，创意人员打开脑洞，开发出各具特色的产品。最常见的是提炼典型器物上的纹饰作为基本元素，应用到各类产品中，例如 T 恤衫、杯子等，最直接的方式就是制作文物复制品和仿制品。现在很多博物馆在制作文物复制品时已经摒弃了以往翻模、倒模的方式，用 3D 扫描仪扫描后 3D 打印，一次成型，然后微调、上色，完成复制。这样避免了与文物的直接接触，保证了文物的安全，制作出的复制品也更加精细。而开发制作文创产品时用到的各类设计软件，也是科技广泛应用的表现。以博物馆藏品为主体制作的立体影像书、动漫游戏也将是未来科技与文创产品结合的趋势之一。由四川省文物考古研究院出品的一段视频，以动漫的形式系统介绍了考古学，几乎包含从田野调查、探方发掘再到室内整理的所有环节，同时还通俗地介绍了地层学和类型学，是考古科普难得的佳作。

博物馆的发展正在逐步摒弃故步自封、内部交流的发展模式，更加注重教育功能，随着时代进步而发展，引进各类高科技产品更好地为大众提供服务。

B.19
基于虚拟现实技术和增强现实技术的博物馆互动模式探索

谢佳彤 *

摘　要： 随着互联网信息与计算机技术的迅猛发展，近年来虚拟现实与增强现实技术在各行业领域的发展前景备受关注。本文基于虚拟现实与增强现实发展现状与特点，结合博物馆现有展陈互动模式情况与交互式设计思维，分析并探讨了虚拟现实技术和增强现实技术在博物馆的应用模式，其中包括两大模块：基于虚拟现实技术的线上互动和基于增强现实技术的线下互动。由于虚拟现实与增强现实技术目前尚存一定的发展瓶颈，博物馆如何充分运用二者发挥自身文化职能，仍有待进一步探索。

关键词： 虚拟现实　增强现实　博物馆　互动模式

近年来，随着人们生活水平的不断提高，人们对文化的需求与日俱增，这对公共文化服务机构提出了更大的挑战。博物馆作为公共文化服务体系的重要组成部分，其展品展出方式是博物馆能否充分展示其历史与文化底蕴的关键所在。传统博物馆展出以静态展品陈列为主，辅以文字说明与讲解员讲解，展出方式较为单一，参观过程也较为乏味。近些年来，博物馆在探索展

* 谢佳彤，武汉大学国家文化发展研究院硕士研究生，研究方向为文化产业管理。

出新方式上做出了许多努力，尤其是数字信息技术与静态展品有机结合建立的数字博物馆，是目前博物馆发展的一大热门方向。但是目前，数字博物馆在其展示形式、与参观者的互动以及文化氛围沉浸性上仍存在一定缺憾。

在此基础上，有学者开始研究如何将互动思维引入博物馆的展示过程。崔恺在"2008 年（苏州）博物馆建筑与陈列论坛"中提出"建筑和展陈设计的互动交流是博物馆建设成功的关键所在"[①]；黄秋野、叶萍则指出，互动是现代博物馆功能发展的需要，而信息化是其交互设计思维发展的基础。[②] 互联网信息技术与计算机三维图形计算能力的发展，催生出了虚拟现实与增强现实等新兴数字信息技术，为博物馆信息化的交互设计提供了新的发展方向。如故宫博物院通过虚拟现实技术再现了紫禁城的环境及外形，上海博物馆也在上博信息化工程三期开始了虚拟博物馆的建设，侧重于展示文物功能、背景知识和传统手段所不能解释清楚的绘画技法等[③]。增强现实方面，北京理工大学利用透视头盔等输出设备构建了圆明园数字重建系统[④]；Vlahakis 等开发了"Archeoguide"文化古迹导览系统[⑤]。虚拟现实技术强调整体环境的沉浸感，增强现实技术增强真实环境效果，两者都在调动使用者积极性、增强互动感方面有长足优势，但目前的研究与实践都只侧重单一技术的运用，前者弱化了使用者与真实环境的互动，后者缺乏对沉浸感与氛围的营造，且缺乏一定的娱乐性，总体思路依旧为铺陈式展示。

在前人研究的基础上，本文在虚拟现实与增强现实的技术基础上，提出

① 崔恺：《建筑和展陈设计的互动交流是博物馆建设成功的关键所在》，《装饰》2009 年第 3 期。
② 黄秋野、叶萍：《交互式思维与现代博物馆展示设计》，《南京艺术学院学报》（美术与设计版）2006 年第 4 期。
③ 郁健琼：《网络虚拟现实技术在数字化博物馆中的应用》，《文物保护与考古科学》2005 年第 1 期。
④ 陈靖、王涌天、郭俊伟等：《基于特征识别的增强现实跟踪定位算法》，《中国科学：信息科学》2010 年第 11 期。
⑤ Vlahakis V., Ioannidis M., Karigiannis J., et. al. "Archeoguide: An Augmented Reality Guide for Archaeological Sites", *IEEE Computer Graphics and Applications*: (S0272 - 1716), 2002, 22 (5): 52 - 60.

了将二者相互融合的"线上 + 线下"的博物馆互动模式，该模式以游戏化为主要思路，以提高参观者主观能动性为主要目标，通过打破现有陈列展示的思维惯性，为参观者获得更好的互动体验、为博物馆探索新的发展方向与文化传播方式提供相应思路与建议。

一 虚拟现实技术与增强现实技术

（一）虚拟现实技术

1. 基本概念

虚拟现实（Virtual Reality，以下简称 VR）由美国 VPL 公司创始人之一 Jaron Lanier 于 1989 年提出，是利用计算机模拟产生一个三维空间的虚拟世界，为使用者提供关于视觉、听触觉等感官的模拟，可以直接观察、操作、触摸、检测周围环境及事物的内在变化，并能与之发生"交互"作用，给人一种"身临其境"的感觉的高新技术[①]。其关键性革新之处在于，将人与人交流的方式思维应用于人机交互，从根本上改变了人与计算机系统的交互操作模式。2006 年国务院发布的《国家中长期科学和技术发展规划纲要（2006~2020）》中明确提出要大力发展虚拟现实这一前沿技术，研究医学、娱乐、艺术与教育、军事及工业制造管理等多个相关领域的 VR 技术与操作系统，美国工程院也在 2009 年将 VR 列入 21 世纪 14 项重大科学技术之一。

2. 技术特征

1993 年，Burdea 在其"Virtual Reality System and Application"一文中提出，VR 技术具有"3I"特性，即"Immersion（沉浸性）"、"Interaction（交互性）"和"Imagination（构想性）"[②]。其中，沉浸性又称"临场感"，指用户感到作为主角存在于模拟环境中的真实程度；交互性指用户对模拟环境内

---

① 黄海：《虚拟现实技术》，北京邮电大学出版社，2014，第 1 页。
② Burge G："Virtual Reality System and Application"，Electro'93 International Conference. 1993.

物体的可操作程度和从模拟环境得到反馈的自然程度（包括实时性）、虚拟场景中对象依据物理学规律运动的程度等，是人际和谐的关键因素；构想性指广阔的可想象空间，不仅可再现真实存在的环境，也可随意构想客观不存在的甚至是不可能产生的环境①。由此可见，VR技术不是单纯的在三维空间和一维时间对现实世界的仿真，而是对自然交互的仿真和模拟，其目的是建立可以身临其境地感受、操作、思考的和谐的人机交互环境。

3. 发展现状

从诞生至今，VR发展历程大致可划分为三个阶段：20世纪70年代以前，VR技术思想与基础技术产生，"感觉真实、交互真实"的人机协作概念提出，头戴式显示器等虚拟现实输出设备诞生；20世纪80年代，VR技术初步发展，虚拟现实系统出现，开始应用于军事与航空领域，如美国坦克编队作战训练所使用的虚拟战场系统SIMNET和用于火星探测器的虚拟火星环境视觉显示器，促进了2D/3D转换立体显示器和诸如数据手套等虚拟现实输入设备的诞生；20世纪90年代至今，随着计算机技术和网络急速的飞速发展，VR技术使用壁垒不断降低。如今，VR已经广泛应用于医学（手术操作与模拟、医学研发、恢复训练等）、娱乐（电子游戏、艺术教育、影视等）、军事航天（战场模拟、航天员训练等）、教育、工业生产、设计等行业领域，并延伸出增强现实、介导现实（Mediated Reality）等分支技术。

（二）增强现实（AR）

1. 基本概念

增强现实（Augmented Reality，以下简称AR）是VR技术发展过程中延伸的分支技术，能够通过计算机设备，将图像、音频、视频和触觉感知等数字信息，以及计算机自身生成的信息，实时输送到真实环境②，建立起虚拟

---

① 黄海：《虚拟现实技术》，北京邮电大学出版社，2014年，第4~7页。
② （美）基珀、兰博拉：《增强现实技术导论》，张毅译，国防工业出版社，2014，第1页。

对象与真实环境相融合的增强现实环境。AR 技术主要包含两类数据：作为"被强化物"的真实环境影像与作为"强化物"的虚拟信息①，前者通过输入设备（摄像装置等）抓取真实环境获得，后者经由服务器运算，添加在输出设备（显示屏等）上真实场景影像的特定位置。

2. 技术特征

与 VR 不同的是，AR 并不是营造虚拟的三维空间来营造沉浸感，而是通过把虚拟世界中的虚拟信息带入真实场景中，实现虚拟物体和真实环境的相互叠加，进而形成对现实世界的强有力的补充②。Ronald Azuma 曾归纳总结出 AR 的三大特点："虚实融合""实时交互""三维注册"③。首先，AR 技术不仅可以将虚拟信息添加进真实场景，还能够移除真实场景中的相关信息；其次，由于虚拟信息通过用户操作投射入真实场景，因此 AR 技术的交互操作具有实时性；最后，AR 技术的投射环境为真实的三维场景，其虚拟信息的场景注册与投射坐标是三维立体的。AR 技术通过将虚拟信息以可视化的方式投射入真实场景，并提供给用户实时使用，大幅度加深用户对现实世界的感知和理解程度，使用户能够获得超越现实的感官体验。

3. 发展现状

20 世纪 60 年代，美国学者 Ivan Suther 提出"将计算机生成的信息直接加到真实世界中"这一概念④，并领导研制出被认为是现代 AR 系统雏形的 The Sword of Damocles（达摩克斯之剑）⑤。由于成本和硬件设备发展问题，AR 技术并没建立起完整的技术体系，普及应用程度较低。1990 年，波音公

---

① 付跃安：《移动增强现实（AR）技术在图书馆中应用前景分析》，《中国图书馆学报》2013 年第 3 期。

② 蔡攀：《基于增强现实的实时交互技术研究与实现》，电子科技大学硕士学位论文，2012 年。

③ Azuma R. T. "A Survey of Augmented Reality", Teleoperators and Virtual Environments（S1054 - 7460），1997，6（4）：355 - 385.

④ Sutherl I. ："The Ultimate Display", Proceedings of IFIP, 1965, 65（2）：506 - 509.

⑤ Ronald T. Azuma："A Survey of Augmented Reality", Teleoperators and Virtual Environments, pp. 355 - 385, August 1997.

司 Tom Caudell 正式提出 AR 技术，为 AR 技术体系建立了基本框架①，而随着科学技术的发展，AR 技术所需的硬件设备也开始普及化，并大量应用于移动端（如平板电脑、智能手机等），大大降低了 AR 技术的使用壁垒，使得 AR 技术的商业化和普及化成为现实。如今，AR 技术在商业与科研领域均占有一席之地，国内外也存在不少公司与应用平台专门提供 AR 技术服务，国外还有一些文化机构开展了 AR 技术的应用探索，如弗吉尼亚海滩公共图书馆就利用本地历史特藏，开发了一款名为"Great Stories at Places"的手机 AR 软件，用户在通过手机摄像头观察某一景点时获取该景点相关历史信息，观察角度不同，所获取的信息也不同②。

（三）VR、AR 技术与博物馆现有展陈互动模式的比较

作为社会文化基础设施的重要组成部分，博物馆不仅是单纯的文物标本收藏、展示与研究机构，更是面向社会、服务于公众的文化教育机构和信息资料咨询机构③，在公共文化服务体系中有着重要作用。现有博物馆展示模式大致分为三种：陈列式展示、互动体验展示与数字博物馆展示。陈列式展示以静态陈列的方式将展品展示给参观者，辅以有限的文字说明与解说员解说，参观者被动接受相关信息；互动体验展示以讲座、体验活动与视听欣赏为主，具有一定的主题性与时间限制；数字博物馆展示以数字化的方式将博物馆的收藏、陈列、研究、教育、娱乐等功能表现出来④，目前主要的形式为通过建设博物馆网站，将数字化的展品信息以在线展览的方式展示给参观者，并一定程度上运用了 VR 技术，为参观者提供了与展品互动的空间，但VR 技术使用程度有限，沉浸感与拟真度仍有欠缺。总体而言，虽然后两者

---

① Caudel Tom：AR at boeing ［EB/OL］. http：//www. ipo. tue. nl/hom. epages/mrauterb/presentations/HCI－history/tsld096. html，1990/2014.
② Library Partners with Tagwhat Mobile App to Lauch New Chapter in Local Story Telling ［EB/OL］. ［2012－07－4］. http：//www. vbgov. com/news/Pages/selected. aspx？release＝171.
③ 龚花萍、王英、胡春健等：《国内外数字博物馆现状比较与述评》，《现代情报》2015 年第 4 期。
④ 甄朔南：《正在兴起的数字化博物馆》，《中国博物馆》1999 年第 2 期。

在空间和时间上已经给予了参观者一定的自主性和与展品的互动空间，但目前参观者在线上或线下参观博物馆时，仍旧是被动地接受来自馆方的信息与活动安排，缺少与展品的主观性互动和对信息的主观性探索。

为对比 VR 与 AR 技术和现有博物馆展示模式，本文依照 Chen 和 Tsai[①]以及王辞晓等[②]对传统教学方式、在线学习方式、虚拟现实、增强现实四类学习方式的对比分析指标，结合博物馆展示模式和 VR、AR 技术相关文献进行分析，最终结果如表 1 所示。

表 1　博物馆展陈、互动模式对比分析

一级指标	二级指标	陈列式展示	互动体验展示	网络数字博物馆展示	VR	AR
参观环境及方式	参观环境	博物馆场馆	博物馆场馆	网络空间	虚拟空间	虚拟对象 + 真实世界
	参观方式	技术支持 + 讲解引导	技术支持 + 活动引导	基于网络空间的信息传递	基于虚拟空间的互动	基于虚拟对象与真实世界叠加的互动
成本	人力成本	高	高	低	低	低
	设计难度	低	中等	中等	高	高
	内容更新	容易	中等	中等	困难	困难
	设计成本	低	中等	中等	高	高
交互效果	环境交互	低	高	低	中等	高
	内容交互	低	中等	中等	高	高
	馆 - 人交互	低	高	低	高	高
	人 - 人交互	低	高	低	高	高
	媒体使用	文本或讲解器引导	多媒体技术	文本 + 2D/3D 对象	3D 对象	3D 对象
学习效果	参观动机	低	中等	中等	高	高
	内容感知	低	高	中等	高	高
	沉浸体验	低	高	中等	高	高

---

① Chen Chih Ming, Tsai Yen Nung:"Interactive Augmented Reality System for Enhancing Library Instruction Inelementary Schools", *Computers & Education*, 2012, 59（2）:638 - 652.

② 王辞晓、李贺、尚俊杰:《基于虚拟现实和增强现实的教育游戏应用及发展前景》,《中国电化教育》2017 年第 8 期。

综合对比分析可知，相较于传统的单向展示模式，VR 与 AR 技术在使用者与环境的互动方面有较大优势，能够弥补现有博物馆展览模式未能发挥参观者主观能动性的缺憾。

二 基于 VR 和 AR 技术的博物馆中展陈互动模式探索

如前文总结，VR 和 AR 技术在沉浸性、交互性方面有共同之处，但又各有所长。VR 的优势在于现实环境的虚拟重现，能够在一定程度上重现博物馆的展示空间，使得参观者无须身处馆内即可参观馆内展品，不受时间和空间的限制，更能近距离接触展品，主动获取有关信息，产生完全沉浸的心流（一种将个人精神力完全投入在某一事物或活动上产生的感受，附带高度的兴奋与充实感）体验。而 AR 侧重于对现实世界的补充增强，互动过程建立在真实情境中，参观者能够通过计算机设备与真实环境中的物体进行可触摸交互，在真实感上与 VR 相互弥补。基于二者的优势特征，本文从"线上互动"与"线下互动"两个方面，探讨设计了 VR 与 AR 技术在博物馆展陈互动系统中的具体应用。

（一）VR——线上互动模块设计

线上互动模块基于 VR 技术搭建，以虚拟场馆游览与虚拟展品互动为主，参观者无须前往博物馆就能在虚拟环境中参观游览。整个线上互动模块以游戏化为目标，主要分为"虚拟场馆游览"和"虚拟展品互动"两方面，参观者可在虚拟博物馆中自由游览，突破现实限制近距离与展品互动，在主动探索的过程中深入了解博物馆与其收藏展品。

1. 虚拟场馆游览

虚拟场馆游览开发基于三维建模、3D 引擎、场景调度与路径规划技术开发，其关键在于虚拟环境建模与虚拟游览功能建设。首先，开发者可通过 3DS Max 等三维建模软件，根据对模型精细程度与软件开发的需求，采用高精度模型、简单模型或贴图的方式，搭建博物馆虚拟场馆与展品陈列，虚拟场馆搭建得越完善，模型贴图细节度越高，参观者在虚拟场馆游览时的沉浸感越强烈，心流体验越明显。虚拟场馆 3D 建模完毕后，根据开发需求选择用于开发 VR 软件的 3D 引擎平台（如 Virtools、Unity3D、Unreal 等），将模型导入引擎平台，为后续功能开发做准备。

为实现虚拟游览功能，开发者可在引擎平台加载场景调度技术，确保"在不降低场景的显示质量的情况下，尽量简化场景物体的表现，以减少渲染场景的算法时间，降低场景空间复杂度，减少绘制场景物体所要占用的设备资源和处理时间"[①]，并利用路径规划技术，在博物馆虚拟空间中"建立带权值的连接图，利用启发式算法寻找最佳或次佳路线，为参观者提供前往目的地的路径提示"[②]，最后接入头戴式 VR 眼镜等输出设备，使得参观者能够在全虚拟环境中利用键盘和手柄或者行走、跑步的方式在虚拟博物馆中自由游览。

2. 虚拟展品互动

虚拟博物馆中的虚拟展品可通过三维数据采集、3D 建模软件等方式构建，也可以直接由数字博物馆的展品数据库导入，参观者通过虚拟输入设备（如数据手套，或者键盘、鼠标以及手柄）与博物馆展品的虚拟对象进行互动。展品信息并非直接展示在参观者面前，而是以线索的方式加载于虚拟展品上，由参观者在与展品互动（如拿起展品 360 度仔细观察、放大展品细节等）时获得，将博物馆单向为参观者展示展品和场馆信息，转变为参观者主动探索寻找信息。

（二）AR——线下互动模块设计

线下互动模块基于 AR 技术构建，侧重与展品虚拟形态互动，以此作为对博物馆真实参观环境的补充。该互动模块以平板电脑、智能手机等移动终端为设备载体，主要功能为"虚拟展品互动"与"博物馆引导游览"，参观

---

① 陈怀友、张天驰、张菁：《虚拟现实技术》，清华大学出版社，2012。
② 陈怀友、张天驰、张菁：《虚拟现实技术》，清华大学出版社，2012。

者可与移动终端上形成的增强现实图像互动，在互动过程中以探索的方式了解展品，并可以在增强现实图像的引导下更好地探索博物馆。

1. 虚拟展品互动

AR 技术下的虚拟展品互动基于三维注册跟踪技术与标定技术构建。参观者使用移动终端的输入设备（摄像头）扫描展品，将展品图像上传至移动终端的 AR 软件。AR 软件通过识别出展品图像中的标识信息，利用三维跟踪注册技术与标定技术，在输入设备的视场建立坐标系，根据实时监测到的输入设备视场确定所要添加的虚拟对象的位置，最终调出展品数据库中的虚拟展品，于参观者的移动终端完成渲染，形成虚实结合的增强现实图像。与 VR 的线上互动模块相同，参观者可调整移动终端镜头视角观赏虚拟展品，也可操纵终端显示屏上的增强现实图像，进而获取关于该展品的历史背景、文化内涵等信息。

除此之外，参观者还可以通过操作展品的增强现实图像，体会文物修复、艺术创作的过程。以文物类展品为例，文物类展品大多因年代久远与"修旧如旧"的文物修复原则，在展出时并不能完整再现文物所属年代时的风貌，如兵马俑的脱色与损毁、瓷器的裂纹与缺口等。但利用 AR 技术，参观者可以复原移动端显示屏上的虚拟文物，不仅能够为参观者再现文物原本的形态与色彩，还可引导参观者体会文物修复工作，加深对文物类展品的理解。类似思路也可延伸拓展至其他类型的展品，如书画类展品可以通过 AR 技术模拟其艺术创作过程等。

2. 博物馆指引服务

参观者在游览博物馆时，除了要确定参观路线、在博物馆内找到目标展厅/藏品之外，参观者在停车场如何到达博物馆，遇到紧急情况时如何找到出口等也需要一定的指引。目前常见的指引方式为人工指引和引导音/视频，但是前者难以满足每一位参观者的实时需求，后者模式固定，无法提供精确化的服务。在移动端 AR 平台中，由于展品、展厅及特定入口的表示信息均已录入 AR 软件数据库，参观者可以在移动端输入自己需要前往的方位，前往该处的指引信息就将叠加在移动端显示屏上的真实环境视频中，直接引导参观者前往目标地，具有实时性。指引信息与参观者定位可基于有源 RFID 和 WiFi 实现，由于博物馆通常为封闭式环境，RFID 的定位精度较 GPS 更高，甚至还可以实现室内外场景无缝切换。除此之外，参观者在将移动端连入博物馆局域网后，参观者的移动终端及其所在位置就会实时上传至该博物馆客流量热点图中，方便参观者通过观察博物馆各展厅的实时人流分布，自由选择自己的参观路线。

（三）模式创新点

1. 突破时空限制，提升文化体验互动性与沉浸感

博物馆肩负重要的文化传播与教育功能，因此在营造文化氛围方面有较高要求，而 VR 与 AR 技术的提出，为博物馆在文化氛围营造方面提供了展陈互动新思路。因为时间与空间的限制，参观者往往无法与展品近距离接触，也无法亲赴非本地的博物馆参观体验。VR 技术能够完全模拟博物馆的真实环境与展品形态，使参观者能够即时即刻在想要参观的博物馆中与展品近距离互动；AR 技术则增强补充了博物馆的真实环境，为亲临博物馆的参观者提供了更好的参观体验，这两种技术的混合使用，在时空层面拓宽了人机交互的方式，使得参观者不仅可以在无法亲临现场时在虚拟博物馆中漫游和了解展品文物，还可以在真实博物馆中主动探索更多的兴趣点和线索。与现有方式相比，基于 VR 与 AR 技术的博物馆交互模式集娱乐性、教育性与交互性于一体，使用户可以充分利用设备与移动终端与博物馆和展品互动，从根本上打破了博物馆展品"只可远观而不可亵玩"的现状，二者相结合，带给参观者前所未有的参观体验。

2. 打破博物馆"线上"与"线下"展陈互动模式之间的使用壁垒

现有的博物馆展陈游览方式较为单一，非线上（数字博物馆展示）即线下（陈列式展示、互动体验展示），且模式之间不互通，缺少相互引流，难以唤起参观者尝试其他模式的兴趣。本文所探讨的基于 VR 和 AR 技术的展陈互动模式，创新性地结合了线上游览（非馆内）与线下游览（馆内）两条互动路线，二者相互弥补对方在沉浸体验和实时互动方面的不足，且模

块之间数据共通，参观者在使用其中某一模块功能之后，其参观进度能够无障碍过渡至另一模块，客观上降低了两个平台的使用壁垒。

3. 引入"游戏化"思维，提高参观者对博物馆的探索热情

博物馆展品一般具有较为深厚的历史与文化积淀，现有的讲解员解说和数字博物馆文字介绍的方式虽然全面，但需要参观者单方面接受大量的信息灌输，无法使参观者切实了解和体会展品所蕴含的文化内涵与历史意义。本文提出的模式以游戏思维为根本，将探索过程游戏化、展品信息碎片化，变参观者被动接受信息为参观者主动探索信息，促进参观者在互动过程中对博物馆及其展品所承载的文化内涵与历史积淀的认知。有关展品的介绍信息如历史背景、文化内涵等均以线索的形式储存在虚拟展品上，参观者在与展品互动过程中解锁该展品介绍信息。博物馆方还可将展品介绍信息收集程度量化，与博物馆门票和文创产品兑换机制挂钩，吸引参观者前往博物馆参观真实展品，带动博物馆文创产业发展。

4. 创新"科技＋"文化发展理念，以科技助推博物馆发挥其公共文化职能

计算机、多媒体和互联网信息技术的发展，促进了新兴科技的普及化，在提高人民生活水平的同时，也为发展和弘扬民族文化提供了新的方式与路径。以博物馆为例，数字博物馆就是数字信息技术与博物馆的有机结合，在推动国家文化发展、提升民族文化自信的过程中，数字博物馆的建设具有十分重要的战略意义。而 VR 与 AR 技术作为数字信息技术发展的新方向，也是博物馆寻求突破的新途径。一方面，基于 VR 与 AR 技术的互动模式具有较高的娱乐性与交互性，能够吸引更多的人走进博物馆；另一方面，VR 与 AR 技术的新兴性使普通群众会因为强烈的好奇心而选择尝试，进而推动博物馆所属地区的文化发展与传播，实现具有民族特色的数字化互动体验与文化消费。

三 结论与展望

作为新兴信息科技，虚拟现实与增强现实技术在博物馆中的应用仍亟待进一步探索，但其应用前景毋庸置疑。本文所探讨的 VR 与 AR 技术相结合

的博物馆展陈互动模式，将文化传播需求、游戏化思维与数字信息技术相结合，使博物馆不仅是展示、观察和体验的场所，还是帮助参观者对展品所蕴含的历史价值与文化底蕴有更深入了解，构建和培育民族文化自信的文化教育场所。比起现有的博物馆展示方式，使用虚拟现实和增强现实技术能够促进参观者在参观过程中与博物馆场馆和展品的交互，游戏化的设计思维能够促使参观者产生心流体验，为参观者营造具有沉浸感的文化氛围，更有利于调动参观者的积极性，使参观者在与场馆和展品的互动过程中加深印象，实现深层次的文化传播。由于现有的 VR 与 AR 技术在实现效果上仍存在一定的发展瓶颈，未来的研究应侧重技术本身的发展突破，同时重点关注博物馆的文化教育任务、博物馆自身特色在技术实现中的体现，为实现"科技＋"文化的发展战略探索可行路径。

B.20
虚拟现实技术与中国电影格局调整

侯　顺　殷作钰*

摘　要： 虚拟现实技术应用于电影领域后，打破了传统电影的本体认知、语言体系，改变了大众的审美习惯、观影行为，创造了新的电影类型。目前虚拟现实技术电影的技术、制作、生产、表达、放映等处于探索阶段，但虚拟现实技术电影发展趋势锐不可当，冲击、改变着中国电影格局。中国电影需要主动适应格局调整，抓住实现弯道超车的机会。

关键词： 虚拟现实技术　中国电影　格局调整

近年，虚拟现实技术（以下简称 VR 技术）在世界各国大爆发，以摧枯拉朽之势横扫、冲击、融合着社会生活、经济发展的诸多领域。VR 技术与电影结合，拓展了电影艺术的内涵和外延，促使新的电影本体观念、新的电影语言与语法、新的电影类型诞生。同时，VR 技术也在影响着中国电影制作、发行、放映等全产业链环节，悄然改变着中国电影格局。

---

* 侯顺，华中师范大学国家文化产业研究中心博士生，研究方向为网络文化产业、影视文化产业、文化创意产业；殷作钰，湖北省旅游学校团委副书记，研究方向为文化产业。

一 虚拟现实技术及其应用

（一）VR 技术概念及特征

1. VR 技术

VR 是 Virtual Reality 的缩写，即虚拟现实。VR 技术又译为灵境技术，产生于 20 世纪 60 年代，20 世纪 80 年代正式被提出[①]。VR 技术综合了图形技术、传感器技术、仿真技术、显示技术、多媒体技术、网络技术、交互技术、人工智能等多种科学技术，也综合了力学、光学、电学、机械学、运动学等多学科的知识应用，它能创建多维度的虚拟信息环境，让人们能够多维度感知、体验虚拟环境并与之交互。

基于 VR 技术，后来还相继出现了 AR（Augmented Reality 增强现实）、MR（Mixed Reality 混合现实）、CR（Cinematic Reality 影像现实）等概念和技术，综合来看，这些技术的核心都是通过系列手段虚拟现实，增强人们感知体验的沉浸感。目前 VR 技术所使用的硬件设备主要有以 3D 扫描仪为代表的建模设备、以智能眼镜为代表的体感设备、以运动捕捉系统为代表的交互设备等。

2. VR 技术特征

现代 VR 技术有三个典型特征：感知多元性、生理沉浸性、即时互动性。第一，感知多元性。VR 技术综合了图形、声音、仿真、传感等多种手段，信息源丰富，通过多源信息交互，不仅能够提供一般技术所具有的视觉感知、听觉感知，还能提供触觉感知、运动感知，甚至还有嗅觉感知等，几乎包含了与真实世界一致的人所具有的全部感知功能，可以说，VR 即人的延伸。第二，生理沉浸性。VR 设备几乎可以完全将使用者与当前真实世界

---

① 张良杰、朱丽敏、钟石等：《VR 技术现状与应用领域研究》，《传感器世界》2017 年第 23 期。

隔离，排除干扰，令人沉浸到虚拟现实中去，获得身临其境的感觉，甚至可以完成一些现实中难以或无法完成的活动。第三，即时交互性。VR 技术通过键盘、鼠标、眼镜、手套、操作杆等交互设备实现使用者与虚拟现实环境的动态交互，系统根据使用者的动作及运动，即时调整声、画呈现，实现即时互动。与受拍摄源限制的 360°全景技术相比，VR 技术可以带来更深的沉浸感和更为全面的即时交互。

（二）VR 技术的普遍应用

早期的 VR 技术主要应用在军事领域的模拟作战训练中，随着科技的不断发展，VR 技术逐渐进入航天、工程、通信、医疗、教育、娱乐、建筑和商业等社会生活全领域。

2014 年 3 月，Facebook 宣布以 20 亿美元的价格收购 VR 技术领头羊 Oculus 公司，这个消息震撼了业界，也显示出 Facebook 对互联网发展趋势的判断。随后，VR 技术迅速进入中国众多互联网巨头及知名公司的视野，阿里巴巴、腾讯、百度、华为、小米纷纷开始在 VR 技术领域布局、投资、建实验室，以期加快 VR 领域技术研发、利用的步伐。VR 技术成为继 3D、IMAX、4K 之后最引人瞩目的技术热点。随着 VR 购物、VR 游戏、VR 电影、VR 教育的大量使用，VR 技术离普通人的生活越来越近，2016 年也被称为虚拟现实元年。

（三）VR 技术在电影领域的应用

当前，虽然 VR 技术备受关注、发展迅猛，"VR + 电影"的概念也被看好，但 VR 技术在电影领域内的运用并不成熟，VR 电影的拍摄依然存在很多困难，尚不能大范围地展开。不过，很多导演已经在努力尝试，将 VR 技术运用于电影中。2014 年，华裔美国导演林诣彬导演了 5 分钟的 VR 短片 *Help*。*Help* 讲述的故事发生在洛杉矶，某天，流星雨陨落，地面被砸出大坑，交通和通信瘫痪，外星怪物现身城区，攻击人类，主人公是一名年轻女性，她想尽各种办法在警察的帮助下试图逃离。

Help 采用真人真景 + VR 技术拍摄完成，四个装了 180 度的鱼眼镜头的摄像机组成了 360°无死角拍摄视角，后期再把四个画面叠加制作成全景画面，另外还需要大量的 CG 加工，全部制作工作由 81 个人耗时 13 个月才完成，共拍摄了 200TB 的素材，完成了 1500 万帧的渲染。在没有大牌明星演员出演的情况下，这部 5 分钟的短片制作费用高达 500 万美元。①

2016 年，导演 Rob McLellan 推出了全球首部限制级 VR 电影 *Abevr*，影片主打恐怖血腥路线，带给观众强烈的恐惧沉浸感；2017 年，曾经反对 VR 技术的著名导演斯皮尔伯格也拍摄了 VR 电影《头号玩家》，引起了大众的关注。

VR 技术本身的局限性限制了 VR 电影的发展，但 VR 电影创作前景普遍被看好。目前，几乎所有传统电影节如威尼斯国际电影节、戛纳国际电影节等都设置了 VR 竞赛、展映单元，也有部分中国电影作品进入了国际电影节的 VR 单元。可实际上，目前并没有在电影院正式上映一部纯 VR 技术制作的 VR 大电影。2018 年 6 月 28 日，日本电影三巨头：VAIO 株式会社、东映株式会社、Craftar 株式会社联手布局 VR 领域，宣布让 VR 电影正式落地到影院中，并在 2018 年 7 月举办试映会。②

在国内，第八届北京国际电影节也设置了 VR 单元。另外，2018 年 6 月 23 日，青岛通过举办为期 5 天的"2018 青岛国际 VR 影像周——砂之盒沉浸影像展"，汇集了全球娱乐业、VR 界的从业者，影像周日程安排有工作坊、创投会、主题演讲、官方展映，还有分叙事、科技、娱乐、生活四个专题的沉浸论坛，以及 VR 相关科技设备及作品展等单元，全面呈现了当下最前沿、尖端的 VR 内容。

---

① 搜狐网：《VR 体验片已经来了，VR 电影还会远吗？》，https://www.sohu.com/a/137085314_630175。
② 搜狐网：《日本影视巨头正式落地 VR 影院，使用中国初创公司 VR 一体机》，http://www.sohu.com/a/238054390_549351。

二 虚拟现实技术与电影艺术

法国卢米埃尔兄弟 1895 年拍摄的《工厂大门》《火车进站》等被视为世界电影诞生的标志。电影在诞生之初，利用视觉暂留原理，运用照相手段把影像记录在胶片上，再用光电手段投射到银幕上，用以表达一定的内容。电影是随着电学、光学、化学、机械学等学科以及活动照相术、幻灯放映术等技术的发展而产生的一种现代艺术。

（一）VR 技术更新电影本体认知

电影用镜头语言艺术地反映现实，是综合的现代科技与艺术，电影在科技与艺术的交汇处诞生，科技和艺术都是帮助电影反映现实的手段。

科技进步与电影媒介的更迭变化、电影语言的延伸扩展息息相关，科技在带给电影新可能的同时，也影响着人们的电影观念与对电影本体的思考。

电影是什么？这不仅仅是电影理论家们的思考，也是每一次新的科技浸入电影领域之后，人们的集体思考。安德烈·巴赞的名言是"电影是现实的渐近线"，新浪潮电影代表导演戈达尔的名言则是"电影就是每秒24格的真实"，近现代还有电影是"运动影像""影院叙事体""艺术本体""技术本体"等争论[①]。科技与文化在人类文明诞生之初就开始互相博弈、共生共存[②]，艺术作为文化的重要组成部分，与科技之间，也同样是互促互进、彼此依存的关系，而不是互相取代、非此即彼的关系。

当 VR 技术出现后，电影观念和本体认知又到了新的路口。VR 技术使电影无限接近现实，使电影从视听艺术变为空间艺术。观众可以选择是观看一部电影，还是进入一部电影。但 VR 技术的虚拟性决定了 VR 电影终归不是现实，本质上还是反映现实的手段。

---

① 卢康：《电影本体观念的嬗变》，《电影文学》2017 年第 15 期。
② 詹一虹、侯顺：《网络文化产业研究的逻辑起点与问题域》，《深圳大学学报》（人文社会科学版）2016 年第 5 期。

（二）VR 技术促进电影技术进步

VR 是多种技术的综合结果，立体显示技术、三维虚拟声音技术、环境建模技术、虚拟影像技术等都是 VR 系统的重要支撑技术。

在 VR 电影制作中，全景拍摄是 VR 内容采集的基础，与此相关的 360° 全景视频拍摄、球面视频拍摄、VR 音频技术等产品和技术在 VR 概念的催动下正在逐渐完善。

显示技术发展则影响着人们的观影体验，VR 概念下，传统的银幕显示技术被迅速取代，目前比较主流的 VR 显示器是头盔、立体眼镜、全息和环幕、球幕等，这些设备普遍较为昂贵，且头戴设备一般比较重，人们佩戴时间不能太长，佩戴时还容易产生眩晕感，严重影响了观影的舒适度，因此 VR 体验问题是阻碍 VR 广泛普及的重要因素。基于新一代数据传输、传感器、GPU 等技术，VR 设备的延迟、晕动症、显示效果等问题将得到一定程度的解决。同时 VR 设备形态分化日趋明显，移动 VR、一体机等便捷性较高的设备将更适用于消费市场，对计算能力要求高的头盔等设备将成为企业市场的主流形态。

VR 电影技术的发展应是以体验为核心，通过技术不断提升逼真度、舒适值、沉浸感、交互性的演进过程。

（三）VR 技术变革镜头语言体系

1. 电影语言的演进

电影用镜头语言表达思想内容，每一次科技的进步如拍摄机器的发展、传播媒介的更迭、制作技术的提高等，都会影响到镜头语言的构成元素和形态。

黑白画面是最初的和唯一的镜头语言元素，构图、光效、明暗等构成屏幕可视画面的基本因素，是处理造型、烘托气氛、表达情感的重要语言手段。

1930 年改良的吊杆式麦克风技术将声音带入了电影，使电影从默片发

展到有声片，从纯视觉的艺术变为视听结合的艺术。声音成为镜头语言的元素之一，人声、音乐、音响，音调、音色、力度、节奏等使声音成为电影重要的表情达意的语言元素。

20世纪50年代，彩色胶卷出现，电影从黑白片发展成彩色片。色彩进入电影之后，不仅加强了影像的可观赏性，也构成了更为和谐、贴近现实的电影画面表现语言。

随后，宽银幕和立体声技术出现。由于宽银幕更接近人眼的视角范围，因此银幕画幅比例的变化进一步改良了影像的画面细节；同时，立体声技术更接近人耳的听觉感受，因此增强了声音的效果。声画效果的改进再次完善了电影的视听语言，改善了人们的观影感受，使电影经受住来自电视媒体的冲击和竞争。

2009年，詹姆斯·卡梅隆执导的《阿凡达》开启了全球3D电影时代，引发了全世界对影像科技的狂热追求。随后，IMAX银幕、4D、4K等技术被迅速应用于影像制作，影像制作技术更新迭代的时间大大缩短，电影语言的表现力和电影艺术的生命力不断增强。

2. VR技术带来新的镜头语言元素

VR技术的感知多元性决定了其与电影之间的必然关联，相对于3D、IMAX、4K等技术革新，VR技术全方位拓展了电影语言元素。

在VR技术出现之前，电影主要调动的是观众的视觉、听觉感知，利用画面、声音来完成叙事。3D技术、IMAX银幕等只是改善了视听效果，并未从根本上改变镜头语言的元素。而VR技术的感知多元性则全面开发了电影艺术的感知领域，在VR技术的帮助下，触觉、味觉、嗅觉等人类五种基本感知功能都可以发展成一种新的镜头语言元素，甚至还有运动感觉、空间感觉、时间感觉等也可能发展成镜头语言元素，共同构成新的镜头语言系统。VR技术让电影超越了视听的艺术成为空间艺术，在更多的维度上给电影语言的拓展提供了可能。

3. VR技术拓展新的叙事规则

无论屏幕科技如何发达，传统电影始终存在画面边界的限制，因此镜头的剪辑、蒙太奇等技法构成了传统电影叙事的基本语法规则。苏联导演普多夫金曾认为,电影艺术的基础在于剪辑。爱森斯坦也提出,两个蒙太奇镜头的对列,不是二数之和,而是二数之积。

VR 技术出现后,电影迅速突破了画面、屏幕的限制,全景式呈现颠覆了传统镜头语言的剪辑方式、蒙太奇的运用技法以及电影的叙事规则,平面镜头语言的语法规则不再适用于 VR 电影,全新的空间镜头语法规则体系将出现。

(四)VR 技术催生电影新类型

电影技术与内容相互关联、相互促进。一方面,技术进步能丰富电影内容,拓展电影类型,另一方面,现实生活内容的新表达也对技术创新提出要求。比如,麦克风技术 + 电影出现了音乐片类型,彩色胶片 + 电影出现了彩色电影,互联网 + 电影产生了微电影,3D + 电影出现了 3D 电影等。

虽然 VR 技术扩展了人们感知世界的途径,但并非所有的电影内容、故事都适合用 VR 技术来表达、叙事和呈现,因此 VR 技术 + 电影后,传统电影并不会消亡,而是会过渡成部分包含 VR 技术的电影,最终全新的电影类型——VR 电影将会产生。由于不同受众和市场的存在,VR 电影并不会完全取代传统电影,而是与传统电影、其他类型电影并存共生。

三 虚拟现实技术对中国电影格局的改变

目前,世界上 VR 电影的技术、制作、生产、表达基本都还处于初期的探索阶段,尤其是内容生产还较为贫乏,但 VR 电影发展趋势已有目共睹、锐不可当。在中国,VR 技术不仅改变了传统的电影观念、镜头语言、叙事规则,还冲击了传统电影的投资、生产制作、发行、放映、衍生品等全产业链,对中国电影产业格局产生了重大影响,同时也给中国电影提供了一次弯道超车的机会。

（一）VR 技术在中国

VR 技术早已受到各国政府的高度关注，中国政府相继出台的国家科技创新、国家信息化、国家战略性新兴产业等领域的"十三五"规划都明确把 VR 作为发展重点，国家对 VR 产业的战略定位进一步强化。

2017 年 3 月 16 日，虚拟现实产业联盟投资促进委员会正式成立，在 VR 投融资项目路演论坛上，《2017 中国 VR 产业投融资白皮书》发布，白皮书对国内外科技公司在 VR 领域的布局、进展做了分析，国外一些巨头公司形成了以"硬件 + 软件 + 内容 + 应用"为核心的 VR 生态闭环，[①] 我国 VR 各环节还处于快速发展阶段，全产业链尚未形成。委员会的成立对中国 VR 产业起到了积极的推动作用。

2017 年国内科技企业纷纷通过投资、融资、合作等各种形式加速进入 VR 市场。传统企业一般将自身成熟的行业优势向 VR 复制，比如小米对头戴设备的研发，爱奇艺上线 VR 频道，腾讯的 VR 战略依然围绕游戏展开，阿里重点布局 Buy + 等；新型企业则主要靠风投推动，侧重技术研发。

（二）VR 技术对中国电影产业格局的影响

中国电影产业链一般包括制作、发行、放映三个环节，反映的是产业公司间的经济生态。VR 技术发展对于中国电影的影响是全过程、全方位、全产业链的，继 3D 技术之后，VR 技术再次提升了大众的观影热情，人们热切盼望科技与艺术、与商业的完美结合。

1. 对制作环节的影响

广义上的制作环节一般包括剧本创作、投资融资、导演制片、演员演艺、影像拍摄、后期制作等内容。VR 电影领域是技术先行，VR 技术、设备的发展速度远高于 VR 内容的制作生产。中国 VR 技术与设备的研发起步

---

① 央广网：《虚拟现实产业联盟投资促进委员会正式成立已签约 5 家企业》，http：//tech.
cnr. cn/techgd/20170328/t20170328_ 523680234. shtml。

虽晚，但受到资本关注，发展迅猛，而 VR 内容制作、提供商却不多，面世的作品一般是几分钟的短视频、预告片等，完全没有达到电影应有的叙事容积。由于颠覆了传统电影内容生产的规则，VR 内容生产遭遇困难，明显滞后于技术与设备的发展。

中国电影制作方众多，既有中国电影集团、上海电影集团、长春电影集团等大型国有集团，也有山西电影制片厂、广西电影制片厂、北京电影制片厂等省级电影制片厂，以及华谊兄弟、博纳国际、光线影业等民营影视公司，这些制片方用丰富的电影作品带来了中国电影市场的繁荣景象。VR 技术进入电影后，对电影制作方一视同仁提出了新的要求和挑战。

一是导演作用消减。美国电影理论家波布克有句名言：对于成熟的导演，每一个视觉画面上都有他的签名。这形象地说明了，在传统电影的拍摄制作中，导演是灵魂，电影作品会深深打上导演个人风格的烙印。导演的思想高度、镜头语言的运用能力将直接决定电影的优劣，甚至影响一个时代。如，以张石川、郑正秋为代表的"第一代"导演，是 20 年代中国电影的拓荒者；以蔡楚生、孙瑜、费穆为代表的"第二代"导演，将 30、40 年代的中国电影带入深入反映社会生活的高度；以郑君里、谢晋、凌子风为代表的"第三代"导演，在民族风格、地方特色方面做了有益的探索；以吴天明、谢飞、郑洞天、黄建中为代表的"第四代"导演大多经历过"文革"，作品带有对历史的反思；以陈凯歌、张艺谋、吴子牛、田壮壮、冯小刚为代表的"第五代"导演，作品带有强烈的主体风格，将中国电影创作推向高潮；以姜文、贾樟柯、陆川为代表的"第六代"导演，在作品中显露社会和文化的多元生机。这些导演在中国电影史上留下了带有个人风格烙印的经典作品，在电影制片方也有较大的个人影响力和举足轻重的作用，甚至可以左右电影投资融资、制片发行等。但在互联网的冲击下，导演在电影制作上的权威话语权被打破，人人都能拍摄、制作电影。[1] 在 VR 电影中，导演作用消

---

① 侯顺：《从"相加"迈向"相融"走向"相离"——"移动互联网"助推中国影视文化产业发展》，《中国文化创新报告（2017）》，社会科学文献出版社，2018，第 132 页。

减得更彻底，360°的全景式视点以及交互特性不仅将包括导演在内的非演出人员摈弃在外，而且推、拉、摇、跟、移等镜头语言无法发挥作用，导演个人风格无从展现。这些变化颠覆了传统的导演方法论，导演个人风格、权威地位、关键作用在 VR 电影中被消减，话语权被剥夺。VR 电影的导演技术更接近于话剧导演，导演可以在环境、氛围、表演、服装、音乐等方面精心设计，但无法用蒙太奇、镜头切换来表达思想。

二是编剧地位上升。由于 VR 技术的支持，观众在观影过程拥有了选择权，主体视角被多元化，观众可以随心所欲、自由观看想要观看的内容，不同主体的视角、关注重点会有差异。比如，汽车生产商 Mini 曾拍过一部 VR 短片，主人公将一个工人推进一堆箱子中，然后跑了。此时，有的观众跟随主人公走远，也有的观众被工人的伤势吸引了，导致观影者通常会错过下一个重大行动点。① 因此，吸引观看者的注意力成为 VR 电影创作的关键问题。除此之外，VR 技术的互动性既是 VR 电影的优势，也是创作上的难点。即观众的不同互动会对叙事走向产生影响，导致多条叙事线和多个叙事结果，这对电影编剧提出了极高的要求，VR 电影编剧的地位和作用被无形中增强，甚至可以影响观影的沉浸感。

三是演员能力面临考验。传统影片中，演员受屏幕边界保护，只需要保证镜头范围内的完美，同时还有后期剪辑支撑，表演不到位、笑场、穿帮都可以多次 NG 重来，但 VR 影片由于主体视角的多元，无所谓主角、配角之分，镜头中的每位演员都可能是影片的主角，每位演员都需要尽量做到完美，否则所有演员都得重拍，因此 VR 影片非常考验演员的台词功力、配合能力和演技实力。同时，伴随 VR 技术的成熟，VR 演员将会大量出现。VR 演员不仅会动摇有颜值无演技的真人明星的地位，而且对电影制作成本的构成也会产生较大影响。如果观众可以线上选择，甚至创造电影 VR 演员，演员这一职业都将受到一定冲击。

---

① VR 资源网：《斯皮尔伯格要拍 VR 电影了 你觉得他能成功吗?》，http：//www.vrzy.com/vr/43146.html。

综观中国电影市场，VR 技术在电影行业中的应用前景是毋庸置疑的，但并不意味着 VR 电影创作可以一味追求沉浸感，停留在恐怖、科幻、暴力等感官刺激层面，这会使 VR 电影陷入低俗的境地。对于内容生产者而言，没有内容支撑的技术不能长久，最终将失去观众、无法发展，VR 技术与电影艺术和谐相融，生产出能与 VR 技术相匹配的大电影才是 VR 电影的发展正途。

2. 对发行环节的影响

除了中影、上影等国有集团之外，华谊、橙天等取得专营国产影片的"电影发行经营许可证"的电影公司也有发行权利，但对于好莱坞影片等非国产电影，《电影制片、发行、放映经营资格准入暂行规定》在电影进口出口方面明确规定"电影进口经营业务由广电总局批准的电影进口经营企业专营。进口影片全国发行业务由广电总局批准的具有进口影片全国发行权的发行公司发行"。① 目前只有中影、华夏两家获得发行资格，虽然陆续有民营公司也参与了进口批片的发行，但仍需要向中影集团申请指标，中影独大的垄断局面已长达二十多年。

以好莱坞为首的国外电影公司一直对中国电影市场虎视眈眈，迫切希望能撬开中国市场，随着互联网技术的发展，电影发行的物理边界日益模糊，VR 技术将进一步强劲冲击电影发行的政策隔离墙，可能将促进改变中国电影的发行格局。

3. 对放映环节的影响

国内大的电影集团一般都有自营的放映业务，院线制的实践得益于外资影院和民营影院的大力推进。

2005 年，民营公司万达院线成立，在新型运作模式的帮助下，万达院线迅猛发展，2009 年以八亿元票房纪录奠定了国内电影院线龙头的地位。2012 年并购美国 AMC 后，万达院线晋级亚洲第一大电影院线；2016 年并购卡麦克院线后，成为全球最大的电影连锁院线。万达院线在中国电影放映环

---

① 国家广播电影电视总局：《电影制片、发行、放映经营资格准入暂行规定》，2003。

节有着举足轻重的地位。VR 电影一旦大规模进入市场，必然会对院线、影院带来冲击，放映环节也将面临重新整合。

一是多元放映影院出现。《阿凡达》公映之后，国内电影院纷纷引进 3D 放映系统以适应观众观看 3D 电影的需求。如果把 VR 电影视为 3D 电影的加强版，那么传统影院将再次因配合 VR 电影的放映而做出大规模调整和改造。目前，荷兰阿姆斯特丹抢先将 VR 影院运营起来，名为 VR Cinema 的电影院已经在正式营业，影院中可全方位旋转的转椅取代了固定排椅，三星 Gear VR 设备、手机取代了银幕，森海塞尔耳机取代了环绕音箱。VR Cinema 提供的是系列 VR 电影，总片长 35 分钟左右，票价为 12.5 欧元（约合人民币 89 元）。VR 电影与传统电影是并存共生关系，因此传统电影院也还有继续存在的价值和空间，未来影院也许会是"2D 影厅 + 3D 影厅 + VR 影厅 + 功能包间"等的综合体，以满足观众多样化的观影需求。但当 VR 技术发展到一定程度，人们能够在客厅、房间、会议室等非影院空间实现同等的观影效果时，影院的存在就会受到极大的冲击和挑战。

二是线上平台扩张。互联网时代的电影发行、放映早已不再是依赖院线地推式铺开这一条路径，而是在电视、电脑、手机平板等移动终端的各类不同类屏中推广。VR 观影设备也成为继个人电脑、移动终端之后的新放映屏，不少线上平台争先抢占 VR 视频内容的发行市场。如搜狐、优酷、爱奇艺等视频网站都纷纷设立 VR 频道，为 VR 电影的未来大繁荣做足铺垫。

20 世纪 90 年代是国有电影集团发展的拐点，中国电影市场化进程中民营影视公司纷纷崛起，抢走国有电影集团的市场份额。当前，在资本浪潮和 VR 技术的冲击下，中国电影产业再次面临重新洗牌的调整契机，唯有主动适应、积极调整，才能把握住弯道超车的机会，引领中国电影进入新时代。

B.21
城乡居民文化消费试点数据平台的
技术优化策略研究

——以"扩大城乡居民文化消费"试点数据平台为例

曹余阳 *

摘　要： 如何有效地将互联网技术延伸应用到文化消费的更广泛层面，以进一步发挥文化消费激励政策的作用，更大限度激发居民文化消费潜力，是下一阶段我国文化消费激励政策试行应当考量的重点所在。其中，政策平台的整合、补贴资金的支付渠道拓展、线上和线下的对接、农村和城市的同步则是目前几大亟须解决的核心技术问题。在解决上述问题时，必须深刻认识到国家文化消费激励政策实施的最终目的，既要着眼于落实政策的市场促进效果，也要坚持正确的政策价值导向，才能真正依托"互联网 +"的技术聚力，实现文化消费激励政策的经济效益和社会效益相统一。

关键词： 城乡居民　文化消费试点　激励政策　互联网技术

自 2015 年以来，文化部、财政部开始在全国 45 个城市循序渐进地开展"扩大城乡居民文化消费"试点工作。各试点城市依据自身情况，纷纷制定

---

* 曹余阳，武汉大学中国传统文化研究中心博士后，管理学博士，研究领域为文化消费与文化政策。

了不尽相同的文化消费激励政策,大部分试点城市选择了依托互联网技术助推文化消费增长的工作实施机制。通过激励居民参与公共文化消费评价获得奖励积分,再以所获得的奖励积分兑换优惠券用于自主文化消费,这是目前大多数依托互联网平台技术运行文化消费激励机制的试点城市所遵循的一般路径。在具体操作上,试点的居民必须先实地参观图书馆、文化馆、博物馆、美术馆等公共文化服务机构,或是参与其举办的活动,然后再通过微信公众号平台,进行签到、活动分享、服务评价等用户行为来获得奖励积分。这些积分积累到一定程度可以兑换参与试点的文化企业所放出的优惠券,再到指定企业进行相应的产品和服务消费实地核销优惠券以抵扣商品服务的原价。通过上述操作,"扩大城乡居民文化消费"政策试点取得良好成效,但试行过程中也凸显新的问题,这些问题的解决与数据技术平台的技术优化密不可分。

一 城乡居民文化消费试点的政策成效及其技术困境

据武汉大学国家文化发展研究院文化消费政策试点大数据分析①:2018年上半年,各级财政对文化消费试点累计投入资金总额为9亿1069万元,全国文化消费试点直接拉动文化消费规模为180亿8083万元,其中,各地试点产生的文化消费中财政资金补贴规模为3亿3930万元,居民实际支出177亿4152万元,直接拉动效益为1∶53;同期,45个文化消费试点相关活动总参与人次为1亿5258万人次,试点城市平均参与人次为346.78万人次,参与试点活动的居民单人次获得财政补贴2.22元;此外,据26个试点城市的抽样调查统计,各试点城市居民对文化消费试点相关工作的满意度相对较高,整体满意度为93%。以上数据来自武汉大学国家文化发展研究院托管的国家文化消费政策平台后台统计,可见以"大数据""云计算"为代

---

① 以下数据均来源于武汉大学国家文化发展研究院提交文化部的《国家文化消费试点城市2018上半年试点数据分析报告》。

表的互联网技术为有效地监控文化消费政策实施效果提供了最基础保障。而如何有效地将互联网技术延伸应用到文化消费的更广泛层面，以进一步发挥文化消费激励政策的作用，更大限度激发居民文化消费潜力，则是下一阶段我国文化消费激励政策试行应予以考量的重点所在。

就文化消费试点整体情况来看，居民消费者、试点参与公共文化服务机构和文化企业这三方主体，从各自角度对政策活动操作过程中的突出问题进行了反馈和归纳。对于居民消费者而言：文化消费优惠券核销环节比较麻烦，一定程度上降低了消费便利性；文化消费政策支持的商品服务过于单一，主要集中在线下消费类型上，不利于居民网上及时便利消费；农村地区居民因为经济社会发展环境的影响，难以纳入试点，造成了客观上的文化消费政策不公平。对公共文化服务机构而言，只有被评价权而没有相关扶持政策，参与试点的积极度不高。对文化企业而言，补贴资金结算流程过于烦琐，资金不能及时到位时，只能自行先垫付消费者优惠券的核销金额，一定程度上挫伤了企业的参与热情。

以上问题集中反映在两方面：一是政策实施便利性不够；二是政策实施广泛性不够。这两大突出问题从宏观来看，需要调整相应政策实施机制，微观直接原因却是技术层面的不够智能化。政策机制方面相关调整固然首先应该细化研究和科学设计，但最终也同样需依赖互联网技术的延伸应用和拓展，从根本上解决政策措施落地服务问题。

二 城乡居民文化消费试点数据平台的技术优化方向

目前的文化消费试点成果表明，通过"场馆评价—文化消费优惠券"的方式，连通文化事业与文化产业并扩大居民文化消费的效果明显，具有进一步推动的可行性和必要性。总体上，下一阶段的政策实践应该延续该推进模式，依托移动互联网智能终端平台，将"积分奖励"拉动文化消费作为政策实施的主要思路方向。同时，为解决操作过程中各试点主体所反馈的问题，在互联网技术应用上，应在坚持政策经济效益和社会效益相统一前提

下，把握向政策实施便利性和广泛性延伸的改进方向。建议下一阶段"扩大城乡居民文化消费"激励政策实施，应在技术上着眼于现行政策平台整合、补贴资金支付渠道拓展、线上和线下对接、农村和城市同步等四个核心技术优化方向。

（一）以现行政策平台整合为目标的兼容性技术优化

平台以连接消费与供给的形式创造价值，并不断进行自我完善①。在试行"扩大城乡居民文化消费"政策的45个城市试点中，经过近3年的实践探索，现在全国范围基本形成了三种试点平台模式：一是北京、天津和惠州等地的"文惠卡"模式；二是武汉、南京、鄂尔多斯等地的"文化评价积分＋网络（App）"模式；三是重庆、长沙等地的"文化企业＋文化消费季"模式。这些试点模式都以扩大居民文化消费为切入口，借助于移动互联网和大数据技术建立微信公众平台，形成联通居民个人、文化场馆、文化企业和政府文化部门的数字管理平台。其中，文惠卡模式一般连接的主要是以文创产品O2O商城为载体的电商平台；"文化评价积分＋网络（App）"模式一般连接的则主要是以微信公众号为载体的社交平台；"文化企业＋文化消费季"所连接的平台要么是文化企业自己的O2O商城，要么是当地政府主管部门的网络信息发布平台（可能是微信公众号，也可能是独立App）。

平台的差异造成了当前各试点城市的文化消费激励政策"各行其是"，部分地区的平台相同，优惠活动可以相互连接，但就整体而言，平台的不统一限制了文化消费激励政策的总体辐射范围。不少以社交平台为依托的试点反馈，需要相关的电商商城拓宽参与政策的产品和服务范围；仅以电商平台为依托的试点也相应反馈，需要平台整合社交功能，使政策起到更好的宣传扩散效果，以"吸粉"扩大流量；与此同时，试点的政府相关部门也普遍反映，当前平台功能中政府操作的仅有信息发布，而对

---

① 陈少峰、赵磊、王建平主编《中国互联网文化产业报告2015》，华文出版社，2015，第44页。

于试点企业资格审核、补贴资金结算、公共文化机构绩效评估等相关政策实施流程的操作均只能作线下处理，既不公开透明，也影响了政策实施的效率。

因此，整合现行政策平台，推出一个集信息发布、社交互动、电子商城、政府政务管理于一体的文化消费政策平台是技术延伸应用需要完成的主要任务。

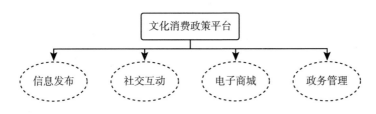

图1　文化消费政策平台整合功能

要整合一个功能结构如此复杂的平台，在技术研发和资金支持上都有极高的要求。而最简捷可行的方法则是与现有的互联网大平台企业合作。以腾讯为例，众所周知，微信是腾讯公司普及度最高的社交服务App，而"扩大城乡居民文化消费"政策的试点城市中，目前已有超过20个选择了以微信公众号作为政策平台载体。截至2018年6月30日，微信及We Chat合并月活跃用户数达到10.58亿。近些年，微信先后推出公众号、微信支付、企业微信等功能。目前，微信公众平台汇聚超过2000万公众账号、150万第三方开发者，企业微信已渗透超过50个行业，注册企业超过150万，而最近推出的政务微信功能则是一个针对政府内部移动办公的OA系统①。可见，微信的功能目前已经可以有效串联文化消费政策中的政府、文化企业、居民消费者等各方主体，其移动支付接口更可以有效地支持相关电子商城运转。而事实上，部分地区的试点正在探索这样的合作，如武汉试点与腾讯大楚网的合作就值得借鉴。

---

① 以上关于微信的数据和资料来自刘勇《当好"数字工匠"助力信息消费升级》，《中国电子报》2018年11月16日。

（二）以拓展补贴资金支付渠道为目的的支付技术优化

在文化消费激励政策试点当中，财政补贴资金管理方式的不同导致补贴资金在使用上不便捷是一个突出的问题，主要体现在两个方面：补贴资金由文化部拨付到试点地区的方式不同，试点地方政府对补贴资金的管理使用形式不同。

例如，合肥市试点的中央补贴资金是由文化部拨付到安徽省文化厅，直接存入国库统一支配管理；武汉市是由文化部将补贴资金先拨付到湖北省文化厅，再由湖北省文化厅将其拨付到武汉市文化局的对公账户中。补贴资金的拨付方式及管理机构不同，也造成了在补贴资金结算方面的差异。

在补贴资金使用方面，合肥市试点在确认企业的核销金额与相关记录后，直接依据审核金额通过安徽省国库将补贴资金支付到企业，因此在这一过程中只需要进行审核便可。而在武汉市试点，由于补贴资金是存储在武汉市文化局的对公账户中，因此在进行财政资金结算发放时需要通过审计，并要求试点企业提供对应补贴金额的发票才可以将补贴资金拨付给参与试点企业。

鉴于以上情况，在下一阶段的试点政策实施当中，对试点补贴资金的拨付形式建议全部参照合肥模式，采用转移支付手段，以提高补贴资金使用的效率。

在技术层面，对于居民消费者的优惠券核销建议接入移动支付。相关统计显示，截至 2018 年 6 月，我国网络支付用户规模达到 5.69 亿，其中，手机支付用户规模为 5.66 亿[1]。而移动支付是 O2O 场景实现的基础技术载体。

目前，文化消费政策平台的优惠券核销操作方式是居民消费者持优惠券生成的二维码到指定文化企业进行扫码，文化企业方面通过各种电子移动终端（手机、POS 机、扫码器）识别二维码，并记录下相对应的优惠券核销

---

[1] 中国互联网络信息中心：《第 42 次中国互联网络发展状况统计报告》，http：//www.cnnic.cn/hlwfzyj/hlwxzbg/hlwtjbg/201808/P020180820630889299840.pdf。

流水号（有些企业甚至是人工手动记录），消费者完成支付行为，然后企业再定期将所核销的优惠券记录凭证与消费者支付凭证一起提供给政府和第三方会计师事务所审计报销。这样的操作方式无疑给消费者支付和企业优惠券核销均带来了不便。若能接入第三方移动支付接口（如微信支付、支付宝），利用现有的支付终端将大幅提高消费者支付和企业核销的效率，并实时生成相关的电子发票、核销记录等相关信息以便补贴资金的结算。

如何确保政府转移支付资金通过第三方移动支付接口后流向正规用途，是管控政策补贴资金面临的现实问题。建议政府财管部门与第三方移动支付公司订立相关协议，将补贴资金作为特定的政策基金，由双方共同监管，并制定完善相应的优惠券兑换资金细则。

（三）扩大线上线下对接效能的线上消费端口升级

扩大和引导文化消费，既要求吸引更广泛的文化消费人群，又要求提供更多样、高水平的文化消费项目。基于中国的传统消费观念，需要有一个培养大众消费意识的过程。通过实施倾向性文化消费引导，能在一个相对较短的时间内实现扩大文化消费的目标。首先要考虑满足大部分居民的消费需求，其次还应充分考虑到居民的发展性文化消费需求，如话剧、交响乐、高科技文化体验、文化培训项目等。同时，文化和旅游融合是当前我国文化产业发展战略的重点，因此，文旅相关的周边文创产品、文化体验类服务也应考虑纳入文化消费激励政策的扶持范围当中。

特别要看到，线上文化消费产品（如网络音乐、网络文学、网络视频等）实际上在目前我国居民的文化消费总量中已经占有相当比例，且用户群体越来越庞大，因此不容忽视。据统计①，截至 2018 年 6 月，我国网络音乐用户规模达 5.55 亿，较上年末增加 673 万，占网民总体的 69.2%；手机网络音乐用户规模达到 5.23 亿，较上年末增加 1150 万，占手机网民的

---

① 以下数据均来源于中国互联网络信息中心《第 42 次中国互联网络发展状况统计报告》，http://www.cnnic.cn/hlwfzyj/hlwxzbg/hlwtjbg/201808/P020180820630889299840.pdf.

66.4%；同期，网络文学用户规模达到 4.06 亿，较上年末增加 2820 万，占网民总体的 50.6%；手机网络文学用户规模为 3.81 亿，较上年末增加 3713 万，占手机网民的 48.3%；网络视频用户规模达 6.09 亿，较上年末增加 3014 万，占网民总体的 76.0%；手机网络视频用户规模达到 5.78 亿，较上年末增加 2929 万，占手机网民的 73.4%。

表 1　中国网民四类主要手机互联网应用的使用率

时点 应用	2017 – 12		2018 – 06		半年增长率（%）
	用户规模（万人）	网民使用率（%）	用户规模（万人）	网民使用率（%）	
手机网络音乐	51173	68.00	52323	66.40	2.20
手机网络游戏	40710	54.10	45833	58.20	12.60
手机网络视频	54857	72.90	57786	73.40	5.30
手机网络文学	34352	45.60	38065	48.30	10.80

数据来源：中国互联网络信息中心《第 42 次中国互联网络发展状况统计报告》，http：// www. cnnic. cn/hlwfzyj/hlwxzbg/hlwtjbg/201808/P020180820630889299840. pdf。

表 1 反映了中国网民四类主要手机互联网应用的使用率情况。由于手机网络游戏消费牵涉到未成年人的"网瘾"等问题，较不符合文化消费激励政策的正确价值导向，故不建议纳入政策支持的线上产品服务类型范围。

此外，也应看到，知识付费行业的迅猛发展，已日益成为中国移动网络用户文化消费的主流之一。艾瑞咨询发布的《2018 年中国在线知识付费市场研究报告》显示，2017 年中国知识付费产业规模约 49 亿元，在人才、时长、定价等因素的综合作用下，2020 年将达到 235 亿元。不同于音乐、视频等领域的内容付费，知识付费的本质是以互联网开放平台为依托，在付费的基础上，实现知识积累和认知盈余的共享，从而达到信息的优化配置①。

① 邹伯涵、罗浩：《知识付费——以开放、共享、付费为核心的知识传播方式》，《新媒体研究》2017 年第 11 期。

知识付费与文化消费的功能交汇点在于文化艺术教育，而文化艺术教育正是为了培养未来更高素质的消费群体，这一点与文化艺术培训异曲同工，故而也符合文化消费激励政策的导向。

综上所述，再结合前一阶段中部试点政策实施经验，建议在下一阶段的试点政策实施过程中一方面扩展线下文化消费产品和服务的种类，另一方面将部分线上文化消费产品和服务项目也纳入项目试点的供给侧。具体见表2。

表2 文化消费激励政策支持的各类文化消费产品和服务建议

消费类别	产品类别	类目列举
线下文化产品和服务	出版物	图书、报纸、期刊、音像制品等
	文创产品和服务	博物馆、图书馆的文创类纪念品 文创体验性活动等
	文旅产品和服务	旅游景点门票、文创纪念品 文化相关旅游增值体验服务
	艺术表演	话剧、歌剧、交响乐等
	文化艺术培训	群艺馆、青少年宫组织的各类文化艺术类培训、讲座
线上文化产品和服务	网购图书	当当网、亚马逊等线上图书购买
	网络音乐	QQ音乐等线上付费音乐下载产品
	网络视频	优酷、爱奇艺等线上付费视频产品
	网络文学	起点网等线上付费阅读产品
	知识付费	知乎、得到等线上知识技能类服务

如表2所示，在线下文化产品和服务类别的供给侧选择上，主要建议增加文创产品和服务、文旅产品和服务、文化艺术培训等满足消费者自身基础性需求以外的发展性需求导向的文化消费项目。此外，为了提高公共文化服务场馆参与政策的积极性，将场馆纪念品等周边有偿服务产品也纳入了线下文化产品和服务的供给目录。

在线上文化消费供给端设置上，则主要建议选择网购图书、网络音乐、网络视频、网络文学、知识付费五类已经被广大城乡居民所接受且具有相当规模用户的文化产品和服务类别。

（四）以农村城市居民公平共享为目标的农民友好型技术改造

如何将广大农村居民纳入下一阶段的试点政策实施，是技术需解决的重点。首先必须遵循三个前提：一是必须充分了解到广大农村居民的文化消费需求和意愿；二是必须充分考虑到广大农村居民的消费能力；三是必须充分设计好政策实行过程中在消费者参与环节和技术支持层面的操作便捷性。其次，要解决当前拉动农村居民文化消费的问题，在政策设计上着重体现普惠性、均等性和便利性三个原则。

1. 技术模式设计思路

前一阶段的试点政策实践表明，虽然以智能移动终端为载体拉动城乡居民文化消费的政策实施模式在各种细节上仍需完善，但这种积分奖励的模式在总体上行之有效。而且，已实施相关政策的试点地区的城市居民消费者已经接受并习惯了这种模式，在移动互联网迅猛发展的大时代背景下，这种模式也的确有利于在最广泛的层面进一步拓展受众用户群体（特别是城镇居民用户群体），因此，这种基本的运行技术模式不能轻言偏废。而如何将农村居民有效地纳入这一政策实践载体，并克服农村居民无法有效使用移动智能终端的困难是政策设计的技术难点。根据前文所述的三前提和三原则，在此对拉动农村居民的文化消费在激励政策的技术模式设计上给出以下思路。

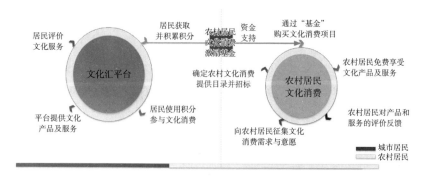

图2　农村居民参与文化消费激励政策技术模式思路

（1）"点单式"对接。借鉴目前宁波等试点在农村地区实施的公共文化"点单式"服务机制，建议在下一阶段的政策实施过程中，由基层政府文化主管部门（县一级或乡镇一级）向社会公开文化产品和服务清单，以行政村为基础单位向农村居民广泛征集服务需求和意愿，挑选出需求和意愿最强烈的文化产品和服务，再以政府购买的形式向社会文化企业购买服务。

（2）"机会均等"参与。首先应明确"城乡均等"的意义不在于城乡之间所提供的文化消费产品和服务无差别地绝对相等，鉴于城乡间居民文化需求层次和意愿、经济发展水平、人口比例等因素存在客观上的差异，城乡均等原则本质应是无论城镇居民还是农村居民，都应该享有无差别的文化消费激励政策带来的实惠；同样，"乡镇地区之间均等"实质也不在于乡镇之间所提供的文化消费产品和服务无差别地绝对相等，而在于任何一个乡村所属的居民，都应该享有无差别的文化消费激励政策带来的实惠。

在明确均等化原则的实质含义的基础上，以每一个城乡居民个体作为政策实施的单独样本，在总体上按照农村地区人口数分配政策推行所涉及的投入部分，便成为推行下一阶段政策设计技术思路的一个主要方向。

（3）"微众筹"实现。便利性是最终决定农村居民能否有效参与拉动城乡居民文化消费政策实践的最主要原则。鉴于相当一部分农村居民无法如城市试点居民一样使用智能移动设备，直接在农村地区推行以微信公众号或App终端为依托获取奖励积分、兑换产品和服务的模式显然不可行。因此，需要在农村地区推行一种既简单又便捷，不需要使用智能移动设备，又能获取相应的政策奖励的活动方式。而目前在移动互联网领域兴起的"互联网众筹项目"或可提供一种技术应用上的启发。

2. 技术模式实现路径

第一环节：微众筹

（1）在微信公众号和App设置"农村居民文化消费激励基金"相关功能模块，当参与用户以评论、分享、评价等方式获得相应积分后，按照一定积分累计数量（如100积分），扣去相应比例的积分（如每获100个积分扣除10个积分）作为对"农村居民文化消费激励基金"的赞助（以下统称

"赞助积分"），作为回报，扣除的赞助积分累计到一定数量（如累计赞助30个积分）时，消费者可免积分随机抽取面值不同的文化产品和服务的优惠券（或者兑换券）一张。此外，消费者也可以自愿向"农村居民文化消费激励基金"捐献积分，捐献积分不设上下限，同样的，当消费者捐献的赞助积分累计达到一定数额（如累计赞助30个积分）时，消费者可免积分随机抽取面值不同的文化产品和服务的优惠券（或者兑换券）一张。如此，在一定时间内，可保证试点地区的农村居民作为一个整体，虽未通过智能终端直接参与积分获取环节，但实际上能同样积累到相当数额的积分奖励，实现文化均等普惠。

（2）微信公众号和App后台定期将"农村居民文化消费激励基金"中累计的积分汇总，并进行实际现金等价换算，将相关结果反馈给第三方会计师事务所进行审核，再由会计师事务所上报文化部、财政部等主管部门，经主管部门再次审核无误后，批准将积分所兑换的金额平均分配给各省，由国库转移支付，作为政府购买指定的文化产品和服务的专项资金。

第二环节：政府购买"点单式"服务

（3）由基层政府文化主管部门（县一级或乡镇一级）定期向社会公开文化产品和服务清单，并以行政村为基础单位向农村居民广泛征集服务需求和意愿（可以采用不记名投票的形式），挑选出需求和意愿最强烈的文化产品和服务。同时，将这些挑选出来的文化产品和服务以及具体需求申报到上级（地级市一级）文化主管部门。

（4）地级市一级的文化主管部门定期将基层搜集的农村居民文化消费需求和意愿整理并审核，将同类型的（如几个村都是看电影或看戏）打包，再以类似招标申报的形式在官网公开招标。同时，将相关信息反馈给微信公众号和App后台，在移动载体上同步发布相关招标信息。

（5）社会相关文化企业通过地方文化主管部门公开官网或微信公众号和App，了解到相关产品和服务的招标信息，根据招标相关要求，制作标书参与竞标。同时，政府文化主管部门将过程与结果在其公开官网公示，同时反馈到微信公众号和App后台。

（6）竞标成功的文化企业按照招标要求在规定时间和地点为特定区域的农村居民提供文化产品和服务。

第三环节：评价和结算

（7）文化企业提供文化产品和服务后，由当地最基层政府文化主管部门（村委会或文化站）组织农村居民对产品和服务内容进行评价（纸质问卷，由课题组事先统一设计，有效回收问卷应达到参与活动的村民总数的80%以上）。并随后将评价问卷立即回收上交上级（县一级）文化主管部门。

（8）县一级文化主管部门定期将上交的各所辖基层农村评价问卷统一整理，根据课题组提供的数据分析方法对评价结果数据（分类型、分企业、分地区）进行简要分析和统计，测算出农村居民文化消费满意度评价结果。并将一应材料、数据、结果上报上级文化主管部门。

（9）市一级文化主管部门将县级文化主管部门上交的材料、数据、结果进行汇总分析，参照满意度反馈对执行标书的文化企业提供的文化产品和服务进行验收并结算，根据结果酌情采取相应奖惩措施。同时，将一应评价相关材料、数据、结果上报省级文化主管部门，并在其公开官网公示，同时反馈到微信公众号和 App 后台。

（10）省级文化主管部门定期将地级市上交的一应评价相关材料、数据、结果提供给课题组，以做分析研究使用。

至此，经过以上三个环节，完整实现了农村居民参与"拉动城乡居民文化消费"政策的全过程，农村居民通过"微众筹"的方式获得普惠的文化消费激励福利，通过"点单式"的政府购买服务满足均等化的文化需求，而无须通过手机等移动智能终端即可实现需求的反馈和对产品和服务的评价。

三　结论

现行政策平台的整合、补贴资金的支付渠道拓展、线上和线下的对接、

农村和城市的同步是目前"扩大城乡居民文化消费"试点政策亟须解决的几个核心技术问题，技术延伸应用的主要方向是进一步加强政策操作的便利性和广泛性。电商、社交、政务、信息是平台功能整合的基础四维；在政策运行机制上确保补贴资金的转移支付属性，进而引入第三方移动支付手段是提高补贴资金利用效率的关键；线上和线下产品服务对接能有效地从供给端扩大政策的辐射范围和用户群体；农村则通过政府购买的"点单式"服务以及"微众筹"与城市居民实现政策优惠均等。而在上述问题解决的技术思路中，必须深刻认识到国家文化消费激励政策实施的最终目的，既要着眼于落实政策的市场促进效果，也要坚持正确的政策价值导向，才能真正依托"互联网＋"的技术聚力，实现文化消费激励政策的经济效益和社会效益相统一。

B.22
互联网对中国居民文化消费的
影响研究

——以居民音乐消费为例

张凤华 *

摘　要： 国内外学者对文化消费的微观影响因素做了广泛的实证研究，传统的分析框架一般包含收入、受教育程度、性别和年龄四个必备因素。本文在过去一般性的研究框架中加入了居民上网行为，建立了一个扩展模型，考察了消费习惯对文化消费的边际影响效应。研究结果发现：（1）网民听音乐的可能性比一般居民平均高出31个百分点，同时，有上网习惯的人听音乐的频次也较高。（2）上网习惯对音乐参与率的边际影响显著高于其他社会经济因素的边际影响。（3）提升互联网在农村的普及率，将会更进一步释放农村居民音乐消费的潜力，扩大音乐消费群体。

关键词： 文化消费　消费习惯　互联网　音乐消费

现阶段，我国居民消费水平持续上升，消费层次提升①。人们在文化艺术方面的消费意识不断增强，网络已经成为人们关注文化信息的主要

　＊　张凤华，武汉大学国家文化发展研究院讲师，研究方向为文化经济学。

①　据统计，从2013年到2017年，全国居民人均消费规模从13220.42元增长到18322.1元，年均增长率为9.65%，其中，教育文化娱乐消费支出增长率为12.32%。

途径之一，人们越来越依赖网络接触文化艺作品①。据统计，2017 年网络视频、手机游戏、数字音乐与数字阅读已迅速成长为中国传媒产业增长潜力最大的细分市场②，互联网新媒体促使文化产品与其他消费品加速融合。

在过去十年里，网络媒体在中国居民中普及率快速增长。据中国互联网络信息中心统计，从 2007 年到 2016 年十年间，中国网络普及率从 16% 上升至 53.2%，年均增长率为 3.7%，其中手机网民用户从 24% 增长到 95.1%，年平均增长率为 7.1%。其中，城镇居民网络普及率从 26% 上升至 69.1%，农村居民网络普及率从 7.4% 上升至 33.1%。中国网民上网时长从 2008 年每周 16.6 小时增长到 2016 年每周 26.4 小时。据 2016 年《中国互联网发展状况统计报告》统计，2016 年网络音乐的受众比重为 68.8%，手机网络音乐用户比重为 67.2%；网络视频网民比重为 74.5%，手机网络视频网民比重为 71.9%；网络游戏的受众比重为 57%，手机网络游戏用户比重为 50.6%；网络文学的受众比重为 45.5%，手机网络文学用户比重为 43.7%。网络已经深入网民生活，居民消费习惯从线下转向线上③，移动互联网满足了文化消费的泛娱乐化、即时性和碎片化特征。因此，扩大和引导文化消费，培育新兴文化消费需求，网络对提升文化消费的作用不容置疑。

在此背景下，传统意义上制约文化消费的因素，例如西方文化参与

---

① 据调查，"浏览互联网"关注文化信息的人占有效样本的 74.4%，选择"阅读报纸杂志"获取文化信息的比重为 33.1%，在受访者对"人们在文化艺术方面的消费意识明显增强"的认同感调查中，选择同意的比重为 47.5%，选择非常同意的比重为 25.8%。该调查由湖北大学高等人文研究院、中华文化发展湖北省协同创新中心、湖北文化建设研究院实施。参见《中国文化发展报告（2018）》，社会科学文献出版社，2018，第 36~40 页。

② 《传媒蓝皮书：预计 2020 年我国传媒市场规模突破 3 万亿元》，http：//www.chinanews.com/cj/2018/06–22/8543662.shtml。

③ 据统计，2017 年全国网络零售额增长 32.2%，明显高于同期社会消费零售总额增长率 10.2%。参见《传媒蓝皮书：预计 2020 年我国传媒市场规模突破 3 万亿元》，http：//www.chinanews.com/cj/2018/06–22/8543662.shtml。

中的精英主义观点，与当今文社会文化消费环境已经不相适应，忽略了网络新媒体的作用，很可能因为遗漏重要变量导致实证结果有偏。① 网络对文化消费的影响路径是什么？与传统社会经济因素的影响效应相比，网络对文化消费的边际影响有多大？厘清这些问题，对于引导和扩大文化消费，为政府、企业和相关文化机构制定文化发展政策具有重要的指导意义②。

现有文献已经从传统的社会经济因素层面对文化消费影响进行了广泛的研究［参见 Seanman（2006）③，Courty 和 Zhang（2018）④］，本文首次采用多年份中国城乡居民文化参与微观调查数据，加入居民上网因素，对文化消费的影响因素进行扩展研究，研究贡献如下。

---

① DiMaggio and Mukhtar（2004）研究发现，从1982年至2012年美国居民文化艺术活动参与率整体下降并非人们不热爱艺术了或者对艺术活动的偏好改变了，而是互联网新媒体的兴起改变了居民文化消费模式。Paul DiMaggio and Toqir Mukhtar，"Arts Participation as Cultural Capital in the United States, 1982–2002: Signs of Decline?" Poetics 32（2）（2004）：169–194。

② 近几年来，文化消费在国家经济发展政策层面受到前所未有的关注。文化消费作为生活性服务消费的重要发展领域之一，不仅被首次写入国民经济与社会发展"十三五"规划，而且在重大工程和试点项目中被加以推动实施，如2014年"六大消费工程"，2016年"十大扩大消费行动"，2015年文化部、财政部联合实施的引导和扩大城乡居民文化消费试点项目，2016年持续开展的国家文化消费试点城市等。

③ Seanman（2006）首次对表演艺术领域内（包括艺术博物馆）艺术活动参与的影响因素进行了丰富详尽的述评，梳理已有研究成果关于艺术活动参与的理论建构的主要观点，如"成本病"、"理性上瘾"和"消费中学习"等，并对比分析了基本的社会经济人口因素影响艺术活动参与发生率以及参与热度（参与频次）的实证结果，详见 Bruce A. Seaman. Empirical Studies of Demand for the Performing Arts. Handbook of the Economics of Art and Culture, 1: 415–472, 2006.

④ Courty 和 Zhang（2018）综合借鉴了 Seanman（2006）关于表演艺术活动影响因素研究和其他文化内容领域参与的影响因素，如阅读（Ringstad and Løyland，2006）、音乐（Favaro and Frateschi，2007）、大众节庆活动（Palma et al.，2013）和博物馆（Brida et al. 2016），以及 Kirchberg and Kuchar（2014）运用德国的调查数据做的一个 meta–analysis 的研究，首次建立一个包容性的文化消费的影响因素分析框架，采用2015年中国13个城市居民文化消费调查数据，分析了中国城镇居民参与电影、阅读、电视、表演艺术等领域文化休闲活动的影响因素。详见 Pascal Courty and Fenghua Zhang. Cultural Participation in Major Chinese Cities. *Journal of Cultural Economics*, pages 1–50, Feb, 2018.

（1）笔者以音乐消费为例①，建立了一个基于传统文化消费影响因素的扩展模型，运用中国社会综合调查数据（CGSS）2010～2015年四年间微观调查数据，考察了传统社会经济因素和网络使用对音乐消费的边际影响。

（2）研究表明传统社会经济因素对居民听音乐需求选择的影响依然是稳健的，与已有研究结论一致，收入和教育对音乐消费都有积极的影响，其中教育对音乐消费的边际影响显著大于收入对音乐消费的边际影响。

（3）上网对音乐消费发生率和消费频次都有显著的促进作用，边际效应远高于收入和教育对音乐消费的影响（无论是消费发生率还是消费频次）。

第二部分根据已有的研究结论，从理论上分析了网络影响居民文化消费的路径。第三部分引入数据与模型，第四部分根据模型回归结果，分析了性别、年龄、收入、教育和上网行为对居民听音乐的边际影响效应。第五部分是结论与政策建议。

一 互联网影响文化消费的路径

（一）"互联网＋文化"让文化活动信息更加无歧视地走进普通民众的视野

信息技术透过数字媒体和网络影响文化消费（Katz‐Gerro，2004）②，智能终端和电子介质的普及将会在很大程度上提升人们参与文化消费的机会和水平（Borowiecki and Prieto‐Rodriguez，2015）③。在音乐、电影和现场艺

---

① 选取音乐消费作为研究案例的依据是，音乐是文化产业数字化程度较高、网络传播较为广泛的文化内容之一，对于考察网络媒体对文化参与的影响具有一定的代表性。据估计，2010年游戏的数字化程度最高为72%，其次是音乐50%，电影30%，数字化程度较低的是图书15%。资料来源：The First Global Map of Cultural and Creative Industries，第89页，2015，http：//unesdoc. unesco. org/images/0023/002357/235710E. pdf。

② Katz-Gerro, Tally. Cultural Consumption Research：Review of Methodology, Theory, and Consequence. *International Review of Sociology*, 14（1），11－29, 2004.

③ Karol J. Borowiecki and Juan Prieto‐Rodriguez. Video Games Playing：A Substitute for Cultural Consumptions？ *Journal of Cultural Economics*, 39（3）：239－258, 2015.

术表演领域新内容分发技术（distribution technologies）浪潮为企业创造了利润，也为公众创造了分享机会。数字技术的进步使得这些产品的生产商能够通过卫星和网络把歌剧、戏剧、舞蹈、音乐表演发送到数字电影院，或者以流内容的形式进行视频传播。Bakhshi 和 Throsby（2014）[①] 的研究表明，他们利用英国皇家剧院的一场演出，通过数字电影院的直播进行实验性尝试，通过卫星直接向数字电影院转播演出，这种方式极大地增加了剧院的观众。数字传播技术扩大了现场表演艺术场馆的虚拟空间并增加了新消费群体。

（二）"互联网 + 文化"充分发挥了文化消费的"网络外部性"

网络和数字化改变了文化产品的分销方式，降低了供给成本，同时使得消费者能够达到最大的数量。网络外部性（network externalities），是消费外部性的一个定义，是指某个人的消费直接影响其他人的效用的情况。在这种情形下，一个人消费某商品的效用大小取决于消费这种商品的其他消费者的数量。互联网打破了传统消费模式中空间和时间的局限性，为即时性和碎片化的文化消费提供了足够多的消费机会，以此诱导文化消费达到高水平稳态均衡。一项新产品刚刚出现的时候，消费者人数约等于零，随着时间的推移，人数出现小范围的波动，随着成本逐渐降低，消费门槛降低到一定程度，接近或者低于人们的支付意愿的时候（比如低成本的微电影、视频、音乐和游戏），消费者规模会激增，很快达到高水平均衡。[②]

---

① Hasan Bakhshi and David Throsby. Digital Complements or Substitutes? A Quasi-field Experiment from the Royal National Theatre. *Journal of Cultural Economics*, 38（1）：1 - 8, 2014.

② 具有网络外部性的需求曲线与供给曲线有三个可能的交点，一个是低水平的均衡，没有人购买该商品，n = 0，此时没有人消费该商品；在中间均衡处，消费者的数量为正，但人数很少，该均衡点不稳定；在最右侧的均衡处，人数很多，为稳态均衡。网络文化商品市场均衡通常是最后一个拥有较多数量消费者的均衡，在高水平均衡下，商品价格较低，市场规模很大，但是额外增加的消费者对商品的评价并不一定很高。对网络外部性的详细探讨超出了本文的研究范围，具体可参见：哈尔·R. 范里安著《微观经济学：现代观点》（第六版），费方域等译，上海三联书店、上海人民出版社，2006，第515～516页。

（三）"互联网＋文化消费"培育多样化和个性化文化消费需求

网络、数字化与文化产业的融合创新转变和丰富了文化内容的表达方式，拓展了文化参与信息传播途径。在传统的文化消费模式中，消费者通常是文化内容的聆听者和观看者，在互联网多媒体时代，文化消费从单向接受文化内容转向互动性和个性化的体验、分享、评论①。在诸如豆瓣、优酷、YouTube 等这些文化消费社区的互动中，业余爱好者与专业从业者之间创意转化的技术可能性和文化内容可行性相互遭遇，孕育着新产品、新消费。

二　数据与模型

（一）数据

本文根据居民文化参与的相关信息需求及数据指标的连续性，采用 CGSS 公布的 2010 年、2012 年、2013 年和 2015 年四年的调查数据②。选取了"在家听音乐"和居民上网习惯以及一般社会人口特征三个层面的数据指标，分别为受访者的一般社会人口特征信息（包括年龄、性别、收入和受教育程度），受访者在过去一年对网络媒介的使用情况，受访者在过去一年的休闲时间中"在家听音乐"的情况。其中，对网络使用情况和在家听音乐的调查详见各年度调查问卷 A 部分子模块生活方式问题 A28 和 A30。③

---

① Da Milano, C. , & Righolt, N. （2016）. Mapping of Practices in the EU Member States on Promoting Access to Culture via Digital Means. EENC Report.

② 中国综合社会调查是一项全国性大型调查项目，调查总体是城镇和农村居民住户。该调查不仅为了解我国城乡居民文化参与和社会发展情况提供了微观数据样本，而且能够对城市群体和农村群体进行对比分析，为国内居民文化参与研究提供了宝贵的研究资料。该调查始于 2003 年，每年对全国各地一万多户家庭进行抽样调查。

③ A28.5：过去一年，您对以下媒体的使用情况是_ 互联网（包括手机上网）（每种媒体使用的情况都是按照 1～5 进行评分，1 是从不，2 很少，3 有时，4 经常，5 总是）；A30.8：过去一年，您是否经常在空闲时间从事以下活动_ 在家听音乐（每个题目选项分 1～5，1 每天，2 一周数次，3 一月数次，4 一年数次或更少，5 从不）。

表1 网络参与群体的社会人口特征

年龄分组	各年龄组百分比(%)	收入分组	各收入组百分比(%)	教育分组	受教育程度群体的百分比(%)	性别分组	男女所占百分比(%)
16~25	22.7	最低收入组=1	9.35	初中及以下	34.57	女性	47.75
26~30	14.49	2	2.16	高中	29.79	男性	52.25
31~35	13.18	3	3.03	大专	16.88		
36~40	13.65	4	6.06	本科	16.94		
41~45	11.02	5	7.8	研究生	1.81		
46~50	8.97	6	10.94				
51~55	5.58	7	12.26				
56~60	4.71	8	15.42				
61~65	2.79	9	19.87				
66~99	2.91	最高收入组=10	13.12				

在所选指标中，收入为受访者的家庭总收入，年龄为受访者前一年的周岁数，受教育程度表示受访者当年完成学历水平，1~5依据受教育年限依次表示从低到高5个受教育程度［1表示"初中及以下"，2表示"高中（含中专和职业技术学校）"，3表示"大专"，4表示"本科"，5表示"研究生"］。表1给出了网络使用者的社会人口群体特征分布，受访者被分为10个年龄阶层。16~45岁的人群比重较高，其中16~25岁青少年比重最高。收入按照1~10从低到高平均分组，收入分组群体中网民比重呈现非线性驼形分布。受教育程度越高网络使用比重越低，初中及以下水平的低学历群组的比重最高，占34.57%。整体来看，网民呈现低学历和年轻化的特征，其中，男性网民比重高于女性。

一些学者认为文化参与发生率（通常以是否参与来衡量）和文化参与热度（通常以参与活动的频次来表示）的影响因素是有差异的（Gray，2003[①]；Ateca-Amestoy，2008；Palma et al.，2013[②]；Wen和

---

① Charles M. Gray. 46 Participation. A Handbook of Cultural Economics, page 356, 2003.

② Palma, M. L., Luis Palma, and Luis Fernando Aguado. Determinants of Cultural and Popular Celebration Attendance: the Case Study of Seville Spring Fiestas. *Journal of Cultural Economics*, 37 (1): 87–107, 2013.

Cheng，2013① 等），为了保持研究的延展性和可比性，笔者在本文分析中将调查指标"听音乐"的情况分别处理为"听音乐的发生率"和"听音乐的频次"进行分类分析。"是否听音乐"表示听音乐的发生率，代表听音乐群体的绝对百分比。将"mu"记为听音乐的发生率，mu = 1 记为"听音乐"，mu = 0 记为"不听音乐"；将"inter"记为上网习惯，inter = 1 表示"上网"，inter = 0 表示"从不上网"。那么根据 mu 和 inter 的样本联合分布，P（mu = 1 | inter = 1） = 33.92%，P（mu = 0 | inter = 1） = 6.88%，P（mu = 1 | inter = 0） = 21.92%，P（mu = 0 | inter = 0） = 37.38%，见表 2，上网与不上网群体不仅听音乐的发生率有显著差异，而且两个群体的听音乐频次也有很大差异。"听音乐频次"是一个条件变量，嵌套在"是否听音乐"中，表示听音乐的热度。若将"fmu"记为听音乐的频次，fmu = 1 ~ 4，从低到高代表听音乐的频次等级，fmu = 1 表示"一年数次"，fmu = 2 表示"一月数次"，fmu = 3 表示"一周数次"，fmu = 4 表示"每天"。例如 P（fmu = 4 | inter = 1） = 13.66%，P（fmu = 4 | inter = 0） = 6.34%，在同一个频次等级上网和不上网群体的比重相差 7.32 个百分点。

表 2　上网与听音乐的二维联合分布

单位：%

类型	是否听音乐			听音乐频次				
	听音乐	不听音乐	总计	一年数次	一月数次	一周数次	每天	总计
上　网	33.92	6.88	40.8	13.05	14.75	18.98	13.66	60.74
不上网	21.92	37.28	59.2	14.16	9.29	9.47	6.34	39.26
总　计	55.84	44.16	100	27.21	24.04	28.46	20.30	100

---

① Wei-Jen Wen and Tsung-Chi Cheng. Performing Arts Attendance in Taiwan：Who and How Often？*Journal of Cultural Economics*，37（2）：309 – 325，2013.

（二）模型

本文在 Courty 和 Zhang（2018）[①] 的模型框架下，添加了年度固定变量[②]和上网习惯，建立了一个关于中国居民音乐消费影响因素的扩展模型，比较分析传统社会经济人口特征因素和上网行为对中国居民"听音乐发生率"和"听音乐热度"的影响，进一步考察了这些因素在城镇和农村之间的边际影响差异。

模型一：关于是否听音乐的二值选择模型

因变量为受访者听音乐的可能性，有效样本统计"在家听音乐"的受访者比重为 55.85%。

$$mu_{it} = \beta_0 + \sum_1^4 \beta_{jit} X_{jit} + internet_{it} + year_t + \varepsilon_{it}$$

其中，i 为样本编号，t 表示 2010 年、2012 年、2013 年和 2015 年四个年份，j 从 1 到 4，分别代表性别、年龄、受教育程度和收入水平四个社会人口变量。$Internet$ 代表网络使用变量，$year$ 代表年度效应，ε 表示白噪声。模型中使用的相关变量定义及其统计特征见表 3。

模型二：在家听音乐热度的排序模型 $fmu = \beta_0 + \sum_1^4 \beta_{jit} X_{jit} + internet_{it} + year_t + \varepsilon_{it} + \varepsilon$，$fmu^*$ 不可观测，听音乐频次的选择规则为

$$fmu = \begin{cases} 1, 若 fmu^* \leqslant r_0 \\ 2, 若 r_0 \leqslant fmu^* \leqslant r_1 \\ 3, 若 r_1 \leqslant fmu^* \leqslant r_2 \\ 4, 若 r_3 \leqslant fmu^* \end{cases}$$

其中，$r_0 < r_1 < r_2 < r_3$ 为待估参数。在家听音乐的频次分为四个等级，1

---

① Pascal Courty and Fenghua Zhang. Cultural Participation in Major Chinese Cities. *Journal of Cultural Economics*, pages 1－50, 2018.
② 本文采用了四年的调查数据，由于调查年度不连续，各年度调查对象不恒定，笔者在实证分析中将其作为混合样本数据处理，并控制年度效应。

表示"一年数次"，2 表示"一月数次"，3 表示"一周数次"，4 表示"每天"，1~4 表示听音乐参与率的频次高低。$fmu=1$ 的比重为 27.22%，$fmu=2$ 的比重为 24.06%，$fmu=3$ 比重为 28.45%，$fmu=4$ 的比重为 20.27%。

表3 变量定义及其统计特征

变量名	含义	取值定义	均值	方差	样本量
mu	是否听音乐	1 = 听音乐;0 = 从来不听音乐	0.5585	n/a	45761
fmu	听音乐的频次	取值范围 1~4,以序数效应从低到高			25556
	一年数次	$fmu=1$	0.2722	n/a	6956
	一月数次	$fmu=2$	0.2406	n/a	6150
	一周数次	$fmu=3$	0.2845	n/a	7270
	每天	$fmu=4$	0.2027	n/a	5180
inter	是否上网	1 = 上网;0 = 从不上网	0.4081	n/a	45838
male	性别	1 = 男性;0 = 女性	0.4915	n/a	45954
age	年龄	岁	47.77	16.34	45954
inc	受访者家庭年收入	元/年	1014161	2940188	45023
linc	家庭年收入的对数	n/a	10.9	2	44658
edu	受教育程度	取值范围 1~5,以序数效应从低到高			459000
	初中及以下	$edu=1$	0.6522	n/a	29934
	高中(包括中专和职业技校)	$edu=2$	0.1883	n/a	8641
	大专	$edu=3$	0.0784	n/a	3600
	本科	$edu=4$	0.0737	n/a	3382
	研究生	$edu=5$	0.0075	n/a	343

三 实证分析

根据以上模型设定，笔者利用 probit 模型和序数 probit 模型分别估计了听音乐发生率和听音乐热度的影响效应。表4 给出了中国居民听音乐发生率的因素效应估计结果和在样本均值处的边际效应：一是全样本的情况下的因素影响效应；二是农村地区居民听音乐发生率的因素效应；三是城镇地区居民听音乐发生率的因素影响（见表4）。表5给出了中国居民听音乐频次的因素效应估计结果及其当听音乐频次最高为"每天"时样本均值处的边际效应，描绘了性别、年龄、受教育程度、收入对数（收入对被解释变量的半弹性）和上网对听音乐的影响及边际效应大小，其中，受教育程度为分类变量，"初中及以下"受教育水平被设为参照层。每个模型的估计都控制了样本的年度效应，年度效应在估计结果中都是显著正向的。

（一）网络使用对中国居民听音乐的影响

表4显示上网对听音乐有显著的正效应，在样本均值处边际效应显示，上网会使得听音乐的参与率平均提升31%，上网对农村居民在家听音乐的参与率的平均贡献为26.5%，对城镇居民在家听音乐参与率的平均贡献为24.7%。实证结果证明，在控制受访者社会人口特征和区域特征的情况下，网络使用的确有利于听音乐群体的扩大，无论是对城镇还是对农村居民，而且影响效应在统计上是显著的。上网不仅对听音乐的发生率有显著影响，而且对听音乐频次也有显著影响（见表5）。其中，上网对每天听音乐的边际贡献为3.53%，对城镇居民每天听音乐的边际贡献为2.55%，对农村居民每天听音乐的边际贡献为3.17%。对比表4和表5的实证结果，上网不仅有利于增加新听众、扩大音乐参与群体，而且也有利于增加听音乐的次数。

表4　模型一：听音乐发生率（*mu*）的影响因素

自变量	原方程回归结果			在样本均值处的边际效应		
	全样本（1）	农村（2）	城镇（3）	全样本（1）	农村（2）	城镇（3）
男性 （*male*）	- 0.0829 ***	0.0372 *	- 0.125 ***	- 0.0323 ***	0.0141 *	- 0.0428 ***
	[0.0132]	[0.0209]	[0.0174]	[0.00514]	[0.00794]	[0.00595]
年龄 （*age*）	- 0.0123 ***	- 0.0214 ***	- 0.0101 ***	- 0.00479 ***	- 0.00814 ***	- 0.00347 ***
	[0.000485]	[0.000807]	[0.000634]	[0.000189]	[0.000306]	[0.000217]

续表

自变量	原方程回归结果			在样本均值处的边际效应		
	全样本（1）	农村（2）	城镇（3）	全样本（1）	农村（2）	城镇（3）
收入对数 （linc）	0.0345 *** [0.00345]	0.0145 *** [0.00529]	0.0281 *** [0.00475]	0.0134 *** [0.00134]	0.00552 *** [0.00201]	0.00964 *** [0.00163]
初中及以下水平（受教育程度参照层）						
高中 （edu2）	0.429 *** [0.0183]	0.325 *** [0.0371]	0.330 *** [0.0217]	0.167 *** [0.00711]	0.123 *** [0.0141]	0.113 *** [0.00745]
大专 （edu3）	0.625 *** [0.0303]	0.633 *** [0.100]	0.504 *** [0.0327]	0.243 *** [0.0118]	0.241 *** [0.0381]	0.173 *** [0.0112]
本科 （edu4）	0.687 *** [0.0336]	0.782 *** [0.140]	0.573 *** [0.0357]	0.267 *** [0.0130]	0.297 *** [0.0531]	0.197 *** [0.0122]
研究生 （edu5）	0.733 *** [0.106]	0 [.]	0.622 *** [0.106]	0.285 *** [0.0411]	0 [.]	0.213 *** [0.0365]
上网 （inter）	0.797 *** [0.0177]	0.698 *** [0.0315]	0.720 *** [0.0223]	0.310 *** [0.00688]	0.265 *** [0.0120]	0.247 *** [0.00764]
年度固定效应	是	是	是	是	是	是
样本量	44358	17562	26788	44358	17562	26788

注：变量估计显著性水平，* $p<0.1$，** $p<0.05$，*** $p<0.01$，双括号中为标准差。

表5　模型二：上网对听音乐参与频次（fmu）的影响因素

自变量	原方程回归结果			P（MF=4）处的边际效应		
	全样本（1）	农村（2）	城镇（3）	全样本（1）	农村（2）	城镇（3）
男性 （male）	−0.0684 *** [0.0138]	−0.0145 [0.0269]	−0.0809 *** [0.0161]	−0.0190 *** [0.00382]	−0.00354 [0.00656]	−0.0233 *** [0.00465]
年龄 （age）	−0.00819 *** [0.000516]	−0.0110 *** [0.00109]	−0.00813 *** [0.000607]	−0.00227 *** [0.000143]	−0.00267 *** [0.000267]	−0.00235 *** [0.000176]
收入对数 （linc）	0.00609 [0.00382]	0.0167 ** [0.00732]	−0.00184 [0.00453]	0.00169 [0.00106]	0.00406 ** [0.00178]	−0.000531 [0.00131]
初中及以下水平（受教育程度的参照层）						
高中 （edu2）	0.126 *** [0.0179]	0.188 *** [0.0391]	0.0824 *** [0.0208]	0.0348 *** [0.00496]	0.0457 *** [0.00953]	0.0238 *** [0.00599]
大专 （edu3）	0.188 *** [0.0236]	0.184 ** [0.0743]	0.161 *** [0.0260]	0.0521 *** [0.00655]	0.0448 ** [0.0181]	0.0465 *** [0.00751]
本科 （edu4）	0.195 *** [0.0242]	0.252 *** [0.0870]	0.169 *** [0.0265]	0.0541 *** [0.00671]	0.0614 *** [0.0212]	0.0488 *** [0.00767]

初中及以下水平 (受教育程度的参照层)					
研究生 (edu5)	0.160 ** [0.0641]	-0.233 [0.374]	0.153 ** [0.0658]	0.0445 ** [0.0178]	-0.0567 [0.0912]	0.0441 ** [0.0190]
上网 (inter)	0.127 *** [0.0185]	0.130 *** [0.0354]	0.0884 *** [0.0224]	0.0353 *** [0.00513]	0.0317 *** [0.00864]	0.0255 *** [0.00648]
年度固定效应	是	是	是	是	是	是
样本量	44358	17562	26788	44358	17562	26788

注：变量估计显著性水平，$*p<0.1$，$**p<0.05$，$***p<0.01$，双括号中为标准差。

（二）社会人口特征对中国居民听音乐的影响

1. 性别

据表4，全样本回归中男性的听音乐参与率低于女性，然而，在区域模型分析中，农村男性比女性听音乐的多，城镇女性居民听音乐的参与率高于男性。如果是男性，听音乐的参与率平均降低3.23%，会导致农村男性居民听音乐的参与率提升1.41%，会导致城镇男性居民听音乐参与率降低4.28%。据表5，男性在听音乐频次上低于女性。性别对农村居民听音乐的参与频次影响不显著，对城镇居民听音乐参与频次的影响显著为负。

2. 年龄

年龄与听音乐参与率之间的关系显著为负（见表4~表5）。据估计，年龄对听音乐发生率的边际效应分别为-0.479%，城镇居民为-0.347%，农村居民为-0.814%，对听音乐频次的表现的影响为"每天听音乐"的边际影响为-0.227%，农村居民为-0.267%，城镇居民为-0.235%。从表4和表5中的边际效应可以看出，年龄对"听音乐频次"的影响为负，且在1%的水平上显著。因此，可以推断在家听音乐群体以年轻人为主。

3. 收入

已有研究表明，音乐消费与收入是正相关的，但是研究结论显示流行音乐和古典音乐的消费群体有所差别。在本文的分析结果中，收入对"音乐参与的发生率"的边际影响，在控制年度效应的情况下，在表4的模型一

估计中收入的边际效应为0.0134；在农村子样本模型估计中，收入的边际效应为0.00552；在城镇子样本模型估计中，收入的边际效应为0.00964。在考察收入对听音乐参与频次的模型二估计中（见表5），收入对农村居民听音乐的频次有积极影响，且在5%的水平上显著，对听音乐频次的边际影响为0.00406。在全样本模型估计中，对听音乐频次有正影响，但统计上不显著。城镇居民子样本模型估计中，收入对听音乐频次的影响为负，统计上不显著。

4. 教育

在模型一中，受教育程度对听音乐发生率有显著正影响（见表4）。在模型一的全样本估计中，以"初中及以下"受教育程度为参照层，受教育程度越高，对听音乐发生率的边际效应也越大（0.167～0.285），受教育程度与听音乐的发生率是显著正相关的，在城镇与农村居民的子样本估计中，受教育程度对听音乐发生率的边际影响效应类似。在模型二的全样本估计中（见表5），同样以"初中及以下"受教育程度为参照层，受教育程度对听音乐频次也有显著正影响，受教育程度越高，音乐听众的参与频次也越高，本科及以上学历的边际效应趋于稳定，农村和城镇居民的子样本估计结果中，受教育程度对听音乐频次的边际影响效应也呈现同样的模式。

从以上回归结果来看，收入与受教育程度对听音乐都有正影响，但受教育程度对听音乐的影响效应更大，尽管收入的边际影响效应相对较小，但是现阶段中国居民的文化消费依然受到经济水平的显著制约，中国居民文化消费模式符合"精英主义假说"（见Courty and Zhang，2018）。性别对听音乐的影响结果是复杂的，从模型一的回归结果看，农村男性更喜欢听音乐，城镇女性居民较喜欢听音乐，但模型二的结果说明，在音乐听众中，女性听音乐的频次更高。年龄对听音乐有显著负影响，无论是参与可能性还是参与频次，说明听音乐的是一个相对年轻的群体。

四　结论

本文建立了一个包含上网习惯的文化消费影响因素模型，采用中国综合社会调查年度数据，考察了传统社会经济人口影响因素和休闲习惯对音乐消费的影响。

本文研究结果表明，传统社会经济人口因素对文化消费的影响显著。音乐消费模式符合"精英主义假说"，收入水平越高，听音乐的参与率越高；受教育程度越高，听音乐的参与率也越高。网络对音乐参与率有显著的正影响，并且其边际影响效应显著高于其他社会经济变量。

相对于网民群体的低学历和年轻化特征，音乐消费的"精英主义假说"与上网习惯对音乐消费的正向效应包含以下可能性：首先，音乐消费的精英主义假说与文化资本理论内涵是一致的，艺术（包含音乐）与消费者社会地位和受教育程度以及艺术鉴赏力有内在的关系；其次，当前中国网民群体属于低学历的青少年群体，网络消费的即时性和低成本特征恰好符合该群体的消费习惯和经济特征，为更多年轻的消费者提供了音乐享受的机会，弥补了传统音乐传播方式的不足，扩大了消费群体。据《2017 年中国在线音乐简报》，2017 年在线音乐市场规模仍在稳步扩大，移动在线音乐用户占移动网民的近 62.7%。在线音乐用户中 83.4% 的网民使用音乐 App 的时长超过半小时[1]。最后，由于网络多媒体提供了互动性和体验性平台，音乐消费的分享进一步提高了音乐消费的参与率。2017 年在线音乐用户中超过半数的人会分享自己喜爱的音乐，其中 45% 的用户是通过 QQ 好友或微信好友分享，表明用户更偏向将喜爱的音乐分享给特定的人群。[2]

从农村和城镇的区域回归结果来看，上网对农村居民音乐消费的边际效应总是略高于城镇。在某种程度上，有可能说明网络有利于解决农村文化设施相对落后导致的实体文化产品与服务供给相对不足的问题。因此，加强农村网络基础设施建设有利于进一步释放农村文化消费潜力。

---

① 详见艾瑞咨询《2017 中国在线音乐简报》第 4、7 页。
② 详见艾瑞咨询《2017 中国在线音乐简报》第 15 页。

B.23

文化科技企业的技术效率优化策略：
基于14家上市公司的 SFA 分析

陈秋宁　肖　波*

摘　要： 在产业融合时代背景下，"文化＋"成为文化行业谋求新变
革的重要切口，文化与科技的交融日益广泛和深入。游戏动
漫、人工智能等领域的企业逐渐增多、竞争激烈，探讨影响
行业内企业技术效率的深层原因，以推动文化科技行业持续
稳定发展，显得十分必要和紧迫。SFA 方法作为测算绩效的
工具，能够为这一问题提供有效方法。通过测算 14 家文化科
技行业上市公司的技术效率，发现该行业目前处于规模报酬
递增阶段，公司效率受到研发投入、营业结构、管理费用、
营运资金周转率等因素的影响。进一步完善政策法规、转变
企业商业模式、提升创新能力，是提升文化科技行业上市公
司技术效率的改革进路。

关键词： SFA　文化科技　上市公司　技术效率　优化策略

近年来，我国大力推动文化科技产业融合发展，相继出台了《国务院
关于推进文化创意和设计服务与相关产业融合发展的若干意见》《文化部
关于推动数字文化产业创新发展的指导意见》等相关政策。当前，科技已

---

* 陈秋宁，武汉大学国家文化发展研究院硕士研究生，研究方向为文化创意产业、文化遗产；
肖波，武汉大学国家文化发展研究院副教授，研究方向为文化遗产、文化产业。

渗透到文化产品创作、生产、传播、消费的各个层面、各个环节，成为文化事业与文化产业发展的重要支撑和引擎①。诸多新兴的文化业态如雨后春笋般涌现，颇具代表性的游戏产业与人工智能产业作为文化科技融合的成果，日益成为文化市场的热点。主营业务涉及游戏制作、人工智能技术的文化企业逐渐增多，上市公司的发展状况也呈现较好的态势。然而，良好的发展环境下，文化科技新兴业态内风险与机遇依旧相生相伴。如根据2017年上市和挂牌游戏公司披露的企业年报，约有20%的公司业绩大跌，甚至净利润亏损高达千万级。究其原因，一方面，近年来资本蜂拥至文化科技产业，跨界并购频发，高溢价收购后的业绩对赌难以完成；另一方面，随着市场的日趋成熟，消费者对于产品精品化、个性化的要求大幅提高，文化科技公司传统的着眼于资本层面的发展模式已经不适应时下发展需求。

根据国家统计局发布的《文化及相关产业分类（2018）》，具有明显的文化科技融合特征且属于文化产业的行业以数字内容服务类与互联网信息服务类为主，主要包括互联网游戏服务与产品开发、多媒体和动漫软件开发、文化数字内容服务等。本研究选取业务以互联网游戏开发、数字内容服务、人工智能设计等为主的文化类上市公司为研究对象，探讨影响其公司效率的具体因素，以期从中窥见文化科技上市公司在未来提升绩效的可能路径。在以往的研究中，学者多以定性研究为主，从宏观角度分析文化科技融合背景下上市公司的机遇、风险及趋势，缺乏以定量方法为工具的微观角度的效率研究。本研究利用 SFA 方法（随机前沿分析模型，Stochastic Frontier Approach，简称SFA）对文化科技上市公司的效率进行测算，分析探讨影响公司效率的因素，既有利于创新该领域研究视角、拓展该领域研究范围，又有助于结合现实环境对文化科技融合下的新兴业态进行整体评价，并为效率不佳的上市公司提供纾解策略。

---

① 陈名杰：《科技催生文化产业新业态 推动文化与科技深度融合发展》，《人民日报》2017年1月26日。

一 文化科技上市公司的 SFA 研究模型设计

本研究假设现实环境、管理模式与资本结构等因素会影响文化科技上市公司的效率,并运用 Frontier 4.1 软件对选取的样本进行 SFA 分析。

(一)研究模型

随机前沿分析模型(Stochastic Frontier Approach,SFA),经常被用于测度企业或区域的经济效率。学者 Aigner(1977)和 Meeusen(1977)等分别剔除了随机前沿面生产函数[①]。这一模型最初用于处理截面数据,后由 Battese 在模型内引入时间因素,使之能够进一步处理面板数据。SFA 模型中的生产函数为:

$$Y_{it} = X_{it}\beta + (V_{it} - U_{it}), i = 1,\dots,N, t = 1,\dots,T$$

Y_{it} 表示第 i 家公司的产出,X_{it} 表示投入要素。V_{it} 表示随机误差与测量干扰项,满足 $V_{i\sim N}(0, \sigma 2v)$;$U_{it}$ 为非负的随机变量,满足 $U_{i\sim N}(mi, \sigma_u^2)$。随机前沿生产函数基础上的超越对数模型为:

$$LnY_i = a_0 + \sum_i^n a_j \ln X_i + \frac{1}{2} \sum_i^n \sum_j^n a_{ij} \ln X_j + V_i - U_i$$

SFA 方法测算技术效率的模型为:

$$TE = \frac{E[\exp(Y_{it} \mid U_{it}^{''} X_{it})]}{E[\exp(Y_{it} \mid U_{it} = 0, X_{it})]} = \exp(-U_{it})$$

1995 年,Battese、Coelli 将影响因素模型引入生产函数模型中[②],构建

---

① 原毅军、贾媛媛、郭丽丽:《企业研发效率及其影响因素——基于 SFA 模型的研究》,《科学学与科学技术管理》2013 年第 11 期。

② G. E. Battese, T. J. Coelli. Frontier Production Functions and the Efficiencies of Indian Farms Using Panel Data from ICRISAT's Village Level Studies. *Journal of Quantitative Economics*, 5 (1992), pp. 327 – 348.

技术效率影响因素模型如下所示：

$$U_{it} = \delta_0 + Z_{it}\delta + \varepsilon_{it}$$

其中 Z_{it} 为假设影响技术效率的外生变量，δ 为外生变量的系数变量；ε_{it} 为随机误差。将这一模型引入生产模型中，将通过实现技术效率的分析得出相应因素影响企业非效率的程度。

（二）样本与变量

本研究根据游戏类上市公司的企业年报，选取了盈利能力较强、水平基本相当的25家公司。由于在模型测算过程中，部分较大的数据需要进行对数转化，故在剔除了资产投入为负值的公司后，最终用以测算的样本为表1显示的14家。

表1　SFA模型测算样本选择

序号	公司名称	证券代码	所在地	成立日期	组织形式
1	巨人网络	002558.SZ	上海市	1997-07-22	民营企业
2	三七互娱	002555.SZ	安徽省	1995-05-26	民营企业
3	完美世界	002624.SZ	北京市	1999-08-27	民营企业
4	恺英网络	002517.SZ	上海市	2000-01-03	民营企业
5	掌趣科技	300315.SZ	北京市	2004-08-02	民营企业
6	游族网络	002174.SZ	上海市	1995-09-22	民营企业
7	吉比特	603444.SH	福建省	2004-03-26	民营企业
8	艾格拉斯	002619.SZ	北京市	2001-06-26	民营企业
9	电魂网络	603258.SH	浙江省	2008-09-01	民营企业
10	游久游戏	600652.SH	上海市	1984-12-12	民营企业
11	冰川网络	300533.SZ	广东省	2008-01-21	民营企业
12	大晟文化	600892.SH	广东省	1993-09-01	民营企业
13	盛讯达	300518.SZ	深圳市	2006-12-28	民营企业
14	中青宝	300052.SZ	深圳市	2003-07-22	民营企业

研究共选取了1个因变量、10个自变量。生产模型中，4项投入指标分别为有形资产投入、政府补助、研发投入、技术研发费用；2项产出指标为

营业收入与营业外收入；1项因变量为扣除非经常性损益的净利润。由于盈利能力的衡量会受到自变量以外诸多因素的影响，本研究还需要构造影响因子模型。根据假设，选取管理费用率、股权结构、资产负债率与营运资金周转率4项指标作为模型的非效率影响因素。

表2　SFA模型指标设计

自变量	政府补助(x_2)	技术研发费用(x_4)	有形资产投入(x_1)	研发投入(x_3)
	营业外收益(y_2)		营业收入(y_1)	
	管理费用率(δ_1)	股权结构(δ_2)	营运资金周转率(δ_4)	资产负债率(δ_3)
因变量	扣除非经常性损益的净利润(Y)			

研究模型中选取的自变量指标均为可能影响到上市公司绩效的因素。具体而言，投入指标中，有形资产投入用以衡量公司的资产结构；研发投入与技术研发费用用以衡量公司的文化科技融合水平，其中，研发投入显示了企业整体的研发水平，技术研发费用则更为具体地显示了企业在核心技术方面的投入力度；政府补助用以衡量文化与科技融合背景下，具有代表性的游戏产业生存的宏观环境与外在条件。影响因素指标中，管理费用率用以评价样本公司管理模式下的投入水平；股权结构用以评价公司的组织结构与治理结构；资产负债率与营运资金周转率用以评价公司的经营活动能力。

二　文化科技上市公司技术效率与影响因素

本研究选取了2015～2017年的数据，运用Frontier4.1软件对14家文化科技类上市公司进行测算，通过测算结果评价样本公司的技术效率，分析影响其技术效率的可能因素。

（一）影响因素分析

从模型整体来看，Gamma值接近1，LR值大于1，说明本研究构建的模型有效，解释变量对模型有显著贡献，技术无效率的原因在于行业内部，运用 SFA 模型对该问题进行分析具有合理性。从解释变量与样本公司技术效率的关系上看，技术研发费用、研发投入、营业外收益、营业收入、管理费用率、营运资金周转率 6 项自变量指标分别通过了 1% ~ 10% 的显著度检验，说明以上指标对于公司绩效有显著影响。测算结果如表 3 所示。

表 3　SFA 模型测算结果

变量	系数	T 检验
截距	0.393	3.428
政府补助	0.648	1.202
技术研发费	− 0.256	− 8.516 ***
有形资产投资	− 0.431	− 0.158
研发投入	− 0.840	− 5.413 ***
营业外收益	− 0.193	− 2.499 **
营业收入	0.402	3.346 ***
管理费用率	− 0.577	− 1.542 *
股权结构	0.309	0.111
营运资金周转率	0.587	5.793 ***
资产负债率	0.236	0.263
Gamma	0.632 *	
LR	5.588 *	

表 3 显示，技术研发费每增长 1%，会促进公司绩效降低 0.256 个百分点；研发投入每增长 1%，会导致公司绩效降低 0.84 个百分点；营业外收益每增长 1%，会导致公司绩效降低 0.193 个百分点；营业收入每增长 1%，会促进公司绩效提高 0.402 个百分点。在 4 个技术无效率项中，管理费用率每增长 1%，会导致公司绩效降低 0.577 个百分点；营运资金周转率每增加 1 个百分点，会导致公司绩效增加 0.587 个百分点。

从研发投入来看，增加技术研发等的投入反而会对公司绩效产生负效应。实际上，在宏观经济的研究中，已经有众多学者对"研发悖论"进行了种种探索，即高额度的经济投入并不一定能带来高水平的经济增长。对于游戏等文化企业而言，创新与技术是企业发展的核心要义。叶松勤的研究表明，对于高新技术行业而言，研发投入有一定的门槛效应，前期很有可能由于试验和试错而导致企业绩效不佳；在打破门槛后，则可以利用创新技术抢占市场①。这说明在目前文化科技融合热潮下，新兴业态的技术研发要经过一定的时期，需通过人力、资本、知识等的耦合协调，进一步提高技术研发的效率和质量，以在最短时间内实现研发投入对企业绩效的正向影响。

从管理模式来看，目前文化科技上市公司增加管理费用有可能导致企业绩效的降低，侧面显示传统的管理模式依然不适应现实发展状况。管理费用的核心是人力资本，而诸多研究表明，在高新技术行业，人力资本的投入与企业绩效呈负相关。如 Richard 和 Shelor 的研究表明企业聘用员工的年龄异质性与企业绩效呈现负相关关系②；战炤磊指出人力资本投入与产业结构的耦合关系也是影响企业绩效的重要因素等③。对于文化科技行业而言，在发展的初期阶段增加管理费用投入无法给企业绩效带来明显的提升，一方面因为管理投入具有一定的滞后性，另一方面因为部分企业在转型过程中尚未脱离传统的管理模式。

从业务经营来看，文化科技企业营业外收入的增加会导致企业绩效的降低，说明当前发展阶段，文化科技上市公司应专注于主营业务的精进和主要产品的迭代，不必急于拓展业务、扩大市场。部分文化科技企业营业外收入占比较高，是由于在企业转型阶段尚未实现资源在主营业务领域的耦合协调，导致企业技术效率较低，这也从侧面反映出目前文化科技融合背景下的企业战略选择问题。企业的价值实现在于企业价值链条上的战略环节，为实现企业绩效的提升，必须在优势环节上发挥自身的核心能力，而非盲目扩大

---

① 叶松勤、朱清贞、凌方：《技术门槛效应、科研投入与企业绩效——基于中兴通讯的案例分析》，《江西社会科学》2018 年第 6 期。
② 肖挺、刘华、叶芃：《高管团队异质性与商业模式创新绩效关系的实证研究：以服务行业上市公司为例》，《中国软科学》2013 年第 8 期。
③ 战炤磊：《人力资源与产业结构耦合互动的绩效及影响因素研究》，《吉林大学社会科学学报》2018 年第 4 期。

业务范围。因此，对于文化科技行业上市公司，应把握住文化与技术的双重优势，对现有的生产要素进行集聚、重组，增加优势、提高竞争力。

此外，SFA测算结果显示，解释变量的系数总和大于1，说明整个游戏行业目前处于规模报酬递增的阶段。诚然，在良好的外在环境下，文化科技行业机遇颇多，故应当勇于扩大公司规模，在内部分工、管理模式、创新发展等方面不断探索和完善。

（二）技术效率分析

通过SFA模型测算，可以获知2015～2017年三年间14家样本公司的技术效率，并根据三年的效率均值，对公司进行排名。表4显示了样本公司三年间技术效率均值的排名情况，前三位分别为完美世界、巨人网络、掌趣科技；图1是三年间样本公司技术效率均值情况的折线图。

表4 14家样本公司2015～2017年技术效率均值排名

公司	2015 年	2016 年	2017 年	均值	排名
完美世界	0.9168833	0.89789584	0.87505904	0.896612727	1
巨人网络	0.91382895	0.89419411	0.8706046	0.892875887	2
掌趣科技	0.8934383	0.8695533	0.84105897	0.868016857	3
恺英网络	0.88868561	0.86382738	0.83421885	0.862243947	4
电魂网络	0.88099206	0.85457197	0.82318238	0.85291547	5
三七互娱	0.87697834	0.84975004	0.81744222	0.848056867	6
吉比特	0.86951643	0.84079755	0.80680239	0.83903879	7
游族网络	0.85192088	0.81974839	0.78187521	0.81784816	8
中青宝	0.82364478	0.78610335	0.74229371	0.784013947	9
艾格拉斯	0.82014521	0.78195505	0.73743624	0.7798455	10
冰川网络	0.75334244	0.70347703	0.64655255	0.701124007	11
盛讯达	0.69261921	0.63344512	0.5672829	0.631115743	12
大晟文化	0.6431643	0.57746815	0.50538386	0.57533877	13
游久游戏	0.51921708	0.44196001	0.361851	0.441009363	14

从微观来看，首先，14家文化科技上市公司的企业绩效排名较靠前的5位显示出一定的地域规律。其中，两家所在地为北京，两家所在地为上海，

一家所在地为浙江。这一结论与我国游戏产业目前的发展状况相契合，在文化科技融合的背景下，经济发展较好的省份会占有一定的发展先机，能够快速有效地整合重组多种资源，提升市场竞争力。以上海市为例，2016年，上海市地区生产总值达到27466.15亿元，同比增长6.8%，超过全国增长速度；2017年地区生产总值更是突破3万亿元大关。在良好的经济发展状况下，截至2017年下半年，上海市数字游戏企业达366家，网络游戏产值达569.3亿元，同比增长24.6%，成为游戏产业最具活力的城市之一①。其次，排名6~14位的9家上市公司没有显示出较为明显的地域规律，比如三七互娱这一位于经济水平不如北京市、上海市、广东省的安徽省的公司，其技术效率排在第6位，高于过半数的样本公司。根据余景亮等学者的研究，经济发达的地区，上市公司可能会由于投入冗余、战略失误等导致效率不佳②。再次，从成立日期来看，时间较早的几家企业并未在技术效率上显现明显优势，其中大晟文化和游族网络更是排在末位。这从侧面反映出在文化科技融合的背景下，一些成立时间较久的公司在涉足新兴行业时会面临转型的困难，从而导致企业绩效不佳。如在原创网络游戏方面，部分公司创新能力不足，产品难以为受众所喜爱；更有部分企业由于版权意识的缺乏而采用成本低、获利快的模仿、抄袭方式，对自身与版权方的企业绩效都造成了不良影响。

从中观来看，近年来中国游戏市场销售收入的增速有所放缓，这一方面缘于游戏产业规模基数的增大导致增长难度越来越大，另一方面缘于游戏产业步入转型期，新兴业态均处于市场开拓阶段，对产业增长的贡献率尚未体现出来③。如有别于传统游戏行业的VR游戏作为后起之秀，在发展过程中面临着资金投入不足、人才缺失、盈利模式不完善等问题，尚未探索出成

① 花建、田野：《数字游戏产业上市企业的发展驱动力——以上海为重点的研究》，《深圳大学学报》（人文社会科学版）2018年第2期。
② 余景亮、刘存丽：《基于DEA方法的城市经济发展效率评价》，《统计与决策》2008年第20期。
③ 中国动漫游戏产业年度报告课题组：张立、王飚、牛兴侦、孟晓明：《2015年中国动漫游戏产业发展报告》，《出版发行研究》2016年第6期。

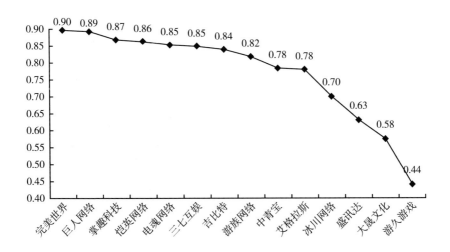

图1 2015～2017 年 14 家样本公司技术效率均值

熟、完善的发展模式。2015～2017 年三年间，样本公司的研发投入增加但技术效率增速缓慢，说明在同质化和用户年轻化的大势之下，文娱、游戏、动漫等行业内，用户需求愈发分化和细腻，小团队、小投入、低品质、低服务游戏的市场机会将持续收窄，这既为文化科技行业带来了风险，又为其提供了寻找到新突破口的机遇。

从宏观来看，文化科技行业上市公司的技术效率较高，但极差较大，说明整个游戏市场上存在着"强者愈强，弱者愈弱"隐患。目前我国文化科技市场格局相对稳定，大型企业通过对资金、渠道和人才资源的整合实现了对市场的把控，市场竞争的激烈程度相对减弱。文化科技融合背景下的文化类产业集中度逐渐升高，运营成本和市场门槛渐渐抬升，向成熟发展期过度。这一阶段，掌握市场规律的企业会渐渐凭借自身优势占据稳定的市场份额，而不适应市场发展状况的企业则会渐渐被兼并重组或淘汰。2015～2017 年三年间，样本公司的技术效率呈现小幅度的下降，这说明在规模报酬递增阶段的文化科技市场内，上市公司会倾注大部分的精力进行战略调整、业务升级以及创新研发，这些在价值链上处于关键地位的环节在促进企业技术效率提高的方面具有滞后性，其作用会在未来特定的时间周期内显示为效率的

高频、快速增长。

总的来看，通过对 14 家文化科技类上市公司技术效率的测算，并综合现实状况与相关文献分析可知，在文化与科技融合的背景下，上市公司、行业、市场面临的问题主要有以下几个方面。第一，政策规制仍有完善空间，应进一步促进以保护知识产权、推动中国创新为核心的政策法规保护体系的构建；第二，传统的文化企业管理模式已然不再适应新时代发展的需求，应从企业内部管理入手，优化资本结构、创新管理方式，以适应产业融合的大趋势；第三，文化科技行业企业发展战略应当实现新时代的深刻变革，推进内外部力量的协同合作，促进多样化资源的协调配置，实现国家政策扶持、社会多元参与、企业创新研发的三位一体，全面提高企业的技术效率。

三 文化科技上市公司效率优化的策略

根据 SFA 模型的测算结果，针对文化科技融合发展背景下的现实困境，笔者从宏观、中观、微观三个层面入手，在政策规制、管理模式以及战略变革三个层面提出纾解策略。

（一）宏观层面：完善政策规制，优化外部环境

在测算结果中，由模型或数据量等因素所致，政府补助这一自变量的显著度不如其他因素。但从系数来看，整体上政府补助对于企业绩效的影响是正向的。这也一定程度上显示出在文化科技融合的背景下，诸多新兴业态在发展的初期需要稳定有力的政府支持，从而优化产业发展的外部环境。

第一，政府应该在继续深入推行现行政策来扶持文化科技新业态发展的同时，进一步出台具有创新性、系统性和前瞻性的产业政策。由于我国的多头管理体制，文化科技行业，诸如游戏、动漫等产业的政策和立法尚未健全且存在一定的滞后性，比如对于游戏行业的相关政策规制是在游戏创造出一定的经济价值后相继推出的。以韩国为例，在文化产业发展的起步期，韩国就制定了针对不同类别行业的法规，如 1999 年设立了游戏综合支援中心；

2006年出台《游戏产业振兴相关法律》等。因此，政府应从宏观把握文化科技相关行业的潜在风险和发展前景，以从政策鼓励、经济支持、风险防控等层面更好地完善文化科技上市公司生存发展的外部环境。第二，政府应该在加大对相关行业经济扶持力度的同时，通过经济政策和金融政策引导金融资本在文化科技领域有效发挥作用。测算结果表明，资金利用率对于上市公司效率的提升有着正向影响。因此，政策应关注发展程度不一、经济水平相异的不同地区、省份，科学、高效地提供适宜地区发展的资金支持，并按时进行效果验收，避免文化科技行业上市公司投入冗余或资金不足等问题的产生。第三，政府应在政策层面促进文化科技行业人力资本的优化，重视培养创新型专业人才。通过测算结果可知，对于文化科技行业而言，自主研发是非常重要的环节。只有实现知识、资金、人才等资源的有效耦合，才能从根本上提升文化科技行业上市公司的技术效率。第四，国家应快速出台相关法律法规，保障以知识产权为核心的企业无形资产。这不仅是为了保障文化科技行业上市公司的合法权益不受侵害，更为激励更多文化企业自主创新、积极研发，为我国在"中国智造"道路上越走越远做出贡献。

（二）中观层面：转变管理模式，实现协同发展

通过SFA模型的测算，样本公司的管理费用投入与最终的企业绩效呈现负相关的关系。这侧面表明当前文化科技行业上市公司的管理模式不适应市场现状，需要转变管理模式，改善公司发展的内部环境，提高企业技术效率。

首先，文化科技行业上市公司应根据产业发展的阶段，适时调整公司规模。根据测算结果，目前文化科技行业处于规模报酬递增阶段，这一阶段机遇众多，中小型上市公司应适当扩大公司规模，增加研发投入，提高企业技术效率。部分大中型企业由于产业集中度较高，不必急于扩大企业规模，而应该发挥自身优势，占稳市场份额。其次，上市公司应发挥优势，专注于势头良好的主营业务，并积极同国内外行业内的优秀企业合作，借鉴其所长，补自身所短。例如在测算中技术效率均值排名首位的完美世界公司就专注于

自身的优势业务,同业界顶尖的美国游戏公司 Valve 合作,利用 Steam 资源库为中国玩家提供更多游戏产品和更丰富的游戏体验。再次,上市公司还应清楚地认识到文化科技融合背景下产业边界消融的现实,积极寻求同其他领域、其他行业的合作,以实现优势互补、协同发展。如效率均值排名第三的公司掌趣科技,不仅投资如今 VR 内容产品的主流开发工具之一 Unity,还加入了索尼 PS–VR 全球开发计划,通过更多的投资迅速完成在 VR 产业链的布局。此外,上市公司还应根据现实状况调整商业模式。比如在游戏行业中,传统的收费商业模式已经不适应市场的发展,会影响企业的盈利能力;目前市场主流的免费运营模式不再需要对进入游戏及游戏时间交费,而是通过对游戏中增值服务的收费使企业获得更大的利润[①]。可以看出,文化科技行业上市公司应从市场需求的角度出发,构建最有利于自身发展的商业模式和盈利机制,才能够跟上整个文化科技行业发展的主导趋势。最后,上市公司还应在人力资本优化和股权结构精简等环节进行一定的调整,以推进科学决策的有效落实,提升企业技术效率。

(三)微观层面:提升创新能力,推动战略变革

本研究通过 SFA 模型对样本公司进行绩效测算后,得出了在目前的发展阶段,研发投入的提高会使文化科技行业上市公司技术效率下降的结论。这是由于规模报酬递增的阶段,企业需投入大量的经济成本和时间成本去进行创新技术的试错,以从长期上促进绩效的稳步增长。因此,现阶段上市公司仍需要继续自主创新研发,提高创新能力,促进公司战略变革。

一方面,上市公司应继续加大研发投入,提高产品与服务的原创性,增加公司优势,提升公司竞争力。文化科技融合的环境下,消费者对于产品的差异性和个性化有了更高的要求,这就要求企业必须通过创意元素的增加提升产业链的附加值。以游戏产业为例,日本任天堂公司在面临激烈的行业竞

---

① 李大凯、孙曰瑶:《免费商业模式下厂商盈利机制的经济分析——基于对网络游戏产业的分析》,《中南财经政法大学学报》2010 年第 5 期。

争时，顶住巨大风险进行硬件创新，推行游戏领域的"蓝海战略"，保证了主机的市场地位，实现了硬件和软件质量的同步提高。另一方面，上市公司应进一步增强创新观念，积极吸纳优秀的研发人才，优化人力资本结构，提高企业绩效。在产业融合的大潮下，文化科技行业上市公司应从全面考虑，录用各个相关领域和专业的人才，实现知识资源和人才资源的储备，更好地和资本、技术资源对接、协调。此外，"一带一路"战略推动下，在加强研发的同时，文化科技行业上市公司还应放眼国际，既要学习、借鉴、吸收他国的先进经验，并融会贯通，推动自身战略变革；又要牢牢抓住海外市场机遇，适时扩大市场，将具有中国文化符号的、具有中国特色的文化产品和服务推向国际，助力中华文化走出去。

通过对14家文化科技行业上市公司的测算，发现技术研发费用、研发投入、营业外收益、营业收入、管理费用率、营运资金周转率等因素均会对上市公司技术效率的高低产生影响；在文化科技融合发展的环境下，行业内仍存在着政策规制不完善、管理模式固化、创新能力不足等问题，影响上市公司技术效率的提高。在文化科技融合的趋势日益明显的未来，政府应进一步完善以维护知识产权为核心的政策法规，企业应根据行业发展情况适当调整商业模式、盈利机制与企业战略，兼顾经济效益与社会效益，提高企业绩效，推动文化科技产业蓬勃发展。

B.24
数字文化消费时代我国电子竞技行业发展研究

——以武汉梦竞科技有限公司为例

游乐天　岳君*

摘　要： 近年来，我国电子竞技发展迅猛，产业体系逐渐深化，成熟的赛事体系逐步形成，新的联赛架构正在组建。本文概述了我国电子竞技行业的发展历程以及发展现状，以武汉梦竞科技有限公司为例，分析我国电子竞技行业发展不稳定、不均衡以及人才缺乏导致的创新能力不足等问题，提出发挥媒体对电子竞技发展的积极作用、公司加强自主产品研发、完善以赛事为中心的电子竞技产业产业链的发展建议。

关键词： 电子竞技行业　梦竞科技　数字文化消费

一　我国电子竞技行业发展概述

电子竞技的概念，在学界目前来说仍有着争议，不同学者都对它有着各自独到的解释和论断。有人认为电子竞技是基于电子平台并且借助该平台来衡量玩家水平高低的竞技比赛[①]，还有人认为智力与体力的对抗是电子竞技

---

* 游乐天，男，武汉体育学院体育科技学院学生，研究方向为数字娱乐，《绝地求生大逃杀》前职业选手，曾参加《彩虹六号：围攻》中华玩家职业联赛。岳君，女，华中师范大学国家文化产业研究中心硕士研究生，研究方向为网络游戏。

① 李凡凡：《我国电子竞技运动发展现状和对策研究》，山东大学硕士学位论文，2014。

运动的本质①。而部分国外学者认为电子竞技是一项体育运动，人们在参与电子竞技时，需要遵守统一的规则，借助于信息和通信技术在虚拟世界中同其他参赛者进行对抗，从而达到锻炼身体和意志力的目的②。俄罗斯体育部将电子竞技视为运动，有着独立的纪律，包括游戏策略和运动刺激。可以通过观察类似体操和田径等运动来看待电竞，它们都在大的分类下有着自己的规则。这也是因为电子竞技包含了一项运动所有的基本特征，包括训练方案、规则、独立的锦标赛系统、联赛，等等。③ 通过对不同观点的分析，本文认为电子与竞技是"电子竞技"概念不可回避的两个基本要素，因此本文将电子竞技定义为：借助计算机、互联网信息技术等软硬件设备开展的虚拟场景下的统一规则的公平对抗的比赛活动。

随着电子竞技成为奥运会、亚运会正式项目，电子竞技已由令人玩物丧志的"电子海洛因"摇身一变，成为青年人热衷的体育项目、文化产业。由于政策利好、职业化配套服务需求量大、技术更迭快，我国电竞行业发展日新月异，前景可期。

（一）电子竞技行业发展历史

电子竞技是伴随着电子游戏的发展逐步发展起来的，从世界范围看，电子竞技的发展可分为三个阶段。

第一阶段，萌芽阶段（1986～1998 年）。学界普遍认为，1986 年是电子竞技的元年，美国 ABC 频道直播两个孩子比赛玩任天堂游戏机，便是电子竞技的起源④。1990 年，游戏界巨头任天堂在全美 29 个城市举办了电子竞技比赛，此次比赛获得了广泛响应并起到了极佳的宣传效果，甚至衍生了全球仅有 26 份的《1990 任天堂世界锦标赛》FC 金版卡带这种天

---

① 周正晓：《电子竞技行业中的粉丝经济》，《商》2016 年第 19 期。
② Soumokil G. The Revelation of the Uknow World of e – Sports and its Influences on the Western Society, The Rising World of e – Sports, 2009。
③ 17173：《俄罗斯体育部长：赞成将电竞视为运动 我们需要规范它》，http://news.17173.com/content/06022018/121449143.shtml。
④ 闫彦：《韩国电子竞技运动发展成功经验对中国的启示》，《体育文化导刊》2013 年第 2 期。

价周边①。此次比赛也是历史上第一个正式电子游戏比赛。

第二阶段，快速发展阶段（1998～2013年）。1998年，韩国受到亚洲金融危机爆发的影响，GDP负增长5.8%，韩元贬值超过50%，股市暴跌70%②。在当时的历史条件下，韩国政府发现国民经济的产业结构存在严重问题：国民经济的支柱产业主要是出口导向型的，并且十分受世界经济变化的影响。因此，韩国政府着手调整产业结构，影视业、游戏动漫产业因政府扶持而得以快速发展。是年，由知名游戏公司——暴雪公司出品了《星际争霸》，游戏一经发行就受到了高度赞扬，甚至许多因经济危机失业的人员都一度沉溺其中无法自拔。当时的韩国经济状况较为低迷，电视节目制作预算大幅下滑，而制作游戏相关的节目成本低廉，于是，韩国媒体人开始制作《星际争霸》相关节目，《星际争霸》由于题材新颖、世界观独特，具有极好的发展前景。就是这样的偶然，成就了今天令人惊叹的韩国电竞。

2000年，由韩国国际电子营销公司（Internation Cyber Marketing，ICM）主办，并由三星提供赞助的世界电子竞技大赛（World Cyber Games，WCG）正式创立。该项赛事从2000举办到2013年停办，共坚持了13年，为推动电子竞技行业的发展做出了重要贡献。由WCG赛事组委会主办的比赛项目有《星际争霸Ⅱ》《魔兽争霸Ⅲ》《反恐精英》等游戏。随着以sky李晓峰为代表的一批中国电子竞技选手在WCG上大放异彩，年轻人对电子竞技这一产业愈加感兴趣。即便当时的社会由于对电子竞技的不了解而令电子竞技背负污名，也没能阻止年轻人对其的热爱以及深入了解。

由于WCG这一比赛公平、正规，每年固定举办一次，且举办场地除了韩国本土外还有中国、美国、意大利等国家，因此，WCG不仅在世界范围内具有一定的影响力，在玩家之间更是极好的谈资。选手间的小八卦，比赛

---

① 王健、杨见奎：《浅析我国电子竞技产业发展现状及发展对策》，《山东体育科技》2011年第4期。
② 杨敬研、李颖卓、张平、王莉：《韩国电子竞技产业的发展与启示》，《经济导刊》2010年第9期。

中的精彩镜头，赛事中有争议的环节，都能在相关论坛上掀起不小的波澜。借鉴奥运会的模式，WCG 甚至在举办时设立"选手村"，让许多对电子竞技有偏见，认为电子竞技与打游戏无任何差别的人渐渐认识到电子竞技是一个规范的、益智的体育项目。

2013 年，美国政府认可《英雄联盟》为正式的体育项目，参赛选手申请签证成为职业体育运动员。同年，我国上海举办了"明星慈善电竞挑战赛"，中国五大知名电竞战队、众多娱乐圈艺人、知名电竞解说员纷纷亮相。电子竞技在世界经过十多年的发展，行业不断规范，主流媒体密切关注，商业化运营模式越来越成熟，作为一个新兴的竞技体育项目，电子竞技已经发展成为具有现代竞技体育精神的人与人之间所进行的电子游戏竞技运动。

第三阶段，平稳发展阶段（2014 年至今）。电子竞技在世界范围内形成了自己的比赛体系，也拥有基数庞大的观众群体。在 2014 年 2 月，WCG 的主办单位 Angel Munoz 表示，考虑到当前世界发展潮流和商业环境等因素，从 2014 年起 WCG 官方将不再举办包括 WCG 年度总决赛在内的电子竞技相关活动。但是，为继续发扬 WCG 竞技体育精神，世界电子游戏竞技大赛（World Cyber Arena，WCA）于 2014 年 10 月在银川市正式开赛，该赛事通过举办个人职业赛事，设立创世界纪录的个人奖金，推动电子竞技产业、电子竞技赛事乃至新兴文化产业的发展，并且将宁夏回族自治区首府银川市定为 WCA 永久举办地。2015 年的 WCA 从正式开赛到整个赛事结束，总观赛人数达到了 5800 万，总观赛人次高达 8000 万，堪称电子竞技赛事的历史之最。① 在 2017 年的第二届 DOTA2 亚洲邀请赛中，中国战队 iG 以 3∶0 的比分战胜外国劲旅 OG 战队，成为第二届 DAC 的冠军。在整个赛事进行过程中，CCTV 也对其进行了多次报道，这从侧面反映出电子竞技已经得到国家承认。同样在 2017 年，亚奥理事会宣布：接纳电子竞技进入亚洲室内武道运

---

① 中华网：《WCA2015 创观赛纪录 电竞产业腾飞指日可待》，https：//tech.china.com/game/news/11062891/20150521/19725092.html。

动会。2017 年英雄联盟全球总决赛在中国本土举行，分别辗转于武汉、广州、上海和北京四个城市，给当地带来了很浓重的电竞文化，在中国的受欢迎程度更是令人难以想象，据统计有超过一亿人次收看了半决赛 RNG 对阵 SKT 的比赛，观看总时长达 44 亿小时，门票也是被一抢而空，而黄牛的门票价格一度炒到了 17 倍，官方的购票系统几度崩溃，让很多人一票难求，2018 年的比赛门票更是被秒抢光。[①] 在 2018 年印尼亚达亚运会上，电子竞技被用作表演项目供观众欣赏。在 2022 年杭州亚运会，电子竞技将成为官方认可的比赛项目。

表 1　国际电子竞技主要赛事一览

赛事类型	创办年份	赛事名称	赛事简介	主办单位	最大规模赛季	同时观看人数峰值
综合类赛事	2001	世界电子竞技大赛（WCG）	是每年规模最大的全球电子竞技盛会，停办于 2014 年	Angel Munoz	结束于 2013 年，暂无线上数据	
英雄联盟	2011	英雄联盟全球总决赛（S赛）	是英雄联盟中一年一度的最为盛大的比赛，全球总决赛是所有英雄联盟比赛项目中最高荣誉、最高含金量、最高竞技水平、最高知名度的比赛	Riot Games	S7	1.621 亿
	2015	英雄联盟季中冠军赛（MSI）	又名"英雄联盟季中邀请赛"，这是英雄联盟中最重要的国际赛事之一，每个赛季的春季冠军只能被邀请参加	Riot Games	2018 季	1980 万
	2013	英雄联盟职业联赛（LPL）	中国大陆最高级别的英雄联盟职业比赛，是中国大陆赛区通往每年季中冠军赛和全球总决赛的唯一渠道	Riot Games、腾讯游戏	2018 春季赛	9500 万
	2017	英雄联盟洲际系列赛（Rift Rivals）	由一系列地区对抗赛组成的英雄联盟国际赛事	Riot Games	2017 季	830 万

---

① 腾讯新闻：《年轻人的一代！S8 代言电竞 亚运会早已证明它势不可挡》，http：//sports.qq.com/a/20181001/009267.htm。

赛事类型	创办年份	赛事名称	赛事简介	主办单位	最大规模赛季	同时观看人数峰值
DOTA2	2011	DOTA2 国际邀请赛(Ti)	由 DOTA 2 开发商维尔福公司(Valve)举行的电子竞技比赛,也是迄今为止奖金额度最高的电子竞技比赛	Valve Corpor-ation	2018 季	1496 万
绝地求生	2018	绝地求生全球邀请赛(PGI)	由 PUBG Corp 举办的绝地求生官方世界赛	PUBG Corp	2018 季	6014 万
	2018	绝地求生全球群星联赛(SLi)	PUBG Corp 官方授权的世界最知名电竞赛事,被誉为2018 年含金量最高的吃鸡比赛之一	Starladder	S3	630 万

(二)我国电子竞技行业发展现状

1. 我国电子竞技行业发展的历程

《2017 中国电竞发展报告》将国内电竞的发展分为三大阶段:1998 年到 2008 年,这一时期是电子竞技的单机电竞时代,代表游戏有《魔兽争霸3》《星际争霸》《反恐精英》等,其中相关的赛事有世界电子竞技大赛(WCG)、电子竞技世界杯(ESWC)、职业电子竞技联盟(CPL)等;2008年到 2016 年,是网游电竞的黄金时代,国内网游电竞产业逐渐深化,赛事体系形成并渐趋成熟,其中代表游戏有《英雄联盟》《DOTA》《炉石传说》等,赛事有英雄联盟职业联赛(LPL)、穿越火线职业联赛(CFPL)等;2016 年至今,移动电竞产业发展迅猛,以王者荣耀职业联赛(KPL)、穿越火线:枪战王者职业联赛(CFML)等赛事为代表的《王者荣耀》、《穿越火线:枪战王者》等游戏杀出重围,电竞产业至此开始走向移动化。

我国电子竞技的发展一直追随着世界的脚步。1998 年,我国的电子竞技产业开始起步。由于时人版权意识不足,以局域网或对战平台进行联机的盗版游戏大行其道,而且电子竞技被视为洪水猛兽。因此,早期国内并没有正式的电子竞技比赛,大多数比赛都是玩家们自行举办、互相切磋的娱乐性大于竞技性的比赛。严格来说，当时只有少部分网吧或互联网对战平台自行举办的、以兴趣为主而无商业目的的比赛才勉强能称为电子竞技。2001 年 WCG 在中国举办，可以说是最早登录国内的电竞赛事。2003 年，克服了"非典"时期的种种艰难窘境，ESWC 终在中国成功举办。2004 年 3 月 2 日，CPL 官方宣布将于 2004 年在中国设立夏季锦标预选赛，至此，世界最知名的三大电子竞技赛事均落户中国。以 sky 李晓峰为首的一批电子竞技运动员，为国出征参加 WCG。他们即便处于恶劣的训练环境、领着微薄的薪水，也依然为我国在世界电子竞技大赛上留下了浓墨重彩的一笔。2008 年后，我国对电子竞技的看法有所改观，这一新兴体育项目渐渐为人所接受。被称为"电子竞技奥运会"的 WCG 也在 2009 年、2012 年与 2013 年于成都、昆山举办。2011 年《英雄联盟》这一现象级游戏上线国服，让许多玩家见识了 MOBA 游戏的风采并流连其中。2013 年，《DOTA2》上线国服，让许多 DOTA 老玩家热泪盈眶，重拾当年的情怀。自此开始，MOBA 类网游在国内大火，而由于其本身的竞技性、平衡性以及国内相关厂商的大力推广，国内开始掀起电子竞技的浪潮。《英雄联盟》第二赛季在世界赛上夺冠的老 WE、TI6 上的"护国神翼"wings 战队，至今依然被玩家们津津乐道。

2013 年，NEST（National Electronic Sports Tournament 全国电子竞技大赛）正式创办，接棒 WCG 的综合赛事，成为中国地区最高水平的综合性赛事。与其他赛事不同，它的背后不是 Valve、Riot Games 这样的国外游戏公司，也不是三星、英特尔这样的国外产商。NEST 最重要的标签便是"国家自主赛事"，由国家体育总局体育信息中心主办，面向全国上亿电子竞技爱好者。这个国字号电竞赛事具有划时代的意义，它代表了国家层面对于电竞这项运动的认可。①

2016 年是我国电竞产业迸发的元年。4 月，国家发改委发布的《关于促进消费带动转型升级的行动方案》中，就明确提出要"开展电子竞技游

---

① 多玩游戏网：《NEST2017——一个国字号综合电竞赛事的新格局》，http://lol. duowan. com/1711/374546143430. html。

戏游艺赛事活动。指出"要加强组织协调和监督管理，在做好知识产权保护和对青少年引导的前提下，以企业为主体，举办全国性或国际性电子竞技游戏游艺赛事活动"。随着电竞产业规模的逐渐扩大，用户已经不再满足以往单一的电竞内容，相关的周边电商、版权分销、粉丝经济等以电竞赛事为核心的新兴业态变得更为受众喜爱，而这些也都将成为未来电竞行业发展的重点方向。[①] 随着智能手机性能的不断提升，移动设备的竞技项目也逐渐

表2 国内电子竞技主要赛事一览

赛事类型	创办年份	赛事名称	赛事简介	主办单位	最大规模赛季	单时段观看峰值
综合类赛事	2006	中国电子竞技职业选手联赛（PGL）	国内最早的电子竞技赛事之一，也是中国电竞的一面旗帜，涵盖CS：GO、WAR3、DOTA2、穿越火线、王者荣耀等多个游戏项目	北京数字娱乐产业示范基地	2018年PGL绝地求生国际邀请赛	584万
	2013	全国电子竞技大赛（NEST）	以培养本土电子竞技明星、弘扬电子竞技文化为目的，项目包括Fifa Online3、炉石传说、英雄联盟、穿越火线等，具体按照每届要求而定	国家体育总局体育信息中心	2017年总决赛	600万
	2014	世界电子竞技大赛（WCA）	以"英雄的竞技场，玩家的寻梦地；（Hero's Arena，Player's Dreamland）"为口号，集合全球热门游戏，作为比赛项目举办国际性电竞赛事	银川市政府、银川圣地国际游戏投资有限公司	2016年S1赛季	2200万
	2016	中国青年电子竞技大赛（CYEC）	以"健康电竞"的普及推广为理念，比赛项目包括英雄联盟、DOTA2等主流电竞游戏及其他多项游戏	共青团中央网络影视中心	第一届大赛暂无线上数据，第二届全国总决赛将在2018年12月举行	
	2016	世界电子竞技运动会（WESG）	口号"世界竞在眼前"，涵盖《反恐精英：全球攻势》《DOTA2》《星际争霸2》以及《炉石传说》4个竞技游戏项目	阿里体育	2016季	3000万

[①] 腾讯研究院：《中国电竞该何去何从？〈2017中国电竞发展报告〉解读》，https://www.sohu.com/a/156853766_455313。

续表

赛事类型	创办年份	赛事名称	赛事简介	主办单位	最大规模赛季	单时段观看峰值
英雄联盟	2013	英雄联盟职业联赛(LPL)	中国大陆最高级别的英雄联盟职业比赛,中国大陆赛区通往每年季中冠军赛和全球总决赛的唯一渠道	Riot Games、腾讯游戏	2018春季赛	9500万
	2017	英雄联盟职业发展联赛(LDL)	通过城市海选,大区晋级,区域联赛和全国总决赛,向LPL输送优秀职业选手及队伍	南海文化体育局、腾讯游戏、Riot Games	2018年季后赛	6.6万
DOTA2	2015	DOTA2第三届亚洲邀请赛(DAC)	由完美世界主办的DOTA2国际职业赛事	完美世界	2018季	400万
穿越火线	2012	穿越火线职业联赛(CFPL)	《穿越火线》最高级别专业级电视联赛	腾讯游戏	2018季	5.8万
穿越火线:枪战王者	2017	穿越火线:枪战王者职业联赛(CFML)	穿越火线端游与手游赛事体系整合,国内《穿越火线:枪战王者》最高级别的职业联赛	腾讯游戏	2017年秋季赛	371万
王者荣耀	2016	王者荣耀职业联赛(KPL)	王者荣耀官方最高规格的职业赛事	腾讯互动娱乐	2018春季赛	700万

被开发。MOBA类手游《王者荣耀》、大逃杀类手游《绝地求生:刺激战场》等游戏也被开发为电子竞技项目。由于相较于传统的PC端游戏,手机游戏上手难度更低、操作更简便,同时游戏具有较强的社交性,如今的移动端电子游戏玩家基数远高于传统PC端的玩家基数,而由手机游戏衍生出的竞技项目所获得的关注度也令人惊叹。当然,就像职业运动员曾经质疑"打游戏也算体育项目?"一样,也有PC玩家对此表示不满,认为"几个人低着头抱着手机像贴膜一样,这也能算电子竞技?无非是商业性强有利可图,所以厂商给它们贴上电子竞技的标签罢了"。这个问题到现在在玩家圈子中依然有争议,手游到底算不算电竞这一问题只有时间能给我们答案。

2. 我国电竞行业的发展数据

（1）市场规模

电竞行业在经历了高速发展后，已经不再是单纯电竞及衍生产品行业，而逐渐发展为比肩传统体育赛事的朝阳产业。在明星站台、资本介入的带动下，一批互联网巨头涌入，促成了中国电竞职业化、商业化、产业化的发展。2014～2016年，市场规模分别达226.3亿元、374.6亿元、504.6亿元，2016年我国的电子竞技游戏的市场规模增长幅度高达34.7%。这三年，国内粉丝规模也从0.8亿人暴增到约1.7亿人，2018年达到约2.8亿人。一时间，腾讯、阿里、联众、苏宁等互联网巨头已经看到其中的机会，纷纷开始入局。①中国音数协游戏工委（GPC）、伽马数据（CNG）、国际数据公司（IDC）联合发布的《2017年中国游戏产业报告》显示，2017年中国电子竞技游戏市场的实际销售收入达到了730.5亿元，同比增长44.8%，其中，客户端电子竞技游戏市场实际销售收入高达384亿元，同比增长15.2%；移动电子竞技游戏市场的实际销售收入达到了346.5亿元，同比增长102.2%②。调查机构伽马数据发布的《2018年电子竞技产业报告》称，中国电子竞技产业正处于高速增长轨道，2018年市场规模将逾880亿元人民币，两年内预计增长350亿元。

中国青年电子竞技大赛组委会、腾讯电竞、英雄联盟联合发布的2017年度《中国高校电子竞技发展状况报告》显示，中国电竞整体市场在2017年的规模已经突破了50亿元，预计到2021年整体市场规模将达到250亿元。2017年，移动电竞市场爆发带动中国电竞用户规模增长了104.9%，达到2.6亿，大量女性电竞用户涌入，青年电竞群体保持2/3占比并稳步上升。预计到2019年全国电竞用户将达3.5亿人。

（2）产品研发

近些年来，我国电子竞技企业开始将目光投向电子竞技产品的研发，国

---

① 公会界：《从"不务正业"到国家推广，电竞都经历了什么？》，http：//news. ghjie. com/ynxw/2018/04/4961765538. shtml。

② 中国音数协游戏工委、伽马数据、国际数据公司：《2017年中国游戏产业报告》，http：//www. askci. com/news/chanye/20171203/142028113209. shtml。

内拥有知识版权的产品数量不断上升，国产的电子竞技产品越来越受到群众的欢迎，所占的市场份额逐年增加。但是即便在我国自主研发的电子竞技产品逐年增多的情况下，我国的电子竞技产品在市场竞争中仍处于劣势地位，基本依赖代理国外火热的游戏，或者"山寨"好游戏并将其移植到手机上，不以游戏质量取胜，只求玩家基数够大。当下核心的电子竞技产品的研发还是以国外厂商为主，国外电子竞技厂商的领头者则是暴雪娱乐公司和美国艺电公司。由于国外电子竞技游戏的开发商不能独立在国内运营电子竞技产品，他们必须与中国的企业建立合作关系，由中国企业进行销售和运营。而中国较大的电子竞技运营商包括腾讯、盛大、网易、巨人等，在电子竞技运营方面它们拥有强大的关系网络和雄厚的资金支持。面对这一现状，大部分中小型电子竞技企业则将目光更多地投向产品的研发。

（3）平台建设

电子竞技平台作为电子竞技产品服务的提供者，是连接电子竞技厂商和电子竞技用户的重要纽带。我国目前的电子竞技平台相对较少，主要有腾讯的 Wegame 游戏平台以及网易协助本土化的战网游戏平台（Battlenet）。Wegame 游戏平台一直致力于代理国外厂商发布的人气作品，积极配合游戏厂商与我国有关部门，将游戏稍作修改后送往审查，然后发布于 Wegame 平台供玩家们游玩。而战网平台则是由大名鼎鼎的美国暴雪娱乐公司研发，在中国内地由网易公司代理的平台，经典电子竞技项目《星际争霸 2》便在战网平台上运营。此外，完美世界在 2018 年 6 月 11 日与 valve 达成合作，将在不久的将来代理 steam 平台中国版。随着电子竞技越来越受青年人欢迎，国内厂商也在抓紧建设相关平台。

此外，我国的电子竞技受众也在持续平稳地增长。电子竞技受众主要包括电子竞技用户和电子竞技爱好者两部分人群。有关调查显示，18～24 岁的青年群体构成了我国电子竞技受众的主力军，同时也是电子竞技市场消费的主流群体，而低龄玩家的消费能力往往比较低，其推动电子竞技行业发展的能力仍然没有显现出来。在北京鸟巢体育馆年举办的 2017 英雄联盟全球总决赛上，超过 4.3 万人在现场观看比赛，超过 5760 万人通过网络收看了这场电子竞技盛事，这标志着我国的电子竞技发展进入了一个新的阶段①。不仅如此，高校中电子竞技已经成为广大青年社交活动的重要组成部分。2017 年度《中国高校电子竞技发展状况报告》显示，高校学生平均有 4~5 个兴趣，兴趣爱好已经成为他们课外生活的重要组成部分。电影（61%）、音乐（57%）和游戏（53%）仍然是大学生中粉丝最多的三大类，是大学生较为普遍的兴趣爱好。而 2017 年最受青年喜爱的游戏中，排名前三的均为电子竞技游戏，电竞在青年人群中的影响力可见一斑。

二 武汉梦竞科技有限公司发展概况

（一）武汉梦竞科技有限公司的基本情况

武汉梦竞科技有限公司（以下简称武汉梦竞公司）创立于 2014 年，历经多次变更，在其发展过程中形成了电竞赛事及相关文娱活动、梦竞电竞中心、电竞产业运营和电竞赛事平台的电竞运营体系。同时，武汉梦竞科技有限公司还创办了一系列包括中国青年电子竞技大赛、电竞解说大赛等在内的、覆盖全国的电竞赛事，并且梦竞公司与腾讯、网易等业界领头者达成了合作关系，其创立的"电竞赛事＋产业＋商业＋互联网"的新模式也为电竞行业的发展带来了一个突破。

武汉梦竞公司最具核心竞争力的抓手无疑是中国青年电子竞技大赛的竞赛体系。赛事体系包括文创赛事及活动，高校赛、企业赛、商业赛等，还有各类全民赛事等。在赛事运营方面，梦竞电竞将打造包括电竞管理、电竞产业、电竞教育、电竞内容、电竞文化在内的绿色电竞赛事闭环体系，以中国青年电子竞技大赛为主体，在高校校园内推广绿色电竞。首届中国青年电子

---

① 游戏葡萄：《2017 英雄联盟赛事数据发布，总决赛观众比去年多了近 1500 万》，http://youxiputao.com/articles/13684。

竞技大赛从 2016 年 6 月开始启动，历时一年，于次年 6 月正式落下帷幕。赛事覆盖了 20 多个地区、300 余所高校、5000 万受众。① 此外，大赛举办期间，还同期开展"人气电竞解说"、COSPLY 比赛等相关环节，进一步推动电竞周边产业的创新性发展。武汉梦竞公司作为承办单位，受到 CCTV 等主流媒体的高度关注，受到武汉市东湖新科技开发区的鼎力支持，受到腾讯等游戏厂商的充分认可，同时还吸引了社会的高度关注，打开了公司发展的局面。第二届中国青年电子竞技大赛在首届赛事电竞项目基础上，设立东部、南部、西部、北部四大赛区，于 2017 年 11 月 15 日在武汉正式启动，12 月开启全国高校地推宣传，全面覆盖武汉 80 余所高校，覆盖全国 28 个省区市 600 余所高校，参赛高校选手 200 余万人，2000 余万高校学生参与互动，覆盖 1 亿以上电竞爱好者，同时吸引全国各类媒体 500 余家跟进报道。

武汉梦竞公司还深入了解城市及高校电竞发展状况，开展 CTEC 电竞文创，举办英雄联盟校园解说大赛、王者荣耀校园解说大赛等成功赛事。与此同时，梦竞公司还着力推动落地更多的官方赛事，覆盖群体越来越大，吸引了无数电竞项目爱好者的参与。

（二）武汉梦竞公司发展现状及发展目标

尽管武汉梦竞公司创立时间较短，但经过近五年发展，已然成为武汉电竞行业的领头者之一，在全国范围内也有一定的知名度。武汉梦竞公司与腾讯、网易等电竞行业巨头都建立了合作关系，并通过自身的优势，打造一系列全国电竞大赛，推动了我国电子竞技行业的发展。

1. 建立超级电子竞技中心，线上线下共同营运

武汉梦竞公司在光谷建立了超级电竞中心，超级电竞中心除了为广大电竞爱好者提供顶级的电竞体验外，也是公司选拔电竞人才的良好平台。其

---

① 樊慧琴：《第二届中国青年电子竞技大赛在武汉启动》，http：//news. youth. cn/gn/201711/t20171117_ 11026710. htm。

后，武汉梦竞公司在泛悦城 KA 街区也建立了电竞中心，与光谷店不同的是，这一电竞中心采取的是通过宣传使线上流转化为线下流的经营模式，这一模式推动了各大电竞场馆的发展，也成为现在电竞中心商业体运营的典范。

武汉梦竞公司成立的初衷是正规有效地推动中国电竞行业科学健康发展，为电竞产业科学健康发展提供服务，为电竞产业正规有序发展做普及推广工作，将梦竞公司打造成为全国第一的电竞产业服务商。梦竞公司目前正在打造3.0时代新的电竞商业 IP——未来梦竞中心，通过未来梦竞中心为现在的电竞场馆提供一个新的娱乐解决方案，以满足各个年龄层的电竞爱好者的需求，避免各个电竞商业体出现同质化发展的现象。

2. 细分游戏市场，打造品牌赛事

武汉梦竞公司一直致力于电子竞技项目的技术研发，形成了以电竞赛事为核心的电子竞技产业服务体系，力图实现同时服务于游戏厂商、电竞产业、社会商业以及电竞用户，满足各方面的需求。相比其他电竞公司侧重于服务某一方面，梦竞公司在发挥自身电子竞技产业服务体系的优势的同时，还通过自己的方式对电子竞技游戏市场进行细分。

武汉梦竞公司打造了中国青年电子竞技大赛、中国青年电子竞技大赛企业争霸赛、王者荣耀＆英雄联盟校园解说大赛等全国范围内的电子竞技赛事，再加上王者荣耀留学生挑战赛、王者荣耀高校联赛湖北赛区总决赛等与其他公司合办的各类电子竞技大赛，构成了以中国青年电子竞技大赛为核心的梦竞公司电竞赛事体系。其中，中国青年电子竞技大赛是由共青团网络影视中心主办的，"青年之声"体育服务联盟、"青年之声"网络文化联盟、武汉中国光谷电子竞技产业联盟等共同协办的中国电子竞技盛事。武汉梦竞公司作为承办单位，根据我国的实际情况，考虑到共青团网络影视中心的具体要求，设计出校园解说大赛、高校原创内容评比大赛等文创赛事及活动，同时还开展了水上马拉松、电竞骑士团等全民活动以及电竞高峰论坛、CYEC 嘉年华等丰富的活动，极大地挖掘了电子竞技的商业潜力，打造了独树一帜的电子竞技品牌赛事。在第一届中国青年电子竞技大赛中，CCTV、

中国青年网等我国主流媒体对这一场赛事进行了全程报道，一方面为电子竞技爱好者提供了收看渠道，另一方面也纠正了社会大众对电子竞技的错误认知，而且主流媒体的报道也使得梦竞公司在电竞行业获得了一定的知名度。不仅如此，武汉当地政府也为中青赛提供了场地和资金的支持，《英雄联盟》《王者荣耀》等项目也获得了专项授权，开展高校联赛、企业争霸赛，吸引了广大电竞爱好者的积极参与。

除了电竞赛事体系外，武汉梦竞公司举办的校园解说大赛，既选拔了电竞解说人才，又推动了电子竞技走向高校，这一赛事得到了 2018 全球电竞运动领袖峰会的肯定。

3. 提升衍生行业竞争力

武汉梦竞公司致力于打造全国顶级的电竞产业园区，力求打造全世界面积最大、功能最全、商业形态最完美的电竞中心，既为电竞爱好者提供顶级的电竞体验，又成为梦竞公司的电竞人才培训基地，为梦竞公司输送了各个电竞领域的精英人才。例如：武汉梦竞公司的超级电竞中心 KA 街店，便是一个商业体运营、标准化打造的商业电竞中心，吸引广大的线上电竞流转化为线下流，推动电竞场馆的发展。目前 KA 街店已经发展形成南国置业全力推动的商业新模式，成为商业街区融合的典范。

与此同时，武汉梦竞公司还将优质的电竞内容、运用思路与房地产等进行结合，打造出真正的电竞地产。其中，武汉梦竞公司作为官方顶级电竞赛事的协办方之一，已经成为腾讯全国顶级的合作商，再加上掌握着中国青年电子竞技大赛、世界青年电子竞技大赛等赛事 IP，如今已经与中国电建、南国置业、华熙 live 等地产商业展开深入的合作，通过品牌注入、用户流量注入、现金流注入的方式，打造出了真正的电竞地产。

不仅如此，武汉梦竞公司还致力于自主研发各类电子竞技项目中涉及的各式各样的装备、服饰等电子竞技周边。武汉梦竞公司已经培育出自己的电子竞技周边品牌，同时借助公司自有电竞场馆的优势，以及坐拥梦竞公司几年来攒下的人气优势，梦竞公司电子竞技周边产品的销量始终很高，为梦竞公司带来丰厚的利润，进一步提升了梦竞公司的市场竞争力。

三 武汉梦竞公司未来发展面临的问题

武汉梦竞公司的发展如火如荼，正在以极其迅猛的势头发展成为以电竞赛事为核心，涉及房地产、电竞产品研发等多项业务的综合型企业。但是在这个发展过程中，梦竞公司难免会遇到一些亟待解决的社会难题。

（一）电竞行业发展不稳定

电子竞技发展成为一项新兴的经济产业，是和社会进步、经济发展以及科技的进步息息相关的，同时也与人们的精神文化需要是分不开的。虽然当前的电子竞技已经成为第三产业内的一个重要行业，但是，自 2014 年 WCG 停办后，大多数国家迄今为止仍没有形成完整的电子竞技产业链，甚至一些国家都没有一支完整的电子竞技运动队，没有一场由世界上大多数玩家所认同、世界各地的职业选手们所参与的正式赛事。电子竞技行业的发展处于不稳定的状态。

首先，传统观念影响着电竞行业的稳定发展。在中国传统的社会观念中，电子竞技就是"打游戏"，不能算是正当行业。再加上电子竞技行业对于选手年纪有着苛刻的要求，培养电子竞技职业选手的最佳时间正好与传统的初中文化教育关键时期相冲撞，因此很少有家长支持自己的孩子占用学习时间去进行电子竞技运动。同时，来自传统体育项目的观念也表现为对电子竞技发展的不理解。尽管早在 2003 年 11 月体育总局就已经批复电子竞技成为我国正式开展的第 99 个运动项目，但是电子竞技行业艰难发展的现状仍没有得到改变。甚至在 2013 年，国家体育总局决定组建电子竞技国家队后，仍然有传统体育项目教练发文质问："电子竞技也算体育？玩游戏都可以拿到奥运冠军，那我们这些项目练得这么辛苦真白干了，干脆好好玩游戏算了。"这一言论引起了广大网友的关注，在人民网的投票中只有不到 20% 的网友赞成电子竞技是体育项目。尽管之后国家体育总局和央视新闻都表示电子竞技已经成为得到国家承认的体育项目，但仍有部分群众不买账。这一现

象也从侧面反映了社会群众将电子竞技与普通的网络游戏混为一谈，对电子竞技缺乏普遍了解的社会现象。

其次，中国电竞职业化和产业化发展不成熟也是导致行业发展不稳定的重要原因。韩国之所以在十几年前就能创办 WCG 赛事，原因就在于其国内电竞职业化和产业化已经相当成熟。在韩国，除了 518 家游戏开发公司与发行商常年举办各种赛事外，几大游戏电视台 ONGAMEET、MBC 也经常参与其中，甚至韩国知名品牌 KTF、LG 都建立了自己的俱乐部和战队。INTEL、AMD、三星赞助商作为韩国电竞产业强劲的后盾，更能提供高达几十万的奖金[①]。从低位上说，韩国的电子竞技明星与影视明星、体育明星一样被社会同等对待，并不存在歧视或另眼相待的现象。而与韩国电竞产业对比，由于中国电竞产业职业化和产业化的不足，个人要想成为电竞选手，必须通过自己的不断努力，参加业余比赛夺得佳绩，机缘巧合被俱乐部看中，才有可能进一步培养成职业选手。截然不同的选才、成长过程决定了在中国成为一名电竞选手的难度要远远大于韩国，这导致大多数人望而却步。

在不稳定的行业中，任何电子竞技公司的发展都如履薄冰、战战兢兢，稍有疏忽就很可能随着行业一起消失。因此，电子竞技企业在经济市场中的竞争力稍显不足，在产品推广、公司上市等方面也要比其他企业面临更大的压力。另外，政府目前还缺少对电子竞技行业有效的监管和引导，甚至出台"电子竞技比赛电视转播禁令"等，这些都阻碍了电子竞技行业的发展，是导致行业发展不稳定的重要因素。

（二）电子竞技行业发展不均衡

与电竞产业较为发达的国家相比，中国对于电竞的认知仍在路上。电子竞技项目不同于传统的体育项目，电子竞技项目对于选手的体能素质要求不高，选手甚至可以参与不同的比赛项目。相对于职业选手来说，玩家会以职业选手的项目为风向标进行娱乐和练习。因此，如果职业选手迟迟不开展新

---

① 唐烨姗姗：《浅谈第三产业的崛起——以电子竞技为例》，《中国国际财经》2018 年第 3 期。

的电竞项目，新游就很难被广泛推广和认知。同时，这也是中国的电子竞技水平虽然总是可以后来居上，但一直无法处在领先地位的重要原因。这更会导致中国举办的世界性电子竞技比赛难以吸引观众，无法带来可观的经济效益。

近年来，随着电竞行业的火热，大量投资方纷纷投资电子竞技产业从而使俱乐部的运营成本不断攀升，选手薪资和转会费纪录不断攀升。但是尽管如此，许多电竞职业选手的个人收入依然无法赶上一些"依靠玩游戏"而成为网络主播者的收入。网络主播和职业选手收入不平衡的现象，导致相当大一部分职业选手稍有成绩就转战游戏直播领域，不再苦练游戏技术，反而费尽心思经营直播事业，这使得部分职业选手选择退役或消极应对比赛的情况愈加普遍。

（三）电子竞技行业人才匮乏

如今，市场上常见的主流电竞游戏，几乎都是国外研发制作的，我们很难在各种国际化的电竞比赛中看到国产自主游戏的身影。这反映了我国电竞行业创新性不足的弊端。导致这一问题的主要原因在于人才缺乏。

第一，人才培养滞后，导致优秀的研发及管理人才缺乏。我国当前电竞行业中电竞选手、主播等职业人数较多，却缺少优秀的电子竞技项目研发、管理人才。我国游戏研发专业发展较晚，人才培育工作的展开更是不及时，2010年南开大学滨海学院设立了游戏软件开发专业，目前该专业招生人数平均年增长超过20%，但远远不能满足快速发展的游戏市场需求。为应对持续增长的电竞市场对于专业电竞人才的需求，2016年9月，中国教育部发布《普通高等学校高等职业教育（专科）专业目录》，在"体育类"中新增了"电子竞技运动与管理"专业。目前，已有多所高校开设电竞专业。中国传媒大学在2017年成立数字媒体艺术专业（数字娱乐方向），以培养电竞行业相关人才为目的，首届学生有20人，专业课程主要包括游戏设计、赛事策划等。但是，人才培养是有规律的，短期内不能解决目前电竞数据分析、综合管理等方面的人才问题。天津市电子体育竞技运动协会秘书长周君

认为尽管目前从事电竞行业的人数不少，但真正以体育模式运营并处于规范管理之下的队伍却比较少。"与公司雇佣不同，运动员注册还需要通过理论考试等许多专业素质测试"。

第二，企业投入不足，难以激发人才的创新活力。电竞企业将绝大多数资金投入营销推广中，在项目开发中投入较少，导致项目人员待遇不高，进而很难激发研发人员的工作积极性和创新性，使得许多国产游戏的开发模仿和跟风现象严重。如果电子竞技游戏始终没有国产项目可以得到国际认可的话，我国就不能被称为电子竞技大国。电竞企业要培养造就一大批具有国际水平的创新团队，培育其创新精神，让创新人才分享成果收益，激发人才的创新活力。

四　结语

电子竞技作为一个新兴起的产业，其中蕴藏着不容小觑的经济价值。电子竞技在我国的良性发展不仅能助力我国的经济增长，而且也能够满足人们日益增长的文化需求，在提升人们生活品质、提升国民幸福指数方面也能发挥巨大的作用。然而我国电子竞技起步较晚，发展也不尽完善，与发达国家相比仍有很大的差距。本文对武汉梦竞公司展开分析，电子竞技只要克服自主研发产品落后、运营平台缺乏竞争力、公司经营不合理等问题，并且发挥媒体对电子竞技发展的积极作用、公司加强自主产品研发、完善以赛事为中心的电子竞技产业链，电子竞技行业必定能够得到长足的发展。

文化资源传承创新篇

Resource Innovation Reports

B.25

文化科技融合背景下传统村落的
保护与开发

——以山顶村为例

葛胜涛　李朝晖*

摘　要： 文化科技融合大力推动了我国文化遗产保护和文化产业发展，同时也为传统村落的保护开发提供了新的路径。山顶村独具特色的石砌建筑文化遗产、农耕文化遗产和非物质文化遗产都具有很高的研究意义和开发价值。2015年入选国家级传统村落名录后，山顶村的基础设施有所改善，文化资源被搜集梳理，村民对其文化认同度逐渐提高。未来，应借助数字化

---

* 葛胜涛，河南汝州人，重庆理工大学硕士；李朝晖，河南孟津人，洛阳师范学院文化产业管理系主任、讲师，主要从事城市公共文化、区域文化产业问题研究。本文系河南省教育厅人文社会科学研究项目"乡村振兴战略视阈下河南特色小镇建设研究"（2009 - ZDJH - 407）阶段性成果之一。

技术支撑村落文化遗产的保护传承、通过网络传播渠道增强村落文化品牌的影响力、以"文化＋电商"模式助力村落相关产业发展，将山顶村打造成为具有浓郁文化特色的美丽乡村。

关键词： 文化科技融合　传统村落　山顶村

近年来，国家高度重视优秀传统文化的保护、传承和创新，承载着农耕文化遗存和优秀传统文化精华的传统村落受到越来越多的关注，但在我国工业化、城镇化和农业现代化快速发展的进程中，部分传统村落出现了衰落甚至消失的迹象。随着科技的不断发展，文化科技融合在传统村落保护和开发利用中扮演着越来越重要的角色。[①] 2012 年文化部、科技部等六部委联合印发《国家文化科技创新工程纲要》，明确文化和科技融合的具体任务。2014 年国家启动了"中国传统村落数据库"建设，推动数字化技术在传统村落保护领域的推广应用。2015 年国务院发布《关于积极推动"互联网＋"行动的指导意见》，为利用互联网技术加强传统村落的保护利用开拓新的思路。2017 年包含文化与科技融合内容的第一个国家重点研发计划专项正式启动，在研发专项计划指南中"民族民间文化资源传承与开发利用技术集成与应用示范"等项目重点对接了目前文化与科技融合面临的实际应用问题。

伴随着科技在传统村落的保护和开发利用中发挥越来越重要的作用，国内学者对文化和科技融合背景下传统村落的保护和利用研究取得了一定的研究成果。刘沛林等从数字化保护的必要性、可行性和面临的问题等角度探讨了历史文化村镇保护的新路径[②]。曾令泰从近年来国家启动的"互联网＋行

① 傅才武、李国东：《促进文化科技融合的模式与政策路径分析》，《艺术百家》2015 年第 6 期。
② 刘沛林、邓运员：《数字化保护：历史文化村镇保护的新途径》，《北京大学学报》（哲学社会科学版）2017 年第 6 期。

动计划"中汲取新的思考范式,提出利用互联网的开放共享思维,建立智慧村落。[①] 刘利群等则详细介绍和分析数字化平台搭建的技术路径。[②] 但是,由于科技在传统村落保护开发中的应用历程较短,目前学界的研究大多集中于宏观的理论层面,立足于具体的案例来探讨文化科技融合在传统村落保护与开发应用中的实际路径的研究尚有待加强。

作为中原地区传统村落代表的山顶村 2014 年 11 月入选河南省传统村落名录,2015 年入选国家级传统村落名录,数字化技术在山顶村保护工程中的不断应用,正试图解决村落文化遗产的永续保护和展示问题,网络化的传播渠道使文化资源得到更广泛的传播,同时电子商务也能不断拓宽农村传统手工艺产品的销售渠道。探析文化科技融合在山顶村保护与开发中的实际应用,不仅具有很强的现实意义,对未来我国传统村落的整体发展也具有很强的借鉴价值。

一 山顶村传统村落及其文化遗产概况

国家级传统村落山顶村因位于汝州市夏店镇北部的打虎坪山顶而得名。山顶村自然资源丰富,环境优美。村民在特殊的地理环境和长期生产生活实践中创造了自身的文化形态和文化遗产,不仅体现了山顶村文化的丰富性和独特性,更是山顶村未来文化产业发展的基础。

(一)山顶村传统村落概况

山顶村位于河南省汝州市夏店镇境内,地处汝州、伊川、登封三县(市)交界地带,据《大清道光汝州志》记载:"州西北 45 里处,左有玉羊

---

① 曾令泰:《"互联网+"背景下中国传统村落保护与发展路径探析》,《小城镇建设》2018年第 3 期。

② 刘利群、陈有英、王晗:《古村落文化遗产保护数字化平台的设计与开发》,《电子技术与软件工程》2018 年第 6 期。

山，右是柏崖山，中有荆水通焉。"① 柏崖山即今天的打虎坪山。据村中遗留石碑记载，山顶村最早形成于明代中后期，距今已有约500年的历史，清朝道光年间登封人王老三为躲避赌债携家人逃难至此，随后王氏一族开始发展壮大，逐渐成为村中的主要住户。

山顶村自然资源丰富，村后的莲花状小盆地内土壤肥沃，适宜发展耕作业。打虎坪山坡的千亩牧场牧草旺盛，适宜发展畜牧业。大面积的原生次生林起到了涵养水源和保持水土的作用，周围储藏丰富的红色花岗岩矿石质地坚硬且便于加工，自古以来就是优良的建筑材料。独特的地形地貌和封闭的环境使山顶村长期以来仅靠一条人行小道与外界保持联系，也使得山顶村村民充分发掘利用周围有限的土地资源修建梯田、发展种植业，利用茂盛的牧草资源发展畜牧业，利用丰富的花岗岩矿石修建房屋、水井等生活生产设施，长期自给自足的小农经济使得山顶村成为一个独具特色的古村落。

改革开放后，随着农业收入在家庭收入中比重的下降，加上闭塞的交通给村民生活带来的严重不便，山顶村村民逐渐开始迁往打虎坪山下居住，2014年随着最后一户村民的离开，山顶村成为一个"空心村"，村民逐渐形成了"山上生产、山下生活"的模式，同时向山下异地搬迁的方式也使得山顶村的房屋建筑及村庄布局未遭破坏，被完整地保存下来。2014年11月，山顶村被确定为河南省省级传统村落，2015年3月，山顶村被确定为国家级传统村落。

（二）山顶村传统村落的文化遗产

1. 颇具规模的石砌建筑遗产

打虎坪山脉主要由花岗岩石构成，与其他村落主要以砖瓦为建筑材料不同，山顶村村民因地制宜利用周围丰富的石材资源建造房屋、修建道路和水利设施等，经过数百年的积累不仅形成了颇具规模的石砌建筑群，而且其村落布局和建筑样式也体现了中国传统文化的观念。

一方面，山顶村保留着颇具规模的石砌建筑群。山顶村周围独特的地理

---

① 白明义：《直隶汝州全志》，科学出版社，2013，第130页。

环境使得村民只能就地取材，利用丰富的花岗岩石材修建房屋、街道、水井等生产生活设施。目前山顶村完整保留着明朝中后期以来建造的 22 处 100余间石砌民宅、5 处石窑洞、5 条全长 1.5 公里的石砌街道以及石碾盘等生产生活设施。整个村落依山势而建，错落有致、颇具规模，石砌建筑结实耐用、样式多、风格各异，具有浓厚的地方建筑特色。另一方面，村落布局和建筑样式体现了中国传统的文化观念。山顶村坐北朝南，村后处于龙头山（南岭）和白虎山（北梁）的环抱之下，村前有荆河河水流过，这种围合向心的空间构成体现着中国传统文化中"藏风聚气""天人合一"的风水文化观念。依地势修建的石窑洞采用圆拱形建筑样式，不仅冬暖夏凉、易于采光，而且体现了天圆地方的文化理念（见图 1）。

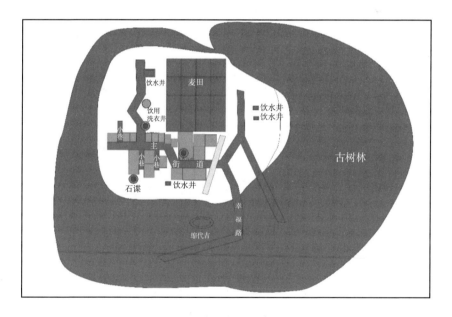

图 1　山顶村平面布局

注：根据山顶村村落实际布局制作。

2. 因地制宜的农耕文化遗产

山顶村地处暖温带半湿润大陆性季风气候区，夏季暖热多雨，冬季寒冷干燥，四季分明。但是地处打虎坪山上的独特地形特征使得山顶村的居民只

能立足实际发展农业生产，由此产生了因地制宜的农牧结合生产方式、灌溉便利的纵横交错水利工程等农耕文化遗产。山间鳞次栉比的梯田、田边十二眼石砌古井和蜿蜒曲折的雨水收集灌溉系统集中体现着山顶村劳动人民的智慧。

首先，在山顶村形成因地制宜的农牧结合生产方式。山顶村海拔较高的山地地形导致其地下水资源不足且适合耕种的土地有限，先辈们利用山坡茂盛的牧草发展牛、羊等养殖业，农忙种田、农闲放牧这种农牧结合的生产方式有效地增加了村民收入。此外，牛、驴等大牲口也为耕田和运输提供了诸多便利。

其次，山顶村修建灌溉便利的水利工程。山顶村无地表径流且地下水位极低，仅靠自然降雨远远无法满足山顶村人日常生产生活需要。为了改变缺水的恶劣条件，山顶村人结合山间地形和生活生产布局修建了纵横交错的雨水收集系统，村中至今保留的 12 口石砌灌溉水窖、遍布田间的水渠和水塘、泄洪工程等都是很好的例证。水渠被从山上引来连接山下的每一块梯田，每块梯田地头修建石砌水窖一口，用于储藏雨季的雨水，最后水渠通向村里的大水塘，整个雨水收集灌溉工程因地制宜，科学有效地解决了山顶村缺水问题。

3. 丰富多彩的非物质文化遗产

由于山顶村具有独特的地理位置、朴实的民风民俗，加上周围村镇的影响，村民在日常生产生活过程中创造和保留着多种多样的非物质文化遗产，主要表现为具有启迪意义的故事传说和独特的传统技艺。这些通过世代传承和口耳相传的非物质文化遗产在丰富村民精神文化生活、提升村民文化素养和开展村庄精神文明建设等方面都发挥着重要作用。

目前山顶村的故事传说可分为人物故事和神话传说两大类。"神鸟引领到福地""灵验山神庙"等具有代表性的故事传说源于村民的日常生产生活实践，也蕴含着村民对自然的敬畏和对美好生活的向往，起到了维系村民文化认同的积极作用。同时，山顶村村民还创造了烟叶烘烤、石器制作等独特的民间技艺。山顶村地处我国烟叶生产黄金地带，山间盆地肥沃的土壤和较大的昼夜温差使烟叶长势旺盛，在烘烤环节，村民通过长期经验积累掌握了一套完整的人工控温、控湿技艺，所产烟叶质量上乘。此外，村民利用周边丰富的花岗岩石材很早就开始石磨、石碾盘、石臼的制作，其石器制品制作精美，远近闻名。

二 山顶村传统村落保护开发的成效

由于地理位置偏僻和生活环境恶化，村民不断向山下迁徙，山顶村逐渐成为一个"空心村"，其价值长时间没有得到重视。2014~2015年山顶村先后被确定为省级和国家级传统村落，当地政府和民众开始意识到山顶村蕴含的保护和开发价值。

（一）山顶村保护开发的价值逐渐得到认同

随着近年来农民收入和居住水平的提高，大量传统民居被钢筋水泥结构的房屋所取代，成规模的古村落建筑更是少见。山顶村由于地理位置偏僻，虽然保留着完整的古村落形态，但其蕴含的历史文化价值长时间未得到重视，甚至逐渐有荒废的迹象。随着近年来国家对传统村落保护的重视，山顶村的价值逐渐凸显，其保护开发价值逐渐得到当地政府和村民的认同。在政府专项资金的支持下，山顶村的保护开发工作逐步展开，当地政府委托重庆大学设计院完成了《汝州市夏店镇山顶村传统村落保护发展规划》（2015~2030年），为后续工作的开展奠定了坚实的基础。随着政府保护开发投入的落实和节假日游客的增多，尤其是2017年电影《汝海风云》摄制组到山顶村取景，原住民对山顶村未来的发展前景有了更大的信心。在节假日游客高峰期，已有部分村民参与到游客疏导、消费品零售等日常经营管理工作中。

（二）基础设施严重落后局面初步得到改变

完善的基础设施是传统村落保护开发工程实施的基础，山顶村地处海拔六百多米的打虎坪山顶，独特的地理位置让村落建筑免遭人为破坏，保留古

村落原汁原味的建筑风格，但同时也导致山顶村道路、水电等基础设施建设成本巨大，长期以来与外界的交通联系仅靠一条小道，且是附近唯一不通电的村庄。近年来在国家传统村落保护工程的支持下，从山下的 X034 县道通往山顶村、全长 5.8 公里的公路已经完工，电力、无线通信设施也已架设完成，彻底改变了山顶村不通公路、不通电和无线通信的历史。随着公路的修建和村落修复一期工程的完工，山顶村吸引了越来越多的游客在节假日驾车前来观光旅游。目前，山顶村公路的配套工程——停车场也已修建完成，为山顶村下一步村落的保护修缮和文化产业开发奠定了一定的基础。

（三）村落文化资源的搜集梳理日成体系

深厚的文化底蕴是传统村落可持续发展最具价值的资源，也是山顶村传统村落保护和开发的出发点和落脚点。山顶村传统村落中存留的文化资源具有很高的价值，但由于长期缺乏保护开发意识以及仅停留在村民的口口相传层面，始终未形成系统性的文字材料。在 2014 年省级传统村落保护工程立项后，夏店镇政府组织当地文化学者通过查阅地方史志资料、搜寻村中遗留碑刻和村民访谈等多种途径进行了山顶村历史文化资源普查留档工作。截至 2017 年已经初步完成了山顶村历史起源、宗族传承、神话传说、节庆习俗、农耕技艺等五大类历史文化资源的文字搜集工作，并且制作了相关的图片和视频资料，为山顶村历史文化记忆的传承和后期村落的保护开发积累了大量素材。

三 文化科技融合背景下山顶村保护与开发的路径

随着社会的发展，科技日益渗透到人们生活的每个角落，文化科技融合不仅为文化遗产保护和传承提供必要技术支撑，而且增强文化传播力和感染力，刺激文化消费，推动文化产业的快速发展。国家级传统村落山顶村作为区域传统文化遗产的重要载体，目前面临着乡村文化记忆流失、宣传营销意识不足、产业基础薄弱等多方面问题。利用数字化技术对山顶村文化遗产加以保存、展示和传播，对村落文化品牌的宣传和推广以及促进村落相关产业发展都具有重积极作用。

（一）数字化技术支撑村落文化遗产的保护传承

山顶村传统村落由于尚处于保护开发的初级阶段，对村落文化遗产的有效保护仍处于初期探索阶段。国家级古村落保护工程立项后，当地政府利用文字、图片、视频等对山顶村的文化遗产资源进行搜集和整理是村落数字化保护的有益探索。从 20 世纪开始村民逐渐迁出，村落的"空心化"趋势日益明显，村中的房屋由于长时间无人居住，年久失修，很多独具价值的石砌房屋坍塌、破损等现象严重，村中世代传承下来的农耕技术、传统技艺等非物质文化遗产面临逐渐消失的危险。此外，当地对古村落信息化保护的认识不足，尚未将包括山顶村在内的周边传统村落纳入系统的数字化古村落保护平台，使得信息无法集成，难以对区域传统村落所蕴含的文化价值进行交互共享和更加深入的分析。因此，利用技术手段将古村落的文化遗产信息数字化、集成化，为区域文化资源的保护、传承和利用提供信息支撑已经迫在眉睫。①

一方面，要利用数字化技术加强对村落文化遗产的搜集、整理、保存和展示。首先，要以文字、图像、视频等方式继续对山顶村的建筑文化遗产、农耕文化遗产和非物质文化遗产信息等进行大量的采集，生成山顶村古村落文化素材库。其次，在建立村落文化素材库的基础上，对文化素材进行归类和整理，使原本无序的文化素材通过知识归类和多媒体建构生动、完整、有序地呈现出来，建设古村落数字档案馆，为后续村落的保护利用和区域文化研究提供信息支撑。最后，在整理文化资源素材的基础上可以利用三维激光扫描技术对村落有价值的碑刻、建筑进行扫描归档，利用 3D MAX、GIS 领域 Skyline、ARCGIS 等软件构建山顶村古村落三维虚拟展馆，构建开放式的文化

---

① 李旭威、赵文超、熊永柱、钟广锐：《梅州市古村落数字化保护探讨》，《科技创新导报》2016 年第 28 期。

资源保护库。另一方面，要加入国家传统村落云数据平台，2014 年我国启动了"中国传统村落数据库"的建设工作，通过资源的集成化研究，使区域文化资源发挥最大的价值。山顶村是中原地区传统村落的代表，可以通过联合周边传统村落加入国家传统村落云数据平台，实现文化资源跨地区的搜集和整理，不仅可以提升中原地区古村落保护和开发的水平，还可以将数字化的推广和中原地区旅游宣传有机结合，发挥古村落对地区发展的促进作用。

（二）网络传播渠道增强村落文化品牌的影响力

当下科技创新日新月异，推动文化科技融合，加强文化科技创新，不仅可以丰富文化表达的样式和载体，也是推动文化创新和文化传播的引擎。山顶村独具特色的建筑文化遗产、农耕文化遗产、非物质文化遗产和秀美的自然风光使其成为豫西地区传统村落的典型代表之一，具有较高的保护和开发价值。由于山顶村保护开发工作起步较晚以及宣传意识的不足，目前其对外传播的手段单一，文化品牌的区域影响力有待进一步提升。在当下全域、全时、全民传播的"全媒体"时代，山顶村亟须增强营销宣传的主动性和创新性，加强公共数字文化基础设施建设，利用其自身的丰富文化遗产和优美的资源环境打造影视剧拍摄基地，开展内容营销，以此提高山顶村的知名度和美誉度。[①]

首先，要加强村落数字公共设施建设。近年来，我国"互联网 + 智慧城市"建设不断推进，在给城市带来便利的同时也推动了"互联网 + 智慧乡村"建设。村落网络 WiFi 全覆盖构架了联通世界的数字桥梁。公共数字网络设施方便了村落品牌的对外传播，而且通过接入国家公共文化数字化工程，提升了村落公共文化服务水平。例如，目前在重庆、河南等多地推行的"公共文化菜单式"服务模式，通过搭建统一的公共文化数字化服务平台，实现个性化的文化供给，提高服务效能，同时通过平台的上传和展示功能，也起到了很好的宣传平台作用。其次，利用电影、电视剧、微视频等数字载

---

① 赵舰波：《区域性旅行网微博营销模式探析》，《现代经济信息》2016 年第 9 期。

体打造村落文化品牌。山顶村传统风貌突出、文化风味浓郁、自然风光优美，建设影视剧拍摄基地优势突出。在保持村落整体风貌的基础上，完善村落的景观设施，通过吸引更多的影视剧拍摄项目，提升村落的影响力和知名度。策划拍摄反映山顶村风貌和特色的短视频，借力抖音等短视频平台，利用其传播快、影响力大的优势打造村落文化品牌。

（三）"文化＋电商"模式助力村落相关产业发展

随着互联网的快速普及，电子商务已经渗透到人们生活的每个角落。在我国农村，近年来电子商务在推动农业供给侧改革、助力乡村振兴方面发挥着越来越重要的作用。[1] 山顶村流传至今的石器、传统布鞋、酿醋、草编扫把等传统手工艺都具有很高的知名度，独特的地理环境下生产的小米、芝麻等农作物具有品质高、绿色、无公害等独特品质，但是由于销售渠道有限，传统的手工产品正面临着逐渐消失的危险，品质优良的农产品也因价格低而逐渐减产。"文化＋电商"模式的日益推广，使得山顶村的农民足不出户就可把以前滞销的农产品、手工艺品等销往全国，农村文化站和电子商务网点的有机结合，活跃了农村文化阵地，拓宽了农民增收渠道。

一方面，要利用电商平台加强传统手工艺品的营销。目前淘宝、京东等电商平台打破传统手工艺品信息传播的地域限制，改变了传统手工艺品的销售模式。在 B2C 方面，京东参与了"中国手工坊设计交换计划"，阿里巴巴发起了首届互联网＋中国传统文化产业峰会，这些针对性的电商交易活动帮助更多的人认识、了解传统文化，这不仅拓展了农村传统手工艺品的电商通道，也是助力农村经济的发展，助力乡村振兴战略的实施。山顶村可以在优化自身手工艺品品质的前提下，运用电商平台的大数据分析功能，精准地定位消费者，实现手工艺产业的发展壮大。另一方面，要促进村落文化站点和电子商务站点的合二为一，提高服务效能。目前，国家高度重视基层公共文化服务设施建设，投入巨资实现乡镇文化站、农村文化服务中心和农村书屋

---

① 宋达佑：《我国农村电子商务运营模式优化研究》，华中师范大学硕士学位论文，2016 年。

的全覆盖，但是与巨大投入形成鲜明对比的是很多文化设施并未发挥应有的效能，主要原因之一就是乡村群众大多忙于生计，文化设施内提供的相关服务并不符合农民的需求。自 2002 年起，全国文化信息资源共享工程开始建设，目前已经基本形成自上而下、较为完备的网络，2015 年 9 月，江西省赣州市开展乡村"文化＋电商"建设试点，充分利用乡镇和村两级文化活动场所、站所人员、文化信息资源共享工程平台和设备，建设综合性的公共服务平台。①这一成功案例对山顶村未来借力互联网的"文化＋电商"发展模式具有很好的借鉴意义。

---

① 吴齐强：《"农家书屋＋电商"，加出了啥？》，《人民日报》2016 年 6 月 12 日。

B.26
互联网时代传统陶瓷产业传承
与创新研究

——以汝瓷为例*

张祝平　谢玉明**

摘　要： 汝瓷是中国陶瓷史上最负盛名的瓷器品种之一，近年来汝瓷产业获得了较好的发展，但仍存在企业规模普遍偏小、汝瓷产业结构单一等一系列问题。针对这些问题，本报告提出了发挥管理与协会的引导作用、完善汝瓷全产业链、完备汝瓷人才体系等对策建议。

关键词： 传统陶瓷产业　汝瓷产业　汝瓷

瓷文化是中国独有的精神文化标识，"瓷"的英译名和"中国"的英译名一样都是"China"。中原地区在北宋一朝就有"窑变"的钧瓷和"天青色"的汝瓷争奇斗艳。"河南是中华陶瓷文化的发源地，历史上名窑汇集、瓷艺先进、精品众多。身在河南，应尽自己微薄之力，把散落在民间的瓷器、瓷片、窑器收集起来，留住中原陶瓷文化的根，不让更多的中原古陶瓷

---

* 本文系国家社科基金项目"城镇化背景下农村有关产权制度改革研究"（13CJY066）的阶段性成果。

** 张祝平，河南滑县人，中共河南省委党校科技文化教研部副教授，研究生导师，研究方向为文化产业、经济管理。谢玉明，河南中牟人，河南农业职业学院讲师，党委办公室副主任，研究方向为文化产业。

流失"。① 汝瓷因产于宋代汝州（今河南省汝州市）而得名，是中国陶瓷发展史上的一朵奇葩，它独领风骚，在宋代五大名瓷中排行第一。靖康之变后，随着政治、经济、文化中心的南移和北迁，瓷器作为皇室贵胄的特供用品，也逐渐换了产地，改了名号。文化产业是 21 世纪的朝阳产业，汝瓷文化及其工艺是文化产业繁荣发展的重要组成部分；汝瓷文化及其工艺是中原文化自信的重要载体之一，传承创新中华优秀传统文化离不开对汝瓷文化及其工艺的创造性转化和创新性发展。20 世纪中叶以来，汝瓷文化及其工艺历经建设时期的探索发展、改革开放后的重焕生机和 21 世纪以来的集聚发展三个阶段，尤其是近年来，依托互联网技术、大数据开发等条件，河南省汝州市加强了对汝瓷的保护性开发工作，严格执行了原产地域产品保护相关政策的规定，推动了汝瓷文化及其工艺的跨越发展。步入移动互联网时代的汝瓷文化及其工艺，应如何借助于信息化手段找准创新发展新引擎，推动汝瓷文化的传承与创新，实现汝瓷产业全面升级，促进当地文化产业繁荣发展和经济社会高质量发展？这是我们必须面临的现实问题。

一　汝瓷的发展历史与现状

（一）汝窑与汝瓷

汝窑是一个历史词语，现代汉语中继续沿用。一般来说，汝窑作为一个专有名词，常指河南省汝州市辖区的汝窑和河南省宝丰县清凉寺的汝窑，比如孙新民指出："汝窑作为中国陶瓷史上最负盛名的瓷窑之一，长期以来备受人们的关注。……在国家、省、市、县各级政府的高度重视和文物部门的共同努力下，宝丰清凉寺汝窑遗址得到了有效的保护，汝窑遗址展示馆已于

---

① 任兴琪：《留住中原古瓷的根》，《人民日报》2016 年 6 月 4 日。

2017 年元月建成对公众开放，向世人展示千年汝窑的迷人风采。"① 由此可见，所谓汝窑更多的是一个历史专有名词，专指曾在北宋汝州烧制天青瓷器的历史遗迹和文化工艺。不仅明清时期对北宋的汝窑大加称赞，就是南渡的赵宋王朝也有推崇汝窑的记载："命汝州造青窑器，故河北唐、邓、耀州悉有之，汝窑为魁"②，这里的"汝窑"指汝地烧制瓷器的场所。包括以描写宋代都城繁华知名的《武林旧事》也有汝窑的记录："……水晶、玻璃、天青汝窑、金器"。③ 只是，这里的"汝窑"有一个修饰词"天青"，突出其工艺特点。历经几百年的历史文化沉淀，明代的"汝窑"一词已经接近当下的意义。比如"出北地，宋时烧者淡青色，有蟹爪纹者真……"④ 描述的汝窑就专指瓷器。

纵观汝窑近千年的词义变迁可知，汝窑一词，本意是指北宋时期汝州生产瓷器的"场所"，属于位置名词；后来专指汝州地区生产的"瓷器"，属于器物名词；现在更多的是指汝州市、宝丰县等原北宋汝州辖区境内生产瓷器的遗址和当下这些地区生产的具有传统文化品质、特征的瓷器，是富含文化产业特色的旅游目的地和特色产业代名词。在当地，汝窑仍意味着给群众带来丰厚利润的窑厂或窑业，或者用行话说，指代一个"窑口"，即"汝窑"；狭义上，汝窑仅用来指代宋代汝州窑所生产的供御用的天青釉瓷器，供御用汝瓷生产时间较短，仅二十年左右，流传至今的多是价值连城的稀世珍品，艺术价值和收藏价值极大。

"汝瓷"与"汝窑"，汝窑生产的瓷器必然是汝瓷，汝瓷也必定产自汝窑。刘子建、吴洙霖指出："汝瓷，因其窑址在汝州境内（今河南汝州、宝丰一带），故名汝窑。汝瓷始烧于唐朝，成长于宋朝，在北宋末期——宋徽宗年间被选为贡瓷，并在由此开始的 20 多年间各方面达到鼎盛，后随宋金

---

① 孙新民：《2010～2016 年河南陶瓷考古的新进展》，《中原文物》2017 年第 6 期。
② 李辉柄：《宋代官窑瓷器之研究》，《故宫博物院院刊》1992 年第 7 期。
③ 周密：《武林旧事》，中华书局，2007，第 125 页。
④ 名窑钧瓷网：钧瓷纹路之蟹爪纹图文赏析，http://www.myjunci.com/wenhua/2014910 - 532.html。

战乱逐渐技艺失传、日渐式微。1988 年'汝官瓷—天青釉'恢复烧制成功，可是说恢复了宋代汝官瓷的烧制技艺，2004 年汝瓷原产地域产品保护申报成功，标志着汝瓷进入现代化产业发展阶段。"① 然而正如汝窑不一定位于当今汝州市辖区之内一样，汝瓷也不一定是当今汝州市辖区之内生产的瓷器，也包括划归"历史上的汝州"而如今不归"河南省汝州市"管辖的地方，比如今宝丰县的清凉寺等地。韦璇就认为"汝窑，其主窑位于河南汝州、宝丰清凉寺一带。汝瓷有着天青色的釉、香灰色的胎，釉质如玉，釉内有气泡，如点点晨星，素面元华，釉面以蝉翼纹般的开片为最佳。"②

由此可见，所谓汝瓷，首先有地点限制，那就是历史上的北宋汝州，现在的河南省汝州市、宝丰县等地；其次，有特征上的限制，要有宋徽宗时代的审美和公认的符合其特征的发展及创新；再次，有功用上的限制，必须具备实用、观赏、收藏等价值；最后，不再看重所谓官窑、民窑之分，更重视其对当地经济社会发展和相关产业的促进作用。

（二）汝瓷发展历史简介

汝瓷的发展和其他瓷器的发展大致相似，先有民间尝试，到了一定程度后由官方承办，等到成为御用产品也就达到了巅峰，其后再有民间跟风。"隋炀帝大业初年（即公元 605 年），置临汝为汝州，'汝瓷'因此而得名。汝瓷始烧于唐朝中期，盛名于北宋，在我国陶瓷史上占有显著的地位，北宋后期宋金战乱不息，兴盛前后不过二十余年，所以弥足珍贵"。③ 总体来说，宋徽宗时期的汝瓷成就最高，是中国陶瓷史上一段传奇。今人仅从古代文献记载、馆藏器物和考古调查即可窥其一斑，足见其魅力四射的光芒。汝窑瓷器是宋代诸名瓷中最受珍视的一种，位列汝、官、哥、均、定宋代五大名瓷之首，历代文献数百年间对汝窑的描述从未间断，汝窑盛极一时。后因金兵

① 刘子建、吴洙霖：《宋汝瓷的设计文化及其表征》，《中国陶瓷》2017 年第 8 期。
② 韦璇：《从汝窑的兴衰看宋代官窑制度的形成》，《开封大学学报》2016 年第 2 期。
③ 刘莎、汤红艳：《汝瓷的发展》，《大舞台》2012 年第 3 期。

入侵，汝窑被毁，技艺随之失传。按照党和国家领导人"发掘祖国文化遗产，恢复汝瓷生产"①的要求，近半个多世纪以来，汝瓷文化及其工艺得以恢复发展。1964年，汝瓷豆绿釉产品烧制成功，汝瓷豆绿釉的烧制成功和还原火的使用，是汝瓷恢复试制的道路上一个划时代的转折点。成功的经验是改革了原料配制的原始操作方法。原配料是用瓢和碗加水计量，十分不准确，改为将原料晒干，按重量计算，为了方便又换算为百分比，大大提高配方的准确度；将无意中的发现变为有意的试验，根本扭转了汝瓷由氧化火改为还原火的烧成方法，这是汝瓷试验中一个创造性突破；引进了模具生产，大大改进了生产工艺，是汝瓷产量由小到大、由小批量不规范到大批量生产的转折点。

1966年"文化大革命"开始后，汝瓷恢复研制工作遭遇了一次中断。造反派们认为汝瓷是为资产阶级上层建筑服务的"四旧"，应该彻底砸碎，"扫进历史的垃圾堆"。他们不顾试验组同志的劝阻与请求，先后砸碎了存放在汝瓷厂展览柜中的精美汝瓷样品、存放在仓库内从汝州各地窑址多年发掘的宋代古瓷及瓷片，以及从1954年恢复试制以来生产的各级各类汝瓷产品。不仅如此，汝瓷文化及其工艺保护研发工作也被迫中止。

20世纪70年代初，伴随着国际国内形势的变化，为了改变汝瓷厂的生产状况，临汝县革委会借"抓革命、促生产"的东风，重新起用张全担任临汝县工艺美术汝瓷厂革委会主任，组建新的班子。汝瓷厂生产很快步入正轨。汝瓷生产、研究的专门机构逐渐得以恢复，专业技术人才的作用得到了有效发挥，制度建设和规格、范式都有了一定要求，汝瓷文化及其工艺在一定程度上得到保护、改进和发扬。

特别是1971年首次参加广交会后，汝瓷在日本、新加坡等儒家文化圈国家和香港等地区受到热切欢迎，市场潜力巨大。《南方日报》《文汇报》等新闻媒体都给予了报道，汝瓷文化及其工艺得以重新被市场和媒体关注。

① 薛继友：《纪念周恩来总理批示恢复五大名窑60周年纪念瓷首发行》，《理财收藏》2017年第9期。

到了 1973 年的广交会，汝瓷已经从传统的儒家文化圈国家和地区扩展到大洋彼岸的美国等西方国家，不仅在展会上再次被一抢而空，还和美国等多国外商签订了供货合同。从此，汝瓷生产开始将出口换汇作为发展目标，这就对其原有的生产工艺和烧制水平都有了新的要求。

为了实现这一目标，当时的国家轻工业部出资 100 多万元，河南省临汝县（今汝州市）征地 100 亩，设立了最早的一家专门从事汝瓷生产、经营、销售的临汝县工艺美术汝瓷厂，汝瓷开始从小作坊生产走向专业化、市场化经营。随着市场需求不断加大，临汝县工艺美术汝瓷厂的生产规模不断扩大，科研能力不断增强，产品类型不断增多。当时主要生产以下几类产品：一是汝瓷仿古工艺品，主要为外贸出口服务。尽管外贸出口任务不大，但要求十分严格，临汝县工艺美术汝瓷厂以外贸出口为契机，不断提升产品品质，同时大力进行科研开发，豆绿釉、天蓝釉、月白釉、天青釉试验陆续取得了成功，先后通过了省科委等上级部门的鉴定。二是开发研制实用性强的白酒用品——瓷瓶。河南当地的杜康、宝丰、赊店、仰韶等多家知名白酒生产厂都把临汝县工艺美术汝瓷厂生产的瓷瓶作为白酒酒瓶，主动上门联系订购，汝瓷的生产得以不断扩大和延伸。加上出于生产经营升级的需要，汝瓷厂为了研究需要大量资金，就在汝瓷的实用方向上拓展了市场。三是开始生产专门出口的汝瓷盆景花。1997 年后，汝州、宝丰等地的汝瓷民营企业相继发展起来，规模最大时逾百家，产值达数千万元，获得了许多荣誉和奖励。至此，中断了数百年的汝瓷产业开始复兴。

（三）汝瓷产业发展现状

进入 21 世纪，汝州市在继承传统陶瓷文化基础上大胆创新、不断进取，汝瓷产业兴起并已初具规模。1983 年汝窑天蓝釉被鉴定为已经达到甚至超过宋代汝窑水平。1986 年"绿豆釉"研制成功；1988 年"天青釉"研制成功，这在汝瓷发展历史上具有标志性的意义，象征着汝官瓷的古老技艺得以成功恢复。汝瓷厂曾多次参加广交会，其产品深受海内外客商的欢迎。汝瓷先后被作为国礼赠送给国际奥委会主席萨马兰奇和多位国家元首珍藏；1997

年，香港回归前汝瓷被收藏到人民大会堂香港厅。自此，汝瓷文化及其工艺得以重返宋代的辉煌，汝瓷的生产及其产业发展规模得以不断扩大，汝瓷的研究、制作和经营人才得以不断涌现。目前，汝州市共有汝瓷技术人员112人，其中省级工艺美术大师10人、陶瓷大师16人，有国家级陶瓷艺术大师2人；共拥有各类汝瓷、汝陶生产企业近百家，从业人员6500多人。随着专业技术人才崭露头角，围绕着技术骨干和工艺大师等领军人才，"涌现出了像弘宝汝瓷开发有限责任公司、新嘉诚汝瓷开发公司、玉松古瓷厂、宣和坊汝瓷有限公司等一批规模较大、实力较强的骨干企业"。①

这些企业每年生产的瓷器超过40万件、年产值有1亿元之多。

近年来，汝瓷生产企业和研究机构不再满足于传统瓷器的生产开发，更加致力于汝瓷产品和现代生产生活的深度结合，探索走出了一条高端产品作国礼、中档产品走外销、大众产品作家用的三个方向的发展道路。

特别是在传统的陶瓷产地，当地政府站在保护、传承、创新汝瓷文化及制作工艺的高度，致力于汝瓷文化的弘扬和相关企业的壮大，在汝瓷产业集聚区，借力故宫博物院的汝瓷等品牌效应，运用互联网等多种媒介手段，打造了以"清淡含蓄"为主题的中国汝瓷小镇。汝瓷小镇建成后，将充分吸收当地的特色文化资源，开发汝瓷文化传承创新、非物质文化遗产特色展示、传世精品汝瓷艺术交流等休闲、养生、教育功能，促进各种资源的合理分配，形成集聚规模较大的陶瓷生产加工基地和批发分销市场，提高企业的生产效率，助力人才的聚集，刺激企业的创新冲动，以极大地促进汝瓷文化产业的研究和创新，进一步凸显汝瓷文化及其工艺产品的规模化效应。

综上，汝瓷产业的发展历经千年兵燹而不败，汝瓷文化的传统技艺在新时代能够重放异彩，归根到底是一代代中国人对中华优秀传统文化传承和发展的必然结果，是广大党员干部致力于"为中华民族谋复兴、为中国人民谋幸福"的必然结果，是经济社会高质量发展的必然结果。

---

① 桑平起：《汝瓷：传承中国传统文化的稀世瑰宝》，《亮点河南》2015年第1期。

二 汝瓷产业发展中存在的主要问题

"现今的汝瓷产品与日常生活的结合，形成独立的工业美的方式。汝瓷产品改变了过去单一的造型模式，产品变得丰富多样"。① 尤其是在传统汝瓷工艺的恢复上取得的成绩，奠定了汝瓷产业发展的基础，同时，汝瓷产业也完成初始阶段的艰难积累，为汝瓷产业的发展做好了技术上的准备。但是，无论与巅峰时刻的北宋汝窑相比，还是和其他省份相关陶瓷产业的生产规模相比，都还存在着较大的差距。这些客观存在的差距，必然是客观存在的问题所致，找出问题的根源，显得尤为重要。通过实地调查、交流、座谈等形式，逐渐发现了制约产业发展的主要问题。

（一）企业规模小，缺少科学的产业发展规划

汝瓷，号称"汝、官、哥、钧、定"五大名瓷之首，在海内外都享有盛誉。然而，"盛名之下，其实难副"，当代汝瓷产业虽经数十年的发展，在传统工艺恢复上取得的成绩奠定了汝瓷产业发展的基础，但就汝州市汝瓷行业来说，相对于五六十年代的汝瓷一厂、二厂一千多人的盛况，现今的当地汝瓷厂多是专业技术人员不足 10 人、一般工匠不超 50 人的小微企业，规模小、产值小，一直没有真正形成较大产业规模。而这些企业发展时间短、产品质量不稳定，产品还处于低端水平。规模决定企业实力，较小的公司架构注定不能在市场经济的汪洋大海中勇立潮头，甚至连和其他规模以上企业竞争的机会都没有，只能跟着人家走。而且，就在这样的随波逐流中，当地的汝瓷企业还在无序、低端的自我复制和内部争斗中原地打转，基于自身成本和实力考量而"内斗内行，外斗外行"。以致当地在制定汝瓷文化及相关产业的发展规划时也陷入原地打转的怪圈中，不能科学处理当地与外地、历

① 乔向飞:《通于古而变于今:汝瓷之美的历史考察及当代创新》，陕西师范大学硕士学位论文，2015。

史与现实、前景和现状等诸多重大问题。规模小、发展慢，没有市场竞争力，没有更大的资金与技术投入，形成不良循环，弱者愈弱，面对的压力与阻力更大，发展更加迟缓。

（二）产品样式少，创新发展后劲不足

问题主要表现在以下两个层面。一个是纵向的完整产业链的缺失或不完备，如缺少陶瓷机械设备的修造以及原材料的精密加工，还有产品包装、推广的快速跟进等。汝州当地现在虽然有数量较多的陶瓷生产企业和从业人员，但是在其上游的陶瓷生产装备生产上还没有布局，连最核心的特种精密加工机械工具生产也是个空白，更没有专业的产品设计、包装、文化创意的团队进行整体的策划与推广，这不能不说是当地生产厂家的短视和当地政府的管理引导缺乏大的格局。另一个是横向的同质化严重的问题。从整个汝瓷产业来说，企业多为艺术瓷生产企业。从单个汝瓷企业来说，许多企业产品雷同，缺乏自身独特个性。随着社会的进步，人们越来越追求自身个性的张扬和气质的凸显，没有独特个性和特色的产品尤其是工艺品，是不会有广阔市场的。如果它的色彩、造型和价值一直在原有的"天蓝、天青、月白"审美基础上没有更多的创新、改进和提升，与现实生活和当前的需求不匹配，即便是再好的东西见多了也会审美疲劳，它的前景也是让人担忧的。另外，在针对汝瓷以及汝瓷文化的审美情趣引导方面所做的还远远不够，对汝瓷实用性市场的开发几乎还刚刚开始。

（三）市场范围小，宣传推介力度不够

汝瓷企业的发展问题除了规模小、产品单调外，还存在着市场范围过于狭隘、宣传推介力度不够等问题。尤其是没有像其他地区一样举办博览会、展示会性质的大型产业推广交流活动，仅靠个别企业的单打独斗或等客上门。汝瓷产品销售大多以零星的仿古汝瓷礼品为主，对外销售不畅，主要表现在有针对性的宣传、投入、规划不够，即便是有，宣传也多是零散、片面的，综合运用多种媒体意识欠缺，市场开发乏力。

343

（四）管理力度小，缺乏行业协会

有效的管理是任何行业有序发展的定海神针，汝瓷行业的发展也不例外。然而，当前汝瓷产业没有行业协会和正式的管理机构，以致汝瓷产业的发展是多头并进、各自为政。即便是现有的文化管理部门，在传统技艺和汝瓷文化的发掘、保护上能够切实履行其职能，科学编制汝瓷文化的传承发展规划，但因为部门权限限制，对汝瓷产业的经营、发展只能引导，而没有行政执法权力，更没有现成的条文规范可以对其进行约束管理。至于新近成立的陶瓷协会组织，重点任务是规范当今的生活用品的生产，在高端国礼和中档的出口产品方面多是凭着工艺大师的创作灵感或是订单企业的要求烧制，缺乏科学的技术标准和准入、退出标准，没有形成长效良性机制。

（五）管理与技术人才缺乏，制约产业发展

现有的这些技术工人和专业技术人才以及汝瓷企业经营者大多来源于20世纪90年代一厂和二厂改制后的分流工人群体，这一群体文化程度偏低、思想僵化以及综合创新能力不强，年龄多已半百，家庭负担普遍较重，能力、体力和精力已经不能够满足市场需求。因为传统汝瓷生产工作累、工作效率低，存在汝瓷工匠后代和社会青年不愿学、不愿干的局面。现实中企业规模小、资金不足、综合条件差的情况，也造成了高级专业技术人才和院校毕业生不愿参与到当地的汝瓷产业中来的现象。现有的技术人员，由于劳动强度大及工匠保守的因素，又很少相互交流，对于自己的独到心得与技术更不愿分享。本身并不强大的技术人员队伍，由于互不交流、互不支持，显得更加的不足。

（六）政府职能发挥不足，使产业发展缓慢

政府是企业发展的坚强后盾，改革开放取得的巨大成就离不开政府的宏观调控。反之，政府如果没有为产业发展提供正确的指导意见，那么产业只能是在自我摸索中艰难前行。汝瓷产业之所以还能够稳健发展，其主要原因

是政府发挥了调控作用，规划项目、引进投资、改善投资环境，不断地为汝瓷企业提高竞争力扫清各种障碍。但是，就汝瓷行业的现实发展和前景规划来说，政府的职能还没有充分发挥，而这种不足目前集中表现在政策支持不够、企业发展资金捉襟见肘、人才培养机制缺失等方面，这使企业难以快马扬鞭、加速发展。

三　汝瓷产业发展对策

汝瓷产业发展中存在的问题很多，这些问题表面上看似孤立，其实是互为联系、互为影响的。这些问题共同影响了汝瓷产业的壮大，阻碍了产业的发展。对存在的问题进行深入的思考，并找出解决方法，可为汝瓷产业的发展找到出路、对策。

（一）抢抓机遇，加快汝瓷产业复兴

要紧密结合"一带一路"建设、乡村振兴、中原经济区建设等重大战略机遇，按照省委、省政府的统一规划，把汝瓷产业创新发展融入区域经济发展和国家总体战略布局之中。汝州市委、市政府为此重新编制了城市发展愿景规划和经济发展规划，以做强做优"世界汝瓷名城"品牌为抓手，以传承创新汝瓷生产工艺为主线，着力在汝瓷文化保护、研究、开发和创新上下功夫，并充分利用"互联网＋"技术，努力规划建设一个河南一流、国内特色、国际知名的汝瓷电子产业园区。按照方案，建成后的汝瓷电子产业园，将通过文物展览、文化交流、商业演出、游客体验、产品交易、人才培训等形式，一揽子解决制约当前汝瓷产业发展的诸如宣传、研发、人才等方面的问题。对于汝瓷产业而言，这是一个不容错过的机会，也是千载难逢的机遇。因此，汝瓷企业应抢抓机遇，提早布局，顺势而为，或在园区内规划新的厂区，或在展示区占有席位，也可以在园区内设置作坊，通过多种方式积极参与到汝瓷电子产业园的建设中来。总之，汝瓷电子商务产业园的建设，将会是汝瓷发展史上具有里程碑意义的创举。

（二）资源共享，实现汝瓷规模化集约发展

充分依托汝瓷电子商务产业园等资源平台优势，一改汝瓷过去的分散经营为集约发展。首先，要结合目前着力打建的汝瓷生产新业态——汝瓷小镇，努力在资源共享、平台共建、人才互通、合作共赢上下功夫，进而实现当地汝瓷生产、经营企业的共同发展。其次，加大产业升级投入，打造规模化企业。要紧紧抓住政府建设汝瓷电子产业园的大好机遇，着力在产业布局、产业链完善、人才培养、资金运转、产品生产和经营销售上下功夫，不断更新换代生产设备，不断改善产品技艺，不断丰富产品类型，不断创新产品，不断加大宣传力度，从而增强企业的研发能力，破解产业发展中的问题。特别是要充分利用园区建设，解决企业发展的土地瓶颈。

（三）二者兼顾，恰当处理产品艺术化和生活化的关系

生活是艺术的基础，艺术是生活的升华。产品艺术化来源于对生活的沉淀积累，产品生活化立足于当下的实际需求。汝瓷产业的当下发展要处理好二者之间的关系。单纯追求艺术品与生活用品的思路都是不正确或不全面的。艺术品有艺术品的群体，生活品有生活品的市场，汝瓷产业舍弃市场的任何一部分都是不可取的。要把艺术品做到极致，要把生活品当作艺术品来对待，坚持"两条腿"走路、多元化发展的方针。就像艺术与生活的关系一样，汝瓷艺术品与生活用品也要做到有机结合。既重视观赏瓷生产，又要重视生活瓷的生产，解决目前汝瓷生产中，偏重艺术瓷而忽视实用瓷的偏颇。随着生活质量的提升，汝瓷的生活化将是未来发展的蓝海。"点茶三昧须饶汝"，是古人使用汝瓷将艺术和生活有机融合的典型案例。这对汝瓷企业的生产研发是一个很好的借鉴与启发。在现代陶瓷生产中要重视日用瓷器的研发和生产，让昔日的宫廷御窑汝瓷产品走进千家万户，进入百姓家庭。这既是汝瓷产业发展的需要，也是汝瓷适应市场的需要。

（四）加强管理引导，为汝瓷产业高质量发展提供组织保证

要加大政府对汝瓷生产的宏观调控和微观监管力度，发挥服务、管理、协调、指导职能。充分发挥当地由宣传、文化等部门牵头成立的汝瓷产业管理委员会的领导作用，及时出台政策性指导意见，加大政策扶持力度，为汝瓷产业的腾飞发展保驾护航。要充分发挥由汝瓷知名企业牵头成立的汝州市陶瓷协会的职能，尽快制定汝瓷行业生产、经营、销售等一系列的标准体系，推动汝瓷市场良性运转，确保汝瓷产业的发展有章可循。要着力吸纳科研院所、职业院校等教科研机构参与到汝瓷的生产、保护、研究中来，共同制定人才培养与交流、产品验收等基础性而又十分重要的标准。只有标准化，方可有规范化，规范化方可有规模化。让规范与标准贯彻到汝瓷产业发展的每一环节，保证每一件产品完美无缺，残次产品一件都不流通于市场。政府宏观调控，行业协会监督自查，自觉抵制粗制滥造、低价倾销，以及以次充好、牟取暴利的现象，对于在行业内不能履行规则甚至违规运营的企业，强制退出，确保汝瓷产业迈上发展的快车道。汝瓷产业管理委员会要密切联系企业，解决企业发展中的困难，真正服务企业，做好企业的后勤保障。要充分发挥陶瓷行业协会的作用，积极促进技术交流，重视新技术的推广和新产品的研发，发挥好行业发展的纽带和企业与政府间的桥梁作用，努力打造一艘汝瓷产业的航空母舰。

（五）以汝瓷文化为核心，促进汝瓷产业链的形成

任何一个产业，只有延长其产业链条，方可在整个链条的上拉下推中持久前行。要根据汝瓷文化的历史进程，充分利用好汝窑历史文物遗迹保护、开发工作，打造"汝窑—汝瓷"文化观光旅游业，运用电影、电视、手机等多种载体，办好汝瓷期刊，讲好汝瓷故事，建好汝瓷文化博物馆，擦亮汝瓷文化特色品牌。要建好汝瓷特色小镇，通过实景建筑、场景还原、会展营销、电子商务平台等形式，打造汝瓷产业真实场景，吸引顾客、商家围绕"汝瓷"这篇大文章各显神通。要用活用足各种机遇，借各种节庆文化、实

景演出和其他瓷器活动的东风，宣传推广汝瓷文化，让汝瓷从历史走进现实、从历史御用走进民间。在汝瓷的研发中，要在保存基本汝瓷特质基础上，充分借鉴吸收中西方艺术工艺特征，利用最新科技手段，大胆革新尝试，力求汝瓷工艺发展有新的突破，汝瓷品类有量的提升，汝瓷品位有质的飞跃。

（六）利用信息化技术，助推汝瓷产业提速增效

信息化不断普及，人民的生活无往而不在"网"中。掌握并运用互联网的程度，决定了行业的现实经营和未来方向。因此，要充分利用信息化技术，用好计算机、手机等新的信息终端，将汝瓷文化有机融入移动互联时代的百姓生活。汝瓷产业领导机构、行业协会和企业等各种实体都要建立自己的门户网站、官方微博和微信公众号，实时更新汝瓷产业、产品和研究的动态，实时和上下游产业链对接方、投资控股方、渠道经营方等多方战略合作伙伴等进行信息交流等。目前汝瓷企业有48家建立了自己的商务网站，通过电子商务平台来宣传、销售产品。这不仅有利于降低运营成本，而且能够加快产品的生产、研发、转化进程，便于企业及时根据市场需求和国际资本动向，及时调整战略。汝瓷企业应充分利用互联网，能在网上进行的，就不在网下进行。做好企业的宣传及产品的推介、销售、结算等业务。

（七）大力引进和培养人才，完善汝瓷人才体系

方向定好之后，人才在产业发展中起着决定性作用。人才队伍的后继乏力，会制约汝瓷产业的高质量发展。要解决这一问题，就要在专业人才上下功夫，尽快编制汝瓷人才培养与储备的长期规划，并依据长期规划和实际情况，制定短期的切实可行的目标。首先，要加强对人才的统一管理和层次划分，做到人尽其才、物尽其用。对于高级职称及高级技工要进行经济的奖励、人文的关心，并指定或选定技艺传承人选，在减少其劳动量的同时，做好传承发展工作。对于中级骨干人员，要给予他们更大的才能施展空间，让他们有用武之地，更重要的是要给予他们更多的培训机会。在给予他们更大

的提升、自我发展空间的同时，要不断壮大人才队伍。还要加强对初级人才的引入与培训工作，充分利用职业院校与现有企业的"校企合作"优势，在满足企业人才需求的同时，给初级人员提供更多的锻炼提升机会。各个企业要勇于承担起人才培养的历史重任。其次，在加快兴建陶瓷专科学校步伐的同时，在汝州市职业技术学院内开设陶瓷专业，针对陶瓷行业开展技工培训，为当地汝陶汝瓷产业的长远发展培养基础人才。在人才的培养上，方式可以多种多样，可以采用送出去、请进来、师带徒等办法，在交流中提升、提升中跨越。拓宽各级人才的视野，敞开人才培养的通道；定期召开不同等级的研讨会，在借鉴中促进发展。对于具有汝瓷制作技术的人员，可通过汝瓷管理委员会的考试或招录等方式，将其纳入人才库，作为后备人才进行储备，使整个汝瓷行业的发展，走出人才瓶颈的困扰。最后，还要做好普及陶瓷知识的工作，在汝瓷工业园区设立陶瓷工艺实践区，为陶瓷专业的学生、陶瓷爱好者及游客专门设立实习车间，提供一条龙的实践服务，在扩大宣传的同时，培养更多的汝瓷工艺爱好者，为汝瓷产业的人才培养做战略性规划。

B.27
江汉路和中山大道历史文化街区科技创新研究*

何璇 邓磊**

摘　要： 随着政府对历史文化街区保护和开发的日益重视以及文化旅游产业的蓬勃发展，全国各地先后出现了一些著名的历史文化街区，科技的发展又使得这些历史文化街区不断与科技相融合。本文以江汉路和中山大道历史文化街区为调研对象，通过问卷和走访的数据了解该街区历史文化建筑科技创新的状况，并针对这一状况和公众对该街区历史文化建筑科技创新的体验与评价提出几条有针对性的科技创新建议，以期强化江汉路和中山大道历史文化街区古建筑与科技创新手段的融合，推动街区发展，拉动地方经济发展，构建文化品牌。

关键词： 历史文化街区　科技创新　武汉

历史文化街区的保护和开发，历来受到政府的重视。1933年国际建筑协会在雅典通过《城市规划大纲》，提出对于具有历史遗产属性的建筑和建筑群要进行保护。1962年法国颁布了《马洛尔法令》，又称《历史街区保护法令》，提出对历史文化街区、建筑群的保护和修复。日本在1975年颁布了《文

---

* 本文为湖北省重点人文社科研究基地"当代文艺创作研究中心"2017~2018年度开放基金项目（编号17DDWY16）阶段性研究成果。

** 何璇，湖北大学历史文化学院教师；邓磊，湖北大学历史文化学院学生。

化财保存法》，要求政府除了加强对文物的保护外还要加强对历史建筑的保护。

我国1986年颁布的第二批历史文化名城文件中，提出对于能够体现一定历史时期文化风貌的街区、建筑群、小镇、村落应予以保护，并在2008年开始实施《历史文化名城名镇名村保护条例》。

近年来，随着文化旅游产业的蓬勃发展，各地政府开始注重加强对历史文化街区的保护、修复、开发，先后形成了北京南锣鼓巷、成都宽窄巷子、福州三坊七巷、武汉中山大道等文化旅游街区。这些依托历史建筑和街道的历史街区经过重新规划，成为城市旅游的中心、城市发展的名片。同时，历史文化街区通过古建筑、商店、博物馆、咖啡馆、街道等景观的融合也构建了美国芝加哥学派所定义的"场景"。美国芝加哥大学特里·N.克拉克教授领衔的团体自1982年在全球数百个城市进行实地调研，经过数十年研究分析后提出"场景理论"，在城市工业化向后工业化转型、城市形态由生产型向消费型转变的时代背景下，指明城市发展的方向不再以工业为中心而是以文化消费、文化创意、金融服务、科技创新为中心。

鉴于时代发展的趋势、消费经济的推动，各地政府亦通过城市规划、基础设施投入等手段加强对历史文化街区的保护、开发和推广。另外，伴随科技的突飞猛进，移动互联网、大数据、云计算、3D打印、三维技术、VR、AR交互技术等数字技术高速发展，并逐步与文化创意产业融合并进，那么历史文化街区的保护与开发是否需要运用科技创新手段，目前的应用状况如何？本文将通过对中山大道历史文化街区的调研，做出梳理和分析。

一　文化行业科技创新趋势

从人类的传播历史可以看到，科技是改变传播途径的利器，在原始社会人们没有任何媒介用于传播，传播的形式仅限于口头传播，当人类形成群居状态，传播的方式转变为群体传播，即同一群体中活动的个体基于口耳相传来传播信息。当文字符号形成后，纸张作为媒体出现，书籍成为传承人类文化的主要载体。近代印刷术出现后，报纸成为传递信息最为及时有效的媒介。广播、电视的出现，则使得传播的内容由文字变为音频和视频，使得传播的内容更易解读，降低了媒介使用的门槛。电脑、手机、无线网络等网络媒体的出现，使得人类社会进入了"互联网＋"时代，传播方式由大众媒介向公众的单向传播，演变为大众与媒体间的双向传播，即"Web 2.0"乃至"Web N.0"时代到来。

加拿大传播学学者麦克卢汉说过"媒介即信息"，在"互联网＋"时代的当下，文化产业的发展离不开科技创新，科技创新将为文化产业的发展带来蓬勃生机和无限机遇。李长春提出："数字技术、网络技术的迅猛发展和广泛应用，极大地增强了文化的创造力和传播力，催生了一系列新兴文化业态和新的表现形式，反映了文化产业未来发展的方向。"目前文化行业中最具发展活力和市场潜力的主要为3D动漫、数字艺术、数字出版、数字电影、VR、人工智能等产业。另外，现代科技也在与公共文化服务融合，通过VR、AR等技术在博物馆、图书馆、文化馆等公共服务机构提供参与式、体验式、互动式、沉浸式的公共文化服务，使公众在某一固定公共文化服务机构可获得其他场馆的服务支持。①

二 "江汉路和中山大道历史文化街区"科技创新现状

在整个文化行业与科技创新融合的趋势下，作为文化旅游标识的古建筑如何与科技手段融合并迸发活力，将古建筑活态化，是各地区历史文化街区亟待解决的问题。

"江汉路和中山大道历史文化街区"是在汉口租界的基础上规划开发而成的，2014年武汉市以地铁6号线通车为契机，对中山大道武胜路至一元路路段的34处历史建筑，及武胜路、六渡桥、江汉路、一元路等路段进行综合改造，初步构建了以江汉路为横轴、中山大道为纵轴的"江汉路和中

---

① 李国东、傅才武：《推进文化与科技深度融合是突破文化发展困局的基本政策路径》，《中国海洋大学学报》2017年第3期。

山大道历史文化街区"。2015 年"江汉路和中山大道历史文化街区"入选国家住房城乡建设部和国家文物局公布的第一批中国历史文化街区，也是武汉市唯一的国家级历史文化街区。2016 年 8 月武汉市国土资源及规划局开始对"江汉路和中山大道历史文化街区"进行第二次规划，将该历史文化街区向纵深扩展，形成南起三民路，北至黄兴路，东至沿江大道，西至泰宁街的"两片三区，十字轴线"的总体布局，并对历史文化街区的 69 处古建筑加以保护、修复和开发。①

对"江汉路和中山大道历史文化街区"进行第二次规划改造后，对于其中的 69 处历史文化建筑进行了开发利用，其中很多被作为历史展馆向公众开放，并引入电子显示屏、微信公众号等科技手段，对历史建筑的背后故事进行讲述，重现古建筑的历史文化风貌，展示了武汉的历史变迁路径。下文将基于湖北大学中山大道历史文化街区调研小组的调研数据论述目前中山大道历史文化街区的科技创新现状。

（一）"江汉路和中山大道历史文化街区"科技创新总体状况

目前，江汉路历史文化街区共有 6 处国家级文物保护单位，13 处湖北省文物保护单位，12 处武汉市文物保护单位，50 处武汉市优秀历史建筑，其中"中国实业银行旧址""上海银行汉口分行旧址""台湾银行汉口分行旧址""汉口英商和利冰厂旧址" 4 处古建筑既是湖北省文物保护单位又是武汉市优秀历史建筑，"汉口盐业银行大楼"既是湖北省文物保护单位又是武汉市文物保护单位，"汉口西门子洋行旧址""大孚银行""汉口美最时洋行大楼""汉口总商会暨中华全国文艺界抗敌协会旧址"等处古建筑既是武汉市文物保护单位又是武汉市优秀历史建筑。"八七会议旧址纪念馆"既是国家文物保护单位又是武汉市优秀建筑因而除去重叠的建筑名称外，"江汉路和中山大道历史文化街区"保护及开发的历史建筑共 69 处。其具体科技创新情况详见表 1 至表 4。

---

① 《老汉口百年风貌再现》，《武汉晚报》2016 年 8 月 10 日。

文化创新蓝皮书

表1　中山大道国家级文物单位科技创新比例

建筑名称	建成时间	国家级文物保护单位	是否采取科技创新方式	科技创新比例（%）
江汉关大楼	1924 年	√	是	83
中华全国总工会暨湖北省总工会旧址	1927 年	√	否	
汉口水塔	1909 年	√	是	
中共中央机关旧址	1927 年	√	是	
武汉国民政府旧址	1927 年	√	是	
八七会议旧址纪念馆	1920 年	√	是	
共 6 处				

表2　中山大道湖北省文物单位科技创新比例

建筑名称	建成时间	湖北省文物保护单位	是否采取科技创新方式	科技创新比例（%）
中国实业银行大楼旧址	1935 年	√	否	38.5
上海银行汉口分行旧址	1920 年	√	否	
台湾银行汉口分行旧址	1915 年	√	否	
汉口电话局旧址	1912～1915 年	√	否	
孙中山铜人像	1933 年	√	否	
湖北共进会旧址	1902～1911 年	√	是	
中国银行汉口分行旧址	1917 年	√	否	
汉口总商会暨中华全国文艺界抗敌协会旧址	1919 年	√	否	
汉口盐业银行大楼	1926 年	√	是	
八路军武汉办事处	1937 年	√	是	
汉口英商和利冰厂旧址	1918 年	√	否	
汉口宋庆龄故居	1896 年	√	是	
汉口商业银行旧址	1931 年	√	是	
共 13 处				

表3　中山大道武汉市文物单位科技创新比例

建筑名称	建成时间	武汉市文物保护单位	是否采取科技创新方式	科技创新比例（%）
璇宫饭店	1921 年	√	否	25
《民国日报》社旧址	1927 年	√	否	
"一·三"惨案遗址	1927 年	√	否	

354

建筑名称	建成时间	武汉市文物保护单位	是否采取科技创新方式	科技创新比例（%）
汉口长江书店旧址	1927 年	√	否	25
水塔	1909 年	√	是	
汉口西门子洋行旧址	1920 年	√	否	
大孚银行	1936 年	√	否	
汉口美最时洋行大楼	1908 年	√	否	
汉口盐业银行大楼	1926 年	√	是	
汉口总商会暨中华全国文艺界抗敌协会旧址	1919 年	√	否	
八七会议旧址纪念馆	1978 年	√	是	
汉口俄租界巡捕房旧址	1902 年	√	否	
共 12 处				

表4　中山大道武汉市优秀历史建筑科技创新比例

建筑名称	建成时间	武汉市优秀历史建筑	是否采取科技创新方式	科技创新比例（%）
花楼街 321 号	1920 年	√	否	28
江岸区大智街青少年教育基地	1938 年	√	否	
聚兴诚银行	1935 年	√	否	
江汉路 135 号	1937 年	√	否	
中国实业银行大楼旧址	1935 年	√	否	
日信洋行	1917 年	√	否	
上海银行汉口分行旧址	1920 年	√	否	
台湾银行汉口分行旧址	1915 年	√	否	
中南银行	1923 年	√	否	
永利银行	1946 年	√	否	
上海村	1923 年	√	否	
华康副食	1917 年	√	否	
兰陵路 58 - 2 号	1930 ~ 1949 年	√	否	
湖北共进会旧址	1902 ~ 1911 年	√	是	
保元里		√	否	
江汉村、六也村	1931 年	√	否	
普海春大酒店	1910 年	√	否	
联保里	1937 年	√	否	
南京路 72 - 80 号	1937 年	√	否	

续表

建筑名称	建成时间	武汉市优秀历史建筑	是否采取科技创新方式	科技创新比例(%)
汉口民生轮船公司旧址	1925 年	√	否	
广东银行	1923 年	√	否	
浙江实业银行汉口分行	1936 年	√	是	
大陆银行	1923 年	√	是	
金城银行	1930 年	√	否	
汉口新市场(民众乐园)	1919 年	√	是	
汉口总商会暨中华全国文艺界抗敌协会旧址	1919 年	√	否	
大孚银行	1936 年	√	否	
中央信托局汉口分局旧址	1936 年	√	否	
萧耀南公馆	1921 年	√	否	
汉口慈善会	1915 年	√	否	
夏斗寅汉口公馆	1931 年	√	否	
汉口英商和利冰厂旧址	1918 年	√	否	
中山大道 889 号	1912 年	√	否	
汉口盐业银行大楼	1930 年	√	是	
汉口美最时洋行大楼	1908 年	√	否	28
水塔	1909 年	√	是	
日本教师住宅	1930 ~ 1940 年代为学校教师住宅	√	否	
汉口西门子洋行旧址	1920 年	√	否	
中山大道 909 号	1937 年	√	否	
中山大道 696—714 号	1937 年	√	否	
涂堃山、傅绍庭公馆	1930 年前	√	是	
黎黄陂路 44—48 号	1916 年	√	是	
黎黄陂路 36 号	建于 1937 年前	√	是	
首善堂	1913 年	√	是	
高氏医院	建于 1937 年前	√	是	
裕民洋行	建于 1937 年前	√	是	
长安老年康乐园	建于 1913 ~ 1914 年	√	否	
惠罗公司旧址	1918 年	√	是	
汉口信义公所	1924 年	√	是	
珞珈山街房子	1910 ~ 1927 年	√	否	
共 50 处				

由表1、表2、表3、表4可知，目前关于"江汉路和中山大道历史文化街区"的古建筑使用科技创新手段进行开发、宣传呈现明显效率不足的状况，其中国家级文物保护单位的科技创新手段运用较广，科技创新比例达到83%，而湖北省文物保护单位创新比例则是38.5%，武汉市文物保护单位、武汉市优秀历史建筑的科技创新手段运用大部分不足30%，可见科技创新并未引起相关职能部门的重视，投入的资金、技术、人员还远远不足。

（二）"江汉路和中山大道历史文化街区"科技创新方法

由上文可知武汉市"江汉路和中山大道历史文化街区"的部分古建筑使用了科技创新手段宣传和展现古建筑的风貌，下文将进一步对各个古建筑的科技创新方法和途径进行梳理。

表5　中山大道古建筑科技创新方法

建筑名称	建成时间	科技创新手段							
		景点内容显示屏	景点互动触摸屏	投影	微信公众号	微信语音导览	纪念品售卖机	3D打印	其他
江汉关大楼	1924年	√	√	√	√		√		江汉关博物馆手机智能导览系统App
汉口商业银行大楼	1931年	√	√		√				互动屏、自助还书机
宋庆龄故居	1896年	√	√	√					
国民革命军八路军武汉办事处	1937年	√			√	√			全景导览
汉口水塔	1909年	√							
中共中央机关旧址	1927年	√	√		√	√			全景导览
武汉国民政府旧址	1927年				√				

续表

建筑名称	建成时间	科技创新手段							
		景点内容显示屏	景点互动触摸屏	投影	微信公众号	微信语音导览	纪念品售卖机	3D打印	其他
八七会议旧址纪念馆	1920年	√	√		√	√			全景投影
湖北共进会旧址	1902～1911年	√							
汉口盐业银行大楼	1926年				√				
浙江实业银行汉口分行	1936年				√				
大陆银行	1923年				√				
汉口新市场（民众乐园）	1919年				√				
涂堃山、傅绍庭公馆	1930年前				√				
黎黄陂路44—48号	1916年				√				
黎黄陂路36号	建于1937年前				√				
首善堂	1913年				√				
高氏医院	建于1937年前				√				
裕民洋行	建于1937年前				√				
惠罗公司旧址	1918年				√				
汉口信义公所	1924年				√				

由表5可知，目前"江汉路和中山大道历史文化街区"的古建筑科技创新手段主要为运用"微信公众号"进行古建筑的介绍，其中科技创新手段运用得比较好的有：江汉关大楼、汉口商业银行大楼旧址、宋庆龄故居、国民革命军八路军办事处、中共中央机关旧址、八七会议旧址。江汉关大楼

目前改造为江汉关博物馆对公众开放，也是国家文物保护单位，因而获得较多政府投入，使用了视频展示、触摸屏互动、手机 App 导览、投影展示江汉关历史风貌、纪念品售卖机等科技创新手段来服务游客，特别值得一提的是江汉关博物馆还用皮影戏投影的形式展现了当年江汉关港口的风貌。汉口商业银行大楼，于 1931 年建造，汉口被日军占领后曾是汪伪政府的办公地点，目前主要采取视频展示、触摸屏互动、微信公众号等形式向游客介绍和展示该建筑的历史故事。汉口宋庆龄故居现为企业投资的"蓝光博物馆"，对公众开放，采用电子显示屏、电子触摸屏、投影灯科技手段，为观众服务。国民革命军八路军武汉办事处目前为八路军旧址博物馆，是湖北省文物保护单位，国家三级博物馆，采用内容介绍屏、语音导览、微信公众号、全景导览等科技创新手段为入馆游客服务。中共中央机关旧址现改造为中共中央旧址博物馆，采用内容介绍屏、语音导览、微信观众号、微信导览等科技创新手段为入馆游客服务。八七会议旧址目前为八七会议旧址博物馆，目前采用介绍屏、语音导览、微信观众号等科技创新手段为入馆游客服务。

由上可知，目前"江汉路和中山大道历史文化街区"的古建筑使用科技创新手段的比例较低，创新手段覆盖面不足，应用科技手段比较充分的建筑均为博物馆，其他建筑目前尚未能大量使用科技手段进行保护、开发、宣传，可见历史文化街区文化与科技融合的现状不容乐观，还有待进一步加大融合力度。

（三）"江汉路和中山大道历史文化街区"科技创新评价

目前"江汉路和中山大道历史文化街区"的部分老建筑已经使用科技创新手段展示和宣传，科技创新是否为大众所接受，是否有利于该历史文化街区的发展？湖北大学中山大道历史文化街区调研小组前往科技创新做得比较好的场馆进行调研。

湖北大学中山大道历史文化街区调研小组采取问卷调研方式，前往江汉关博物馆、宋庆龄故居、八七会议旧址博物馆、国民革命军八路军办事处等场馆发放问卷 220 份，收回有效问卷 200 份，得出以下结论。

文化创新蓝皮书

1. 受访样本基本情况

表6 中山大道古建筑科技创新满意度调研基本情况

单位：%

项目		比例
性别	男	53.5
	女	46.5
年龄	18 岁以下	22.5
	18～27 岁	30.5
	28～40 岁	27.0
	41～65 岁	15.5
	65 岁以上	4.5
学历	初中及以下	23.5
	高中与中专	22.0
	本科与大专	47.0
	研究生及以上	7.5
来源地	武汉市	54.0
	湖北其他地区	19.0
	其他省份	26.5
	港澳台地区	0.5
职业	文化教育	6.0
	公司经营	6.0
	个体零售	4.5
	创新创业	1.5
	政府机构	4.5
	自由职业者	8.0
	学生	46.5
	公司职员	15.5
	其他职业	7.5
月收入	3000 元以下	51.0
	3000～5000 元	17.5
	5000～8000 元	20.0
	8000～10000 元	4.5
	10000～15000 元	4.5
	15000～30000 元	1.5
	30000 元以上	0.5

360

项目		比例
月文化消费额	300 元以下	47.0
	300~500 元	32.0
	500~800 元	12.0
	800~1000 元	2.5
	1000~1500 元	4.0
	1500~3000 元	1.0
	3000 元以上	1.5

受访男性占 53.5%、女性占 46.5%；主要受访对象为 18~40 周岁的人，占 57.5%；受访对象的学历较高，其中大专与本科学历合计占 47%；受访对象主要为本地居民，在受访人群中武汉市居民占 54%；受访对象主要为学生群体，占 46.5%，表明学生有较大的参观需求；受访对象的文化消费水平不高，月均文化消费在 300 元以下的占 47%，在 300~500 元的占 32%，也就是说受访对象文化消费额月均低于 500 元的占 79%。这说明文化消费在居民消费中占比较低，还有较大开发空间。

2. 调研结果分析

表7　中山大道古建筑科技创新满意度调研

单位：%

微信公众号等科技手段是否更有助于你了解该历史建筑	是	95.0
	否	5.0
你是否希望中山大道及江汉路其他古建筑也安装此类科技设备	是	97.0
	否	3.0
你认为中山大道古建筑的宣传是否充分到位	是	58.5
	否	41.5

此次调研的历史建筑都是运用了科技创新手段的历史建筑，有 95% 的人认为科技创新手段有助于了解这些历史建筑，可见公众对历史建筑采用科技手段进行介绍和宣传颇为认同，运用科技创新手段对于公众了解历史建筑、吸引公众前来游览具有明显功效。另外，有 97% 的人希望中山大道和

江汉路其他古建筑也安装此类科技设备，说明中山大道的其他历史建筑在科技创新方面的工作尚有较大提升空间，VR、全景导览、互动屏等很多科技手段都没有运用在历史建筑上。此外，中山大道的宣传力度也有待提升，受访对象中认为中山大道宣传得很充分的占58.5%，认为还不充分的占41.5%。

三 "江汉路和中山大道历史文化街区"科技创新建议

从调研的情况来看，武汉"江汉路和中山大道历史文化街区"共有69处古建筑，其中：对外开放的公共场馆有15处，银行办公场所5处，商铺20处，政府及企事业单位办公场所20处，闲置4处，酒店2处，民居7处。大部分古建筑在科技创新及文化与科技融合方面还有较大不足，还需要从以下几个方面增大科技创新力度，使城市历史文化与创新科技手段融合，推动街区发展，拉动地方经济，构建文化品牌。

（一）引入多种投入模式，加大公共场馆的科技创新投入

公共场馆进行科技创新必须投入大量资金，目前开放的15个公共场馆中，江汉关大楼、汉口商业银行大楼旧址、宋庆龄故居、国民革命军八路军办事处、中共中央机关旧址、八七会议旧址等场馆在科技创新方面投入较多，其中只有宋庆龄故居是私人承包对外开放，其他几个场馆均为政府公共投入、免费开放，因而政府的财政压力较大，需要引入其他模式进行联合投入。近年来，对于公共场馆的基础设施建设有PPP模式、政府购买模式及传统的租赁模式可以借鉴。

PPP（Public-Private-Partnership），即公私合作模式，是指政府公共部门与私营部门合作，让非公共部门所掌握的资源参与提供公共产品和服务，这种模式主要体现政府与社会组织出资、契约管理、评估风险及收益的特征。政府引入私营部门加入公共场馆的运营，在运营之后按照合约规定履行各方的责任和义务，按照契约实现收益。在"江汉路和中山大道历史文化街区"的古建筑科技创新中，可以引入私营单位的加入，私营部门的参与还能推动

在项目设计、施工、设施管理过程等方面的革新，引入新的科技理念和创新方法，进一步将古建筑的历史风貌展现给游客和市民，提升中山大道古建筑的知名度和影响力，而私营机构通过加入这一项目可以提升其公司知名度，获取相应的经济效益和社会效益。

政府购买模式也可供"江汉路和中山大道历史文化街区"借鉴，这种模式是政府与社会组织、事业单位、各类企业进行合作，由具备提供公共服务能力的组织和企业向公众提供服务，以弥补社会公共产品的供给不足。这种模式主要体现政府出资、契约管理、评估兑现的特征，由政府通过项目遴选、合同签订、公共招标、定向购买、事后监督与文化企业和文化组织合作，向公众提供公共文化服务，在资金拨付方面采取财政审核、分期付款，减轻政府财政负担。这种模式完全可以应用于"江汉路和中山大道历史文化街区"古建筑的文化与科技创新环节中，对于部分对外开放的古建筑可以引入科技公司进行场馆科技设计，采取政府分期付款的合作形式进行。

此外，还可采用传统的经营租赁模式，将对外开放的场馆出租给公司运营，并在合同中注明必须采取何种科技创新手段对古建筑进行介绍和宣传。例如宋庆龄故居目前就采取这种模式。在日本神户的北野异人馆，政府也采取经营租赁的模式将一部分古建筑出租给公司经营，但是要求承租的公司必须按照政府的规划进行装修、宣传和科技展示。例如荷兰馆需要大屏幕展示荷兰的航海模型，奥地利馆需要投影展示钢琴演奏等。

（二）加强整体规划，突出特色建筑

"江汉路和中山大道历史文化街区"的古建筑中，已有21处设计了微信公众号，介绍该建筑的历史背景、展示该建筑的历史图片，但是仍有四十余处建筑未能设计微信公众号，而且整个街区的古建筑分布比较零散，未能设计整体的导视系统，使得游客对大部分老建筑一无所知。

当下，汉口水塔博物馆在进行"百年老街，汉口脊梁——中山大道百年历史图片展"，虽然可以展示江汉路和中山大道的百年变迁，但是未能实现科技导览，无法让游客实现一站式游览。可以考虑加强街区的整体规划，

将水塔博物馆作为该历史街区的游客服务中心，在该场馆增加动态导览屏幕，通过 VR 技术展示中山大道的动态导览图，在图中标明中山大道及江汉路沿线的国家级文物保护单位、湖北省级文物保护单位、武汉市文物保护单位及武汉市优秀历史建筑；还可设计"江汉路和中山大道历史文化街区"App，在 App 中加入中山大道古建筑电子地图和图片、视频介绍，使得游客下载软件后，可以获知中山大道和江汉路的所有古建筑信息，并通过电子地图前往自己期望参观的古建筑。

对于银行、办公场所、商铺、酒店等非公共开放场馆的古建筑，可在其门前增设电子信息介绍屏幕，让游客了解其历史、风貌及内部结构，还可将其信息加入中山大道旅游 App，让游客知悉建筑信息，方便游客游览。

（三）运用科技手段加强街区宣传

在上文提及的调研中，受访对象认为"江汉路和中山大道历史文化街区"的宣传推广力度还有待加大。此次调研发现只有 58.5% 的人认为中山大道古建筑的宣传是充分到位的，有 41.5% 的人认为中山大道古建筑的宣传不到位，说明在宣传历史建筑方面，中山大道并没有发挥它的独特优势，很多人未能获知中山大道有哪些历史建筑。同时，受访对象对于如何通过科技手段扩大"江汉路和中山大道历史文化街区"的影响提出了自己的建议。

表8　中山大道历史文化街区推广途径调研

单位：%

推广途径	同意	不同意
网络论坛推广	54.0	46.0
旅游 App 推广	46.5	53.5
电视广告	33.5	66.5
报纸广告	26.5	73.5
互联网广告	50.5	49.5
微信公众号推送	66.0	34

由表7可知，有很多人认为中山大道对历史建筑的宣传工作是不到位的，同时他们也给出了自己的建议。其中，有66%的人认为可以通过微信公众号的推送来进行宣传，54%的人认为可以通过网络论坛进行推广，50.5%的人认为可以通过互联网广告进行宣传，46.5%的人认为可以通过旅游App进行推广，33.5%的人认为可以通过电视广告进行宣传，26.5%的人认为可以通过报纸广告进行推广，同时还有部分游客认为可以通过微博进行推广。从上面的建议可知，大多数人认为可以通过微信、微博等新媒体来宣传中山大道，可见科技创新手段也被大部分受访对象认可，希望通过新兴的科技途径来宣传和传播"江汉路和中山大道历史文化街区"。

综上所述，在国家对于历史文化街区的保护与开发高度重视以及世界各地科技创新手段与历史文化街区深度融合的情况之下，"江汉路和中山大道历史文化街区"作为古建筑聚集、展现城市发展脉络、传承城市历史文化的综合街区，需要不断紧跟文化行业科技创新的整体趋势，深度把握科技创新为文化产业发展带来的无限机遇。从湖北大学中山大道历史文化街区调研小组的调研数据来看，如今该街区各历史建筑尤其是非国家级文物保护单位的科技创新手段运用不足，且绝大多数公众对历史建筑采用科技手段进行介绍和宣传颇为认同，因此"江汉路和中山大道历史文化街区"需要在加强整体规划、加大科技创新投入和加强科技宣传等方面多做工作，努力提升，使古建筑与科技手段更好融合并充分发挥活力，将古建筑活态化，以构建全国知名的历史文化街区，形成科技与文化融合创新的场景，助力城市经济发展，推动城市文化传承及文明传播。

参考文献

中国城市规划设计研究院：《历史文化名城保护规范（GB50357－2005）》，中国建筑工业出版社，2005。

马树华：《公共文化服务体系与城市文化空间拓展》，《福建论坛》（人文社会科学版）2010年第6期。

葛亮、丁援：《武汉昙华林历史文化街区———国家历史文化名城研究中心历史街区调研》，《城市规划》2011 年第 10 期。

傅才武：《当代公共文化服务体系建设与传统文化事业体系的转型》，《江汉论坛》2012 年第 1 期。

李山石、刘家明：《基于文化创意产业的历史街区提升改造研究———以南锣鼓巷为例》，《人文地理》2013 年第 1 期。

吴理财、邓佳斌：《公共文化参与的偏好和思考———对城乡四类社区的考察》，《中华文化论坛》2014 年第 8 期。

方坤：《重塑文化空间：公共文化服务建设的空间转向》，《云南行政学院学报》2015 年第 6 期。

李国东、傅才武：《推进文化与科技深度融合是突破文化发展困局的基本政策路径》，《中国海洋大学学报》2017 年第 3 期。

B.28
创意城市视域下文化科技融合发展的政策创新研究

——以武汉市武昌区为例 *

钟　晟 **

摘　要： 在城市后工业化转型过程中，创意城市的核心内涵在于对城市创意环境的营造，不断提升城市创意资源的集聚度、包容度、关联度，创新产业政策，促进文化产业与相关产业和城市功能融合发展。武汉市于2017年成功加入联合国教科文组织创意城市网络并获"设计之都"称号，武昌区作为设计产业的主要集聚区，其文化产业与科技融合发展已经形成一定的基础、规模与特色，但针对其发展环境中依然存在的瓶颈问题，应着重从政策创新方面进一步提升创意资源集聚度、创意人才包容度、创意环节关联度，充分发挥产业政策的催化效应。

关键词： 创意城市　创意环境　文化产业　政策创新

在经济全球化和城市后工业化转型的时代背景下，知识经济、数字经济、创意经济、体验经济等新经济形态迅速发展，推动城市从外部形态、产

---

 * 本文系文化部文化艺术科研项目"文化科技融合创新的理论构建与政策研究"（15DH71）和武汉大学青年学者团队项目"公共文化空间机制设计研究"的研究成果之一。
 ** 钟晟，武汉大学国家文化发展研究院讲师，研究方向为文化产业、文化旅游、文化战略规划等。

业结构、生活方式到治理模式都发生了根本性的变化，创意城市作为一种城市发展的新理念、新模式、新阶段应运而生并付诸实践，在世界主要经济体越来越多的城市正在逐步实现创意转型①。城市对文化创意产业会产生强烈的集聚效应②。在创意城市中，文化产业以其高知识性、高附加值、高融合性的产业特征，在城市转型过程中扮演着日益重要的角色③。正如厉无畏指出的，文化创意产业的渗透融合特性将有效地促进产业的创新，发展文化创意产业将加快城市实现"创新驱动，转型发展"④，这其中，文化产业与相关产业和城市功能的融合将直接塑造城市创意环境，并提升城市的创新活力、对人才的吸引力和未来竞争力。

近年来，我国经济发展步入"新常态"，经济增长动力从要素驱动、投资驱动转向创新驱动。作为创新的载体与环境，文化产业、城市创意转型和创意城市建设在新时代发展背景下显得尤为重要。截至 2017 年底，我国已有 12 座城市先后入选联合国教科文组织"创意城市网络"，涵盖电影之都、手工业和民间艺术之都、设计之都、媒体艺术之都、美食之都等多个领域，文化创意为城市的转型发展注入了强劲动力。其中以武昌区设计产业为亮点的武汉市于 2017 年正式获得联合国教科文组织创意城市网络"设计之都"称号。不可否认，我国在政府主导下强有力的文化产业政策对城市文化产业发展起到了重要的推动作用⑤[5]，但是也导致了部分城市文化产业过度依赖政策扶持的弊端，城市内生的文化产业创新活力依然发育不足。因此，在创意城市的视域下，非常有必要对文化产业与科技融合发展的政策环境，以及如何通过更加科学有效的政策设计促进城市内生创新活力的培育进行研究。

---

① 王克婴：《比较视域的国际创意城市发展模式研究》，《山东社会科学》2010 年第 4 期。

② 付永萍、曹如中：《城市创意产业集聚化发展研究》，《科技进步与对策》2013 年第 4 期。

③ 钟晟、王敏：《文化与科技融合发展过程中政府政策创新研究——以武汉东湖高新区为例》，《科技进步与对策》2015 年第 5 期。

④ 厉无畏：《文化创意产业推动城市创新驱动和转型发展》，《科学发展》2014 年第 2 期。

⑤ 钟晟、徐刚、邹鑫：《文化创新促进高新区产业转型升级研究——以中山火炬开发区为例》，《科技进步与对策》2014 年第 17 期。

一 创意城市理念、创意环境与文化产业融合发展

（一）创意城市理念

创意是产生新思想，创新是将新思想付诸实现，城市则是创意和创新的载体。创意城市有别于以要素驱动、投资驱动为主导的传统城市发展理念，是一种以创新、创意、创造为主导的新型城市发展理念。创意城市在理念上将城市看作一个巨型的创意体和孵化器，通过对创意氛围和创新环境的营造，不断创造并保持对创新性人才、科技、产业的吸引作用和孵化作用，进而形成城市发展的根本动力和核心竞争力。

创意城市理念产生于城市后工业化转型过程中。由于传统工业城市的衰落，创意城市被作为一种城市复兴的手段最早兴起于 20 世纪 80 年代从英国开始的城市复兴运动，之后被世界各主要经济体广泛采纳并付诸实践。创意城市理念的主要推动者，英国学者 Charles Landry（2000）认为创意城市是解决城市问题的新途径，其所激发的城市活力的内涵体系可由经济活力、社会活力、环境活力和文化活力四种要素组成[1]。美国学者 Richard Florida（2002）则从创意人才集聚的角度提出了创意阶层（Creative Class）理论，认为城市发展的核心竞争力是对创意阶层的吸引力，并构建由技术（Technology）、人才（Talents）和包容度（Tolerance）构成的"3Ts"模型来反映美国及全球城市的创新能力[2]。荷兰学者 Gert-Jan Hospers（2003）从创意产生的机制角度，提出了创意城市的三要素理论，包括集中性（Concentration）、多样性（Diversity）和非稳定性（Instability）[3]。

---

[1] Charles Landry. *The Creative City*：*A Toolkit for Urban Innovators*. London：Earthscan，2000。

[2] Richard Florida. *The Rise of the Creative Class*：*And How It's Transforming Work*，*Leisure*，*Community*，*and Everyday Life*. New York：Basic，2002。

[3] Gert-Jan Hospers. Creative Cities：Breeding Places in the Knowledge Economy. *Knowledge*，*Technology & Policy*，2003，16（3）：143 – 162。

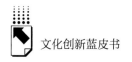

（二）城市创意环境

从以上三种代表性观点来看，创意城市的核心内涵实质上都指向对城市创意环境的营造。城市创意环境不能脱离城市的规模、基础设施与产业基础，为城市的创新活动提供必要的设施保障与产业支撑，这是任何一个创意城市形成的前提条件，是形成创意环境的基础。本文提出建构城市创意环境的关键要素主要体现在创意资源的集聚度、包容度、关联度和产业政策等四个方面。

1. 创意资源的集聚度

城市自身所具备的规模效应和集聚效应是城市创新资源集聚的基础，也是城市之所以能够支撑创意活动发生的载体。在城市创意环境中，与创意有关的创新要素必须达到一定的密度，也就是创意资源具有一定的集聚度，比如与之相关的高等院校、科研院所、创意人才、创新型企业、孵化机构、金融资本等，尽可能地在城市中高效集聚，并且创造各种机会、条件和平台让这些要素充分交流和碰撞，为将创新、创意转化为城市的创造、创业提供充分的载体环境。

2. 对创意人才的包容度

在 Florida 的创意阶层"3Ts"理论中，最重要的是城市的包容度（Tolerance），也就是对各种不同类型人群的接纳和包容能力，尤其是对少数族群、特殊群体、创业失败的平等对待与包容。对各类创意人才的包容是一种城市文化，也是城市文明的象征，有形地体现在城市中多样的城市景观、建筑、文化活动和各族群之中，也无形地体现在城市居民对外来人口和新鲜事物的友好程度之上。一种具有广泛包容性、开放性和多样性的城市文化氛围能够形成对全球创意人才广泛的吸引力和接纳能力，并进一步促成对创意资源的集聚。

3. 不同创意环节的关联度

良好的城市创意环境还要能够提供不同创意环节所需资源并形成高度契合的产业关联度。从产业链的角度来看，文化产业的发展繁荣需要联结多个不同创意环节，与相关产业深度融合，形成完善的文化产业链条和产业集群。例如在影视动漫产业中，就包括产品策划、融资、创作、制作、特效、发行、衍生产品、增值服务等多个创意环节，涉及创作、设计、科技、金融、市场等不同类型的创意人才和产业环节。因而，在一个具有良好创意环境的创意城市之中，必须有联结不同创意环节的高产业关联度。

4. 文化产业政策

产业政策是促进城市创意环境的培育、形成、优化的重要因素，也是促进文化科技融合发展的关键催化剂。文化产业政策作用的发挥，一方面是对城市创意环境的进一步营造，逐步改善影响城市创意资源集聚、包容和关联的基础设施环境、社会环境、文化环境和市场环境，破除各项制约性因素。另一方面，则是针对文化科技融合发展的关键领域和环节，精准制定并创新产业政策，催化各类创意资源基于集聚、包容、关联的化学反应，促进文化产业迅速取得突破和发展。

（三）文化产业融合发展

高融合性是文化产业的基本产业特征之一。2014 年 3 月，国务院发布《关于推进文化创意和设计服务与相关产业融合发展的若干意见》指出"文化创意和设计服务已贯穿在经济社会各领域各行业，呈现多向交互融合态势"。在文化产业与城市发展的关系中，文化产业是城市产业环境和文化环境相互作用的结果；同时文化作为一种核心要素，以"文化＋"的形式能够与关联产业与城市功能深度融合。一方面是文化产业与关联产业的融合，文化元素通过创意设计、文化内涵、品牌营销等多个环节提升相关产业和产品的价值含量，促进产业价值链的升级。另一方面是文化产业与城市功能的融合，文化元素能够美化城市的文化形象，繁荣文化生活，激发文化活力，凝聚文化价值，增强文化吸引力，进而促进城市功能的提升与完善。

由此可推论，城市创意环境与文化产业的融合发展是相互促进的良性互动关系。多元包容的城市创意氛围是培育文化产业的环境，是吸引文化创意人才的磁石，是激发文化创新、创意与创业的沃土；同时，文化产业的融合

发展能够促进文化与科技、设计、旅游、休闲、商业等相关产业与城市功能的深度交融，赋予城市更加活跃的文化创意氛围，提升城市对人才、资本和游客的吸引力，不断激发城市的创新活力和创造力，促进城市产业结构优化和发展模式转型。

（四）创意城市、创意环境、文化产业融合发展的关联模型

在创意城市的建设与发展过程中，核心主旨是对城市创意环境的营造与培育，不断提升城市创意资源的集聚度、包容度、关联度，科学有效地利用产业政策培育创意环境，促进文化产业发展。同时，创意环境与文化产业相互促进，创意环境培育文化产业，文化产业进一步改善城市创意环境。此外，文化产业与相关联产业和城市功能融合发展，不断提升创意城市的发展水平，推动面向后工业时代的城市转型。在我国经济社会步入新时代的发展背景下，有必要妥善处理创意城市建设、创意环境培育、文化产业融合发展及其与产业政策之间的关系（见图1），建成一批具有极强文化魅力、文化创新能力以及广泛影响力、吸引力、包容力的国际性创意都市。

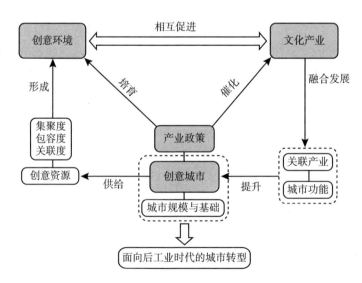

图1　创意城市、创意环境、文化产业融合发展的关联模型

二 武昌区文化科技融合发展现状与问题

（一）武昌区文化产业发展现状

武昌区是武汉市中心城区，也是重要的历史文化城区。武昌区具备良好的中心城区功能和现代服务业发展基础，服务业占 GDP 的比重达 85.8%（2016 年），其中设计服务业、商贸服务业、金融业、旅游业、教育科研等优势产业占有重要地位。根据国家统计局《文化及相关产业分类（2012）》，武昌区文化产业主要形成了出版传媒、工程设计、艺术设计、文化旅游等四个重点行业。至 2016 年，武昌区文化产业实现增加值 104 亿元，占 GDP 的比重为 10.7%，占武汉市文化产业的比重为 21.9%（见表 1）。文化产业已经成为武昌区经济发展的重要增长极和重要支柱产业，呈现增长速度持续加快、发展活力不断增强、产业集聚效应突出等趋势，在武汉市文化产业发展格局中也占有举足轻重的地位。

表 1　武昌区文化产业增加值及其比重*

年份	文化产业增加值(亿元)	占 GDP 的比重(%)	占武汉市文化产业比重(%)
2013	45	6.3	17.1
2014	74	9.3	19.0
2015	97	11	23.7
2016	104	10.7	21.9

资料来源：傅才武、钟晟主编《武昌区文化创意产业发展与创新》，崇文书局，2018。

武昌区基于"产业园区融入文化城区"理念，以全区全域打造的"武昌·长江文化创意设计产业园"于 2015 年成功获批为国家级文化产业试验园区，是湖北省迄今为止唯一一家国家级文化产业园区。之后，以武昌区设计产业为亮点，武汉市于 2017 年 11 月成功获得联合国教科文组织创意城市网络的"设计之都"称号，成为我国继深圳、上海、北京之后第 4 个设计

之都城市。此外，武昌区还拥有国家级文化产业示范基地1家，省级文化产业示范园区4家，省级文化产业示范基地20家（见表2）。

表2　武昌区文化产业重点园区和企业（截至2017年11月）

国家级文化产业试验园区	武昌·长江文化创意设计产业园（第五批）
国家级文化产业示范基地	湖北视纪印象科技股份有限公司（第六批）
省级文化产业示范园区	昙华林艺术区（第一批） 楚天181文化创意产业园（第一批） 杨园创业园（第三批） 5.5创意产业园（第三批）
省级文化产业示范基地	6批共20家企业

资料来源：傅才武、钟晟主编《武昌区文化创意产业发展与创新》，崇文书局，2018。

武昌区文化产业的融合发展与其坚实的产业基础和良好的创意环境密不可分，这也是武昌区先后成功创建国家级文化产业试验园区和联合国教科文组织创意城市网络"设计之都"称号的关键原因。近年来，武昌区在城市创意环境营造以及文化产业融合发展方面形成了自身的优势与特色。

1. 武昌区创意科技环境中的文化与科技融合

武昌区拥有较强的科研实力和坚实的创意人才基础，辖区内有武汉大学等13所高校，以中科院武汉分院、湖北省社科院为代表的93个市级以上的科研机构，以铁道部第四勘察设计院、中南电力设计院、中南建筑设计院等为代表的321家设计机构，拥有大批专业技术人员，其中文化创意产业从业人员逾万人，在校大学生12万人，为武昌区创意环境营造提供了源源不断的科技与人才资源。文化与科技的深度融合促成了武昌工程设计产业一枝独秀，专业领域涉及铁道、水利、电力、建筑、环境科学、城市规划等数十个行业，而且具有很高的创意设计水平。

2. 武昌区创意文化环境中的文化与旅游融合

武昌区拥有深厚的历史文化积淀，各类历史遗迹遗存117处，其中全国重点文物保护单位10处，武昌古城等连片的历史文化风貌区塑造了武昌的文化形态，也奠定了武昌创意文化环境的基础。此外，武昌区拥有黄鹤楼、东湖风景区 2 个国家 5A 级旅游区，湖北省博物馆、武昌首义文化旅游区、武汉革命博物馆等 3 个 4A 级旅游区，昙华林街区、户部巷风情街、楚河汉街等 3 条湖北旅游名街，在全国的城市主城区中首屈一指。文化与旅游的高度融合进一步增强了武昌的文化魅力和文化吸引力，塑造了浓郁的武昌创意文化氛围。武汉市在申请加入联合国教科文组织创意城市网络的过程中，就将位于昙华林的一处历史建筑翟雅阁重新设计改造成为武汉申办设计之都的城市客厅。

3. 武昌区创意消费环境中的文化与商业融合

依托中心城区的商贸服务业基础，武昌区拥有繁荣的创意消费环境，形成楚河汉街、昙华林艺术区、首义文化旅游区、403 国际艺术中心等文化休闲商业空间。文化与商业的融合进一步促进了城市文化商业发展，繁荣了城市文化生活，提升了城市文化品质，也进一步拉动了文化创作和文化消费。基于此，武昌区于 2015 年成为文化部和财政部共同实施的"拉动城乡居民文化消费"项目的中部唯一试点城区。

（二）武昌区文化科技融合发展面临的关键问题

尽管武昌区文化产业发展近年来取得了突出的成就和形成了显著的特色，但与国内发达城区相比，武昌区文化产业的整体实力的差距是明显的。例如深圳市南山区 2016 年实现文化创意产业增加值 856 亿元，约占南山区GDP 的 22.28%，占深圳市文化创意产业增加值的 43.9%。北京市朝阳区2014 年创建成为首个国家文化产业创新实验区，截至 2017 年 6 月底，共登记注册文创企业 35907 家，在全国文化产业版图中占有重要地位。应当说，武昌区实现文化产业融合发展的文化积淀、科研实力、人才基础和商业环境是具备较强比较优势的，但在文化科技融合创新的一些关键环节依然面临着显著的问题。

1. 文化创新驱动不足

创新驱动是文化产业发展的根本动力。在数字信息时代，移动互联网、物联网、大数据、云计算、人工智能、虚拟现实、新能源、新材料等一系列

重大技术创新，既给文化产业带来了前所未有的强大动力和广阔空间，也提出了严峻的挑战。武昌区作为传统文化产业发展强区，文化产业在创新驱动方面依然显现出明显的不足。一是文化企业的构成以国有大中型设计企业和传媒企业占据明显的龙头地位，民营文化企业、创新型企业发展不足，制约了武昌区文化产业活力的激发。二是文化产业的业态以工程设计、出版传媒、文化旅游的传统业态为主，体现文化产业未来发展方向的文化科技融合的新技术、新业态发展不足。三是文化产业的商业模式创新不足，以传统模式为主，体现文化科技融合创新的新型商业模式比较欠缺。

2. 空间分布相对分散

由于城市被江湖隔断的地理格局，武昌区文化产业在发展过程中形成了相关文化企业空间分布相对分散的整体格局。其中，工程设计企业散布在杨园、中南路、紫阳等不同区域，在一定程度上制约了工程设计产业形成完整的产业竞争力和对外品牌形象；而武昌古城土地利用较零散，文化遗产和特色街区虽多，但高质量的公共空间明显不足，文化业态相对低端，产业带动力有限，管理成本也较大。这些因素都在一定程度上制约了武昌区创意环境的优化、文化科技融合发展和文化产业整体竞争力的提升。

3. 产业联动有待加强

武昌区文化产业包含工程设计、艺术设计、出版传媒和文化旅游等支柱产业门类，在文化产业的外围也有较强的科技研发、教育培训、商贸服务、金融服务等产业，但依然缺乏有效的产业联动与整合平台，跨行业的协调机制尚未充分形成，行业及跨行业的协会组织也未充分发挥作用。因而，武昌区文化产业虽然整体形成了较为齐全的行业门类和较大的产业规模，但文化产业的集群效应尚未充分显现，制约了文化科技融合发展与创新。

三 武昌区优化文化科技融合发展环境的政策创新建议

在创意城市理念视角下，武昌区进一步推进文化产业与科技融合发展应着力于城市创意环境的优化，提升城市对创意资源的集聚度、包容度和关联度；同时科学有效地创新针对性的产业政策，催化创意资源，激发创新活力。因此，在武汉市成功创建联合国教科文组织创意城市网络设计之都的背景下，基于武昌区文化产业发展的基础、优势特色与关键问题，对优化武昌区文化科技融合发展环境的政策创新举措提出如下建议。

（一）优化空间格局，提升创意资源集聚度

武昌区拥有丰富多样的文化创意资源，包括历史文化资源、产业资源、技术资源、人才资源和金融资本，是文化科技融合发展最重要的基础性资源。促进武昌区文化科技融合创新，首先还是要进一步提升各类创意资源的空间集聚度，优化创意资源和文化产业的空间格局，充分发挥由空间集聚而形成的规模效益、溢出效应和学习效应。

一是要提升文化产业与高等院校之间的空间耦合度，充分发挥武昌区高等院校和科研院所密集的优势，大力承接由高校科研机构所产生的技术和人才的溢出效应，促进科研成果转化和高校人才的创新、创意孵化，实现产学研联动发展。二是要提升文化生产和文化消费之间的空间耦合度，将产业园区的文化生产功能与武昌城区的文化消费、文化体验紧密结合，形成文化生产、展示、消费、体验一体化的产业格局。三是要提升产业园区与文化城区之间的空间耦合度，促进文化产业的空间生产与武昌区的历史街区、历史建筑和市民文化生活紧密结合，进一步提升武昌区的城市文化魅力。

（二）塑造文化魅力，提升创意人才包容度

城市包容、开放、多样的文化环境是城市文化魅力所在，是城市文明的象征，也是创意城市最重要的标志之一。促进武昌区文化产业融合创新，除了进一步发挥其作为武汉中心城区所拥有的高品质城市设施、发达的服务业以及深厚的文化底蕴优势之外，还要进一步塑造城市文化魅力，繁荣城市文化生活，创造高雅的文化品质，不断增强对创意人才的吸引力。同时，以开放包容的姿态接纳各类创意人群、创意活动，甚至对一些小众的、边缘化的

创意活动也尽可能加以包容，包容创意试验和失败，形成包容的社会文化氛围，这是武昌区能够吸引、留住更多的创意人才，充分激发创意活力的关键因素。

（三）完善产业平台，提升创意环节关联度

在对创意资源集聚和包容的基础上，作为创意城市还有必要不断完善相应的产业平台，通过各种机制让各类不同创意资源发生联系，提升各个不同创意环节之间的关联度。首先，产业平台是一种十分重要的产业关联机制，可以将各种处于不同产业环节的创意资源集聚，优势互补，共享发展机会，发现并创造新的发展机会。因而，根据武昌区的产业基础，有必要进一步强化文化企业之间、文化企业与事业单位之间、产学研机构之间、文化产业与金融机构之间、文化产业与相关产业之间的资源整合，形成相互关联、融合创新的文化产业集群体系。其次，要充分发挥行业自组织的行业协会力量，组织武昌区文化产业行业协会，通过组织行业交流分享活动，充分调动行业内外部各类创意主体的积极性。再次，进一步增强武昌区组织或承办的文化创意节事会展活动的品牌效应，例如武汉设计双年展等，将此类活动打造成为重要的文化产业展示、交流与传播平台。

（四）激发创新活力，充分发挥产业政策的催化效应

针对城市创意环境，政府应扮演培育者，而不是直接操盘者的角色；针对文化产业发展的关键环节，政府则应充分发挥好政策的工具作用，通过针对性的政策举措，引发创意资源集聚的化学反应，促进文化科技融合发展。

鉴于武昌区文化科技融合发展的瓶颈之一是文化创新驱动问题，有必要在2017年武昌区委、区政府印发《关于全面推进创新驱动发展工作的实施方案》的基础上，进一步明确文化产业领域的文化"创谷"建设，针对文化科技创新的前沿领域，积极发展以数字化生产、网络化传播为主要方式的新产业形态，大力发展数字内容产业等智力密集型、技术密集型产业新门

类。针对瓶颈之二：文化金融孵化问题，则有必要发起政府主导的新兴产业引导资金，充分调动各类金融资本和市场资金，重点支持文化产业及其相关领域的融合发展。针对瓶颈之三：文化人才创新问题，则有必要进一步完善相应人才政策，建立武昌区与辖区内主要高等院校和科研院所的协同创新平台，充分释放科研人才和科研成果的创新转化潜力。

B.29

云南怒江傈僳族自治州
文化旅游扶贫研究

彭雷霆　陈逸芳*

摘　要： 少数民族贫困地区多具有丰富的民俗文化资源和自然生态资源，研究民族地区文化旅游扶贫意义重大。通过实地调研，本文把怒江州文化旅游扶贫模式归纳为"政府＋社会资本＋文化能人"多元主体共同推动的基本模式，同时指出怒江州文化旅游扶贫面临的困境。通过案例解析，本文认为发展文化旅游可以突破民族贫困地区的贫困恶性循环，同时提出怒江州文化旅游扶贫的优化途径，即应推动贫困群众参与，构建"政府＋企业＋社区"的模式；并通过区域旅游联合开发，提升旅游发展的竞争力。

关键词： 怒江州　文化旅游　扶贫

旅游是开启文化扶贫的一把"金钥匙"。据统计，全国12.8万贫困村至少50%具备发展乡村旅游的条件，发展乡村旅游的贫困村又可以带动70%的贫困户脱贫。"十二五"期间，全国通过发展乡村旅游带动了10%以

---

* 彭雷霆，武汉大学国家文化发展研究院副院长、副教授，研究方向为公共文化政策、公共文化服务；陈逸芳，武汉大学国家文化发展研究院硕士研究生，研究方向为公共文化服务、文化产业管理。

上贫困人口脱贫，旅游脱贫人数达 1000 万人以上。① 预计在"十三五"期间带动 17%（约 1200 万）贫困人口通过旅游发展实现脱贫。② 文化部于 2017 年 6 月发布的《"十三五"时期文化扶贫工作实施方案》中将推动特色文化产业发展作为贫困地区发展的主要任务之一，并鼓励贫困地区依托特色文化资源发展特色文化产业，促进文化产业与旅游等融合发展，带动贫困人口就业增收。③ 2018 年 1 月，国家旅游局、国务院扶贫办印发了《关于支持深度贫困地区旅游扶贫行动方案》，聚焦深度贫困地区，要求切实加大旅游扶贫支持力度，使得乡村旅游在带动和促进"三区三州"等深度贫困地区如期脱贫中发挥有效作用。对于贫困地区，尤其是西部少数民族贫困地区来说，这些地区多位于高原山区、边疆地区，既是少数民族聚居区，也是生态资源富集区，适合发展文化旅游业。发展文化旅游业，有利于生态环境保护和民族文化传承，让贫困群众就地就业、创业实现增收脱贫。

政府和学术界对旅游与贫困的关注是从把旅游作为一种扶贫方式开始的。1999 年 4 月，英国国际发展局（DFID）明确提出了 PPT（pro - poor tourism）的概念，④ 将旅游发展与消除贫困直接相连，通过开发旅游资源丰富的贫困地区，使旅游业成为区域支柱产业。我国在 1991 年全国旅游局长会议上首次提出"旅游扶贫"的概念，即通过开发贫困地区丰富的旅游资源，兴办旅游经济实体，使旅游业成为区域支柱产业，实现贫困地区居民的脱贫致富。1996 年国家旅游局把"旅游扶贫"研究作为重要议题之一，并与国务院扶贫办相继召开旅游扶贫工作会议。⑤

---

① 新华网：《国家旅游局长谈乡村旅游：城乡共享"5 + 2"生活模式》，http：//www. xinhuanet. com/fortune/2015 - 08/19/c_ 1116309197. htm。

② 新华网：《预计"十三五"期间我国 17% 贫困人口将实现旅游脱贫》，http：//www. xinhuanet. com/fortune/2015 - 07/10/c_ 1115888972. htm。

③ 中华人民共和国中央人民政府：《文化部发布〈"十三五"时期文化扶贫工作实施方案〉》，http：//www. gov. cn/xinwen/2017 - 06/09/content_ 5201138. htm。

④ DFID. Tourism and Poverty Elimination：Untapped Potential. London：DFID Press Office，1999.

⑤ 丁焕峰：《国内旅游扶贫研究述评》，《旅游学刊》2004 年第 3 期。

目前，学者们还较少直接研究文化旅游扶贫这一主题，多从民族地区文化旅游产业的发展模式①②、提升路径③，以及民族地区旅游扶贫的机制④进行研究。本文结合现有的研究成果，对旅游扶贫的内涵、旅游扶贫模式的研究进行梳理。吴忠军认为旅游扶贫就是"通过开发贫困地区丰富的旅游资源，兴办经济实体，使贫困地区人们走上脱贫致富道路"⑤。周歆红认为旅游扶贫的核心问题应该是让贫困人口在旅游发展中获益和增加发展机会。⑥一些学者通过研究提出了各具特色的旅游扶贫模式。在旅游扶贫的具体形式上，有人提出了生态旅游模式⑦；Anderson W. 提出文化旅游这一模式能够改善贫困人口的生活方式⑧；胡锡茹通过对云南旅游扶贫的研究，将其模式总结为：生态旅游扶贫、民族文化旅游扶贫以及边境旅游扶贫⑨；况学东通过对百色经济现状和旅游资源的分析和研究，提出了生态旅游扶贫、民族文化旅游扶贫、边境旅游扶贫等几种适合百色的旅游扶贫模式⑩。在旅游扶贫的主体上，吴晓东提出了政府主导模式、企业主导模式、居民自主模式、对口帮扶模式、社会扶助模式以及国际合作模式;⑪ 龚艳、李如友梳理出我国旅游扶贫的主要模式有政府主导型、企业主导型、市场主导型、社区参与型

① 窦开龙：《西北地区民族文化旅游产业发展模式研究》，甘肃文化出版社，2015，第 167 页。
② 毕丽芳：《民族文化旅游发展路径与开发模式研究——以大理、丽江为例》，云南大学出版社，2015，第 226 页。
③ 王克岭：《西部少数民族地区文化旅游提升发展对策》，社会科学文献出版社，2017，第 122 页。
④ 吴晓东：《民族地区旅游扶贫长效机制研究——基于文化软实力建设的视角》，北京理工大学出版社，2015，第 127 页。
⑤ 吴忠军：《论旅游扶贫》，《广西师范大学学报》（哲学社会科学版）1996 年第 4 期。
⑥ 周歆红：《关注旅游扶贫的核心问题》，《旅游学刊》2002 年第 1 期。
⑦ Black R，Weiler B. Quality Assurance and Regulatory Mechanisms in the Tour Guiding Industry：a Systematic Review. *Journal of Tourism Studies*，2005，16（1）：24.
⑧ Anderson W. Cultural Tourism and Poverty Alleviation in Rural Kilimanjaro, Tanzania. *Journal of Tourism and Cultural Change*，2015，13（3）：208 – 224.
⑨ 胡锡茹：《云南旅游扶贫的三种模式》，《经济问题探索》2003 年第 5 期。
⑩ 况学东：《广西百色旅游扶贫研究》，《重庆工学院学报》（社会科学版）2008 年第 4 期。
⑪ 吴晓东：《民族地区旅游扶贫长效机制研究——基于文化软实力建设的视角》，北京理工大学出版社，2015，第 25 ~ 28 页。

等，并通过研究提出了有限政府主导型旅游扶贫开发模式，其构成主体包括政府、企业、市场、社区居民、旅游者。①

综上所述，现有的研究多集中于对旅游扶贫的探索，较少聚焦到文化旅游产业助推贫困地区的脱贫攻坚实践上来。中西部少数民族地区作为国家精准扶贫攻坚区，是我国实现全面小康的短板，但这些地方同时是文化和旅游资源富集区，因此，研究这些地区文化旅游的发展助力脱贫攻坚的意义重大。本文立足于对云南省怒江傈僳族自治州（下称怒江州）的文化旅游扶贫调研，深入了解怒江州文化旅游扶贫模式经验、困境和对策，为其他民族地区文化旅游扶贫提供思路借鉴。

一 怒江州区域现状及贫困特点

怒江州位于云南省西北部，辖 4 个县（市）、29 个乡（镇）、255 个村委会、17 个社区，总人口 54.4 万人，是一个典型的集"边疆、民族、宗教、直过、贫困、高山峡谷"于一体的民族自治州。基于特殊的地理环境、社会发育程度及沿边涉藏的特殊任务，怒江州成为云南省乃至全国经济实力最弱、人民生活最贫困、基础设施最差的民族自治州。"全州 4 个县（市）均为深度贫困县，255 个行政村中有 249 个贫困村（深度贫困村 218 个），共有 16.4 万建档立卡贫困人口，贫困发生率为 38.14%，是全国平均水平的 10 倍以上"。② 2017 年，全州实现地区生产总值仅为 141.5 亿元，农村常住居民人均可支配收入仅为 5871 元，与全国、全省平均水平相比，差距很大。总体来看，怒江州存在贫困面广、贫困程度深，基础设施薄弱，经济、社会事业发展滞后，生态环境脆弱等问题，其区域和贫困特点如下。

---

① 龚艳、李如友：《有限政府主导型旅游扶贫开发模式研究》，《云南民族大学学报》（哲学社会科学版）2016 年第 9 期。
② 陈慧君：《带不走 留不下 让"光彩"照耀怒江》，《民族时报》2018 年 10 月 19 日。

（一）怒江州区位独特、地形特殊，多重任务叠加

怒江州地处滇缅、滇印、滇藏结合部，全州4县（市）中有3个属边境县（市），2个属涉藏工作县，是云南省唯一既沿边又涉藏的州市。[①] 地形上，怒江州位于滇西北横断山脉纵谷地带，境内最高海拔5128米，最低海拔为738米，98%以上的面积是高山峡谷，可耕地面积少，垦殖系数不足5%，农业难以实现规模化发展。另外，它地处"三江并流"世界自然遗产核心区、高黎贡山国家级自然保护区和云岭省级自然保护区，是我国重要的生态功能区，是西南边境重要的生态屏障，60%以上的面积被纳入各种保护地范围，保护任务重，人地矛盾突出。怒江州的自然地理条件等决定了其既有脱贫攻坚的任务，也有边疆维稳、生态保护等重要任务，多重任务叠加，加大了扶贫的难度。

（二）怒江州属于典型的少数民族聚居的贫困地区

怒江州居住着傈僳、怒、独龙、普米等22个少数民族，少数民族人口49.5万人，占总人口的93.6%，是全国民族族别最多和人口较少民族最多的自治州。[②] 另外，怒江州属于典型的民族"直过区"，全州29个乡（镇）中，26个属"直过区"，直过区人口占全州总人口的62%。直过区社会发展程度低，人均受教育年限仅为7.6年，劳动者素质普遍不高，全州还有40%以上的群众不会说汉语。"历史上少数民族地区的发展起点低，经济整体落后，处于国家发展最为薄弱的环节，也是绝对贫困、相对贫困和返贫相互交织的地区，地区特困问题严重，散居人口贫困问题与人口较少民族贫困问题并存。民族之间差异性带来脱贫困难相对较大"。[③]

---

① 中华全国工商业联合会：《怒江傈僳族自治州州情概况》，http：//www.acfic.org.cn/zzjg_327/nsjg/fpb/fpbgzhdzt/2018_njx/201807/t20180712_54012.html。
② 中华全国工商业联合会：《怒江傈僳族自治州州情概况》，http：//www.acfic.org.cn/zzjg_327/nsjg/fpb/fpbgzhdzt/2018_njx/201807/t20180712_54012.html。
③ 张琦、王赟、陈伟伟等：《贫困地区旅游产业的扶贫脱贫效应分析——以贵州省雷山县为例》，《中国农村研究》2015年第2期。

（三）怒江州具备文化旅游发展的资源条件

首先，怒江州拥有世界级的自然生态资源。怒江地处"三江并流"世界自然遗产核心区、高黎贡山国家级自然保护区和云岭省级自然保护区，分布着"三江并流"世界自然遗产2/3的资源。"四山夹三江"的大尺度风景地貌，气势磅礴且雄浑壮美，生态环境状况指数等级列云南省第一位，这是怒江州发展文化旅游的自然条件。其次，怒江州拥有世界级的民族文化资源。在14703平方公里的土地上居住有傈僳族、怒族、独龙族、普米族、白族、彝族、纳西族、藏族、傣族等22个少数民族，占总人口的93.6%，也是全国少数民族最多的民族自治州，各民族文化奇异璀璨，风情浓郁独特，多民族和谐相处，民俗文化主题鲜明、特色彰显。另外，由于怒江州山高谷深，交通极端不便，且"直过区"社会经济极端不发达，与外界交流较少，因此，不仅保存了原生态的自然资源，也保存了原生态的文化。总体而言，怒江州的旅游资源呈现富集、独特、组合强、不可复制的四大特点，具备文化旅游发展的资源条件。

二 怒江州文化旅游扶贫模式分析

文化和旅游融合助力贫困群众脱贫攻坚，是我国贫困地区中自然、民族、历史和人文资源富集地区脱贫攻坚的重要方向，也是当前扶贫攻坚中应大力推广的发展模式。怒江州是中国原生态民族风情文化和原生态旅游资源保存最完整的区域。在扶贫工作的引导下，怒江州把旅游业提升到"全州脱贫攻坚的主导产业、带动贫困群众脱贫致富的民生产业"的战略地位，通过文化旅游的发展带动贫困群众脱贫增收。在不断的实践过程中，怒江州依托丰富的自然生态资源和民族文化资源，结合本地贫困特征，逐渐形成了"政府＋企业＋文化能人"多元力量推动下的特色民俗文化旅游发展道路。在这一模式下，围绕文化旅游产业的发展，政府、社会资本、地方文化能人各自发挥自身优势，形成多元力量共同参与的局面，共同推动文化旅游产业助力脱贫攻坚。

（一）政府抓好产业规划，加大项目资金争取力度

"近年来，怒江州委、州政府立足州情实际，把脱贫攻坚与发展旅游产业有机结合起来，编制了一批旅游产业发展规划，统筹谋划全域旅游，抓实旅游景区景点建设，大力发展乡村旅游，走发展生态旅游助推脱贫攻坚的路子，旅游业逐步成为贫困群众脱贫致富奔小康的支柱产业"。① 首先，"十三五"以来，着力抓好重点旅游业规划编制。一是完成《怒江州脱贫攻坚旅游建设发展规划（2016～2020年)》（下文简称《规划》）的编制，《规划》按照全域旅游发展理念和方式，将怒江州的旅游建设发展布局为"一城一极两园五区两带"，形成对怒江未来几年旅游产业发展的宏观指导。二是加快推进重点景区规划策划，编制丙中洛、石月亮、独龙江等重点旅游乡镇和甲生、知子罗、百花岭、金满、玉水坪等特色村规划，大力发展乡村旅游。三是有序推进重点项目可行性研究，完成独龙江大峡谷旅游开发、怒江民族风情乡村旅游创客基地（示范园区）开发等多个可行性研究报告。其次，通过加大项目资金争取力度，积极争取国家、省级的扶持资金，如争取省旅游发展委项目资金向怒江重点倾斜，争取国家发改委"十三五"重点支持项目，同时州财政加大专项配套资金投入，使旅游业发展基础得到夯实。

（二）强化招商引资，发挥社会资本优势

怒江在发展文化旅游产业、助力脱贫攻坚的实践中，特别注重强化招商引资。政府主动邀请云南建工集团、云南能投集团、云南港航投公司、云南旅投公司、中国中交集团和云南民族村有限公司到怒江州调研考察，推介怒江州优势旅游项目。通过招商引资，发挥社会资本的优势，解决地方政府财力薄弱等难题。以云南能投集团为例，为形成脱贫攻坚有效合力，能投集团

---

① 沈仲亮：《接地气　出实招　力求旅游扶贫见真效——怒江州旅游扶贫对接活动综述》，《中国旅游报》2018年6月1日。

积极与怒江州签订《全面战略合作框架协议》，设立脱贫开发基金、捐赠专项扶贫资金，主动将企业发展融入地方，并于 2016 年 3 月发起组建全资子公司——云能投怒江州产业开发投资有限公司，作为集团参与怒江脱贫攻坚的重要平台，全面负责怒江州特色扶贫产业投资开发工作。在脱贫攻坚、全域旅游、特色农副产品、绿色产业投资、城镇和美丽乡村建设等方面实施精准帮扶，确保将企业经营发展成果与怒江贫困群众共享，助力怒江脱贫攻坚，带动当地经济社会全面发展。尤其是在文化旅游产业发展方面，云南能投抓住国家公园核准契机，创新旅游扶贫举措，统一规划、分步开发泸水百花岭、登埂温泉和福贡知子罗、亚坪—月亮山等特色旅游景区，大力推动怒江文化旅游产业发展。

（三）发挥"文化能人"的带动作用

怒江州注重加强对当地文化人才的培训，发挥文化人才的带动作用，形成"文化能人"模式。2017 年怒江州选派 201 名各类文化人才，到全州 29 个乡镇开展文化服务指导工作，为四县（市）培养"三区"（革命老区、贫困地区和边疆民族地区）文化人才共计 31 人，变"文化输血"为"文化造血"，为脱贫攻坚提供"智力"支撑。经过文化熏陶，贫困群众脱贫内生动力不断增强，生存技能和文明素质不断提升。在文化旅游产业方面，涌现出民宿特色客栈祝林文、农家乐经营郁伍林、旅游特色产品商和昆花、独龙族劳动力转移脱贫代表董寸莲等一批旅游要素领域先进带头人。以老姆登村"150 客栈"老板郁伍林为例，2001 年，郁伍林在老姆登村最早经营起农家乐。在郁伍林的带领和示范下，仅有千人的老姆登村在几年间相继建成了 20 多家客栈，平均入住率达 50%，一年总收入约 360 万元。另外，郁伍林还是云南省非物质文化遗产怒族民歌"哦得得"的传承人。在 2017 年 3 月，郁伍林办了一期民族文化传承班。他挨家挨户动员，让家长们晚上把孩子送到他家的火塘旁，学习弹"达比亚"、唱"哦得得"，让孩子们能够学习怒族传统文化。这是通过当地"文化能人"的带动作用，提升当地群众脱贫和发展的内生动力，实现贫困群众的自我发展。

发展文化旅游，带动了怒江州地区经济发展及贫困群众脱贫增收。全州旅游业总收入从 2016 年的 36.3 亿元增长到 2017 年的 47.48 万元，同比增长 30.81%；接待国内游客从 2016 年的 300.07 万人次增长到 2017 年的 370.94 万人次，同比增长 23.62%；接待海外游客从 2016 年的 3.1 万人次增长到 2017 年的 3.5 万人次，同比增长 12.70%。全州截至 2017 年底，文化旅游精准扶贫受益农户达 3276.7 户，旅游经济拉动脱贫受益群众达 1.52 万人，人均年收入增加 5865.4 元，文化旅游精准扶贫优势渐显。

三　怒江州文化旅游扶贫的制约性因素

文化旅游产业助力贫困群众脱贫攻坚，是怒江州等自然、民族、历史和人文资源富集地区脱贫攻坚的重要方向。这些地区有丰富的自然地理资源和少数民族特色文化资源，可以发挥绿水青山和民族老乡的基础支撑作用，打造富有民族和地理资源特色的文化旅游精品。但实际调研中发现，虽然怒江州资源丰富、特色鲜明，但实际投资开发的效果仍有待提升。怒江州文化旅游在助推贫困群众脱贫攻坚中受到了以下因素的制约。

（一）受自然、交通条件限制明显

怒江州文化旅游的发展面临着基础设施相对滞后和不完善的难题，这是对当地发展的强力约束。俗话说，"要致富先修路"。怒江州具有特殊的自然地理条件，目前怒江的交通仍是"五不通"的状态，至今仍没有机场，没有高速公路，不通火车。外界只能通过公路进入怒江，但除了昆明到六库的公路路况良好之外，怒江州内的道路路况堪忧，道路狭窄，雨季经常出现山体滑坡、泥石流等。由泸水市六库镇到贡山县的三个县（市），只有正在建设的"美丽公路"一条主干线，目前沿线正在修路，路况拥挤，经常堵车，到达 3 县（市）景点均需要 1 天路程。狭窄的峡谷地貌和较为落后的交通条件制约了怒江州的旅游发展。反观云南省其他已经打造成知名旅游目的地的城市，则均已经形成较为发达的交通网络。大理、丽江、西双版纳境内均已开通面向国内多地的航班，其铁路、高速公路等交通也较为发达，而位于迪庆藏族自治州的香格里拉虽还没有开通火车，但其境内香格里拉机场是滇西北地区最大的机场之一，而以滇藏公路、川藏公路、康藏公路为干道的交通网络则形成了发达的公路系统。

（二）贫困群众个体文化能力不足

首先，贫困群众思想观念守旧。怒江州等少数民族深度贫困地区人口受文化、宗教、自然环境等因素影响，思想观念普遍滞后，新技术、新产业、新项目推广难度大。另外，语言障碍制约少数民族群众脱贫。调研发现当地中老年贫困群众文化程度多在小学及以下，大多数中年人勉强听得懂汉语但不识汉字，普通话的语言表达中掺杂当地方言，大多数老年人既听不懂普通话也无法用普通话进行言语表达。思想观念落后、语言不通导致贫困群众获取知识和信息的能力弱，综合素质不高、提高劳动技能的能力和竞争力不足，难以利用大量的有价值信息，难以与外地人有效开展经济文化交往，无法融入社会经济发展的主流，进而导致地区整体文化和观念落后、人力资源水平低。加之怒江州等深度贫困地区经济落后、环境相对艰苦偏远，没有较好的就业环境和条件，所以本地区的旅游专业人才外流，而对外地的专业人才吸引力弱，导致贫困地区的旅游专业人才资源匮乏，制约了旅游产业发展的整体活力。

（三）文化旅游产业投资开发效果不明显

目前，"西部特色文化产业的基本形式仍是家庭作坊式企业为主，这些企业的内部驱动力和外在发展环境都面临着极大的不确定性，也难以形成业内联盟"①。怒江州的文化旅游产业同样是如此。由于起步晚、基础差、品牌弱，相比本省的大理、丽江、西双版纳、香格里拉等优质旅游地缺少竞争

---

① 范建华：《特色文化产业——中国西部少数民族地区脱贫的不二选择》，齐永峰、李炎《特色文化产业研究第四辑》，光明日报出版社，2018，第36页。

力，其旅游经济总量还不到全省的1%，文化旅游投资开发的效果还不明显，缺乏龙头企业的带动。主要原因在于：一是怒江州交通等基础设施落后，而文化旅游景区的前期基础设施投资规模大、投资回报周期比较长，加之当前国内外旅游市场竞争激烈，怒江州难以吸引到高水平的旅游投资集团参与建设投资，制约了本地文化旅游市场的繁荣发展。二是旅游的产业链尚未形成，基本上还停留在家庭经营的形式，小、散、弱的特点较为明显。如福贡县内的26家农家乐餐厅和客栈基本上都是家庭店，规模很小，抗市场风险能力弱。三是怒江旅游文化资源的挖掘和整合力度不够，旅游服务产品同质化现象突出。产品类别单一，只能提供基本的吃、住、行、游，基本无法提供娱乐产品。总体上，目前怒江州文化旅游开发过程中，特色民族文化资源利用程度不高，旅游发展规划水平较低，指导性、可操作性不强。许多重要的、含金量高的旅游资源甚至没有开发规划。

四 怒江州文化旅游扶贫的一点思考

（一）发展文化旅游可以突破民族贫困地区的贫困恶性循环

贫困恶性循环理论由美国哥伦比亚大学教授拉格纳·纳克斯在《不发达国家的资本形成》一书中提出，他认为"发展中国家长期存在的贫困是由若干个相互联系和相互作用的'恶性循环系列'造成的，其中，'贫困恶性循环'居于支配地位"[1]。J. P. Grant提出贫困的"PEE怪圈"，即贫困、人口、环境之间的一种恶性循环[2]。我国西部少数民族地区的发展受自然环境制约，加上历史上部分少数民族地区社会发育程度低，劳动者素质普遍不高，造成了贫困的恶性循环。但是民族地区民俗文化资源、自然生态资源丰富，发展文化旅游产业能够实现PEE循环的突破。首先，发展文化旅游产

---

① 李佳：《扶贫旅游理论与实践》，首都经济贸易大学出版社，2010，第31页。
② J. P. Grant. *The State of the World's Children*. New York：UNICEF/Oxford University Press，1994.

业，能够转变资源利用方式，让更多的贫困群众从第一产业中转移出来，"解除众多人口对土地等资源的直接依赖，扭转人口生存依靠掠夺土地等资源的情况，从根本上恢复生态"[1]。其次，作为一种产业形态，文化旅游产业是一种高关联性、高附加值的产业，发展文化旅游产业，能够实现区域产业的融合，提升地区产业结构，推动当地经济发展，由此为群众提供更多的就业机会，带动贫困人口实现就地就业、脱贫增收，实现经济脱贫。再次，发展文化旅游有助于提高贫困群众的自我发展能力。从表面上看，贫困属于经济问题，但从深层次考察，贫困往往有着极深的文化根源，与贫困地区民众的科学文化素质、价值观念和文明开化程度紧密相关[2]。发展文化旅游，一方面，通过技能培训提高贫困群众的劳动技能，让他们能参与到地方产业的发展中；另一方面，文化旅游的发展打破了贫困地区封闭的状态，促进贫困地区和贫困人口的对外交流，推动贫困群众思想观念的更新，从而发挥文化扶贫的"扶志扶智"作用。综上，西部少数民族贫困地区发展文化旅游能够发挥当地自然、文化资源优势，推动贫困群众脱贫致富，从而实现"PEE"的良性循环。

（二）推动贫困群众参与，构建"政府＋企业＋社区"的模式

对于怒江州等民族贫困地区，文化旅游扶贫需要推动贫困群众真正参与其中。一方面，贫困群众只有参与到文化旅游扶贫实践中才能享有文化旅游发展带来的成果；另一方面，社区居民本身就是民族文化旅游资源，社区居民可以展示当地民族文化，凸显旅游产品的核心竞争力。因此，相对于怒江州目前构建的"政府＋企业＋文化能人"的模式，还需要进一步提升贫困群众的参与度，构建"政府＋企业＋社区"的模式。

首先，政府应该做好文化旅游产业发展的顶层设计，加大旅游扶贫资金投入，强化引导作用。其次，地方政府要强化招商引资，发挥重点龙头企业

---

[1] 李佳：《扶贫旅游理论与实践》，首都经济贸易大学出版社，2010，第46页。
[2] 傅才武、杨婷：《贫困地区文化结构问题与文化扶贫的政策路径》，《学习与实践》2017年第9期。

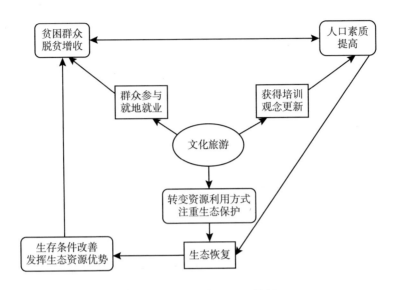

图 1　文化旅游打破 PEE 恶性循环

对区域旅游发展的带动作用。相比怒江州旅游发展呈现家庭经营的小、散、弱局面，云南省大理州和丽江市则十分注重旅游企业的发展，以"大型旅游企业集团化、中型旅游企业连锁化、小型旅游企业专业化"为旅游企业的发展思路，积极地推进旅游企业区域一体化的发展格局，加强旅游企业品牌化经营①。因此，贫困地区在发展文化旅游产业过程中，要通过强化招商引资，以政府的扶持政策吸引企业进行投资，大力扶持龙头企业，发挥其带动和示范作用。最后，要推动贫困地区旅游发展的社区参与。社区参与旅游是指"旅游目的地社区及其居民以其自由的各种生产要素（经济资源）进入到旅游决策与执行体系，广泛从事各类旅游活动，以此获得利益分配，同时促进环境保护和社区全面发展"②。因此，一方面，要对贫困群众开展相关职业培训，提升贫困群众的素质和服务能力，促进贫困群众就地就业，同时，通过金融贷款等方式扶持有能力的贫困群众自主创业，以带动其他贫困

① 毕丽芳：《民族文化旅游发展路径与开发模式研究——以大理、丽江为例》，云南大学出版社，2015，第 244 页。
② 佟敏：《基于社区参与的我国生态旅游研究》，东北林业大学博士学位论文，2005。

群众就业；另一方面，可以以"公司＋农户"或者是"农村致富带头人＋旅游合作社＋农户"的形式带动贫困群众参与，提升乡村旅游组织化运作的程度。

（三）通过区域旅游联合开发，提升旅游发展的竞争力

国内外旅游市场竞争激烈，怒江州旅游发展起步晚、基础差、品牌弱，且同时担负脱贫攻坚、生态保护等多重任务，这样的民族贫困地区发展旅游业，还需要通过区域旅游联合与协作，提升自身旅游业的整体竞争力。区域旅游联合开发，是指在一定的地域范围内打破行政区划界限和制度界限，根据旅游资源的内在关联性、地理空间的邻近性以及市场相关性等，加强区域旅游业的联合与协作，在统一规划的基础上共同开发优势资源，共同建设旅游设施，共同开发旅游市场，树立区域同一品牌形象，实现"资源共享"与"市场共享"，提升区域旅游竞争力，以达到合作各方的"多赢"和"共荣"。①

怒江州具备区域旅游联合开发的基础条件。一是空间上的邻近性。怒江可以依托位于滇西北区域、大香格里拉旅游圈核心区、"三江并流"世界自然遗产核心区的战略区位优势，与周边已经成熟的大理、丽江、香格里拉等知名旅游品牌联合与协作，实现滇西北旅游发展的一体化。二是资源上的关联性。大理、丽江等地同样是民族地区，"大理以白族文化和自然山水文化为主要吸引资源，而丽江以纳西族文化和演艺文化为主要吸引资源②"，而怒江则可以依托"四山夹三江"的自然生态资源，打造怒族、独龙族等独有少数民族文化品牌。通过地理空间上的邻近性和资源上的关联性，打造一个依托跨区域的自然山水、具有完整地域文化单元的大香格里拉生态旅游圈。

---

① 宋娜、郝彦革：《关于对区域旅游联合开发的几点思考》，《科技情报开发与经济》2005年第7期。
② 毕丽芳：《民族文化旅游发展路径与开发模式研究——以大理、丽江为例》，云南大学出版社，2015，第231页。

　　区域旅游联合开发，包括区域内联动和区域间联动。怒江州区域内联动在线路规划上应以点连线，以线带面，实现全域旅游。一是构建民俗文化旅游特色村，形成多个独具特色的旅游点。东至兰坪、北至贡山、西至片马、南至上江，按照民族文化资源的分布情况，选择交通便利、风景优美、富有文化特色和群众基础好的村落建设旅游特色村。① 二是以点连线，以特色村落为基础打造民俗文化生态风情走廊。② 三是以线带面，实现全域旅游。在建成民俗文化旅游特色村和民俗文化生态风情走廊的基础上，整合现有资源，以线带面，建设集观光、休闲、康体、娱乐、美食于一体的怒江大峡谷旅游产业经济链。区域间联动则应依托怒江州的战略区位优势，走资源共享和互补互动的路子，与大理、丽江、迪庆香格里拉等结成旅游联盟关系，形成大香格里拉旅游圈内的滇西北旅游环线。近年来推出的"怒江——察瓦龙——察隅—林芝"的滇藏旅游线和"怒江——迪庆—丽江"这两条旅游线，使怒江处在滇川藏三省区合作互动多年的"大香格里拉旅游圈"中的重要位置。通过区域旅游联合开发，利用其他州市的品牌效应，带动怒江州旅游产业的发展，将达到事半功倍的作用。

---

① 金梅、付文敏：《全面小康社会视角下怒江州旅游业发展问题》，《中共云南省委党校学报》2017 年第 5 期。
② 金梅、付文敏：《全面小康社会视角下怒江州旅游业发展问题》，《中共云南省委党校学报》2017 年第 5 期。

Abstract

The editorial board publishes the *Annual Report on China's Cultural Innovation* (*2018*) with the endorsement of Department of Science and Education of Ministry of Culture Tourism of the People's Republic of China. This report centers on the major problem of "cultural innovation" in China, and focuses on the latest research results of dozens of experts and scholars in China, which mainly involves the integration of culture and technology, cultural innovation legislation, the creation of virtual cultural space, the upgrading of cultural services in the Internet era, cultural big data and national security, virtual reality technology and cultural development, public cultural cloud, digital protection of cultural heritage, cultural tourism development and other aspects. On this basis, this report discusses the urgent requirements of cultural theory innovation, cultural system innovation and cultural science and technology innovation for the prosperity and development of Chinese culture, which is one of the most authoritative annual research results in the field of cultural innovation at present.

The structure of this report includes general report, theoretical innovation reports, content innovation reports, technological innovation reports and resource innovation reports. From the perspective of macro-strategic development of the culture, the general report states the disruptive influence of digital platform technology on the cultural industries, and points out the rapid development of digital information and platform technology has brought the cultural industries into a new period of reform. The cultural system and cultural ecological environment established under the traditional technical environment can no longer fully adapt to the development requirements of digital information technology environment on the cultural industry. Digital platform technology has had a revolutionary impact on the cultural industry, such as inclusive substitution, marginalization and contraction. By evaluating the recent progress of China's policy of integrating

culture with technology, the general report concludes that there are some problems in China's cultural industries, such as prominent industrial barriers and insufficient theoretical innovation. In order to establish strategic thinking and policy channels for deepening integration of culture and technology, the government should support the establishment of a comprehensive technology platform in the cultural field from the strategic level, and establish a policy guarantee system and incentive mechanism for the integration of culture and technology.

"Theoretical Innovation Reports" focuses on the latest research results of major issues of cultural development in China, and makes positive and beneficial explorations into cultural innovation legislation, virtual public cultural space creation, public cultural demand consultation in the Internet era, cultural big data and national security, big data and cultural industries development evaluation, the construction of digital TV library, the application of ISO quality management system in public cultural institutions, etc.

"Content Innovation Reports" contains the latest achievements of China's cultural industrial innovation, including digital cultural production supply, popularization of science by public cultural service institutions, the improve the quality and efficiency of public culture service, etc.

"Technological Innovation Reports" introduces the status quo and prospects of China's cultural and technological integration, including intelligent information flow and public cultural cloud, virtual reality technology and innovative development of museums, virtual reality technology and the development of film art, innovation of data platform technology in cultural consumption areas and the development of China's electronic sports industry, etc.

"Resource Innovation Reports" has conducted in-depth research based on the status quo of China's cultural resources, discusses the protection and development of traditional villages, the inheritance and innovation of traditional ware, the scientific and technological innovation of historic and cultural block, the policy innovation of culture and technology integrated development, cultural tourism poverty alleviation, and so on.

Contents

I   General Report

Abstract： Every major technological revolution in human society would
drive major changes in the entire cultural arena. Since the beginning of the 21st
century，with the rapid development of digital information technology and platform
technology，the cultural industries have entered a new period of change. The
cultural system and cultural ecological environment established under the traditional
type of technology environment could not fully accommodate and tolerate the
"transformation" development requirements of the digital information technology
environment for the cultural industries. The growth of emerging cultural industries
and the dominance of social and cultural consumption under the digital information
technology environment have promoted the marginalization of traditional cultural
formats. The survival and development of traditional cultural industries have been
challenged as never before. With the continuous deepening of the integration of
culture and technology，the rapid growth of emerging cultural formats and
industrial organizations，the cultural industries are entering a historical stage of
overall innovation. "Cultural innovation" has become a basic generalization to
describe the characteristics of this era. Establishing and improving the national
cultural innovation system has also become a strategic requirement of digital
information technology for the reform of the cultural system. It is recommended
that relevant state departments support the establishment of a comprehensive

397

technology platform in the culture field from a strategic level, and establish a policy support system and incentive mechanism for cultural and technological integration.

Keywords: Digital Platform; Culture and Technology Integration; Cultural Innovation; Cultural System Reform

II Theoretical Innovation Reports

B. 2 The Necessity and Path of Promoting Cultural Innovation
Legislation *Cai Wujin, Fu Caiwu / 016*

Abstract: Cultural innovation means the improvement, innovation and development of people's cultural concepts, contents of cultural expression, ways of cultural expression and dissemination, supporting technologies and carriers of culture, as well as the guarantee system of culture. To accelerate the legislation of cultural innovation is to define the appeal of the era of cultural innovation in the form of legal texts, so as to guide, guarantee and promote the practice of cultural innovation. At present, the basic way to promote the legislation of cultural innovation lies in studying and promulgating the law of promoting cultural innovation, and timely summarizing the existing legislative theory, practical experience and institutional resources.

Keywords: Cultural Innovation; Cultural Innovation Legislation; Law on Promoting Cultural Innovation

B. 3 Research on the Development of Virtual Public Cultural
Space under Internet Conditions *Chen Bo, Mu Chen / 029*

Abstract: By analyzing the main role and main problems of virtual public cultural space in social development, this paper explores the behavior patterns of virtual individuals in public cultural space, spatializes the public cultural participation behavior based on Internet, and outlines the two-dimensional and the existence form of three-dimensional space of virtual public cultural space. Furthermore, the authors optimize the operation mechanism and mode of virtual public cultural space in China and draw the audience development model based on traditional digital public cultural resources, anti-feeding open space model based on "hard core space" invisible barriers, and the "fan-like" assistance promotion model based on virtual vulnerable groups, etc. , to better satisfy the cultural needs and stimulate the internal viability of China's virtual public cultural space.

Keywords: Virtual Public Cultural Space; Public Cultural Service; Spatial Behavior Pattern

B. 4   The Construction of Feedback Mechanism for the

　　　　Public Culture Demand in Internet age

Peng Leiting, Liu Juan / 050

Abstract: The development of Internet technology has put forward new requirements for the public cultural services in China and given new vitality to the feedback channel mechanism for public culture demand. At present, the feedback channel for the public culture demand in China are mainly based on traditional and public passive feedback channel, meanwhile the use and excavation of public culture demand information is very limited. At the same time, the construction of feedback channel mechanism for the public culture demand in China faces two major difficulties: the three inherent problems and the new requirements put forward by the construction of the modern public cultural service system. This paper analyzes how the Internet technology solves the dilemma of constructing the public culture demand consultation feedback mechanism, and further clarify the successful practice of Shanghai "Cultural Shanghai Cloud". Finally, it proposes four proposals: to accelerate the improvement of relevant mechanism guarantees, to build a time-sensitive channel system, to establish a benign partnership with a

third-party platform, to pay attention to personal privacy management, which further to accelerates the construction of the feedback channel mechanism for public cultural needs in China in the Internet age.

Keywords: Public Cultural Service; Internet Technology; The Feedback Channel Mechanism

B. 5 A Study of National Security Guarantee in the Application of Cultural Big Data *Zhang Bin, Shi Jing* / 066

Abstract: At present, "Internet + culture" is booming. Big data is not only rapidly integrating with the economy, but also changing the industrial chain, value chain and marketing chain of the cultural industry. At the same time, it also brings a series of new security challenges. Firstly, this paper summarizes the development status of cultural big data application. The pattern of government-led, market and social forces participating in the construction of public digital culture has basically taken shape. Big data has become a new kinetic energy for the development of cultural industry. Then, it discusses the national security issues and their causes in the application process of cultural big data. We are faced with not only issues of information security and user privacy in the general sense, but also the challenges of digital sovereignty and ideological security. Finally, on the basis of summarizing the experience of developed countries, we propose national security measures in the application process of cultural big data based on domestic national conditions. These measures are including: strengthening cooperation among all parties, building symbiosis and jointly for resisting risks; improving policy support systems and regulatory guarantee systems; developing high-tech, establishing and improving cultural security prediction and early warning mechanisms; and enhancing the attractiveness and cohesion of mainstream ideology.

Keywords: Cultural Big Data; National Security; Cultural Security

B. 6   Comprehensive Evaluation of China's Cultural Industries

Development under Big Data Age

Wang Xiaojuan, Xu Yan / 078

Abstract: The background of big data has opened up a new analytical perspective for the development of cultural industries. According to the cultural bulletin issued by the Ministry of culture and tourism, the present situation of the development of China's cultural industries is analyzed from a large data point of view. Then, the evaluation index system of the development level of China's cultural industries is constructed from three aspects of cultural industries input, cultural industries drive and cultural industries output by using large data technology. We use factor analysis to explore potential factors and make comprehensive evaluation, and found that there are obvious regional differences in the development of China's cultural industry: the development of the eastern region is better, the central region is general, and the western region is poor. For the balanced development of the cultural industry, we should consider giving corresponding policy support to the central and western regions.

Keywords: Big Data; Culture Industry; Comprehensive Evaluation

B. 7   Research on the Construction and Operation Mechanism of

Digital TV Library

— *Taking the "701 Channel" of Changzhou TV Library as an Example*

Qian Shuping / 087

Abstract: As a new service mode of ubiquitous library, digital TV library is the extension and innovation of traditional library service. Through decades of practice, it has exploited an innovative developing path in improving effectiveness of public cultural services. This paper clarifies the concept of digital TV library and the reason why we built it. It also introduces the operational mechanism of the

文化创新蓝皮书

"Channel 701" of Changzhou TV Library which is built on the radio and TV network platform and provides services through the digital resources collected by self-construction and co-construction. The future tendency of digital TV library is described as User Demand on the basis of IPTV and OTT TV development.

Keywords: Digital TV Library; Changzhou TV Library; Public Cultural Service

B. 8 Research on the Application of ISO Quality Management System in Public Cultural Institutions

—*Take the Example of Shandong Museum*

Yang Qiuyu, Dong Yibin and Fang Fang / 099

Abstract: Mainly relying on the policy and financial support from the government, the public cultural institutions have no pressure in profit-making, as well as no compulsory targets in creating social benefits. Therefore, the traditional management concepts and modes can hardly stimulate these institutions' vitality and maintain their sustainable and efficient development. This is the common problem existing in the nonprofit cultural institutions. Establishing a comprehensive quality management system and constantly improving the management level and operational efficiency is a necessary means for public cultural institutions to obtain sustainable development. The core content of building a comprehensive quality management system should include the following aspects: taking the public satisfaction as the focus of quality management in museums, libraries, art galleries and arts centers; taking the public participation as an important guarantee for the development of quality management in public cultural institutions; achieving the institutions' performance through the "whole process control" at work; taking continuous improvement as the eternal goal of the quality management of public cultural institutions.

Keywords: Public Institutions; ISO Quality Management System; Management Model

III Content Innovation Reports

Abstract: At present, digital cultural centers generally have prominent problems of "emphasizing construction, neglecting management, lacking products, and low efficiency". Most cultural center websites only pay attention to "pre-activity" information release and "post-activity" information transmission, and there are few "in activities" live online, remote tutoring, timely interaction, user online services and other digital products supply services. On the basis of discussing the modes of production and service supply of public digital cultural products, this paper proposes to increase the input of production facilities and equipment of digital cultural products, to establish digital cultural service institutions, and to introduce and train compound digital cultural service talents. In order to improve the production capacity and service supply efficiency of digital cultural center, some suggestions are proposed, such as constructing digital cultural resource bank, establishing product production and supply guarantee system, expanding propaganda and improving service efficiency and so on.

Keywords: Public Digital Cultural Products; Production and Supply; Service Efficiency

B. 10　Difficulties and Countermeasures Faced by Public Cultural

　　　　Institutions in Carrying Out Popularization of Science

Huang Feng, *Kou Yin* / 123

Abstract: The improvement of national scientific quality plays an important role in building an innovative society. China's grassroots cultural service construction has been gradually improved, and the public cultural institutions have been continuously strengthened as a networked position for grassroots cultural services. Making full use of public cultural institutions to carry out popular science work can provide popular science services in the most convenient way, which is conducive to building a large pattern of popular science work. Judging from the current situation of popular science service in China's public cultural institutions, there are still problems such as insufficient personnel guarantee, low participation rate and low satisfaction degree of the public. It is necessary to pay attention to personnel investment, service supply model innovation and publicity and promotion, so as to comprehensively improve the efficiency of popular science services in China's public cultural institutions.

Keywords: Public Cultural Institutions; Popularization of Science; Service of Science Popularization

B. 11　Practice and Thoughts on the Innovation of Popular

　　　　Science Work in Public Library of the New Era

Xu Jianye, *Tang Xiaolu* / 136

Abstract: Since the reform and opening up, China's science popularization has achieved remarkable results and public scientific literacy has been steadily improved. The innovative development of science popularization is particularly important in the new era. As the main position of education in public cultural service and society, public library should actively participate in the system construction of the innovation of current popular science work. Through the analysis of the system, talent structure and technology application of the popular science work, this paper preliminarily discusses the guarantee mechanism of the popular science work of public libraries, and focuses on the construction path of the popular science work system of public libraries in the new era from the four dimensions of public demand, communication intensity, cooperation mode and the spirit of popular science.

Keyword: Provincial Libraries; Science Popularization; Public Service; Content Innovation

B. 12 Research on the Situation and Countermeasures of Public Library Science Popularization in China

—From the Perspective of Literature Analysis

Wei Yucai, *Li Yanting*, *Kou Yin* / 146

Abstract: In the new era, China's economy has entered the stage of innovation-driven development, and the citizens are required to be scientifically qualified. To train an entrepreneurial group with innovative ability and basic scientific literacy, public service institutions must promote basic scientific quality of citizens. As a public cultural service institution with the most abundant information resource, public library should play a greater role in promoting the popularization of science. Based on the analysis of the literature, this paper finds that the popularization of science in libraries in China has been carried out in a wide range of fields, such as increased input, abundant forms, and targeted objects. However, it also faces the problems of shortage of literature resources, insufficient construction of talent team and insufficient depth of activities, mainly because of the lack of understanding of the connotation of library science popularization, the unclear grasp of the boundaries of library science popularization, and the limited evaluation of library science popularization. It is suggested that libraries should

405

continue to improve the infrastructure construction, clarify the content of work and enrich the forms of activities, so as to improve the quality of popular science work.

Keywords: Public Library; Popularization of Science; Public Culture

B. 13　Reconsideration of the Science Popularization of a Museum Based on the Perspective of Innovation and Development

Liu Run, Ren Xiaolei, Cai Siyi / 160

Abstract: Innovative development has gradually become an important part of the current economic and social development, how the museum science should be optimized and adjusted according to the new situation has become particularly important, while the existing research is less concerned about this. Based on this, on the basis of an in-depth study of the relationship between museum science and innovative development, it reveals some problems in the museum popular science, namely that science venues, talents and exhibitions clearly lag behind museum construction, science fund structure is unreasonable and the per capita level is low, innovative and entrepreneurial functions are insufficient and contribute little to the development of enterprises. The paper believes the main reason is paying too much attention to museum construction, the deviation of popular science cognition, and the invalidity of science talent training mechanism. Finally, based on the perspective of innovation development, it puts forward how to effectively carry out the science popularization of museums in three aspects: innovation awareness training, innovation system construction and innovation ability improvement, hoping to provide clear direction for museum popular science in the new period.

Keywords: Innovative Development; Museum Popular Science; Innovation Awareness; Innovation System; Innovation Ability

B. 14   Research on the Development of Rural Library in the Internet Era

    —*Take Qianjiang Rural Library for Instance*

Pan Shimao, Yang Dailin and Chen Zhongmei / 171

Abstract: At present, China's rural library have basically achieved full coverage in most areas. However, under the traditional paradigm, the degree of digitization of rural library is generally insufficient, and the phenomenon of idle resources is prominent. While, in terms of the network construction of the book platform, Qianjiang City realized the network management pattern of the city and the "sharing" of the borrowing, technology, service and resources by promoting the construction of the general branch building and the rural center library. Therefore, in the era of the Internet, rural library must use information technology to achieve innovative development, and become a space for people to enjoy cultural life or a shared library.

Keywords: Rural Library; Internet +; Shared Reading; Innovative Development

B. 15   Internet + Library to Improve the Quality and Efficiency

    of Public Culture Service

    —*Take the Hanzhong City Library in Shanxi Province as*

    an Example *Wang Qiongbo* / 183

Abstract: In the rapid development of the Internet, especially in the new era of 5G mobile network, how to use modern information technology to implement the "Public Library Law" to play its own role as an important component of the socialist public cultural service system, to better adapt to and meet the needs of the people of the new era, the spiritual and cultural life needs to be a new topic for the public library. The library of Hantai District of Shaanxi Province has built a replicable Internet + library service new model by outsourcing the purchase of

mobile library applications, launching "you read books, I pay bills" service, and opening digital services such as WeChat public account. , which made a useful exploration for the library construction in the new era.

Keywords: Library; Internet; Convergence Development; Public Service

Ⅳ   Technological Innovation Reports

B. 16   A Demonstration of the Digital Protection and Communication Technology of Chu Culture in Jingzhou City

Fu Caiwu, Wang Shaohua, Chen Bo, Xin Houlin / 197

Abstract: The Demonstration of Integrated Technology of Digital Protection and propagation of Chu Culture in The Ruins of Jingzhou Site is a national science and technology project undertaken by Wuhan University. This project targets at the existing issues in the protection and propagation process of Chu culture. It builds a Chu culture symbol system framework by researching on the core value of Chu culture, and then puts forward the digital resource metadata standards. On this basis, the integrated digital protection and display technology method system of Chu culture has been built and validated. This method system and its corresponding results provide a new mode and technical reference for regional culture protection and propagation, and benefit the China's traditional culture's protection and propagation in the digital age.

Keywords: Chu Culture; Cultural Heritage; Digital Protection; Digital Display and Communication

B. 17   Application of Intelligent Information Flow in National Public Cultural Cloud

Qin Li / 213

Abstract: With the rise of information stream applications, more and more header APPs help media customers gain market share through information stream advertising. Based on the analysis of national public culture cloud APP promotion and operation, this paper puts forward the strategy of breaking industry barriers and applying intelligent information flow to drive the growth of users, in order to explore a new way to improve the efficiency of public cultural services.

Keywords: Information Flow; National Public Culture Cloud App; Public Culture Service

B. 18   Analysis on Museum Service Capability Promoted by
         Science and Technology

Ma Guoqing, Wang Pengju, Cai Yafei / 228

Abstract: When it comes to museums, the first thing that comes to mind is the culture relics in the exhibition hall. However, with the development of society, museums are also keeping pace with times, constantly introducing high technology and applying it in collection management, exhibition, security, cultural and creative product development and other aspects. All of them make contributions to achieve the new development mode of "museum + science and technology", improve the service capacity and offer the public better services.

Keywords: Museum; Science and Technology; Service Capability

B. 19   The Exploration of Museum Interaction Model Based on
         Virtual Reality and Augmented Reality Technology

Xie Jiatong / 235

Abstract: Due to the rapid development of Internet information and computer technology, the development prospects of virtual reality and augmented reality technology in various industry fields have received much attention in recent years. Based on the current situation and characteristics of virtual reality and

文化创新蓝皮书

augmented reality, and combined with the display interactive mode and interaction design thinking, this paper analyzes and discusses the application patterns of virtual reality technology and augmented reality technology in museum, which includes two modules: online-interaction based on virtual reality technology and offline-interaction based on augmented reality technology. Due to the existence of certain development bottlenecks in virtual reality technology and augmented reality technology, how do museum fully utilize these two technologies to play their own cultural functions remains to be further explored.

Keywords: Virtual Reality; Augmented Reality; Museum; Interactive Mode

B. 20 Virtual Reality Technology and the Adjustment of Chinese Film Pattern *Hou Shun, Yin Zuoyu* / 248

Abstract: After applying to the field of film, Virtual Reality technology has broken the cognition of ontology and language system of traditional films, changed the popular aesthetic habits and viewing behavior, and created new types of film. At present, the application of virtual reality technology in movies is in the exploratory stage, but its development trend is irresistible. Virtual reality technology has gradually changed the pattern of Chinese films: changing the roles and positions of directors, writers and actors, clearing the policy barriers to film distribution and bringing opportunities for the expansion of the network platform. Chinese films need to adapt themselves to the pattern adjustment and seize the opportunity to achieve overtaking in corners.

Keywords: VR Technology; Chinese Films; Pattern Adjustment

B. 21 An Technical Optimization Strategy Research on Urban and

Rural Residents Cultural Consumption Pilot Data Platform

—*Take the Pilot Data Platform of "Expanding Urban and*

Rural Residents' Cultural Consumption" as an Example

Abstract: The next stage of China's cultural consumption incentive policy trial should focus on how to effectively apply Internet technology to a broader level of cultural consumption, so as to better play the incentive role of cultural consumption policies and stimulate residents' cultural consumption potential. Integrating policy platform resources, expanding payment channels for subsidy funds, connecting online and offline products, and simultaneously implementing rural and urban policies are core technical issues that need to be resolved. In solving the above problems, we must deeply understand the ultimate goal of the national cultural consumption incentive policy. It is necessary to focus on the market promotion effect achieved through policy implementation, and must also adhere to the correct value orientation. In this way, we can truly rely on the "Internet +" technology to achieve both the economic and social benefits of cultural consumption incentive policy.

Keywords: Urban and Rural Residents; Cultural Consumption Pilot; Incentive Policy; Internet Technology

B. 22 How does Internet Shape Cultural Consumption in China?

—*Taking Listening to Music as an Example*

Abstract: A lot of papers have empirically documented the influencing factors of cultural consumption at the micro level, a general research model involves income, education, gender and age. Based on the general model, this article refreshes an extended model by adding internet participation and explored the

influence of consumption habit on cultural consumption in China. The results demonstrate that internet participation plays an important role in shaping cultural consumption of Chinese residents: (1) citizens are more likely to listen to music than the average resident by 31 percent, consume more music than the average resident either; (2) internet participation has a higher significant magnitude of the marginal effect on listening to music; (3) the rural subset model result shows improving internet penetration in rural areas may increase music consumption of rural residents.

Keywords: Cultural Consumption; Consumption Habit; Internet; Music Consumption

B. 23 The Research on Technical Efficiency and Influencing Factors of Cultural and Technological Listed Companies
—*Based on Stochastic Frontier Approach*

Chen Qiuning, *Xiao Bo* / 290

Abstract: Under the background of industrial convergence, "Culture +" has become a new breakthrough for the cultural industry, and the integration of culture and technology is deepening day by day. Enterprises in the fields of game animation and AI are increasing and the competition is fierce. It is necessary and urgent to explore the reasons that affect the technical efficiency of enterprises in the industry so as to promote the sustained and stable development of the cultural technology industry. The SFA, as a tool for measuring performance, can provide an effective way for the above problems. By measuring technical efficiency of 14 listed companies, this study found that the industry is now in a stage of increasing returns. The inefficiency of the listed companies is influenced by factors such as R&D investment, business structure, management cost, working capital turnover and so on. Further improving relevant policies and regulations, changing business models and enhancing innovation capability are measures to enhance the technical efficiency of listed companies in the cultural and technological industries.

Keywords: SFA; Cultural and Technology; Listed Companies; Technical Efficiency; Optimization Strategy

Abstract: In recent years, China's e-sports has developed rapidly, the industrial system has gradually deepened, and a mature competition system has gradually taken shape. This paper summarizes the development history and development status of China's e-sports industries. Taking Wuhan E −Sports Dream Co. Ltd. as an example, it analyzes the problems of unstable, unbalanced and insufficient innovation ability of China's e-sports industry. In order to solve the problem of e-sports industry, some measures have been proposed, such as playing the positive role of media in e-sports development, strengthening independent product research, improving the development of the e-sports industry chain centered on the events, and so on.
Keywords: E-sports Industry; Wuhan e-sports Dream Co. Ltd. ; Digital Culture Consumption

V   Resource Innovation Reports

Abstract: The Integration of Culture and Sci −Tech has vigorously promoted

the protection of cultural heritage and the development of cultural industry in China. It also provided a new path for the protection and development of traditional villages. In Shanding Village, there are cultural heritage of distinctive stone building, cultivation culture heritage and intangible cultural heritage with high value of research and development. After being selected into the Chinese Traditional Villages Catalog in 2015, the villagers have gradually improved their value identity of the village as the infrastructure of the village has been improved and the relative cultural resources have been collected. In the future, the digital technology should be introduced to support the protection of village cultural heritage, the Internet Communication should be used to enhance the influence of village cultural brands and the pattern of "Culture + E – Commerce" should be adopted to promote the development of the relevant industries in village. These practices will contribute to building the village into a beautiful village with rich cultural characteristics.

Keywords: The Integration of Culture and Sci – Tech; Traditional Village; The Shanding Village

B. 26   Research on the Inheritance and Innovation of Traditional
        Ware Industry in the Internet Era
        —*Take the Example of Ru Ware*

Zhang Zhuping, Xie Yuming / 335

Abstract: As one of the most famous ware in the history of Chinese ceramics, Ru ware has achieved good development in recent years, but there are still a series of problems such as the small size of enterprises and the single structure of Ru ware industry. In order to solve these problems, the research further makes its countermeasures and suggestions such as giving play to the guidance role of the management and association, improving the entire industrial chain of Ru ware, and completing the Ru ware talent system.

Keywords: Traditional Ware Industry; Ru Ware Industry; Ru Ware

B. 27　Research on Scientific and Technological Innovation of Jianghan Road and Zhongshan Avenue Historic and Cultural Block

He Xuan , Deng Lei / 350

Abstract: With the government's increasing attention to the protection and development of historical and cultural blocks and the booming development of cultural tourism industry, some famous historical and cultural blocks have appeared successively throughout the country and with the development of science and technology, these historical and cultural blocks are constantly integrated with science and technology. This paper takes Jianghan Road and Zhongshan Avenue historical and cultural blocks as research objects, through questionnaire and interview data, the status of scientific and technological innovation of historical and cultural building in the block is obtained. In view of this situation and the public's experience and evaluation on the scientific and technological innovation of the historic and cultural buildings of the block, several suggestions on scientific and technological innovation are put forward to strengthen the integration of the historical and cultural buildings of Jianghan Road and Zhongshan Avenue with the means of scientific and technological innovation, promote the development of the blocks, stimulate local economic development and build cultural brands.

Keywords: Historical and Cultural Blocks; Scientific and Technological Innovation; Wuhan

B. 28　Research on the Policy Innovation of Culture and Technology Integrated Development in the View of Creative City

—*Case Study of Wuchang District in Wuhan*　*Zhong Sheng* / 367

Abstract: In the process of urban post-industrialization, the core connotation of a creative city lies in the creation of a creative urban environment, continuously increasing the degree of density, inclusiveness and relevance of urban creative

resources, innovating industrial policies to promote cultural industries. In 2017, Wuhan City successfully joined the UNESCO Creative City Network and won the title of "Design Capital". Wuchang District, as the main agglomeration of design industry in Wuhan, has formed a certain foundation, scale and characteristics in cultural industries. In view of the key bottlenecks that still exist in the cultural industries' development environment, the policy making in Wuchang should focus on further enhancing the concentration of creative resources, enhancing the inclusion of creative talents, strengthening the relevance of creative links, and fully using the catalytic effect of industrial policies.

Keywords: Creative City; Creative Environment; Cultural Industries; Policy Innovation

B. 29　Research on Cultural Tourism Poverty Alleviation in Nujiang Lisu Autonomous Prefecture　*Peng Leiting*, *Chen Yifang* / 380

Abstract: Impoverished Minority Areas are rich in folk cultural resources and natural ecological resources. It is of great significance to study poverty alleviation by the way of cultural tourism in ethnic areas. Through field research, this paper summarizes the model of cultural tourism poverty alleviation in Nujiang Prefecture as the basic model of "government + social capital + cultural capable person", and points out the dilemma of cultural tourism in the Nujiang Prefecture. Through case analysis, this paper believes that the development of cultural tourism can break through the vicious circle of poverty in impoverished Minority Areas, and then propose the optimization approach, that is, to promote the participation of poor people and build a "government + enterprise + community" model; then enhance competitiveness of tourism development through regional alliance.

Keywords: Nujiang Prefecture; Cultural Tourism; Poverty Alleviation

❧ 皮书起源 ❧

"皮书"起源于十七、十八世纪的英国,主要指官方或社会组织正式发表的重要文件或报告,多以"白皮书"命名。在中国,"皮书"这一概念被社会广泛接受,并被成功运作、发展成为一种全新的出版形态,则源于中国社会科学院社会科学文献出版社。

❧ 皮书定义 ❧

皮书是对中国与世界发展状况和热点问题进行年度监测,以专业的角度、专家的视野和实证研究方法,针对某一领域或区域现状与发展态势展开分析和预测,具备原创性、实证性、专业性、连续性、前沿性、时效性等特点的公开出版物,由一系列权威研究报告组成。

❧ 皮书作者 ❧

皮书系列的作者以中国社会科学院、著名高校、地方社会科学院的研究人员为主,多为国内一流研究机构的权威专家学者,他们的看法和观点代表了学界对中国与世界的现实和未来最高水平的解读与分析。

❧ 皮书荣誉 ❧

皮书系列已成为社会科学文献出版社的著名图书品牌和中国社会科学院的知名学术品牌。2016年,皮书系列正式列入"十三五"国家重点出版规划项目;2013~2019年,重点皮书列入中国社会科学院承担的国家哲学社会科学创新工程项目;2019年,64种院外皮书使用"中国社会科学院创新工程学术出版项目"标识。

权威报告·一手数据·特色资源

皮书数据库
ANNUAL REPORT(YEARBOOK)
DATABASE

当代中国经济与社会发展高端智库平台

所获荣誉

- 2016年，入选"'十三五'国家重点电子出版物出版规划骨干工程"
- 2015年，荣获"搜索中国正能量 点赞2015""创新中国科技创新奖"
- 2013年，荣获"中国出版政府奖·网络出版物奖"提名奖
- 连续多年荣获中国数字出版博览会"数字出版·优秀品牌"奖

成为会员

通过网址www.pishu.com.cn访问皮书数据库网站或下载皮书数据库APP，进行手机号码验证或邮箱验证即可成为皮书数据库会员。

会员福利

- 已注册用户购书后可免费获赠100元皮书数据库充值卡。刮开充值卡涂层获取充值密码，登录并进入"会员中心"—"在线充值"—"充值卡充值"，充值成功即可购买和查看数据库内容。
- 会员福利最终解释权归社会科学文献出版社所有。

社会科学文献出版社 皮书系列
SOCIAL SCIENCES ACADEMIC PRESS (CHINA)

卡号：394164944731
密码：

数据库服务热线：400-008-6695
数据库服务QQ：2475522410
数据库服务邮箱：database@ssap.cn
图书销售热线：010-59367070/7028
图书服务QQ：1265056568
图书服务邮箱：duzhe@ssap.cn

基本子库
SUB DATABASE

中国社会发展数据库（下设 12 个子库）

全面整合国内外中国社会发展研究成果，汇聚独家统计数据、深度分析报告，涉及社会、人口、政治、教育、法律等 12 个领域，为了解中国社会发展动态、跟踪社会核心热点、分析社会发展趋势提供一站式资源搜索和数据分析与挖掘服务。

中国经济发展数据库（下设 12 个子库）

基于"皮书系列"中涉及中国经济发展的研究资料构建，内容涵盖宏观经济、农业经济、工业经济、产业经济等 12 个重点经济领域，为实时掌控经济运行态势、把握经济发展规律、洞察经济形势、进行经济决策提供参考和依据。

中国行业发展数据库（下设 17 个子库）

以中国国民经济行业分类为依据，覆盖金融业、旅游、医疗卫生、交通运输、能源矿产等 100 多个行业，跟踪分析国民经济相关行业市场运行状况和政策导向，汇集行业发展前沿资讯，为投资、从业及各种经济决策提供理论基础和实践指导。

中国区域发展数据库（下设 6 个子库）

对中国特定区域内的经济、社会、文化等领域现状与发展情况进行深度分析和预测，研究层级至县及县以下行政区，涉及地区、区域经济体、城市、农村等不同维度。为地方经济社会宏观态势研究、发展经验研究、案例分析提供数据服务。

中国文化传媒数据库（下设 18 个子库）

汇聚文化传媒领域专家观点、热点资讯，梳理国内外中国文化发展相关学术研究成果、一手统计数据，涵盖文化产业、新闻传播、电影娱乐、文学艺术、群众文化等 18 个重点研究领域。为文化传媒研究提供相关数据、研究报告和综合分析服务。

世界经济与国际关系数据库（下设 6 个子库）

立足"皮书系列"世界经济、国际关系相关学术资源，整合世界经济、国际政治、世界文化与科技、全球性问题、国际组织与国际法、区域研究 6 大领域研究成果，为世界经济与国际关系研究提供全方位数据分析，为决策和形势研判提供参考。

法律声明

"皮书系列"（含蓝皮书、绿皮书、黄皮书）之品牌由社会科学文献出版社最早使用并持续至今，现已被中国图书市场所熟知。"皮书系列"的相关商标已在中华人民共和国国家工商行政管理总局商标局注册，如LOGO（ ）、皮书、Pishu、经济蓝皮书、社会蓝皮书等。"皮书系列"图书的注册商标专用权及封面设计、版式设计的著作权均为社会科学文献出版社所有。未经社会科学文献出版社书面授权许可，任何使用与"皮书系列"图书注册商标、封面设计、版式设计相同或者近似的文字、图形或其组合的行为均系侵权行为。

经作者授权，本书的专有出版权及信息网络传播权等为社会科学文献出版社享有。未经社会科学文献出版社书面授权许可，任何就本书内容的复制、发行或以数字形式进行网络传播的行为均系侵权行为。

社会科学文献出版社将通过法律途径追究上述侵权行为的法律责任，维护自身合法权益。

欢迎社会各界人士对侵犯社会科学文献出版社上述权利的侵权行为进行举报。电话：010-59367121，电子邮箱：fawubu@ssap.cn。

社会科学文献出版社